国学研究丛书

2020年·秋之卷（总第十五卷）

主　　编◎罗家祥
执行主编◎夏增民

华中科技大学出版社
http://www.hustp.com
中国·武汉

图书在版编目(CIP)数据

华中国学.2020.秋之卷:总第十五卷/罗家祥主编.—武汉:华中科技大学出版社,2022.6
(国学研究丛书)
ISBN 978-7-5680-8127-6

Ⅰ.①华… Ⅱ.①罗… Ⅲ.①国学-文集 Ⅳ.①Z126.27-53

中国版本图书馆CIP数据核字(2022)第068360号

华中国学 2020 年·秋之卷(总第十五卷)　　　　　　　　　　　　　　　罗家祥　主编
Huazhong Guoxue 2020 Nian·Qiu zhi Juan

| | |
|---|---|
| 策划编辑:周晓方　钱　坤 | |
| 责任编辑:李　鹏　余晓亮 | |
| 封面设计:原色设计 | |
| 责任校对:张汇娟 | |
| 责任监印:周治超 | |
| 出版发行:华中科技大学出版社(中国·武汉) | 电话:(027)81321913 |
| 　　　　　武汉市东湖新技术开发区华工科技园 | 邮编:430223 |
| 录　　排:华中科技大学惠友文印中心 | |
| 印　　刷:湖北恒泰印务有限公司 | |
| 开　　本:787mm×1092mm　1/16 | |
| 印　　张:15　插页:2 | |
| 字　　数:374千字 | |
| 版　　次:2022 年 6 月第 1 版第 1 次印刷 | |
| 定　　价:88.00 元 | |

本书若有印装质量问题,请向出版社营销中心调换
全国免费服务热线:400-6679-118　竭诚为您服务
版权所有　侵权必究

# 总序
## General preface

近30年来，尤其是进入21世纪以来，我国社会发生了翻天覆地的变化。举世震惊的经济成就，日新月异的科学技术巨大进步，飞速发展的国力提升，迎来了史诗般的中华民族伟大复兴的曙光，也为实现中华民族几千年文化的伟大复兴与飞跃发展提供了历史性的契机。神州大地蔚为大观的"国学热"，正是在这一宏伟的背景下出现的。

中华民族固有的文化之所以重新得到如此热烈的关注，原因就在于其本身具有不可估量的独特价值。纵观人类文明发展史，世界上唯有古老的中华文明经过数千年风雨坎坷，非但没有消亡，而且从未中断，成为当今世界人类共同珍视的宝贵财富和智慧源泉，这不能不说是人类文明史上的奇观！之所以如此，传统中华文化起了极为关键的作用。

中华文化又具有哪些独特价值？以中华原典中最具代表性的《老子》和《论语》为例，虽然它们具有的价值取向似乎有所不同，即所谓出世与入世，但却有着共同内核，这就是"和"的理念。在中华民族数千年历史长河中，这一理念在不同的历史阶段产生过积极的作用；而当代中国要构建和谐社会，《老子》和《论语》无疑也是最重要的本土的思想宝库。中华文化向来注重以人为本的"天人合一"，强调主观世界和客观世界的自然一体；讲究在认识和改造客观世界时遵循"相反相成，物极必反"和"守弱居柔"的规律；信守中庸之道，深怀忧患意识以及"不争"与"无为"，"不争"即"天下莫能与之争"的"不争"，"无为"即"无所不为"的"无为"，这些文化特质所表现出的整体观、变化观、本质观都是中华文化贡献给人类社会的宝贵财富。生物得到稳定的延续靠的是基因的遗传，又靠基因的变异得到发展，而人类社会的"基因"则是文化。文化本质上就是人化，即以文化人，以人化物。过去留下的东西就是文化，这里既包括有形的，又包括无形的，人类社会就是靠文化的传承才得以延续，又靠文化的创新才得以进步。民族文化是民族的基因。中华文化所凝现的民族精神蕴涵着丰富而深刻的民族文化哲理，在中华民族的发展历程中一直产生着巨大的作用，成为中华民族生生不息、团结奋进的不竭动力。

如今,中华民族以崭新的雄姿迈入21世纪,弘扬中华优秀传统文化便显得尤为迫切。从某种意义上讲,中华民族固有的优秀传统文化可以说是中华民族的身份证,是中华民族的根基。因为一个民族的特性不取决于遗传的自然基因,而是取决于人文文化,只有人文文化才能彰显一个民族的身份。如果一个民族遗弃了自己固有的文化,丢失了自己的传统,那将只是一个种族,不能称之为民族。在科学技术与物质文明高速发展和高度发达的今天,一个国家、一个民族如果没有先进科学,没有现代技术,就会落后,一打就垮,痛苦地受人宰割;然而,没有民族文化,没有人文精神,就会空虚和异化,则会不打自垮,甘愿受人奴役。因此,没有科学技术进步就绝没有社会进步,但只有科学技术进步,那这个社会就是很危险的;一个社会的精神文明很落后,这个社会也是很野蛮落后的;如果一个社会科学技术很进步,而精神文明非常落后,这个社会将是灾难性的。毫无疑问,科学技术是第一生产力,但是,人文文化是第一生产力的动力源、方向盘。中华民族要全面而迅速地实现伟大复兴,在新的历史条件下继承与弘扬中华民族固有的人文与传统,其意义不言而喻。

人们可能要问,在如火如荼的现代化进程中,中华优秀的传统文化是否能与现代社会兼容?中外无数事例表明,中华文化的独特价值、人文精神和智慧不仅不会与现代社会产生冲突,而且还会在新的历史条件下产生奇特的效果,即令在市场经济条件下,中华传统文化也可发挥出巨大作用。日本明治维新后,有一位著名企业家涩泽荣一,一生创办了500多家企业,被称为日本企业之父、金融之王,他80多岁退下来之后,在日本财团开办的讲习班上专门讲他如何用《论语》来办企业,堪称毕生将中华文化、《论语》与西方的资本主义经济完美结合的典范,也是中华原典在市场经济条件下发挥巨大作用的经典案例。直至今日,他的五世孙、日本著名的投资者涩泽健还在强调他的哲学名言:"商业的发展必须以社会伦理为根基,否则会把人引入歧途。企业赚钱的目的不是为了中饱私囊,而是为了给社会创造财富。"这是利与义多么紧密的结合。此外,我国台湾地区、新加坡以及其他东方国家和地区的成功经验也充分说明,古老的中华文化与现代社会之间并不存在不可逾越的鸿沟。我们完全可以做到既背靠五千年历史文化,又坚持三个面向。

在未来的世界格局中,中华民族要形成强大的竞争力,要在世界民族之林中有更大的作为,就必须具备强大的创新能力;而要具备强大的创新能力,拥有大量的创新型人才和健全而良好的国民素质就是最基本的前提。在这方面,人文教育与科学教育相辅相成,缺一不可。我认为,人文对科学至少有三大作用。首先,人文为科学发展指引方向。科学求真,但科学不能保证其方向完全正确。无数的事例证明,20世纪科技的高速发展在给人类带来巨大福利的同时也产生了许多严重负面影响。科学求真,人文求善,科学需要人文导向,人文的提升当然也需要以科学为基础。其次,人文为科学提供了动力。事实证明,只有将人文教育与科学教育进行完美的结合,才能结出符合现代化建设事业需要的高素质、复合型人才之果。在我国近代化进程中,这样的范例不胜枚举。我国老一辈科学巨子如华罗庚、苏步青、茅以升、李国平、杨振宁等以及美籍华人李政道、陈省身、丘成桐等在国学方面均有极高的素养,这不仅深刻影响着其人格风貌、精神境界,也在一定程度上促成了他们在科学领域的巨大成功;而著名物理学家吴健雄教授,则将其在物理学领域取得的巨大成就直接归因于国学大师胡适。第三,人文为科学开辟原创性源泉。科学讲逻辑,讲分析,解决问题,但科学中最重要的是发现问题,提出问题,这就需要直觉和灵感,需要丰富的想象力。直觉、灵感、想象力从哪里来?科学教育固然有其重要的一面,但更多则来自人文教育。人文教育可以培养出高尚的人性和高级的灵性,科学创造是离不开人的人文素养的。因此,中华民族优秀的传统文化在我国现代化进程中应该占有重要地位。

从处于转型过程中的我国社会现实需要看,通过汲取中华优秀传统文化来建设当代文化、构建当代中国的核心价值体系已刻不容缓。江泽民同志、胡锦涛同志近20年来在不同场合曾一而再、再而三地强调传统文化、民族文化的重要性,强调中华民族文化对创新的重要性,如在2006年1月,胡锦涛在全国科学技术大会上谈到人文文化和科学文化的关系时,深刻阐明了中华文化与创新的关系,提到中华文化含有丰富的创新内容,强调"天行健,君子以自强不息"。2006年11月,胡锦涛同志在全国文联、作协代表大会上的讲话中指出,社会每一次飞跃、文明每一次升华,无不镌刻着文化烙印。不管从理论上还是从实践上看,中华文化对增强民族创造力、自信心和凝聚力,对促进中华民族的伟大复兴具有不可替代的功能与作用。

我国国民的思想道德素质、科学文化素质和我们的传统文化是紧密联系在一起的,随着社会转型的加速和中国社会主义现代化建设事业的纵深发展,社会上许多十分严重的隐忧与显忧正受到越来越多的关注,当代中国的道德建设和核心价值体系构建显得极为重要和空前迫切,而中华文化中的许多精华养分则是亟待继承、弘扬的。举例来说,我国几千年来强调信守仁、义、礼、智、信,这显然是可以纳入现代社会的价值体系,予以继承和弘扬的。所谓"大忠大爱是为仁,大孝大勇是为义,修齐治平是为礼,大恩大恕是为智,公平合理是为信",对社会的和谐稳定,对当前的诚信建设与道德建设显然特别有着无可置疑的积极意义。何况,通过弘扬优秀中华文化,陶冶国民感情,启迪国民智慧,提升国民素质,增强国民的凝聚力与创造力,其意义非同一般。

以上所讲只是我个人的一些体会与感受。当然,挖掘几千年中华优秀传统文化的内在价值,并使之产生积极影响,这需要社会各界的共同推动与共同努力,需要大批专业工作者扎扎实实的辛勤耕耘。同20世纪初比,当代意义上的国学具有更为丰富的内涵,它不仅指中华传统文化本身,而且还应包含近代以来借鉴西方学术、特别重要的是马克思主义对中华传统文化进行研究的成果,这也需要本学术领域的专家学者具有更开阔的视野、更博大的胸襟、更深远的抱负,肩负起继往开来、推陈出新的责任和使命,为当代我国的文化建设付出更多的努力。

近10年来,我校国学研究队伍不断壮大,整体实力不断增强,已成为一道亮丽的学术景观;2009年4月,华中科技大学国学研究院宣告成立,本学科的发展更进入了一个新的历史时期。"潮平两岸阔,风正一帆悬。"值此凝聚着大家心血的《华中国学》问世之际,谨致衷心的祝贺,更寄以深厚的期望!

最后应声明一点,我只是一名工科教师,由于种种原因,介入了国学研究之内,然而毕竟大非内行,所讲的不对之处,希望读者特别是本领域专家批评指正,我不胜感谢。

是为序。

中国科学院院士
华中科技大学学术委员会名誉主任

二〇一二年九月一日

# 前言
## Preface

  华中科技大学于2008年正式发文成立国学研究院后,所有同仁便有一心愿,即编辑出版国学辑刊,使之成为反映国学研究成果的园地。最初的想法是分门别类,逐年一辑。于是,2008年岁尾,国学研究院即组建国学辑刊编辑委员会,出版过一部主要反映我校历史学研究成果的集子,冠之以"中国历史文化论集——华中科技大学国学研究院辑刊第一辑",由香港华夏文化艺术出版社出版。后来经过多次商议,编委会调整了原有思路,遂将辑刊改名为"华中国学",自2015年起,每年春秋各出一卷,为半年刊,篇幅在20万字左右;在内容方面,除我校同仁的论文之外,也适当吸纳国内外学者的研究成果。

  收录在这本集子的论文,鉴于目前学界对"国学"一词内涵和外延的诠释见仁见智,故未按经、史、子、集研究予以分类,也未按时下通行的学科领域进行处理,而是根据诸位同仁的学术专长、根据此次所辑论文的内容进行了大致的划分。若干篇近现代史研究的成果,因系本校历史所教师劳作的产物,也一并收录。这些成果中有些已在相关刊物上发表,有的则是作者提供的近作。如果这些作品能得到学界各位师友、各位同仁的关注、批评与指正,将不胜欣慰与荣幸!

  从国学研究院的成立到《华中国学》的编辑出版,我们要深深感谢一批具有远见卓识的学界前辈、学校领导和学校有关职能部门对人文学科的关心、爱护、支持与扶持。我校国学研究院成立庆典举行于2009年4月11日,中国科学院院士、原华中理工大学校长、校学术委员会主任杨叔子先生当时正在北京参加中国科学院院士评选,为参加这一活动,退掉原先订好的返程机票,重新订票,赶回学校时已是凌晨,并在当天的成立大会上做了主题讲话;校党委书记路钢教授从百忙中抽出时间,参加成立大会并发表高屋建瓴、热情洋溢的致辞;校长、中国工程院院士李培根教授因11日要赴京参加中国工程院院士的遴选,于10日专门打电话到我家中对国学研究院成立表示祝贺,并对他不能与会表示歉意;原校党委副书记、对我校文科发展作出卓越贡献的刘献君教授更是全程参加了成立大会,并发表重要讲话;时任中国人民大学校长的纪宝成教授,原西北大学校长、哲学家、历史学家张岂之教授,复旦大学历史学家葛剑雄教授,武汉大学历史学家朱雷教授,武汉大学哲学家萧汉明教授,武汉大学语言学家宗福邦教授,华中师范大学语言学家邢福义教授,历史学家熊铁基教授等近70名著名专家学者或发来贺信,或莅临大会发表重要演讲;中国工程院院士、我国著名水电能源学家张勇传先生则欣然为国学研究院题写了院名。没有他们各种形式的关心与支持,我校人文学科是不可能发展到如今这一局面的。

在这里,我们要特别感谢一位德高望重、具有非凡人格力量的学界前辈,一位深具战略眼光和充满人文情怀的教育家,一位一辈子并不以人文学科为工作对象但又时时刻刻对人文学科念兹在兹、一往情深的卓越科学家,这就是前文已经提及的中国科学院院士杨叔子先生。杨先生毕生耕耘于机械工程领域,在微电子技术、计算机技术、信息技术、网络技术等新兴技术领域的交叉研究中,特别是先进制造技术、设备诊断、信号处理、无损检测新技术、人工智能与神经网络的应用等方面均有独创性的贡献,在我国现代化建设事业中居功甚伟,1991年获选中国科学院院士。但是,他对人文学科、对中华优秀文化的传承与弘扬始终倾注了满腔的热忱,真正是不遗余力地以各种形式予以关心和支持。除前述参加国学院成立大会的感人事迹外,杨先生为本辑刊的出版所展现的人格风范、人文情怀与高尚情操更使我们增添了难以言表的感戴之情。卷首这篇3500字的"总序"是杨先生在抱病卧床的情况下断断续续完成的,其间数易其稿,初稿及二稿上到处是密密麻麻的改动文字。须知,先生已是81岁的老人,且此类不情之请不仅不是他应做的工作,也为撰写"总序"时的健康状态所不容许,是完全可以避开的。先生独特的人格风范、宽广无私的胸襟、对弘扬中华优秀传统文化的满腔热情和古道热肠实在是摄人心魄,令人永远难以忘怀!

《华中国学》得以顺利出版,还得感谢华中科技大学出版社领导和编辑给予了大力支持,没有他们对中华传统文化的关注、热爱以及注重发展本校人文学科的情怀,这套辑刊纳入出版社的出版计划并如期问世,是不可能的。此外,辑刊的执行主编夏增民博士在论文整理归类、规范体例、编辑文本以及联系出版事宜等诸多方面也做了大量工作,华中科技大学人文学院历史研究所2020级研究生邓航玲在本卷的史料核对、文稿校读等方面做了大量的基础性工作,在此谨致并谢忱。

华中科技大学国学研究院院长

罗家祥

二〇一二年九月三日
二〇一四年九月十日修订

# 目录 Contents

## 特稿

中华文化中的江南文化 …………………………………… 葛剑雄(1)

覆载之间无非是道,进退运用存乎一心 …………………… 邓小南(6)

## 中国史研究

一词二义:酒之尊与人之尊 ……………………………… 阎步克(12)

"保"与殷周时期的保母 …………………………………… 陈嘉礼(22)

《楚辞·天问》"伯禹愎鲧"与"产翁制"关系辨析 ………… 熊贤品(27)

"偶语诗书"与孔门传业问题探赜 ………………………… 王　刚(35)

王霸之争与西汉王朝的灭亡 ……………………………… 吴　涛(58)

坚壁清野:宋夏战争中的战术运用发微 …………………… 许玉龙(67)

## 思想史研究

孔子仁学的主体性价值 …………………………………… 白宗让(83)

两汉之际谶纬神学与今古文经学的分歧、互动与合流 …… 袁宝龙(93)

明代白沙学在湖北的传播——以李承箕为中心 ………… 朱志先(107)

## 古典文献研究

国图藏《宋元学案》醉经阁刻本考述 ……………………… 岳　珍(121)

日本类书《和汉三才图会》初探 …………………………… 刘　耀(130)

## 古代文学研究

谪迁与省咎:论辞赋祖骚传统的一种书写 ………………… 陈守玺(139)

## 出图文献研究

新出汉简所见边地物价考述——以《肩水金关汉简》为中心 … 刘金华(153)

读《岳麓书院藏秦简(陆)》札记……………………… 武汉高校读简会(165)

## 历史地理研究

试探司马彪《续汉志》中河渠内容之缺失………………… 李昊林(184)

民国《禹贡》半月刊作者群研究……………… 王雪花 吴轶群(194)

## 史学短札

胡适与中国宗教史研究……………………………… 曹旅宁(207)

张舜徽：国学大师　通人风采……………………… 雷家宏(211)

新发现王阳明佚诗一则考释………………………… 吴兆丰(215)

## 书评

评《出土唐宋石刻文献与中古社会》………………… 陈文豪(217)

《音义》呈光彩　《校注》启新篇
——读黄仁瑄教授《新译大方广佛华严经音义校注》………… 姜永超(222)

近代汉口城市研究的新拓展
——评《近代汉口港与其腹地经济关系变迁(1862—1936)》 … 邓航玲(226)

# 中华文化中的江南文化

葛剑雄

复旦大学历史地理研究中心

**摘　要**：中华文化是以华夏（汉族）文化为主体融合各地各族文化的综合文化，而江南文化的逐步发展，得益于一次次的人口迁移和自然条件的变迁。北方文化层次较高的移民迁入，使得江南地区居民的文化程度相应提高。同时，江南的自然环境由不太适合人类居住变得宜居，再加上当地居民自身的努力，自汉至宋便由"江南卑湿，丈夫早夭"演变成了"江南好"的局面。江南文化在多方面显示其新的特点和优势，丰富和发展了中华文化。近代社会变迁对江南文化产生了新的影响，如上海的开埠使江南文化与世界文化进一步接轨。近代上海为江南文化提供了更为广阔的发展空间，也为中华文化走向世界、与世界其他文化交流融合提供了有利条件。

**关键词**：中华文化　江南文化　历史地理

何为"文化"？

至今为止，世界上关于"文化"的定义不下三百种，在这之中几乎无法总结出一个共同的概念。但是我认为，要想了解"文化"、研究"文化"，必须要从马克思主义历史唯物论出发。马克思作为伟大的思想家，与其他思想家相比有很大的不同：一位思想家在人类社会发展进程中贡献一种思想，已经十分了不起了，而马克思至少贡献了两种，即历史唯物论和剩余价值理论。马克思去世之后，恩格斯曾在其墓前发表过一篇重要的演说，在这篇演说中，恩格斯对马克思主义历史唯物论做了简明概括："马克思发现了人类历史的发展规律，即历来为繁芜丛杂的意识形态所掩盖着的一个简单事实：人们首先必须吃、喝、住、穿，然后才能从事政治、科学、艺术、宗教等等。"也就是说，按照马克思的唯物史观，我们所讨论的"文化"就是在这样一个物质基础上产生的。

一个群体在特定的时间、空间范围内，长期生活、生产、生存所形成的生活方式、行为规范、意识形态、价值观念等，这些物质的、精神的产物统统都可以被称为"文化"。而文化产生的前提则是人们有衣、有食、有住，就像人类从原始社会逐渐发展，进而分化出统治者、管理者一样，前提是得有足够的生产资料，如果每个人的生产资料只能勉强维持自身

---

收稿日期：2020-11-19。

作者简介：葛剑雄，历史学博士，复旦大学资深教授，教育部社会科学委员会历史学部委员，中央文史研究馆馆员，主要从事历史地理、中国史、人口史、移民史、文化史和环境史等研究。

附记：本文由华中科技大学人文学院研究生欧成婷根据葛剑雄教授 2020 年 11 月 12 日在华中科技大学历史研究所"国故新知"第 40 期讲座的现场录音整理，夏增民审校，发表时有删节，未经作者本人审阅。

温饱,那么人类社会是永远不可能从野蛮走向文明的,因而我曾经开玩笑地将"文化"称为"吃饱了撑的才有的文化"。所以,学者们在探讨"文化"的时候,应该从马克思主义历史唯物论的角度出发,今天所讲的江南文化亦是如此。

关于中华文明的源头,中华文明探源工程已经进行了十几年的探索和研究。这项工程的初步结论认为,距今5800年前后,黄河流域(以山西襄汾陶寺遗址、陕西神木石峁遗址为代表)、长江中下游流域(以浙江余姚良渚遗址为代表)、西辽河流域(以辽宁牛河梁遗址为代表)开始出现文明起源迹象。之后,从距今5300年起,中国各地开始陆续出现文明起源迹象。到距今3800年前后,中原地区形成了更为成熟的文明形态(以河南偃师二里头遗址为代表),并且向四方辐射文化影响力,成为中华文明总进程的核心与引领者。考古学家苏秉琦先生曾提出,中国的早期文明像是"满天星斗",但是这一时期的文明其实是鲜有延续至今的,是不连贯的,因此苏秉琦先生后来又改称之为"众星仰月",而这个"月亮"就在黄河中下游地区。

自陶寺遗址至二里头遗址,黄河中下游的文明发展一直都是延续的,其他各地区的文明发展也最终汇集到黄河流域中下游,究其根本,是地理环境因素造成的。在早期的黄河中下游地区,有大片适合人类利用原始工具即可进行早期开发的土地,这片土地提供了足以养活一个人类群体并且使其繁衍扩大进而形成专业社会分工的充足的物质生产和生活资料。而且,当时这片土地与开发时间更早、文明程度更高的尼罗河三角洲流域、两河流域相比,地理条件更为优越。说得更仔细一点,一是因为黄河中下游地区大多为黄土高原和冲积平原,没有茂密的原始森林,易于开发与耕作;二是因为在中华文明早期,黄河中下游地区的气温与现在相比略高,降水充沛,适合早期农业的开发。

但中国各地都有早期文化产生,为什么其他地区的文化都消失了而偏偏黄河中下游地区的文化传承至今呢?一个原因是那些地区的人灭绝了,而灭绝的原因至今还无法知晓;另一个原因则是这些地区的人迁移了。以大禹的故事为例,中国很多地方都有大禹的传说,比如浙江绍兴至今还存有传说中的大禹陵墓,同时大禹治水的故事也在四川广为流传等等。但大禹治水传说发生的地点却是黄河中游地区,有人说是在三门峡地区。对此,民国年间杰出的水利学家李仪祉先生就曾指出,在黄河三门峡地区绝不可能形成持续多年的洪水,所以从某种程度上讲,大禹在三门峡地区治水的故事应该是虚构的。但是大禹治水的故事又为何会虚构在这一地区呢?一般来说,持续十几年的洪水只可能出现在大河的下游地区或海边,大多由海水倒灌引起,因此就有学者推测,是大禹部落的后人由沿海地区迁徙到黄河中游地区,带去了大禹治水的传说。

当然,为何黄河中下游地区的文化会传承至今,到目前为止,解开其历史真相的支撑材料还不足够。但在距今5000年左右大量文明汇集到黄河中下游地区,形成传统意义上的中华文明并向四方传播,却已是不争的事实。这便是中华文化与江南文化联系的大背景所在。

另外,在中华文明发展这一过程中,也吸收了不少外来文化。外来文化传入中国,并对中华文明的发展产生很大的影响,这一点是不应当被忽略的。

中华文明探源工程公布的结论指出,小麦栽培技术、黄牛与绵羊等家畜的饲养技术以及青铜冶炼技术均是由中亚、南亚和西亚地区传入,逐步融入中华文明之中,并被改造创新才焕发出崭新面貌的。尽管这只是在众多文化中举的一小部分例子,但也对中华文化以及华夏民族产生了重要的影响。

中华文明探源工程首席专家王巍教授的团队曾做过一个简单但结果直接明了的统计，即分别鉴定全国现存青铜器的年代，然后标注在地图上，最后发现，中国最早的青铜器出现在中国新疆，越到中原地区出现的时间越晚，可见青铜器确实是由外国逐步传入中国的。但这是否意味着中华文明对青铜冶炼、制作技术没有贡献呢？不是，还是有很大贡献的。青铜的冶炼技术在中国被熟练掌握了之后，通过一系列的技术改造，又和中国的本土文化相结合，使得青铜器由日常生活用品转变成为礼仪的象征；另外，在青铜器上铸刻铭文，使之成为研究早期社会的重要史料。所以，可以说是中华文化为青铜赋予了崭新的面貌和更加深厚的文化内涵。

由于之前人们不知道或知晓了不敢承认，就忽略了外来事物对中华文化的影响，但事实上这一因素对中华文化的影响是非常大的。比如小麦传入中国的时间与夏王朝兴起的时间是基本一致的，这或许就是夏王朝由"公天下"转变为"家天下"的原因所在。由于农业产品的丰富，余量增加，其他财富也逐渐累积，这一时期某一地区的首领管辖的事务多了，权力也更大了，相应的，权力对人的诱惑也变大了，再实行"禅让制"则意味着主动放弃财富、权力与地位，因此选举制转变为了世袭制。又如商人之所以能征服夏人并建立自己的王朝，关键在于军事实力的强大，而商人军队战斗力的关键又在于其拥有战车。将出土的商朝战车遗物与古巴比伦战车一比较可以发现，二者几乎一模一样，但商朝战车出现的时间较晚，可推测战车也是外来的。

由此可见，早期文明是一直处于一个不断交流的状态的，而真正使人类相互接触，并把文明有意无意传输到其他地方的，一是生存，二是利益。小麦为什么会从遥远的两河流域传入中国，一是因为一些部族由于资源短缺或是自然灾害向东迁移，迁移的同时便把其文化带来；另外一部分则是通过商品交换。文明之间互通有无，外来文化也因此一步步地传播。瑞典考古学家安特生曾发现中国许多文化类型与西方的十分相似，一度提出中国文化西来的观点，这在当时特殊的政治环境下引起了一大批学者的反对。时至今日，我们应该对其予以理解，因为老一辈学者是生活在列强入侵时代背景下的，因此他们很容易将一些看似对中国不利的言语政治化，把它们看成是帝国主义与殖民主义的文化侵略。但是从客观事实来讲，小麦的栽培技术和黄牛、绵羊、马的驯化技术以及青铜冶炼技术等的确是外来的，并且是符合马克思主义历史唯物论的。由于世界上的物产并不是均匀分布和同时出现的，所以这样一种合乎自然规律与人类历史发展规律的流动与交流是十分正常的。

那么什么又是"中华文化"呢？我认为，中华文化是以华夏（汉族）文化为主体融合各地各族文化的综合文化。

应当指出的是，华夏和华夏文化是具有多元性的。从人口与民族方面讲，历史上曾经出现在黄河流域的匈奴、鲜卑、氐、羌、突厥、契丹、女真等以及曾经出现在长江流域的三苗、百越，这些民族有的已经整体融合到华夏民族之中，有的则是民族还存在但是在历史时期大部分已经融入华夏民族之中了。所以华夏民族早期是以黄河中下游流域为中心的，后逐步扩散到了长江流域、岭南地区、西北地区、东北地区，而上文所提到的三苗百越也就是历史上江南文化的源头，它在逐渐的演变发展过程中，一步步地融合到华夏文明之中，成为华夏文明中不可缺少的一部分。

而江南文化的逐步发展，得益于一次次的人口迁移。秦汉之际、两汉之际、东汉末年至三国期间、西晋永嘉之乱后、唐朝安史之乱后、北宋靖康之乱以后，北方黄河流域的人们由于战乱纷纷迁徙到了南方,在这一次次的迁移之中,江南地区成为最主要的受益地。

另外还有自然条件的变迁。西汉时人评价江南地区为"江南卑湿,丈夫早夭",这一时期的江南地区,指的是今江西、湖南、湖北一带的长江以南。今天人们称为江南的地方,在历史上被称作江东,"至今思项羽,不肯过江东"便是如此。西汉时期的江南地区,地势低洼,江湖密布,植被茂密,瘴气弥漫,气候湿热,是十分不适合人居住的,因此西汉初年贾谊被任命为长沙王太傅时,就很担心自己活不长久。东汉光武帝刘秀的祖上也曾被封到江南,但到舂陵考侯刘仁时,其宁可降低受封等级,也希望迁回内地,可见这一时期江南生活条件之恶劣。

那江南地区又是如何在唐朝末年形成了"江南好"的局面呢?这就是自然环境变化的原因。汉朝以后,全球气温开始降低,当时温暖湿润的黄河流域变得干旱,年平均气温变低、降水减少,对农业生产来讲,影响了粮食的产量,也影响了人们的日常生活。相反,江南一带气候由湿热变为温暖,降水由过多变为适中,随着生产工具的进步,对大面积原始植被的清理也不再吃力,其地理环境的优势便显现出来。在这种情况之下,江南的景观便从蛮荒之地变成一幅繁荣的景象。总的来说,一方面北方文化层次较高的移民迁入,使得江南地区居民的文化程度相应提高;另一方面,江南自然环境由一个不太适合人类居住的过于湿热的环境变得宜居,再加上江南地区居民自身的努力,从而形成了"江南好"的局面。

后来随着人口的增多与财产的积累,富裕的人、有文化的人就开始打造私家园林,借助奇形异状的假山与盆景,在有限的空间内建造出了一个可以提供无限想象的精致的花园,属于江南地区特殊的人文景观就产生了。故而白居易在词里写道:"日出江花红胜火,春来江水绿如蓝,能不忆江南?"同样的"日出江花"之景,在黄河流域便少了几分意境。所以从"江南卑湿,丈夫早夭"到"江南好",这实际上就反映出了自然环境的变化和人类活动顺应自然变化的趋势造就了经济、文化达到高峰的江南。

南宋初期诗人陆游曾说"苏常熟,天下足",苏州府、常州府这一带的粮食丰收了,全国的商品粮就能够得到保障了。而到了明朝中期这句话就变成了"湖广熟,天下足",湖南、湖北地区的粮食丰收了,全国的商品粮就有保障了。那么,这是否意味着江南地区的衰落呢?并不是的。因为在经济文化高度发展的江南地区,土地完全用来生产粮食已经十分不现实了,所以更多的是用来种植经济作物,进而支撑手工业与商业的发展,江南地区也逐渐成为全国经济中心。随着经济重心的南移,中国的文化重心也相应南移,宋以后江南文化已经处于先进地位。江南文化在多方面显示出新的特点和优势,丰富并发展了中华文化。

近代社会变迁对江南文化也产生了新的影响因素,那就是1843年的上海开埠。一方面我们要指出,租界是帝国主义侵略中国的产物,是中国的一段屈辱史,这是永远不会改变的;但是另一方面,客观地讲,它又确实为中国这样一个传统的保守的国度提供了一个变化的空间。租界中的中国人主要是从江南地区来的,若是没有江南地区过来的一部分高素质的人口,就基本上无法适应以机器大生产为背景的资本主义商业的发展;再者由于这一部分人的文化层次较高,也就更加容易接受新的文化。譬如上海刚开埠之时,没有人懂英语,只能依靠广东人,但是苏州人、宁波人、上海本地人等江南地区的人,由于文化素质较高,学习英语也很快,买办阶层中不久就出现了大量的江南人。

通过上海,江南文化与世界文化接轨。例如现在所讲的红色文化,大多数人都认为是由于租界的因素，红色文化才聚集在上海，其实还有其他因素。中国人最早接触到马克思主义不是直接从西方，而是从日本，李大钊、陈独秀包括戴季陶等都是通过留学日本接触到的马克思主义理论，而这些留日学者多数为江浙地区的人。由于清朝废除了科举制，读书人没有了出路，新式学校又尚未建立，因而大批学生前往日本留学。所以不仅仅是租界的原因，还是因为上海的租界汇集了以江南人为主的中国文化精英，从西方来的理论在此传播更为便捷，马克思主义从外界传入，在上海租界内的接受程度较高，因而红色文化深深扎根于上海。

近代上海为江南文化提供了更为广阔的发展空间，也为中华文化走向世界、与世界其他文化交流融合提供了有利条件。也就是说，中华文化传播到上海，上海将其吸收、融合、发展，进而又通过租界这一空间传播出去。而江南文化与现在人们所说的海派文化实际上也就是延伸与发展的关系。海派文化讲海纳百川，也就是指江南曾吸收历代南迁移民，而这些移民的一部分最终迁移到了上海。所以从某种程度上讲，海纳百川是必然的。

海派文化中有两点值得重视。一方面是契约精神，即传统文化中的"重信然诺"和商业诚信。在中国传统社会，"信"往往是没有法律保障的，但是到了上海，租界里面提倡现代法治观念，"信"和法治观念结合起来便成为契约精神，具有中国特色的契约精神。另一方面是职业道德，即商业、服务业、手工业的行会行规。因为经济发达，商业、服务业发达，从明清以来兴起的行会行规在上海更进一步制度化，继而形成了较好的职业道德。这种职业道德既是专业化的，又是高于法律的。上海职业道德高尚最明显地体现在了解放战争中——当然一方面是因为中国共产党为了保护上海城市做了明确的规定，但是更主要的就是上海本身的职业道德。据上海解放时的上海市市长赵祖康先生之子口述，当时国民党撤出上海时，赵祖康只担任了三天的上海市代市长，第一天赵祖康以市长名义命令警察维持秩序，看好犯人，管好档案，第二天打电话与陈毅交接，第三天正式交由陈毅接管。在这样翻天覆地的大事件之下，警察依旧管理秩序，商贩依旧沿街叫卖，各行各业各司其职，这充分展现出了海派文化中的职业道德。

最后，我们要强调一点，我们现在所讨论的不论是江南文化、海派文化还是红色文化，讨论的根本目的在于要总结中国的历史经验，为我国的改革开放、为民族未来的发展找到一些有利的因素，在顺应现代化要求的基础之上创造出新的文化与发展。

# 覆载之间无非是道,进退运用存乎一心

## 邓小南

### 北京大学历史学系

**摘　要**:这是一篇邓小南教授的学术演讲,主要包括三方面内容。第一,历史学作为一门立足于反思的学问,需要问题意识的推动。正如英国史学家爱德华·卡尔认为的那样,历史是历史学家和他所面对的历史事实之间永不休止的对话。历史学研究也应该从"对话"开始,学习学术"对话",坚持"问题"意识,这有助于我们了解学术脉络。第二,历史学科应该从材料出发,细读文本,充分利用电子资源日益普及的便利条件。第三,关于历史研究的议题,海内外对于某一重大问题的关切、材料的阅读比较、史料的批判等都可以成为议题的来源。青年学者要想找到适合自己的学术路径,唯有不断地探索寻求。

**关键词**:学术对话　学术议题　史料

谢谢罗家祥老师的介绍,很多说法并不敢当。我在大学里教书多年,其实就是个教书匠。有些宋史研究方面的想法,借此机会来与大家交流一下。今天虽然是个漫谈,但是我们的漫谈也应该带有聚焦的方向。我所讲的内容涉及三个方面,可能不完全是同一个层次的问题。首先我从"对话"讲起,然后讲宋史研究中的材料和议题,讲完后我们再进行交流。

为什么要从"对话"讲起呢?我想历史学既是一个学科门类,也是一种认识问题的方式。昨天(2018 年 11 月 9 日)晚上在武汉大学就"多学科交流和青年教师的培养"这一主题展开对话,而多学科的交流是需要以保持各个学科特点为前提的。如果没有特点,那就谈不上多学科,也谈不上交流。交流不是为了抹平各学科的特点,而是应该强强对话,把各学科特点包括其真谛充分吸纳到我们历史学研究中。不同学科、不同学者的"交流",通常是从对话开始的。

历史学非常突出的一个特点就是,它从考订材料、追寻真相着手。虽然历史的真相可能永远无法被我们整体把握,但是这并不意味着我们会放弃追求真相的权利和要求,这也是历史学者的职责所在。然而历史学的研究对象是"历史"的,所谓"历史",就是过去的、现实中不复原样存在、无法直接体验观察的,这就需要我们在研究的过程中心存警惕。我

---

收稿日期:2020-08-08。

作者简介:邓小南,北京大学历史学系博雅讲席教授、博士生导师、人文社会科学研究院院长,兼任中国史学会副会长,主要从事宋史研究。

附记:本文由华中科技大学历史研究所研究生郑爽根据邓小南教授 2018 年 11 月 10 日在华中科技大学历史研究所"国故新知"第 11 期讲座的现场录音整理,已经本人审阅,发表时有删节。

们要知道自己究竟需要通过什么方式去观察，而且观察中必须时刻保持一份警觉心。这样的警觉心一方面与我们的知识前提、日常积累有关，另一方面要求我们具有问题意识。对于历史上的事情，我们要持有质疑的态度。同样，对于我们的研究方式，也要保持问题意识，随时思考目前的研究方式究竟能否有效地帮助我们靠近真相。

历史学的特点与其他学科的特点相比，最大的区别就在于历史学是一门立足于反思的学问。历史已然成为过去，如果没有反思，那么对于历史的研究也就失去了意义。讨论历史问题实则为了反思，而反思是为了今天和未来。既然强调反思，那就需要问题意识的推动，包括我们现在处理的所有材料，只有在"问题"的背景下，材料的意义才能够显现出来。相信大家都有一种感觉，我们读书的时候，可能整本书读完了，脑子里留下的印象往往不是那么深刻。但是如果我们带着问题重新去阅读，那么书中的好多说法就会凸显出来，让我们重新感受到它的意义。

在座各位大多是学习历史的，我们知道"历史"是分层次的，我们实际上从事的是历史学。我们的研究对象是历史，这一对象包括历史事实、基于历史事实基础上的记载。对于这些记载，历史上会有各种编纂，我们现在看到的文献、史书等，都是编纂的结果。我们从中观察到前人的历史认识，今天也有属于我们的历史认识。只有在"问题"启发下，历史地思索，资料才具有意义，才能成为"证据"。

英国史学家爱德华·卡尔的《历史是什么》，引出了不同学者关于历史的多种看法。卡尔认为，历史是历史学家和他所面对的历史事实之间永不休止的对话。这实际上也是当前和过去之间的一种对话。我们现在从事的历史学研究应该从"对话"开始，这种"对话"是永无休止的过程。当前国际学术界非常强调学科之间、学者之间的对话。我们现在经常提到建设一流大学、一流学科，一流大学、一流学科怎么能够落定，首先我们心目中要有一个"一流"的标准。学术交流大平台已经形成，所以我们也要在国际学术界找到定位，要能够在主流学术圈中引领话题。

2014年，哈佛大学费正清中心举办"Middle Period China"主题会议，与会成员200多人，大多数是在读博士生。美国华盛顿大学教授伊沛霞提出，本次会议重在对话、重在讨论。之所以吸收这么多在读博士生参会，就是希望让大家通过对话了解自己的研究应该走向哪个方向。这次会议不是一个纯粹地呈现研究结果的会议，而是希望在研究过程中帮助大家寻找研究路径。在这次会议上，按照论文的时间段、主题和研究方法的不同，每篇论文都会有三个群体从这三个角度来讨论。这种会议形式存在着风险，但事实证明此次会议取得了很大的成功。在此基础之上，2017年莱顿大学再次举办了"Second Conference on Middle Period Chinese Humanities"主题研讨会。2020年耶鲁大学也将举办这样的会议，希望有更多的青年教师、博士生参与其中。这样的一些活动其实都是为了创造对话的机会。我们可以看到，这样的对话形式，在国内外学术界已经有了多年的积累。在日本，研读与合宿是多年以来不同学校、不同领域的青年学者为了集体学习、讨论而保留下来的传统；我国台湾学者也多年坚持推行"青年学人论文精进计划"，强调在集体讨论中反复推敲修改论文，收获十分丰富。

对话对于我们来说是一个学习的过程，尤其是这种严肃认真、坦诚直率的学术对话，某种意义上可以成为推进方方面面历史研究的动力。进入21世纪以来，产生自不同背景的学术观念，日益频繁地在同一平台上进行对话，学者们有了更多相互交流的机会。正是在这种情形下，深度对话的意义才会愈益凸显出来。所谓"深度对话"，重要前提之一在于对彼此学术语境的关注、追溯与理解。只有在这一基础之上,不同文化、不同学科和不同时代学者之间的"对话",才有可能切实有益而减少误解。

除了学术会议、集中讨论的对话模式,师生之间也存在经常性的口头或书面对话。我的父亲邓广铭先生在读书过程中曾经选修了胡适先生开设的"传记文学写作"课程。胡适当时已经是享誉海内外的大人物,同时他对于本科生的习作批改可谓极其认真,这就构成了一种师生间的对话。批注当中胡适先生给予学生文字运用、内容把握等方面的指导,成为鼓励我父亲走上治学之路的重要动力,甚至奠定了他一辈子的学术道路和整体研究方向。

我们阅读的过程也是与前人对话的过程。学术综述、学术批评,其实都是对话。学习学术"对话",坚持"问题"意识,有助于我们了解学术脉络,熟悉学术环境,自知长短,从而探求学术竞争中的"出路"。

苹果公司前掌门人乔布斯说过,人工智能正在不断地侵蚀人的思想,他担心有一天人像机器一样思考。今天充斥着各种标准、各种数据,不考虑到价值、结果等问题,就变成了简单的数据排比,在排比基础上做出判断。然而人文学科注重精神价值、注重人生过程中人文精神的滋养,这些都是很难用数据来衡量的。所谓一流大学,其实要看是否有一流的学术氛围、有一流的学者、有具备一流贡献的研究著作,如果缺乏人文价值的追求,就没有真正的"一流"。

历史研究中,真正有价值的对话,来自对材料和议题的把握。而所有的具体材料、具体问题,都需要在时代的整体格局下才能彰显其意义。以宋朝为例,我们看到不同学者从不同角度出发,往往会得到迥异的评价和判断。在中国古代历史上,似乎难以找到第二个朝代能够像宋代一样拥有两极化的评价。那么我们究竟该怎么去认识宋朝?观察宋代版图,我们可以很清晰地看到,宋朝是一个"生于忧患、长于忧患"的历史时期,它在中国历史上的主要王朝中疆域最为狭小,周边始终受到其他民族的挤压。南宋史家章如愚说过:"天下大势,分为南北。"10—13 世纪,是中国历史上北方民族活跃的又一个重要阶段。在这一历史时期中,相对于宋朝来说,辽、西夏、金都不再是周边附属性的民族政权,而是已经成长为在政治、军事、经济诸方面都能够与赵宋长期抗衡的少数民族王朝。中原王朝的核心地位和领头作用,不再体现在统一大业的领导权上,而是表现在政治制度、社会经济和思想文化的深远影响上。

如果我们把 10—13 世纪的南北对峙放在亚欧大陆的视域中观察,我们会看到:中原王朝视为边缘的地区,在亚欧大陆上其实是处于中间的地带;契丹、女真、蒙古这些北方民族,恰恰是当时连接南北大陆带、驰骋于东西交通道的核心力量。这样的情形给中原王朝带来了极大的压力。宋代是社会经济、制度建设、科技文化领先于世界的时期,同时也是周边被挤压、内政因循求稳的时期,是面临着严峻挑战的时期。边境上已经存在较大压力,内政上不得不担心出现问题。我们经常说,外交是内政的延伸。但就宋代的具体情况而言,可以说宋代的内政选择十分有限,它是在外交压力下做出的选择。宋朝历代的统治者都非常注重内部的稳定,这不仅是吸取五代王朝更迭频繁的教训,同时也是来自周边的压力。宋代在战略格局与政策应对上存在诸多问题,帝国的辉煌与苍凉并存。在这样的背景下有很多问题值得我们去思考,有非常开阔的研究空间。所以说,宋代的历史值得再认识。

关于历史研究的材料,历史学科的特点决定了历史研究应该从材料出发,细读文本。

今天进入历史学习的方式已经与以往有很大的不同,尤其是在读书方面,面临着阅读方式转换的问题。苏轼《李氏山房藏书记》说:"余犹及见老儒先生,自言其少时,欲求《史记》《汉书》而不可得;幸而得之,皆手自书,日夜诵读,惟恐不及。近岁市人转相摹刻诸子百家之书,日传万纸,学者之于书,多且易致如此,其文词学术,当倍蓰于昔人,而后生科举之士,皆束书不观,游谈无根,此又何也?"苏轼批评后生们条件便利了反而不读书。看到这段文字,我们会有很熟悉的感觉。随着电子资源的普及,获取渠道变得日益简便,但是如果习惯于借助数据索引而仅仅停留在搜索拼接的表浅式阅读,反而不利于知识的积累与水准的提升。

其次,在阅读的过程中,如何发现问题尤为重要。伊川先生说:"学者先要会疑。"我曾经在《先生的尊严:悼田余庆先生》一文中写到这样一件事:"针对学生的疑难,(田)先生曾经说,找不到研究题目,找不准研究方向,这是史学工作者的大忌。我毕业留校后,有一次和田先生说到自己研究中的困惑,觉得有些问题,读的材料越多,越不敢下笔撰文。先生拍拍我的手背,勉励我说,这样就对了,经历过这样一个阶段,才能真正找到感觉。"研究中要"多闻阙疑",要清楚问题何在,而且要厘清问题的方向,这样才可能选取适当的材料进行讨论。

历史研究要选择议题,我们论文写作的"选题缘起",有多种可能。第一类议题选择,是回应海内外重大关切。例如"什么是中国""中国与天下的关系",这些重大问题的讨论往往要从不同的角度出发,进行大跨度的观察讨论,很多一流学者介入其中,这实际上涉及了我们的国际话语权问题。讨论这些问题的学者,有做文献的、有做考古的、有做思想史的,选题广博宏大,初学者做起来可能难以驾驭,因此需要慎重考虑。

第二类,在某种框架假说、学术潮流的影响下选择议题。日本学者有个特点,尤其是老一辈的学者,善于提炼一些概念性的框架。这些概念主题鲜明,会吸引到较多的青年学者。像内藤湖南"唐宋变革说"的提出,使得一时间关注唐宋历史的日本学者乃至欧美学者数量明显增加。但是从另一个角度来说,这样的框架、概念高度概括,容易流于简单,不可避免会有疏漏之处,可能会受到质疑、批评,因此要注意深化、细化甚至纠偏,以及注意推进。

第三类议题,来自材料阅读比较。许多老先生做学问从具体的材料切入,精湛剖析,勾连引申,做出了气象开阔的研究。通过文献阅读,会发现大量内容值得重新思考。自史料细节着手,得来的结论较为严谨扎实。新材料(例如南宋徐谓礼文书)的出土,让我们对宋代的制度有了更为贴切的理解,同时也提出了许多我们解释不了的问题,这就为研究的深入提供了可能性。

第四类议题,来自问题与追索。台北中研院史语所柳立言先生运用所谓"五鬼搬运"(what/where/why/who/when)的方法来训练学生,强调在论文学习、写作方面是"史有定法"的。事实上,除去五个"W",也要特别关注"How",也就是"如何""怎样",亦即事件、制度发生的路径问题,这也是历史研究的重要议题。我们在讨论问题的过程中,会发现一些大量集中出现的词汇,例如宋代"祖宗之法",这肯定反映着特定时代的某种特点,或者说具有代表性的做法。这些都是值得我们去跟踪追问的。

第五类议题,来自史料批判。研究历史,都要从史料的辨析批判做起,这是基础性工作。前辈们在研究时,会首先分辨材料来源、记载的可靠与否、运用是否得当。邓广铭先生写过《岳飞传》,王曾瑜先生写过《尽忠报国:岳飞新传》,两者都是弘扬岳飞正气凛然的爱国主义精神的作品,但在具体写法上有不同。就材料而言,差异之一在于对岳飞的孙子岳珂编纂的《金佗稡编》尤其是其中《鄂王行实编年》史料价值的评价。邓广铭先生认为《行实编年》中有许多作者对于祖父功绩的溢美之词,在撰写过程中,如果找不到能与之印证的史料,就倾向于不采信其中的说法。王曾瑜先生则认为宋代相关材料十分有限,《金佗稡编》尽管有缺陷,但仍然保留了许多历史真相,是记述岳飞事迹最为重要的史料。研究者对于史料虚实的考辨,见解有所歧异并不奇怪,理解方式可以互补。后来者要像前辈学者这样,从严肃的史料整理辨析出发,以此作为我们从事研究的出发点。近些年来,历史研究者对于"书写"、对于史学编纂中的涂抹渲染与层层包裹有了更多的警惕之心,如解析孟姜女、王昭君故事,解析某些人物形象在书写中的变化。这类知识考古、解构历史书写的思路,也是进入历史研究的途径之一。

另外,就我们的研究单元而言,历史时段的选择要跟着议题走,研究的问题可能是跨朝代的,那么相应的研究起讫点也应该是超越断代的。而且,无论如何选题,都要重视材料细读、材料辨析,材料应该"成组",以不同体裁的各类材料去相互"碰撞",推敲质证。

历史学的论文选题,涵盖面十分宽泛,不是能够——列举的。我们不能预先划定范围,设定理论方法,而是应当以更加宽容开放的学术态度,促进不同领域的学术发展,鼓励争辩,切磋琢磨,从这个角度来看可以说是"史无定法"。

大家都在思考自己的学术道路,学术道路是要靠摸索的。摸索的过程就像建设一座桥梁,次第延展,找到适合自己的路径,一步步通向目标。历史本来是鲜活的,我们的研究也应该有活力。所谓"活",绝非浮泛飘忽,只有肯下"死"功夫,把根基扎在泥土中,才能"活"得了。"活"是产生于沃土的生命力。新议题、新视角可能导致动态鲜活;传统议题诸如官僚制度、政治事件,也可能贡献出通贯深入的新颖见解。新材料的牵动,能使研究"预流";深读"坊间通行本",也可能发人所未发。也就是说,覆载之间无非是道,而进退之宜、运用之妙,则存乎一心。

(附现场问答内容)

同学1:邓老师您好!您刚刚讲到了书写史料、知识考古方面的问题,在您主编的《中国妇女史读本》里面,像刘静贞老师写的王昭君的故事就属于历史书写。但是后来我又读到《才女之累》,它是属于接受史的范畴。我觉得历史书写和接受史既有区别又有重合的部分,想请教老师您的看法是怎样的呢?谢谢老师!

邓小南教授:我觉得,历史书写和接受史二者无法切开,但可以从两个不同的方面来讨论。应该说,二者都与知识社会学有关,像刘静贞老师和她的学生也在讨论知识社会学。所谓知识社会学,即关注知识或思想的产生发展与社会文化之间的联系,关注一种知识、一种文本是怎样变成社会认识的。这是一个双向的问题,一个是历史上怎么写,另一个是后来人怎么读。我们观察历史上的书写者和书写内容,是要进行知识考古的,从读者的角度看,则是你所说的接受史。谈及接受史,要考虑阅读者所处的时代背景和社会情势,也要特别注意,同一时期不同人也会有不同的阅读角度和理解方式。书写史是特定环境下的主观叙事过程,通常并非一次完成,可能有改写,有叠加;接受史同样是复杂过程,一方面阅读者难以完全脱离被动,另一方面又存在不同时代不同人的主观感受,从这一角度说,读者也具有解释文本的能动性。我觉得这是两个层面的事情,但是两者都涉及自原点出发的"知识"在流动过程中"变形"的问题,只不过一种是书写的人使之"变形",一种是读者使之"变形"。

同学2:邓老师您好!我之前本科专业是汉语言文学,在这过程中受到的历史训练是很少的。我来到历史所之前,对于历史方面的认识仅限于陈寅恪、胡适等老一辈学者对于历史的基本判断和认知,而对于现代历史学家关注的问题很少涉及。来到历史所后,在与大家的交流中,发现大家对于文学的认识其实存在很大的误解。您一直强调对话,但是文学与历史这两者,虽然我们经常说文史不分家,可就是联系这么紧密的专业间还是存在很深的沟壑,很难实现不同学科间的对话。我想请教老师在这个问题上您是怎样看待的?谢谢老师!

邓小南教授:首先,我们经常说的"文史不分家",是指人文学科所共有的一种精神关怀,在这个层面上,文史是可以进行有效对话的。同时,文学与历史关注的问题也有共性,二者确实无法切开。换个角度来说,文学的成就与发展都产生于历史时空之下,而历史学所依赖的材料,许多也是文学作品。当然,在学科分化的背景下,文史训练方式、研究方式的确存在差异。文学更多关注作家、关注作品,把特定作家、作品"拉出来"进行聚焦的讨论;而历史则试图把多方面材料"嵌进去",力求拼出相对完整的图景,以期得到更加充分的认识。目前,单一学科很难有重大突破,学科的对话交流是自然趋势。以"问题"作为引领,自然会导向学科对话与互补。突破界限并不等于泯灭界限,历史学科依然要坚持考证、坚持反思。立足于双方特点之上的文史对话,才有可能实现强强融通。

# 一词二义：酒之尊与人之尊

阎步克

北京大学中国古代史研究中心

**摘 要**："尊"这个字一词二义，既是盛酒器的通名，又指人的地位身份之尊贵。"酒之尊"与"人之尊"，两者存在内在联系。"尊"之尊贵一义，是从酒尊的等级功能派生出来的。青铜礼器或酒器的"高耸"与"高贵"，以及酒器使用"以小为贵"，表明酒尊可以通过多种方式标识人之尊卑。"尊"作为动词的意思是置酒、奉酒，"置酒曰尊""奉酒曰尊"表明青铜礼器具有可炫耀性。与"尊"相对的是"卑"。清人认为"卑"字与饮酒器"椑"相关。椑榼是低矮、低贱的酒器，它与高耸、高贵的青铜酒器构成两极。"酒之尊"与"人之尊"的关系显示，前行政化时代的身份地位在更大程度上借助于物化可视方式来标识，带有浓厚的原生性。

**关键词**："尊"的一词二义 酒之尊 人之尊 等级秩序

在先秦秦汉的礼书中，"尊"是各种盛酒器之通名。同时"尊"字又用以指示身份、表达崇敬，至今"尊敬""尊崇""尊贵"及"定一尊"等仍处于常用语汇之列。这个一词二义现象，当然不是偶然的。若从字形上看，"人之尊"来自"酒之尊"，这个字的"尊贵"一义应是由酒尊派生的。当古人环顾各种事物、涉身各种场合时，不是别的什么器具而是酒尊，唤起了其心中最强烈的尊贵之感。不言而喻，在酒尊所唤起的尊贵感的背后，便是人之尊卑。赘言之，"尊"之尊贵一义，是从酒尊的社会意义、等级功能派生出来的。那么，酒尊是怎样唤起古人心底的尊贵之感的，或者说古人是如何利用酒尊来制造尊贵之感的呢？本文试述如下。

## 一 崇高富丽与以小为贵

《说文解字》："尊，酒器也。从酋，廾以奉之。""以待宾客祭祀之礼。"[①]大小篆的尊字象双手捧酋，酋从酉。苏秉琦认为，"酉"字源于原始时代的尖底瓶，原是一种盛酒礼器。[②]朱

---

收稿日期：2020-10-10。

作者简介：阎步克，北京大学历史学系博雅讲席教授、博士生导师，教育部长江学者特聘教授，主要从事魏晋南北朝史、中国古代政治制度史和政治文化史研究。

① 许慎：《说文解字》卷一四下《酉部》，中华书局，1963年，第313-314页。
② 酉字"就是尖底瓶演变到最后形式的象形字"。见苏秉琦：《中国文明起源新探》，生活·读书·新知三联书店，1999年，第124页。

凤瀚则把"酉"字追溯到了商代大口折肩尊。① 王国维称"尊、彝皆礼器之总名也"②。又马衡:"礼器之总名,古人概曰尊彝。有合称尊彝者,有单称尊或彝者。""《礼经》称盛酒之器皆曰尊,犹之饮酒之器皆曰爵也。"③考古学者对古器物,都是严格依照器形来分类的。而礼书不尽相同。在礼书之中,"爵"未必特指那种三足有流的饮酒器,而是饮酒器之通称;"尊"未必特指那种圈足长颈敞口的盛酒器,而是盛酒器之通称。结合学者论述,"尊",第一是礼器之总名,第二是盛酒器之通称。本文就以这两点为基础,随后对"尊"的叙述,将兼指青铜礼器、青铜酒器、青铜盛酒器。

朱凤瀚指出,金文中的"尊"字或作"𨡩",尊字"加阜旁说明此字本为崇高之义"④。"尊"字有崇高之义,文献可征。如《易传·系辞上》"天尊地卑",如《韩非子·外储说左上》"屋太尊……此宜卑",这两个"尊",都是就视觉高度而言的。正如"崇"字象山峰之高、"高"字象台观之高一样,尊字的崇高之义,与酒尊的高耸外形不会没有关系。历史早期的堂室布置比较简洁空旷,尚没有后世的那些桌椅橱柜,主要的家具只是席与几,主宾又是席地而坐的,这样一来,高耸的青铜重器就更为醒目了。典礼上的酒尊往往成对使用,墓葬中也屡有对壶出土。张懋镕谈道:"那么宏伟的一对酒壶耸立在那里,其地位不言而喻。"⑤

高耸的器具不独酒尊,独独酒尊孕育出了一个尊卑用字。除了"高耸"之外,酒尊还有更多特殊之处。周朝分封诸侯,往往伴以青铜重器之赐。"器"之称"重",便是因高大贵重而来。包括酒器在内的青铜重器多寡,与商周墓主的身份贵贱成正比。这些重器,是在祭祀、宴飨等隆重场合展示出来的。段玉裁:

> 尊,酒器也。凡酒,必实于尊以待酌者。郑注《礼》曰:"置酒曰尊。"凡酌酒者必资于尊,故引申以为尊卑字,犹贵贱本谓货物而引申之也。自专用为尊卑字、而别制罇樽为酒尊字矣。《周礼》六尊:牺尊、象尊、箸尊、壶尊、大尊、山尊,以待祭祀、宾客之礼……飨礼、食礼亦必用尊,故约之曰"以待祭祀、宾客之礼"。⑥

在祭祀、宴飨等用酒场合,形制雄伟、纹饰富丽的牺尊、象尊、箸尊、壶尊、大尊、山尊之类格外夺目抢眼。"大钟鼎,美重器,华虫疏镂,以相缪紾;寝兕伏虎,蟠龙连组"⑦,就是权势地位的夸示炫耀,高贵身份的物化标识。"酌酒者必资于尊,故引申以为尊卑字"的论点,可以信从。概括地说来,青铜礼器不但"高耸",而且"高贵"。

商周贵族的财富还包括各种木器、石器、玉器、陶器,还包括车马冠服及形形色色的器具用品,青铜礼器为何一枝独秀、技压群芳呢?因为它们代表了商周技术史的最高水平,代表了商周美术史的最高成就,在物质生产与文化创造上都具划时代意义。今人把三代名为"青铜时代",古人对"重器"的分量、价值更是亲历身受。他们从"酒之尊"引申出"人

---

① 朱凤瀚:《中国青铜器综论》,上海古籍出版社,2009年,第177页。
② 王国维:《观堂集林》卷三《说彝》,中华书局,1959年,第153页。
③ 马衡:《凡将斋金石丛稿》,中华书局,1977年,第5、11页。又参:容庚、张维持著,中国科学院考古研究所编《殷周青铜器通论》,科学出版社,1958年,第47页。
④ 朱凤瀚:《中国青铜器综论》,上海古籍出版社,2009年,第176页。
⑤ 张懋镕:《青铜壶缘何一枝独秀?——兼论商周青铜器的生命力问题(代序)》,收入裴书研《中国古代青铜器整理与研究·青铜壶卷》,科学出版社,2015年,代序第10页。
⑥ 段玉裁:《说文解字注》,上海古籍出版社,1981年,第752页上栏。
⑦ 刘安:《淮南子·本经》,张双棣:《淮南子校释(增订本)》,北京大学出版社,2013年,第874页。

之尊",可见他们认为青铜礼器最能标识身份、炫耀权势。

青铜酒尊的高耸外形,赋予了"尊"字以崇高之义。然而也不能忽略事情的复杂性——根据礼书,酒器的使用反而是"以小为贵""以下为贵"的。这跟酒尊因外形高耸而"尊"的论点,其实并不矛盾,反而展示了酒尊之等级功能的丰富、丰满,它们在被使用时,以各种不同方式,与现行等级秩序的各个细部精巧配合。

酒器使用之"以小为贵",说见《礼记·礼器》:

> 有以小为贵者:宗庙之祭,贵者献以爵,贱者献以散,尊者举觯,卑者举角。五献之尊,门外缶,门内壶,君尊瓦甒。此以小为贵也……
> 
> 郑玄注:凡觞,一升曰爵,二升曰觚,三升曰觯,四升曰角,五升曰散。五献,子男之飨礼也。壶大一石,瓦甒五斗,缶大小未闻也。①

"以小为贵"的例子涉及了两样酒器:庙祭所用的饮酒器,飨礼所用的盛酒器。祭祀时饮酒器依献酒者之贵贱,而有爵与散之别,有觯与角之别。郑注"一升曰爵……"那段话出自《韩诗》。据《韩诗》所述,贵者所用的爵仅容一升,贱者所用的散可容五升;尊者所用的觯仅容三升,卑者所用的角可容四升。孔颖达因云:"是尊者小,卑者大。"尊者的饮酒器反而较小,然则饮酒"以小为贵"。

再看盛酒器。在飨礼上,供国君用的瓦甒仅容五斗,供大夫用的壶能容一石,容积相差一倍。放在门外的缶,应是供堂下的士所用的,孔颖达推测说:"近者小则远者大,缶在门外,则大于壶矣",是所谓"小尊近君,大尊在门"。王夫之则径云:"(缶)当倍壶,容二石也。"②又,在燕礼上,君主与大夫所用的酒尊是并列在一处的③,那么两种酒尊的大小对比,就更显眼了。可见身份高贵者的酒尊也是较小的,盛酒器也是"以小为贵"的。

此外举行饮酒之礼时,还会依献酒对象之贵贱,而换用大小不同的饮酒器。《仪礼·大射礼》:

> 主人洗、酌,献士于西阶上。士长升,拜受觯,主人拜送。
> 
> 郑玄注:献士用觯,士贱也。
> 
> 贾公彦疏:言"献士用觯",对上献大夫已上觚。觚二升,觯三升,用大者贱,用小者尊,故云"士贱也"。④

那么请看:向大夫献酒,用二升之觚;向士献酒,换用三升之觯。是献尊者则用小爵,献贱者便换用大爵。又《仪礼·燕礼》也有"献士于西阶上"与"拜受觯"的礼节,与大射礼类似,根据郑玄注,这仍是"献士用觯,士贱也"之意,同于大射礼。

至如酒器使用的"以下为贵",仍参《礼记·礼器》:

> 有以下为贵者:至敬不坛,扫地而祭。天子、诸侯之尊废禁,大夫、士棜、禁。此以下为贵也。
> 
> 郑玄注:废犹去也。棜,斯禁也,谓之棜者,无足,有似于棜,或因名云耳。大

---

① 阮元校刻:《十三经注疏》,中华书局,1980年,第1433页上栏、中栏。
② 王夫之:《礼记章句》卷一〇《礼器》,《船山全书》第4辑,岳麓书社,1988年,第589页。
③ 参看本文第五节。
④ 阮元校刻:《十三经注疏》,中华书局,1980年,第1042页下栏。

夫用斯禁,士用禁。如今方案,隋长局足,高三寸。①

棜、禁就是盛放酒器的器架。"天子、诸侯之尊废禁",即天子、诸侯的酒尊不用器架。"大夫、士棜、禁",据郑玄注,意谓大夫用棜而士用禁。棜也就是斯禁,斯禁无足;士用禁,禁有足,高三寸②。大夫、士使用棜、禁,其酒尊是较高的;天子、诸侯不用棜、禁,其酒尊直接放在地上,是较矮的。身份越尊,其酒尊反而越矮,对这种古礼,《礼器》作者用"以下为贵"四字评述之。

尊者的饮酒器较小,足以展示教养、风度。依等级社会的通常观念,高贵的身份来自高贵的教养,身份的高贵对应着教养的高贵。大碗喝酒、大块吃肉通常不被看成贵族风范;若酒爵较小、浅尝辄止,"节制"的美德便宛然在目了。这里有一个平行的例子,《礼记·礼器》:"天子一食,诸侯再,大夫、士三,食力无数。"郑玄注:"一食、二食、三食,谓告饱也。食力谓工商农也。"③天子吃完一道饭之后,不再加饭,随即"告饱",这就是"天子一食"。孔颖达疏用"德"之高下来解释这个"告饱"之礼:"尊者常以德为饱,不在食味,故每一飧辄告饱,而待劝之乃更飧,故云'一食'也。"诸侯、大夫之德不及天子,所以二食、三食而告饱。"食力"的工商农呢?"此等无德,以饱为度,不须告劝,故飧无数也。"体力劳动者可以不断加饭,"无数"就是加饭无限制的意思。

尊者的盛酒器反而较小,其实也不足怪,其意义就是专有、独占。大夫、士的酒尊是众人共用的,当然容量较大了;君主的酒尊仅供个人专用,其小巧的外形,反而强化了因独占而来的尊贵感。现代社会也有"以小为贵"一类事情:吃小灶的是一等人,吃大锅饭的又是一等人;小轿车接送的是一等人,乘地铁、挤公交的又是一等人。酒尊的崇高雄伟能造成尊贵之感,而尊者的酒器较小、较低,卑者的酒器反倒较大、较高,同样能造成尊贵之感。还需指出,经学家对爵、觚、觯、角、散的质料、装饰等,依据礼书又有考辨,或说爵、觚、觯、角都以刻画为饰;天子、诸侯之爵,饰以玉者称玉爵,饰以瑶者称瑶爵,其角与散若以璧饰,则称璧角、璧散;大夫、士所用之爵,仅有疏刻而无他饰④,简陋得多了。可知尊者所用的饮酒器虽然较小,其装饰却更为华美。无论如何,大小酒器的体积之比、名称之异,说明酒尊之等级功能精细入微,可称"小大由之"。

## 二 置酒曰尊与奉酒以献

《说文解字》称:"尊,酒器也。从酋,廾以奉之。""廾"是双手捧物,在"尊"字中所捧的就是酒尊。"廾以奉之"是一个动作,表明了"尊"字也用为动词。"尊"要干什么呢?首先是酒器的陈设。

安徽寿县蔡侯墓出土铜器,有自名为"飤鼒""飤鬲""飤鼎""头鼎""飤匜""用戈""酓锺""歌锺""行锺""盥缶""盥匜"者,也有自名为"尊缶""尊盘""尊匜"等的,由此涉及了"尊"字。唐兰认为,器名之前的限定词之异,涉及了器物的功用之异:

---

① 阮元校刻:《十三经注疏》,第1433页中栏。按:郑注"士用禁"原文作"士用棜禁"。据历承祥同学提示,《校勘记》云:"惠栋云棜字衍。案,惠栋是也"(第1437页上栏),据删。特此致谢。
② 棜、禁的形制用法,参看扬之水:《关于棜、禁、案的定名》,《中国历史文物》2007年第4期。
③ 阮元校刻:《十三经注疏》,中华书局,1980年,第1432—1433页。
④ 孙希旦:《礼记集解》卷二三,中华书局,1989年,第638页。

称为"尊缶""尊盘""尊匜"等器,跟"盥缶""盥匜",显然是有区别的。凡称为"尊"的器,是指在行礼时放置在一定的位置的器。《左传》昭公十二年说:"以文伯宴,樽以鲁壶。"《士冠礼》"侧尊一甒醴在服北",郑玄注"置酒曰尊",胡培翚《仪礼正义》说:"置酒谓之尊,犹布席谓之筵,皆是陈设之名,非谓酒器。'侧尊一甒醴',犹言特设一甒醴耳。"这个说法是很正确的,鼎在铭刻里有时称为"尊鼎",可见即使并非盛酒之器,也可以称尊,"尊鼎"等于是陈设用的鼎;"飤鼎"则是食用的。"尊缶""尊匜"是陈设用的缶和匜,"盥缶""盥匜"则是盥洗用的。这正如在钟里面,有"龢钟""歌钟""行钟"之别。功用不同,名称也就不同。①

"尊"为"陈设"之意,在古文献中有很多例子。除了唐兰上文列举的那些,又如《仪礼·士冠礼》:"尊于房户之间";《士昏礼》:"尊于室中北墉下";《大射礼》:"司宫尊于东楹之西两方壶";《士虞礼》:"尊于室中北墉下,当户,两甒醴、酒"。这些"尊"字,指的都是在典礼上陈设酒器②。所以"尊+器名",也表明此器用于陈设。

对器物自名现象,至今学者又提供了更多的搜集与分析,进一步显示出自名中的限定词涉及了此器的特征、性质、用法。③ 诸如"尊缶""尊盘""尊匜""尊簠""尊鬲""尊壶""尊罍""尊需""尊盉"之类自名,若依唐兰之说,都是陈设于行礼之时的器物。虽然也有学者觉得,这些器名里的"尊"字只是尊、高之意,类似"宝鼎"之"宝"。不过尊、高与"陈设"其实并无矛盾。强调其尊、其高也就是强调观赏效果,也就表明了此器不是用于"食""盥"的实用器具,而是用于陈设以供观赏炫耀的器具。

黄盛璋赞成唐兰的意见:"同一人所作之器,即有一称'宝×',一称'尊×'之例,可证尊器仅表示其器尊贵,与用途无涉。至于对称时如蔡侯两缶,一称蔡侯盥缶,一称蔡侯尊缶,称尊缶的可能是表示此缶行礼时可用于陈列,所以较为尊贵,而称盥缶则为一般用器,不用于行礼时陈设,以别于用作礼器之尊缶。"若同一形制的两件器物或"尊"或否,那么称"尊"的那一件显然就是用于陈设的,"蔡侯尊缶""蔡侯盥缶"便是一个好例子。黄盛璋进而推论:"按'尊'字为双手奉酒器之象,当象在宗庙祭祀中奉酒敬神,本意实为动词,解为酒器系由此意引申而来,至尊贵意则更由宗庙祭器引申。"④"尊器"陈设于隆重典礼之上,典礼的隆重程度,决定了那些礼器、酒器的尊贵程度。

《说文解字》释"尊"为"廾以奉之",目的是"以待祭祀、宾客之礼"。谭戒甫也认为"尊"是奉酒之意,但他所强调的不是奉酒之器,而是所奉之人,即奉酒致敬的对象:"按酌酒实尊,必双手奉上以示敬,引申为凡尊敬之称。"作册矢令簋:"尊俎于王姜","用尊事于皇宗";殷墟戈其卣:"王□尊文武丁。"对这三条铭文,谭戒甫指出前一个"尊"就是"待宾客",后两个"尊"就是"待祭祀"。⑤ 这样,就把《说文解字》所说的"以待祭祀、宾客之礼",从"人"的方面具体化了。无论是以酒奉生人,还是以酒奉鬼神,都属"尊礼",被奉酒的对象也就是"尊者"了。礼器之所以称"尊",源于奉酒以献;人之所以为"尊",也来自奉酒以献。

---

① 唐兰:《〈五省出土重要文物展览图录〉序言》,收入《唐兰全集》第3册,上海古籍出版社,2015年,第989页。
② "尊"作为动词,还有一种用法。《礼记·礼器》:"盛于盆,尊于瓶。"这个"尊"是向瓶中注酒。
③ 如张亚初把鼎名分为16类132种,见其《殷周青铜鼎器名、用途研究》,《古文字研究》第18辑,中华书局,1992年,第273页以下;陈双新将钟、镈自名中的修饰语分为5大类32种,见其《青铜乐器自名研究》,《华夏考古》2001年第3期;何颀也以器形为纲,对各种自名做了分类归纳,见其《先秦青铜酒器自名研究》,河南大学硕士学位论文,2013年。
④ 黄盛璋:《释尊彝——奠器说正谬》,收入其《历史地理与考古论丛》,齐鲁书社,1982年,第343-344页。
⑤ 谭戒甫:《周初矢器铭文综合研究》,《武汉大学人文科学学报》1956年创刊号。

春秋礼制又有了不小发展,很多物品都被等级化了。在祭祀、宴飨之礼上,不光要奉酒,通常也会奉食,奉食所使用的鼎、簋、豆等食器,也有等级差异,也是可以区别尊卑贵贱的。《周礼·天官·膳夫》:"王日一举,鼎翮有十二,物皆有俎。"郑玄注:"鼎十有二,牢鼎九,陪鼎三。"①何休《公羊传》桓公二年注云:"礼祭,天子九鼎,诸侯七,卿大夫五,元士三也。"②"列"既有"组合"之义,也有"陈设"之义。列鼎研究者提出,天子之所用鼎,可能如《周礼》所云最高为十二鼎;西周末及东周以来,卿士、诸侯最高也用九鼎(有时还有陪鼎);鼎与簋是搭配使用的,如九鼎八簋、七鼎六簋之类。③ 又如豆的使用,同样等级鲜明。《礼记·礼器》:"礼有以多为贵者,天子之豆二十有六,诸公十有六,诸侯十有二,上大夫八,下大夫六。"同书《乡饮酒义》:"六十者三豆,七十者四豆,八十者五豆,九十者六豆,所以明养老也。"④

食器也有鲜明等级性,为什么酒尊独"尊"呢?为什么古人说"尊卑"却不说"鼎卑""豆卑"呢?用酒器之名却不用食器之名,看来食器略逊一筹,并不如酒器之"尊"。这个现象的背后,就是奉食不如奉酒的致敬功能强大。众所周知,以酒致敬是普遍的社会习俗,古今中外大抵如此。这是由酒精(乙醇)麻醉神经、刺激大脑的强大功能所决定的。饮酒所造成的强烈的兴奋欣快,是饭食难以相比、无法取代的。对这一点,饮用自然果酒的夏商先民,应已充分感知。一项统计显示,晚商时酒器占青铜礼器的近70%。⑤ 另一统计显示,殷墟四期青铜礼器中酒器占比为69%~79%。⑥ 周朝统治者对酒又敬又畏,既刻意严防酒祸、禁民群饮,同时又用酒来强化典礼的神圣、庄重或热烈。祭祀、宴飨又有饮、献环节。也许就是因此,酒器才压倒了食器,是酒器之名而不是食器之名,派生出了"尊"这个身份用词。而且酒本身也有等级,不同种类的酒也是尊卑有异的。醴与酒相比,则醴尊于酒,所以贵族飨礼及冠、昏、聘、丧等典礼用醴,而乡里的饮酒礼只用酒;玄酒、醴醆、粱醍、澄酒四者等而下之,祭祀时需分别放置在室、户、堂及堂下等不同地方。⑦

在商周,"酒"与"礼"的联系千丝万缕。苏秉琦认为"酉"是尖底瓶的象形:"由它组成的会意字如'尊''奠',其中所装的不应是日常饮用的水,甚至不是日常饮用的酒,而应是礼仪、祭祀用酒。尖底瓶应是一种祭器或礼器,正所谓'无酒不成礼'。"⑧王国维认为,用来盛玉而奉神人的器具谓之"豊","推之而奉神人之酒醴亦谓之醴",再进一步,"奉神人之事"便通谓之"礼"了。⑨ 杨宽也认为"礼"源于"醴":"醴"是用来敬献的高贵礼品,飨礼上的献醴仪式称为"豊";这种敬献仪式既用于贵宾,也用于贵神,因而"豊"又从"示"称"礼"。推而广之,凡是用醴来敬宾的仪式,也都称为"礼"了。杨宽还引凌廷堪之说以证之:"凡宾

---

① 孙诒让:《周礼正义》,中华书局,1987年,第241-242页。
② 阮元校刻:《十三经注疏》,中华书局,1980年,第2214页上栏。
③ 参看郭宝钧:《山彪镇与琉璃阁》,科学出版社,1959年,第13页;北京大学历史系考古教研室商周组编:《商周考古》,文物出版社,1979年,第203页以下;俞伟超、高明:《周代用鼎制度研究》,《北京大学学报(哲学社会科学版)》1978年第1、2期,1979年第1期;李学勤:《东周与秦代文明》,文物出版社,1984年,第203页。相关研究还有一些,也有学者强调"列鼎"制度的复杂性,如林沄:《周代用鼎制度商榷》,《史学集刊》1990年第3期。
④ 分见阮元校刻:《十三经注疏》,中华书局,1980年,第1431页下栏、第1683页中栏。
⑤ 郭宝钧:《商周铜器群综合研究》,文物出版社,1981年,第122页。
⑥ 岳洪彬:《殷墟青铜礼器研究》,中国社会科学出版社,2006年,第305页。
⑦ 可参周聪俊:《说醴》,《第三届中国文字学国际学术研讨会论文集》,台北辅仁大学出版社,1992年,第236页。
⑧ 苏秉琦:《关于重建中国史前史的思考》,《考古》1991年第12期,第1114页。
⑨ 王国维:《观堂集林》卷六《释礼》,中华书局,1984年,第291页。

主人行礼毕,主人待宾用醴,则谓之礼;不用醴,则谓之偝。"①虽然王国维、杨宽对"豊"字的字形解释还有推进余地,裘锡圭、林沄有更好解说②,但"醴"与"礼"存在密切关系一点,仍显而易见。周聪俊概括说:"(豊)字从玨从壴以会'行礼'之义,进而奉神祇之酒醴则谓之醴,奉神祇之事谓之礼,初皆用豊,其后分化为'醴''礼'二字,各有专字可役。"③诸家说法虽不尽相同,但都反映了"醴"与"礼"相为表里,醴酒在上古典礼中具有特殊意义,进而决定了酒器在上古典礼中的特殊意义。

### 三 "卑"字臆测:低矮低贱的饮器?

表示"低下"之义时古人使用"卑"字,如尊卑、崇卑、高卑等。甲骨文有"陴"字,陴即城墙上的矮墙。卑、陴二字之关系,也许类似于尊、障二字之关系。朱凤瀚说尊字"加阜旁说明此字本为崇高之义",则卑字加阜旁,也许说明卑字本有卑下之义。

如前所述,尊、崇、高等字都有具体所象之物。又"广"本指殿上大屋;"薄"本指苇、竹编织物,如席、帘之类,"蚕薄"即蚕帘;"短""矮"从矢,乃因为"有所长短,以矢为正"。以此类推,"卑"字或许也关涉于某种具体事物。这个事物,第一应是常见的东西,有代表性;第二是能给人以低矮卑下之感,故卑字本有卑下之义;第三则是这个东西还可能跟"尊"字所涉事物是同类事物,同类事物就容易对比,便于对比。

《说文解字》释"卑":"贱也。执事者。从ナ甲。"④"卑"被说成是左手持甲之形,那"甲"是什么东西呢? 或说"甲为带柄器械状""持械做事为下等人所为,卑贱"。⑤刚才提到"尊"有二义:"高耸"与"高贵";与之相应,"卑"字也有二义:"低贱"与"低矮"。"执事"的身份可以同"低贱"联系起来,与"低矮"一义却没有必然关系,"下等人"未必低矮,身材高大的也有。学者另有一些推测,把"卑"跟酒器联系起来了,认为"卑"字的手持之物是缶、扁壶或横壶之类。这样一来,就跟"尊"来自酒尊、字作手持酒尊之形一点,相映成趣了。下面把若干论点简述如下,以供参考。

高田忠周认为卑字从缶:"今据金文,字明从由、从反攴","因谓由为缶名,缶由贱者所取之器","即贱者执事之意在焉。"⑥林义光看法相同,也认为卑字从由,"由缶也"⑦。"缶"可以用为酒尊。《说文解字》:"缶,瓦器,所以盛酒浆。"⑧在存在饮酒环节的典礼上,缶被用作盛酒器之一。如前所述,飨礼之上,君主用的瓦甒大五斗,大夫用的壶大一石,没资格登堂入室的士使用缶,学者推测其容量又大于壶。就身份最低的使用者而言,缶是可以

---

① 杨宽:《西周史》,上海人民出版社,2003年,第768页。
② 裘锡圭认为:"豐字应该分析为从壴从玨","本是一种鼓的名称。"(《甲骨文中的几种乐器名称——释庸、豐、鞀》,《中华文史论丛》1980年第2辑,第71—72页)林沄指出"豊"字从玨从壴,"这是因为古代行礼时常用玉和鼓。孔子曾经感叹说:'礼云礼云,玉帛云乎哉! 乐云乐云,钟鼓云乎哉!'这至少反映古代礼仪活动正是以玉帛、钟鼓为代表物的。"(《豊豐辨》,《古文字研究》1985年第12辑)郑杰祥又云:"礼"字中的"玉"是一种棒状玉器,上有粗节,它在早期高级墓葬中经常被发现(《释礼、玉》,收入田昌五主编《华夏文明》第1辑,北京大学出版社,1987年,第355页以下)。
③ 周聪俊:《说醴》,《第三届中国文字学国际学术研讨会论文集》,1992年,第236页。
④ 许慎:《说文解字》卷三下,第65页上栏。
⑤ 李学勤主编:《字源》"卑"字条,天津古籍出版社、辽宁人民出版社,2012年,第226页右栏。
⑥ 高田忠周:《古籀篇》,台北大通书局,1982年,第1425页。
⑦ 林义光:《文源》,中西书局,2012年,第236页。
⑧ 许慎:《说文解字》卷五下,中华书局,1963年,第109页上栏。

跟"低贱"联系起来的;但就容量而言,缶反而是最大的,外形并不低矮。马叙伦虽然也说"缶也,手持之"之说"亦可从",最终仍然认同朱骏声的"圆榼形"之说。①

那么再看朱骏声对"卑"字的阐述:

> 按许说形声义俱误。此字即椑之古文,圆榼也,酒器象形,ナ持之,如今偏提一手可携者。其器椭圆,有柄,故《考工·庐人》注云:"齐人谓柯斧柄为椑。椑,椭圆也。"《广雅·释器》:"匾榼谓之椑。"《史记·大宛传》注"饮器,椑榼。"索隐:"谓今之偏榼也。"字亦作匾。《篆文》:"匾匚,薄也,不圆也。"犹《广雅·释木》"下枝谓之椑樕"。《一切经音义》:"关中呼广薄为椑也。"从匚扁声,匾、卑双声。转注为尊卑。凡酌酒必资乎尊,礼器,故为贵;椑者,如《左传》"摄榼承饮"、《孔丛子》"子路嗑嗑尚饮十榼",便于提携、常用之器,故为贱。亦如货贝有贵贱,转而为人贵贱之称也。②

朱骏声认为,"卑"是"椑"的本字,而"椑"就是圆榼、匾榼之类扁圆形的酒器。其"凡酌酒必资乎尊,礼器故为贵"之说,与段玉裁的"酌酒者必资于尊,故引申以为尊卑字"如出一辙,但朱氏的推进之处,是进而把"尊卑字"中的"卑"字也落实为酒器,落实到一种低廉便携的常用酒器之上了,其器形特点一是椭圆,二是广薄或扁。又,王念孙也认为:"椑之言卑也","然则正圜者谓之槫,圜而匾者谓之椑","匾与椑一声之转",而"匾榼谓之椑"。③总之,朱、王二氏都认为椑、卑息息相关,而"椑"既指涉盛酒器,又指涉扁圆形,所以椑榼亦名匾榼。

由此推想"卑"字中的手持之物,可能是某种扁圆形的常用器具,古人举目即见,便从中抽象出了一个"扁圆"之义。因质料为木,故"卑"又作"椑";因外形低矮,故又有"卑"义。正如环、方、角等词,既可以指具体事物,如玉环、土方、墙角,也可以指抽象形状一样,与之类似,椑(卑)既可以指一种具体器具,也可以指一般性的扁圆。因其可指扁圆,所以冠之于榼便有了"椑榼"之名,"椑榼"又称"匾榼",亦即形体扁圆的扁壶;冠之于盘便有了"卑匾"之名,"卑匾"又称"匾匚",也就是盘、盆之类。盘、盆的器形"大口而卑",也是一种扁圆。可参王念孙"《篆文》云:'匾匚,薄也。今俗呼广薄为匾匚,关中呼匚。'器之大口而卑者,与广薄同义,故亦有瓯颐之名。又匾匚与匚一声之转,大口而卑者谓之瓿,犹下文匾榼谓之椑矣。"④"卑匾""椑榼"中的卑、椑二字,仅指扁圆,用来区别非扁圆形的盘或榼。日常生活中扁壶、圆盘随处可见的,看来就是扁圆形的主要代表。

---

① 马叙伦:《说文解字六书疏证》卷六,中国书店,1985年,第80页。
② 朱骏声:《说文通训定声》,中华书局,1984年,第533页。
③ 王念孙:《广雅疏证》卷七下《释器·匾榼谓之椑》,上海古籍出版社,2016年,第1122-1123页。
④ 王念孙:《广雅疏证》卷七下《释器·题瓯瓿也》,第1110-1111页。

现代学者推定"椑"为扁壶①,也有释之为横形壶的②。"椑"字从木,这表明"椑"这种容器主要是竹木制品。金属扁壶则写成"錍"。另有"甈"字从卑从瓦,"瓦"是陶器的通称,而"甈"为陶质的瓶形容器,虽非扁圆,但陶扁壶也出现得很早。山西襄汾陶寺遗址出土了一件朱书"文"字陶扁壶,距今4000年以上③,当是最古老的扁壶之一。古人已知道竹木陶器出现得最早,因而也最简陋,所谓"古者污尊抔饮,盖无爵觞樽俎。及其后,庶人器用即竹柳陶匏而已"④。若拿庶人使用的竹木椑或陶椑跟精美富丽的青铜礼器相比,前者就容易引发"低贱"之感。与之同时,椑作为私家日用品或"便于提携、常用之器"⑤,其体形又是很小的。我们推测其容量通常不到一斗,不过数升而已。⑥比之崇高的青铜礼器,比之容五斗的瓦甒、容一石、竹木椑的体积不及其1/5、1/10,显然"低矮"多了。

除了椑榼,朱骏声、王念孙所提到的卑匜、匾匜,也就是圆盘,也不无推敲价值,不妨纳入视野。盘子通常用为食器、水器,但也是可以用为酒器的。贵族财力雄厚,器具种类繁多,有专用的青铜酒器;至于普通人家的木盘、瓦盘,就难免一器多用,兼为酒器了。战国以来,贵族饮酒也开始流行椭圆形的耳杯了。汉墓出土的"卑匜",其器形为圆盘,是用作

---

① "榼是包括圆、方、扁各类器形的酒器,而椑则专指匾榼即通称之扁壶而言。"(孙机:《说"椑"》,《文物》1980年第10期,第81页)"椑可能是指状似扁壶而腹横截面为椭圆形者。"(朱凤瀚:《中国青铜器综论》,上海古籍出版社,2009年,第225、231页)

② 林巳奈夫以临沂银雀山出土与临沂画像石中的卧式圆筒形的盛酒器为椑榼,见《漢代の文物》图5-154、5-155,京都大学人文科学研究所,1976年,第98页。黄盛璋强调前后之扁和上下之扁有别,"凡扁则上下必变卑短,而左右变长阔,故扁圆谓之椑,此'椑'从'卑'声,在字义上所以具有卑、短、圆之义的来源""椑榼只能是横形壶",见:《关于壶的形制发展与名称演变考略》,《中原文物》1983年第2期,第22、25页。冀小军也从"上下厚度"与"前后厚度"的区别出发,认为椑榼"指古代一种器身呈卧式圆筒形的盛酒器",见:李学勤主编《字源》"椑"字条,天津古籍出版社、辽宁人民出版社,2012年,第523页左栏。

③ 李健民:《陶寺遗址出土的朱书"文"字扁壶》,《中国社会科学院古代文明研究中心通讯》2001年第1期,收入解希恭主编:《襄汾陶寺遗址研究》,科学出版社,2007年,第620页以下。

④ 桓宽:《盐铁论·散不足》,王利器:《盐铁论校注》,中华书局,1992年,第351页。

⑤ 《左传》成公十六年(前575年)晋楚鄢陵之战:"使行人执榼承饮,造于子重。"见杨伯峻:《春秋左传注(修订本)》,中华书局,2016年,第973页。随军携带的酒榼,想来不会很大,那么这条史料也算是一个旁证,它暗示榼形较小、具有便携性。

⑥ 1974年山西太原出土了一件铜扁壶,有铭文"土匀容四斗錍",高31.5厘米,容量7500毫升。以此推算,其时一斗合今1750毫升,一升合今175毫升。参看:胡振祺《太原检选到土匀錍》,《文物》1981年第8期。又襄汾陶寺出土的那件"文"字扁壶,似属礼器,高约27.4厘米。由其高度推测其容量,只三斗多。铜制(或陶制)扁壶可以制作得较大,至于挖木或截竹而成的便携椑榼,想来又比"容四斗"的铜錍小很多。《初学记》卷二八《竹》引晋郭义恭《广志》:"汉竹,大者一节受一斛,小者数升为椑榼。"(中华书局,1962年,第694页)可见椑榼之小者,其容量只有数升,连一斗都不到。又《史记》卷一二三《大宛列传》:"匈奴破月氏王,以其头为饮器。"集解引韦昭:"饮器,椑榼也。"司马贞索隐:"谓今之偏榼也。"有人指出,头骨所制的"饮器"应是饮酒器,而不是盛酒器。而传世的头骨饮器都是半圆形的,与椑榼形状不同。半圆形头骨的实测容积,为500~700毫升(谨此向进行实测、为我提供帮助的热心朋友致谢)。韦昭及司马贞用椑榼来解释头骨饮器,似不可取,但由之却可以察知,他们习见熟知的椑榼跟人的头骨大小相近。假如二者体积悬殊,他们便不会那么解释。成人头骨的容积大约1500毫升,若以175毫升为一升,那么大小相近的椑榼容积约八升多,不到一斗,跟《广志》"小者数升为椑榼"之说大致相合。这样的椑榼只有铜质"容四斗錍"的1/5那么大。《北齐书》卷二八《元韶传》:"玛瑙榼容三升,玉缝之,皆西域鬼作也。"(中华书局,1972年,第388页)这玛瑙榼小至三升,其体积首先是由原料决定的,又是西域工艺品,应属特例,不代表汉地椑榼的习惯制形。

食器的;同时出土的耳杯,则兼为食器与酒器。① 由汉墓中卑匜与耳杯的情况向上追溯,耳杯也许是由圆盘分化、演变而来,因有双耳,盘身就变成椭圆形了。瓦质的盘称"甌"或"甌瓱",属于不登大雅之堂的"陋器",甚至用来喂狗。② 外形扁圆、"大口而卑"的卑匜、匾匜,即木盘、瓦盘,也会被平民用来饮酒,而这可能是卑字"低贱"之义的又一来源。即便作为日常容器,卑匜、匾匜也是可以跟青铜礼器形成对比的。

段玉裁"凡酌酒者必资于尊,故引申以为尊卑字"的推断,把我们引入了遥远幽深的古人心境,在那种心境中,酒尊是夺目耀眼的身份标识。从心理规律说,在"近取诸身、远取诸物"时,或在取譬引喻之时,最容易形成对比的是同类事物,如"黄钟弃毁"与"瓦缶雷鸣"之对比,如"鲲鹏"与"蓬间雀"之对比,如"金玉缘"与"木石盟"之对比。贵、贱亦然,本皆钱币。如前文所引,段玉裁云:"贵贱本谓货物而引申之也",王念孙云:"亦如货贝有贵贱,转而为人贵贱之称也","贵"是昂贵的钱币,"贱"是廉价的钱币,二者相形则贵贱立见。那么,与"尊"形成对照、构成两极的,在古人视野中会是哪些器物呢?这样看来朱骏声"凡酌酒必资乎尊,礼器,故为贵",椑榼、卑匜"便于提携、常用之器,故为贱"的看法,便不无道理了。当视线从盛大典礼上的青铜酒器,从崇高富丽的"金罍""兕觥""金斗""玉卮"移开,转观卑小简陋的日用木椑、卑匜之时,低矮、低贱之感难免油然而生。"卑"之低矮、低贱二义,跟"尊"之高耸、高贵二义两两相对,形同"反相"了。

## 四 结语

大致说来,"酒之尊"与"人之尊"存在着内在联系,这种联系首先是青铜礼器或酒器的"高耸"与"高贵",进而酒器使用的"以小为贵""以下为贵"又提示人们,酒尊的等级功能是相当精巧、细腻、多样化的。"尊"作为动词,本意是置酒、奉酒。"置酒曰尊",表明青铜礼器最具可炫耀性;"奉酒曰尊"又表明,无论是奉鬼神还是奉宾客,醴酒都最具致敬功能,然则酒器是礼典的核心要素。清代学人认为卑、椑相关。椑榼的低矮、低贱,看上去跟青铜礼器的高耸、高贵构成两极。当然,这最终有待考古文字学者来证实证伪。

"酒之尊"与"人之尊"的关系给我们的启发,就是前行政化时代的等级秩序,仍带有浓厚的原生性,其时身份的展示、地位的标识,在更大程度上仍借助于物化的、可视的方式,包括借助于酒尊。"尊"字的一词二义,便是酒尊之社会意义、等级功能在汉语史上留下的痕迹。这个话题,还有继续深化的空间。

---

① 江陵凤凰山一六八汉墓遣策所见,有"食大卑匜""炙卑匜""尺卑匜""八寸卑匜""緒卑匜""脍卑匜"等名,相应的实物都是小圆盘(B型盘),计24件;耳杯100件,有自书"钦柯"的,也有自书"画柸""鱼杯""黑杯"等的。可参考凤凰山一六七号汉墓发掘整理小组:《江陵凤凰山一六七号汉墓发掘简报》,《文物》1976年第10期;湖北省文物考古研究所:《江陵凤凰山一六八号汉墓》,《考古学报》1993年第4期。又马王堆一号汉墓出土小盘20件,遣策称"卑匜",书有"君幸食",应系食器;同墓出土的耳杯,遣策称之为"小具杯",其50件书有"君幸食",其40件书有"君幸酒",分别为食器与酒器。可参考湖南省博物馆、中国科学院考古研究所编:《长沙马王堆一号汉墓》,文物出版社,1973年,第77、82-83、87页。

② 《楚辞·七谏》:"甌瓱登于明堂兮,周鼎潜乎深渊。"(洪兴祖:《楚辞补注》,中华书局,2006年,第1157页)《说苑·反质》:"瓦甌,陋器也。"(向宗鲁:《说苑校证》,中华书局,1987年,第529页)《淮南子·说林》:"狗彘不择甌瓱而食。"(张双棣:《淮南子校释(增订本)》,北京大学出版社,2013年,第1765页)

# "保"与殷周时期的保母

陈嘉礼

山东大学儒学高等研究院

**摘　要**：殷商甲骨文、两周的金文及传世古文献中都有"保"字。甲骨文和金文的字形早已透露出"保"与女性存在着天然的关系。而传世文献如《尚书》中的"保"就有"背、抱孩子"之意。本文从甲骨文和金文的字形与用法入手，考证"保"字的原始字义，认为在殷商时期"保"是官名，至西周时期"保"这一官职的分工就更加细致。本文以出土文献与传世文献互证，认为上古时期的"保"类似于今天的保母之职，指代照顾王室贵族子女的教育和日常生活的职业女性。

**关键词**：保　保母　古文字中的"保"


## 一　甲骨文、金文中的"保"字

甲骨文中屡见"保"字，如"𠈃"(《合集》18970)①或"𠈃"(《合集》16431)，象人负子之形。字形与现今汉语几乎无异，只是人字旁有出现在右边之例，如"𠈃"(《合集》8311)。字形到商晚期的铜器铭文出现变化，呈"𠈃"(〈子保觚〉,《集成》6909)形，为"子"字下加画一点。这个改变亦反映在周原甲骨和金文之上，周原甲骨中有"𠈃"(H11:50)例，〈保卣〉中则写成"𠈃"(《集成》5415)。笔者认为，在"子"字下加画一点，是为了与"毓"字作区别。"毓"在甲骨文作"𠂤"(《合集》14857)或"𠂤"(《合集》2361正)，"毓"字从女从子，而毓之偏旁在子之上，与保之"人""子"并列不同，大抵是避免混淆，而有此区别。王国维早已论"毓"字即"育"字②，"毓"亦有生育之义③，是故上引《合集》2361例中，"子"的头向下并有水点，是象征生育之时母体流出的羊水。

此外，周原甲骨中有两条有关"大保"之例：

大保今二月往正■（H11:15）

大保（H11:50）

---

收稿日期：2019-12-05。

作者简介：陈嘉礼，历史学博士，山东大学儒学高等研究院副教授，主要从事中国上古史研究。

基金项目：本文得到"山东大学基本科研业务费"及"山东大学青年学者未来计划"资助。

① 郭沫若、胡厚宣编：《甲骨文合集》，中华书局，1978—1983年。下称《合集》。

② 王国维：《殷卜辞中所见先公先王续考》，载《观堂集林》卷九《史林一》，中华书局，2006年，第441页。

③ 鲁实先讲授，王永诚编：《甲骨文考释》，台北里仁书局，2009年，第214页。

④ 孔颖达疏：《尚书正义》卷一五《召诰》，阮元校：《十三经注疏》本，中华书局，1980年，第211页。

两条应为周人甲骨。盖"大保"(太保)见于《尚书·召诰》:"惟太保先周公相宅",《孔安国传》:"太保,三公官名,召公也。"④ H11:15例的"保"作"㼝",与金文《叔卣》作"㼝"和《大保鼎》作"㼝"相同,却与殷卜辞相异。对比起来,H11:50的卜辞中的"保"比H11:15从王的"保"字应更早出现。惜H11:50单刻"大保"一词,没有上下文,未知何解。

从字形上来看,"保"字为成年人带着孩子之意应无异议。而带着孩子的"亻",应当为母亲。从上引《合集》2361例已可看出,"亻"可以生育孩子,并不一定是"女"。而甲骨文中的"保"亦有保护庇佑之意:

燅贞:大甲保(《合集》1370)

燅为进行占卜的官员,其占卜的内容就是祈求祖先大甲的保佑。类似例子还有:

癸未卜,内贞:子商㞢有保

癸未卜,内贞:子商亡其保(《合集》6572)

这是典型的对贞卜辞,卜问子商会否有或无得到保佑。①

唐兰对甲骨文和金文的"保"字见识最佳,他指"保"为负于背,与"抱"负于前不同,是故"㼝"实人反手负子于背,引申有保养之义。②《说文》就简单地释"保,养也"。③ 简而言之,"保"字乃一会意字,由"人"和"子"两个字素构成的复素字,为了区别"毓",在"子"字下加画一点,这使后来又累增缀作"保",为后世所本。

## 二 作为官职的"保"

虽然商代甲骨文中未有明显证据证明"保"是官位,但"保"字是否是官位的讨论,一直是甲骨学讨论的热话。有几条卜辞颇为醒目:

丙子,保㽞示三屯。叔(《合集》17634)

丙寅卜,大,贞叀旨又保自又尹。十二月(《合集》23683)

张亚初认为,在卜辞中,干支之后是职官人名,是故首例保㽞之保为职官名,而第2例中,保与尹是相对并到的两种职官。④ 陈梦家就认为卜辞中的"黄尹、黄奭即《诗颂》之阿衡、保衡,阿、保是其官名而黄或衡是其私名,与此同例,黄尹是阿保之官,伊尹亦然,所以《墨子》说他是'女师仆',《叔夷镈》说他是'为傅'。《后汉书·崔寔传》'阿保'注云:'谓傅母'",《礼记·内则》注云:'保,保母也',《说文》:'㜅,女师也,读若阿','姆,女师也,从女每声,读若母'……阿保为尹,亦见于西周初期金文和《尚书》:《令尊》之'明保'又称'明公尹';《乍册大鼎》则有'皇天尹大保';《君奭》之'君奭'又称'保奭'"⑤,在甲骨文中,伊尹会被称为"伊奭""黄奭","奭"字与保、傅、姆、辅、弼等字声义相近,周初召公任"太保"时,又

---

① 子商屡见于卜辞,常在武丁身边,随之打猎、出征等。从卜辞可见其身份为王室贵族,与武丁有近血缘关系,有学者推测子商可能是武丁之侄。参考韩江苏、江林昌:《〈殷本纪〉订补与殷史人物征》,中国社会科学出版社,2010年,第348页。子商亦见于青铜铭文,可参考严志斌:《商代青铜器铭文研究》,上海古籍出版社,2013年,第210页。
② 唐兰:《殷虚文字记》,上海古籍出版社,2016年,第90-91页。
③ 许慎:《说文解字》卷八上,中华书局,1963年,第161页。
④ 张亚初:《商代职官研究》,《古文字研究》第13辑,中华书局,1986年,第83-84页。
⑤ 陈梦家:《殷虚卜辞综述》,中华书局,1988年,第363页。

尊称为"君奭"①,故此,"保"与"奭"应该是有关联的,亦即伊尹是太保②,而太保在商代亦是常设的官职。③ 有学者即据此认为"尹和阿、保同,为其官名"④。

西周时期,"保"乃一官位。《尚书·君奭》:"召公为保,周公为师,相成王为左右。"孔传:"保,太保也;师,太师也"⑤;《礼记·文王世子》:"入则有保,出则有师,是以教喻而德成也……保也者,慎其身以辅翼之,而归诸道者也"⑥;《大戴礼记·保傅》:"保,保其身体;傅,傅其德义;师,导之教训。此三公之职也"⑦。由此可见,保官的职责应是王室内的教育工作。

徐锴《说文系传》:"夫赤子有保,保其身之动静饮食衣服也。"⑧这类生活工作由女性负责应会较合适。是故在西周金文中,亦不乏与女性之"保"有关的铭文。第一件重要的是为《保侃母壶》,器形未见,共14字:

王姒赐保侃母贝,扬姒休,用作宝壶。(《集成》9646)

由该壶文体可判断为西周早期,定为成王时铜器。王姒,是嫁入王室、娘家为姒姓的女子,屡见于出土铜器。⑨ 保侃母为女子名称无疑,侃母之前冠以保,此保当为女官⑩,亦即一个有"保"身份名叫侃的女子之意。铭文首句的解读就可以是"王姒赐予给保侃母贝"。铭文第二句的"扬"即"颂扬";"休"即"嘉美",全句意思就是保侃母颂扬王姒的嘉美,是故制作了这宝贵的壶。

此外,《保侃母簋盖》载:

保侃母赐贝于庚宫,作宝簋。(《集成》3743)

杨树达认为以上两器的保侃母是指同一个人⑪,此说得当。保侃母壶与保侃母簋盖铭文中的"贝"字、"宝"字结构相同,故当为一人之器,保侃母为同一人是合理的。而《保伇母器》则载:

保伇母赐贝于庚姜,用作旅彝。(《集成》10580)

旅彝,有行旅之意、祭名之意。铭文大意是说保伇母给庚姜赏赐了贝,因此制作了这祭祀时陈列的祭器。保伇母与上述的保侃母一样,其私名为伇,身份为保官。《保侃母壶》的讯息很明确,赐具的是周王的后妃,赏赐的地点又是内宫⑫,这可以看出保官们可以凭借出色的表现获得赏赐。

---

① 王贵民:《商朝官制及其历史特点》,《历史研究》1986年第4期,第109页。
② 徐义华:《商代国家与社会》,中国社会科学出版社,2011年,第444页。
③ 宫长为:《西周三公新论》,收入中国社会科学院历史研究所学刊编委会编《中国社会科学院历史研究所学刊》第1辑,社会科学文献出版社,2001年,第35-62页。
④ 张利军:《商周服制与早期国家管理模式》,上海古籍出版社,2016年,第162页。
⑤ 孔颖达疏:《尚书正义》卷一六《君奭》,阮元校:《十三经注疏》本,第223页。
⑥ 郑玄注,孔颖达疏:《礼记正义》卷二〇《文王世子》,阮元校:《十三经注疏》本,第1407页。
⑦ 方向东:《大戴礼记汇校集解》卷三《保傅》,中华书局,2008年,第309页。
⑧ 徐锴:《说文系传》,收入《景印文渊阁四库全书·经部》一〇《小学类》第217册卷一五,台北商务印书馆,1983—1985年,第583页下。
⑨ 除《保侃母壶》外,还有中国社会科学院考古研究所编:《殷周金文集成》5962《叔像方尊》,中华书局,1985—1994年;中国社会科学院考古研究所编:《殷周金文集成》9888《叔像方彝》,中华书局,1985—1994年;等等。
⑩ 张亚初、刘雨:《西周金文官制研究》,中华书局,1986年,第2页。
⑪ 杨树达:《积微居金文说》,上海古籍出版社,2013年,第307页。
⑫ 张亚初、刘雨:《西周金文官制研究》,第2页。

《大戴礼记·保傅篇》有"召公为太保,周公为太傅,太公为太师"①之说,这可以视为由男性担任"师""保""傅"之证。《礼记·内则》所谓"择于诸母与可者","使为子师,其次为慈母,其次为保母"。郑玄注曰:"诸母,众妾也;可者,傅御之属也;子师,教示以善道者;慈母,知其嗜欲者;保母,安其居处;士妻,食乳之而已。"②自世子及诸侯、卿大夫生子三日之内,即为其置"师""保""傅"等抚育之官。女性担任"保"之职,应属"内保"之类,负责抚育、教导幼童;"外保"则为"选天下端士,孝悌闲博有道术者"③,故皆为男性。

战国时期著名的中山王䰜鼎铭文有言:"寡人幼童未通智,惟傅亻母是从。"(《集成》2840)"亻母"是母的繁化,就是文献中的"姆",此"傅姆"中必定有女性在。《战国策》中记范雎对秦昭襄王说:"足下上畏太后之严,下惑奸臣之态;居深宫之中,不离保傅之手",鲍彪注曰:"女保女傅,非大臣也。"④可见当时女保、女傅也负责管理照料君主的生活,傅姆们负责诸侯、储君幼童时期的生活及教育,在储君幼童时具有绝对权威并影响到他们的晚年。⑤

枚乘《七发》:"今夫贵人之子,必宫居而闱处,内有保母,外有傅父。"李善注《文选》:"《礼记》曰:'古者男子外有傅父,内有慈母',又曰:'其次为保母。'郑玄曰:'保母安其居处者也'"⑥,这与《公羊传解诂》的解释基本相同。而《西京杂记》亦说:"赵王如意幼,未能亲外傅,戚姬使旧赵王内傅赵媪傅之"⑦,这是把"保母"称为"内傅","内傅"为赵媪,则外傅就应为男性。⑧

简而言之,"保"在周时期当为王室内照料幼童的女官,负教育、保育之责。

## 三　由"保"到"娒"(褓):先秦文字中的男女用词

《尚书·君奭》:"告汝朕允保奭"⑨,而《顾命》:"乃同召太保奭"⑩,"保"和"太保"都是指召公奭。由此可见,男女之保官在字形上未有区分。《礼记·内则》:"保受乃负之",注之"保,保母"。⑪《后汉书·崔寔传》言:"或因常侍阿保别自通也",注曰:"阿保谓傅母也。"⑫这就是当"保"官的职能出现男女之别时,为了以示区分,而写成"褓"或"娒"。故此,师保之保最早是以女子担任的褓母,后渐发展而为王室公子的师傅。⑬

何以"保母"会演变成"娒母"?先秦语言文字中一些字词可以兼指男女,但有时按语境的不同而要分指男女,有些词正是适应这种需要而产生的。甲骨卜辞中,武丁时之子辈

---

① 方向东:《大戴礼记汇校集解》卷三《保傅》,中华书局,2008年,第309页。
② 郑玄注,孔颖达疏:《礼记正义》卷二八《内则》;阮元校:《十三经注疏》本,第1496页。
③ 方向东:《大戴礼记汇校集解》卷三《保傅》,第309页。
④ 诸祖耿:《战国策集注汇考》卷五《秦三》,凤凰出版社,2008年,第287、294页。
⑤ 曹兆兰:《金文与殷周女性文化》,北京大学出版社,2004年,第77页。
⑥ 萧统编,李善注:《文选》下册卷三四《七发》八首,太白文艺出版社,2010年,第974页。
⑦ 刘歆:《西京杂记》卷一,上海古籍出版社,2012年,第10页。
⑧ 高华平:《楚简文字与先秦思想文化》,中国社会科学出版社,2016年,第211页。
⑨ 孔颖达疏:《尚书正义》卷一六《君奭》,阮元校:《十三经注疏》本,第225页。
⑩ 孔颖达疏:《尚书正义》卷一八《顾命》,阮元校:《十三经注疏》本,第237页。
⑪ 郑玄注,孔颖达疏:《礼记正义》卷二八《内则》,阮元校:《十三经注疏》本,第1469页。
⑫ 范晔:《后汉书》卷五二《崔寔传》,中华书局,1965年,第1731-1732页。
⑬ 陈梦家:《西周铜器断代》,中华书局,2004年。

共有53人,此53人中有一半为女①,而卜辞中御祭的致祭者有"子某"17人,这些"子某"都系以"子"字,都是武丁的子辈,且可能全部都是女性。② 赵翼早已研究男女称谓,他指男女本来各有专司,间或可以通借,是故古代男子也可称"美人""佳人"。③

汉字中从"人"旁之字和从"女"旁之字或可区分男女。叶玉森言:"从人者或纯为男性,或不分男女性,从女者则纯为女性。"④"倢仔"与"婕妤"、"侄"与"侄"、"任"与"妊"等等,当然,包括本文讨论的"保"与"嬶"(褓)。由这些汉字可以知道,汉语中表达男女差异时,会把男性视为"人"的合理代表,某种事物或现象与女性有关时,所表达的汉字就趋于"女性化",不从"人"而从"女"。⑤

## 四 结语

在文献或考古出土的古文字材料中,女性从来不是主题,更不是书写的重点。但因为这些无意地留存下来的讯息,可以让我们披沙拣金地发掘上古女性历史的种种。正如韩献博(Bret Hinsch)所言,性别总是附加在特定的社会角色上,这些角色定义了女性在社会等级制度中的位置。⑥ 在小孩尚未能自己站立走路时,父母就要加以背负、抱持和保护,照顾下一代仿佛就是女性天生的赋性,这种天赋是自古皆然,古人善用女性这种天赋,保育下一代,为幼童幼孩成长而默默付出,这群上古女性其实就是中国最早的一批保母。作为一位男性学者,笔者绝对不是要追求写出所谓男女两性为主体的历史,而只是客观地叙述女性在历史中应有的地位。借用伊沛霞(Patricia Buckley Ebrey)的话,就是"最好的女性史并非只告诉我们历史上的女人;而是能挑动我们重新审视我们对历史和历史进程的理解……在努力思考了女人在哪里以后,中国历史和文化看来就不一样了。"⑦这群上古史中的保母,就是殷周时期照料和教育孩子的专业女性,对我们看待性别史、教育史,乃至家庭、王室史都有重要的意义。

---

① 胡厚宣:《殷代婚姻家族宗法生育制度考》,《甲骨学商史论丛初集》,河北教育出版社,2002年,第100页。
② 郑慧生:《商代的御祭》,收入王宇信、宋镇豪编:《纪念殷墟甲骨文发现一百周年国际学术研讨会论文集》,社会科学文献出版社,2003年,第503-504页。
③ 赵翼:《陔余丛考》卷四二,河北人民出版社,2003年,第884页。
④ 叶玉森:《殷墟书契前编集释》卷一,上海大东书局,1933年,第113页下。
⑤ 陈伟武:《从先秦语言文字看男女之别》,载《饶宗颐国学院院刊》2017年第4期,第47页。
⑥ Bret Hinsch. Women in Early Imperial China. Lanham, Md: Rowman & Littlefield, 2002: 6.
⑦ Patricia Buckley Ebrey. The Inner Quarters: Marriage and the Lives of Chinese Women in the Sung Period. Berkeley and Los Angeles, CA: The University of California Press, 1993: 270-271.

# 《楚辞·天问》"伯禹愎鲧"与"产翁制"关系辨析

熊贤品

苏州大学社会学院

**摘　要**：《楚辞·天问》"伯禹愎（復）鲧"一句反映的内容，是鲧、禹在治水事业方面的继承；而不应当读"愎"为"腹"，进而再由此引申到所谓禹的"父生说""产翁制"。《天问》"伯禹愎鲧"和所谓的大禹"父生说""产翁制"无关，也不能由此来论证从母系社会到父系社会的变迁。

**关键词**：楚辞　天问　伯禹愎鲧　产翁制

"产翁制（couvade）"是一种奇特的风俗，其内容为女性分娩后，继续从事劳动；而由丈夫代替卧床，抚养幼儿，并被人类学家用来表示从母系到父权的过渡，曾在世界范围内存在。[①]此后这一概念也传入中国，一些学者用古代文献中的"产翁"来对应"couvade"，并用来解释相关历史资料。

一

学界对中国中古以来的"产翁"现象有探究[②]，也有学者认为"产翁制"在中国历史上出现很早[③]。根据已有研究，我国古代文献有关"产翁制"的记载，主要集中于唐代以后的南方民族[④]，如宋周去非《岭外代答》卷一〇引唐房千里《异物志》：

獠，妇生子即出。夫惫卧，如乳妇。不谨其妻则病。谨乃无苦。

明钱古训、李思聪《百夷传》：

（傣族）凡生子，贵者浴于家，贱者浴于河。逾数日，授子于夫，仍服劳无倦。

不过从整体上来看，关于古代中国"产翁"问题的研究，尚有争论，包括：（1）产翁制是

---

收稿日期：2020-05-27。

作者简介：熊贤品，历史学博士，湖南师范大学历史文化学院副教授，主要从事先秦史研究。

基金项目：2018年湖南省社科基金青年项目"出土文献与屈赋考诠"（项目号：18YBQ081）。

① 夏征农、陈至立主编：《大辞海（民族卷）》，上海辞书出版社，2012年，第26页。
② 宋兆麟：《妇女产育风俗》，《广西民族研究》1992年第1期，第81-86页。
③ 杨堃：《原始社会发展史》，北京师范大学出版社，1986年，第201页。
④ 吴永章：《中国南方民族文化源流史》，广西教育出版社，1991年，第417-418页；李飞：《信仰·仪式·神话——"产翁"与"射日"习俗解析》，《贵州民族研究》2012年第1期。
⑤ 谢国先：《产翁制：风俗习惯，还是神话传说？》，《民族艺术研究》2002年第2期。

否真实存在,学者对此有不同意见;⑤(2)产翁制是否反映从母系氏族社会过渡到父权社会,看法不一;①(3)从我国有关古代"产翁制"的文献来看,主要集中于唐代以后;而此前材料,仅有《楚辞·天问》"伯禹愎鲧"一条被认为与"产翁制"有关,并且《天问》这条材料的性质,也有不同意见。

此外,禹是我国重要的历史人物,相关研究的争论之一,为大禹的出身问题,目前有"母生说""父生说"等意见,其中"父生说"就和上述"产翁制"有关联。②

就此,本文试就《楚辞·天问》"伯禹愎鲧"等材料进行一些分析,并对相关的"产翁制""鲧禹关系"等问题进行一些探讨,尚祈同好赐正。

## 二

被认为是大禹"父生说"的相关文献资料,主要是《楚辞·天问》:

> 伯禹愎鲧,夫何以变化?纂就前绪,遂成考功。何续初继业,而厥谋不同?③

其中的"愎"有时也做"腹",而"何"之后或有"故"字。④ 按,"愎"古音为并纽职部,"腹"为帮纽觉部,二者韵部职、觉旁转,而声纽并、帮旁纽,故读音较为接近,是文字互作的关系。

此处大意较为明显,主要是讲大禹继承治水事业,采取不同办法,最后取得成功。但其中"伯禹愎鲧"一句,争议较多,而被认为是大禹"父生说"的主要史料证据。此外从字面看,表明禹为鲧之后,由此围绕这一句,曾产生鲧之性别的争论,早期学者多引用"产翁制"来解释本句,从而判断鲧之性别为男,据此否定"鲧为女性"的意见。⑤

综观学界历来关于"伯禹愎鲧"句的讨论,思路包括如下:

第一,一种观点认为是"刚愎",如东汉王逸《楚辞章句》:"言鲧愚狠,愎而生禹,禹少见其所为,何以能变化而有圣德也?"

第二,另外一种看法,如清代学者钱澄认为"愎"就是"腹",提出"禹为鲧子,是鲧腹中出也"⑥。其后闻一多进一步提出,本段存在文字误倒,认为"禹""鲧"二字应当互易,当作"伯鲧腹禹",即《山海经·海内经》:"鲧复(腹)生禹","复(腹)"刻度为表示"化育"的"孚",整句指鲧化生大禹。⑦ 孙作云进而指出"伯鲧腹禹"和"产翁制"有关。⑧ 上述看法在古史研究方面的影响比较大,如顾颉刚、童书业就将本句解释为:"鲧死后,在他的肚子里忽然生

---

① 肖发荣:《"产翁制"与早期社会组织演变》,《贵州民族研究》2004年第2期,收入《先秦女性社会地位研究》,宁夏人民出版社,2013年,第124-135页。
② 可参考苑利:《大禹诞生神话的医学诠释——兼论"鲧复生禹"神话的误传》,《中原文化研究》2016年第3期。
③ 洪兴祖撰,白化文等点校:《楚辞补注》,中华书局,1983年,第90页。
④ 黄灵庚:《楚辞异文辩证》,中州古籍出版社,2000年,第251-252页。
⑤ 李衡眉:《古史传说中帝王的性别问题》,《历史研究》1994年第4期。
⑥ 钱澄之撰,殷呈祥校点:《庄屈合诂》,黄山书社,1998年,第227页。
⑦ 闻一多:《楚辞校补》,《闻一多全集》第五册,湖北人民出版社,1993年,第156-157页。
⑧ 孙作云:《天问研究》,河南大学出版社,2008年,第161-162页。

出一个禹来"①,一些古史学者也从此说。在《楚辞》研究者方面,也有很多学者从之。② 此外,还有学者认为这一父生说记载,反映了从母系氏族社会向父系氏族社会的转变③,有的学者并将其与后世的"乳翁"相联系④。

但我们注意到,如果要承认上述意见,则还有一些问题需要处理。

首先,比如就"产翁制"概念而言,有学者指出,所谓男子坐褥、父伴为母的"产翁制",仅仅是一种神话传说,而不是真正的风俗习惯。同时,还要看到的是,这种解释的提出,是针对女性才能产子、从而定"鲧"为女性的意见而来;而为了保持鲧的男性身份,学者多列举后世所谓的相关"产翁制"例证,从而论证《天问》的"伯禹愎鲧"。我们也要看到,文献中也有男性产子的概念,这其实是基于血缘世系的传承转移到男性而言的。由此,我们可以看出,即使是有鲧产子的记载,其实讲的是这一世系,而并非就是鲧直接产子,由此也不能得出鲧为女性的看法。

其次,闻一多等的论述,也存在一些问题,学者多有所辩驳。如黄灵庚先生指出,"腹"可读为"覆",表示"覆育",但同时强调:

> 伯禹腹鲧,伯禹腹生于鲧也。闻氏校此句为"伯鲧腹禹",疏于句法。⑤

而具体到"产翁制"而言,也存在事实上的扞格不通,曾经有学者用通俗语言指出这一问题:

> 产翁制只能出现于一夫一妻制之后,要不,群婚杂交,一个女人生了孩子,叫哪个男人去坐月子?总不能让整个氏族的男青年都去坐吧!而鲧、禹生活的年代,一夫一妻制还没有出现呀!⑥

也就是说,从婚姻制度发展史的角度而言,用"产翁制"来解释"伯禹愎鲧"等记载,实际上存在时代差,也是行不通的。

再次,文献中关于大禹"母生说"的记载有很多,《史记·夏本纪》司马贞索隐引《世本》,记载禹之母为有莘氏之女"女志"(又名"女娪""女嬉""女狄""修己"),相关文献的记载还有:

> 《淮南子·修务训》曰:"禹生于石。"高诱注云:"禹母修己,感石而生禹,拆胸而出。"

> 《竹书纪年》:"帝禹,夏后氏,母曰修己。出行,见流星贯昴,梦接意感,既而吞神珠。修己背剖而生禹于石纽。"

---

① 顾颉刚、童书业:《鲧禹的传说》,《古史辨(第七册下编)》,上海古籍出版社,1982年,第144-152页;张国刚主编:《中国家庭史》第一卷,广东人民出版社,2007年,第33页。
② 朱季海:《楚辞解故》,上海古籍出版社,2017年,第138页;游国恩主编:《天问纂义》,中华书局,1982年,第97-98页;董楚平:《楚辞译注》,上海古籍出版社,1986年,第87页;蒋天枢:《楚辞校释》,上海古籍出版社,1989年,第185-186页;汤炳正、李大明、李诚、熊良智:《楚辞今注》,上海古籍出版社,1996年,第87页;袁梅:《楚辞辞典》,山东教育出版社,2000年,第64页;潘啸龙:《楚辞导读》,中国国际广播出版社,2008年,第47页;赵逵夫主编:《楚辞语言辞典》,上海辞书出版社,2013年,第129页。
③ 李衡梅:《禹的两种出生说试释》,《齐鲁学刊》1985年第4期,收入《先秦史论集(续)》,齐鲁书社,2003年,第176-180页。
④ 阎爱民:《〈资治通鉴〉"世民跪而吮上乳"的解说——兼谈中国古代"乳翁"遗俗》,《中国史研究》2004年第6期。
⑤ 黄灵庚:《楚辞章句疏证》,中华书局,2007年,第1037页。
⑥ 郑慧生注说:《山海经》,河南大学出版社,2008年,第14页。

《吴越春秋·越王无余外传》："鲧娶于有莘氏之女,名曰女嬉……鲧娶女嬉,剖胁而产高密。"

《帝王世纪》："颛顼生鲧,尧封为崇伯,纳有莘氏女曰志,是为修己。山行,见流星贯昴,梦接意感,又吞神珠薏苡,胸坼而生禹于石纽。"

更进一步的记载,如《汉书·武帝纪》记载有"见夏后启母石",班固注:"应劭曰'启生,而母化为石'"。颜师古注:

> 启,夏禹子也。其母涂山氏女也。禹治鸿水,通轩辕山,化为熊。谓涂山氏曰:欲饷,闻鼓声乃来。禹跳石,误中鼓。涂山氏往见,禹方作熊。惭愧而去,至嵩高山下,化为石,方生启。禹曰:归我子。石破北方而启生。事见《淮南子》。

有学者认为,上述鲧生于石纽说的意见,是为了印证禹的神圣性,而衍生出的感生神话,是对"鲧复生禹"及禹为"父生说"的演绎①。按,近来上博简《子羔》篇中有如下记载:

> (禹母)观于伊而得之,娠三年而画于背而生,生而能言,是禹也②。

上述都是反映大禹"母生说"的史料。其中《天问》、上博简《子羔》大致可认为是战国晚期的资料,时代比较接近,因此两种文献有关禹的记载,都需要重视。由此,我们也不能认为包括启母石在内的、禹"母生说"的相关资料,是对禹"父生说"的演绎。

而与此相关的,我们也可以看到一个有意思的现象:主张大禹"父生说"的学者,基本上对于上述大禹"母生说"的相关材料不做探讨或者解释,这无疑是欠妥的。

由此,我们认为,如果要用"产翁制"来解释《楚辞·天问》"伯禹愎鲧",则尚有下列问题需要面对:(1)"产翁制"概念还需要完善;(2)"产翁制"在禹的时代难以实行;(3)回避大禹"母生说"的相关史料。是故,本文认为,有必要在上述思路之外,重新思考"伯禹愎鲧"之含义。

## 三

关于"伯禹愎鲧"一句,除去上列和"父生说""产翁制"相联系的解释外,依笔者所见,还有如下③:

### (一)关于"伯禹"

一般认为此处的"伯禹"即禹,汤炳正先生认为:"伯当为大禹之封爵"④,上述思路大致可从。

此外,谭介甫先生曾认为"伯"为"怕"的形误字,是"无为"之意,指禹的性格和鲧不同。⑤按,"伯禹"一词在文献中常见,如《尚书·舜典》:"伯禹作司空",孔颖达疏引贾逵曰:

---

① 詹子庆:《走近夏代文明》,东北师范大学出版社,2006年,第46页。
② 马承源主编:《上海博物馆藏战国楚竹书(二)》,上海古籍出版社,2002年,第193页。
③ 历代学者的相关意见,还可参考:游国恩主编,金开诚著《天问纂义》,中华书局,1982年,第96-99页;崔富章、李大明主编《楚辞集校集释》,湖北教育出版社,2003年,第1054-1057页。
④ 汤炳正、李大明、李诚、熊良智:《楚辞今注》,上海古籍出版社,1996年,第87页。
⑤ 谭介甫:《屈赋新编》,中华书局,1978年,第468页。

"伯,爵也。禹代鲧为崇伯,入为天子司空,以其伯爵,故称伯禹。"又《史记·夏本纪》:"伯禹为司空,可成美尧之功。"因此所谓"伯"为"怕"之说不可从。

### (二)关于"愎鲧"

关于其中的"愎"字,主要观点如下:

(1)道德刚愎,如王逸注:"言鲧愚狠,愎而生禹"。洪兴祖意见与之类似,"愎,戾也"。王夫之、林庚等与之类似,如林庚先生将上述理解为:

> 鲧落得刚愎自用而死,而禹则功绩昭著。①

赵逵夫先生认为,其意为"大禹认为鲧刚愎自用,坚持己见"②。

(2)"愎(腹)"为"怀抱"之意。

(3)读"腹"为"副(旁纽职部)","伯禹腹(副)鲧"即"伯禹副于鲧",言鲧之腹被剖开而禹生。③

(4)认为是"伯禹招鲧之魂,以尽爱之道"④。

(5)大体思路认为和鲧、禹治水事业有关。又包含几种不同的看法,如读"愎(腹)"为"复",表"继续"之意。⑤ 而王泗源读"愎"为"覆(旁纽觉部)",认为本句是"禹治水反鲧之法"的意思。⑥ 或提出"愎(腹)"为误字说,其中清代学者俞樾认为"愎"其实就是"夏",《说文》"夂部":"夏,行故道也","伯禹夏鲧"意思为"禹治水,亦惟行鲧之故道"。而当代学者姜亮夫、刘永济、聂石樵认为"愎""腹"都是"后"的误字⑦,其中姜亮夫先生认为,"伯禹愎(后)鲧"是禹继续鲧的事业之意。

按,综合《天问》"伯禹愎鲧"的前后文来看,笔者认为上列看法中,有一些不足,如按照思路(1),则"腹鲧"就不好解释了;而依据思路(2),则"伯禹腹(副)鲧"(大禹被鲧所怀抱),和上下文的联系也不紧密;(3)(4)及思路(5)中读"愎"为"覆(旁纽觉部)"之说,则均有增字解经之疑。大体而言,思路(5)有可取之处,但其中认为是错字的两种看法,都还缺乏确证。

有很多学者已经否认《天问》"伯禹腹鲧",与所谓禹之"父生说""产翁制"有关,如常金仓先生认为:

> 《天问》"伯禹腹鲧"就是伯禹继鲧未尽之业,即下文"纂就前绪,遂成考功"的同义语,它们皆本《书·洪范》"鲧则殛死,禹乃嗣兴"一语而来。⑧

---

① 林庚:《〈天问〉论笺》,《林庚楚辞研究两种》,清华大学出版社,2006年,第190页。
② 赵逵夫:《〈天问〉义释八则》商榷》,《求索》1982年第2期。
③ 房建昌:《〈天问〉"伯禹愎鲧"新解》,《复旦学报(社会科学版)》1983年第3期。
④ 易重廉:《〈天问〉义释八则》,《求索》1981年第3期;《屈原综论》,岳麓书社,2012年,第85页。
⑤ 陆侃如、冯沅君:《〈诗经〉、〈楚辞〉及乐府研究集》,《陆侃如冯沅君合集(第六卷)》,安徽教育出版社,2011年,第511页;陈子展撰述,范祥雍、杜月村校阅:《楚辞直解》,江苏古籍出版社,1988年,第127页。
⑥ 王泗源:《楚辞校释》,人民教育出版社,1990年,第84页。
⑦ 姜亮夫:《重订屈原赋校注》,《姜亮夫全集(六)》,云南人民出版社,2002年,第232页;《屈原赋今译》,《姜亮夫全集(七)》,云南人民出版社,2002年,第289页;刘永济:《屈赋通笺》,武汉大学出版社,2013年,第109-110页;聂石樵:《楚辞新注》,商务印书馆,2004年,第54页。
⑧ 常金仓:《由鲧禹故事演变引出的启示》,《齐鲁学刊》1999年第6期,收入《二十世纪古史研究反思录》,中国社会科学出版社,2005年,第78-88页。

相较而言，认为"伯禹愎鲧"和禹继承鲧的治水事业有关的看法较为可取。朱熹《楚辞集注》指出：

> 此又问禹自少小习见鲧之所为，何以能变化而有圣德乎？

这一思路可取。笔者认为，由此出发，《天问》"伯禹愎鲧"中的"愎（腹）"，可如陆侃如意见读为"复"，为"继续"之意，表示鲧、禹在治水事业方面的继承。

此外，照此思路，或许还有一种理解，"愎"古音为并纽觉部，"腹"为帮纽觉部，而"辟"古音为帮纽锡部，声纽并、帮旁纽，韵部觉、锡旁转，故"愎""腹""辟"读音接近。① 目前在金文中，"辟"有两种值得注意的用法：

第一，"辟"可表示法则，《说文》："辟，法也"，也可表示"以……为法则或标准"，如《墙盘》（西周中期，《集成》10175）"隹辟孝友"，其用法和《历鼎》（西周早期，《集成》2614）"孝友隹型"类似，即以孝友为法则。②

第二，又可表示臣事、事奉，如《梁其钟》（《集成》187-189，西周晚期）"虔夙夕，辟天子"，《瘨簋》（《集成》4170-4177，西周中期）"用辟先王"，《师望鼎》（《集成》2812，西周中期）"用辟于先王"，即臣事先王③，《逨盘》（《新收》757，西周晚期）"用辟龚（恭）王、懿王"，《师酉鼎》（《新收》1600，西周中期）"辟事我一人"等，也是上述类似用法。近来张桂光先生对上述用法进行了综合考察，认为：

> "用辟先王"之"辟"属一般动词；"隹辟孝友"之"辟"（辟在此指德、指准则），属意动词。④

从上述两种用法来看，两种或都可用来解释此处"伯禹愎鲧"，但第一种可能更为合适，据此，"伯禹愎鲧"的意思也就是说"禹以鲧为标准"，其实也就是说禹以鲧的治水方法为标准。

从上面的讨论来看，笔者认为"伯禹愎鲧"一句，反映的应当是鲧、禹在治水方面的继承。其中的"愎（腹）"，可径读成"复"，意为"继续"，表示鲧、禹在治水事业方面的继承；也可能读为"辟"，表示"禹以鲧（的治水方法）为标准"。相较来看，笔者偏向第一种解释。

其后的"夫何以变化"一句，此前或将"化"理解成"化生"，从而将本句导向鲧、禹之间的血缘关系。按，这一理解无法与上下文很好地融洽，故本文不取。关于"变化"之所指，有"鲧、禹之德变化"与"变治水之法"两种意见，结合"何续初继业，而厥谋不同"来看，应当认为是"变治水之法"较为合适。当然，现在我们也认识到，鲧、禹治水之法，并非是完全对立的。⑤

由此，《楚辞·天问》"伯禹愎鲧，夫何以变化"的含义，也就是王震中先生所指出的：

> 这是说大禹由鲧而生，并完成了自鲧而来的治理洪水的大业。⑥

---

① 但是笔者目前还没有找到文献中"复""辟"的相关互作用例，这是本文尚待补充之处。
② 朱凤瀚：《商周家族形态研究（增订本）》，天津古籍出版社，2004年，第296页。
③ 杨树达：《叔夷钟再跋》，《积微居金文说（增订本）》，岳麓书社，2007年，第38页。
④ 张桂光：《商周金文词汇分类的模糊性和语法功能的灵活性》，收入陈伟武主编《古文字论坛》第1辑"曾宪通教授八十庆寿专号"，中山大学出版社，2015年，第91页。
⑤ 李诚：《楚辞类稿（增订本）》，中国社会科学出版社，2006年，第334-336页。
⑥ 王震中：《五帝古史传说研究》，收入赵德润主编《炎黄文化研究》第14辑，大象出版社，2012年，第47页。

据此,我们可以看出,《天问》"伯禹愎(辟)鲧",指的是禹继承鲧的治水事业及其方法,而与所谓的禹"父生说"及由此引申开的"产翁制",实际上均无关。

## 四

赞同"伯禹愎鲧"和"父生说""产翁制"有关的学者,认为文献中还有相关史料,包括:

> 材料1:《山海经》:"洪水滔天,鲧窃帝之息壤以堙洪水,不待帝命。帝令祝融杀鲧于羽郊。鲧复生禹。帝乃命禹卒布土以定九州。"
>
> 材料2:《吕氏春秋·行论》:"舜于是殛之于羽山,副之以吴刀。禹不敢怨,而反事之。"
>
> 材料3:《山海经·海内经》郭璞注引《启筮》云:"鲧死,三岁不腐,剖之以吴刀,化为黄龙";《初学记》二十二引《归藏》:"大副之吴刀,是用出禹。"及《路史后纪》注引《启筮》:"鲧殛死,三岁不腐,副之以吴刀,是用出禹。"

但如果仔细考察上述史料,本文觉得它们均非确证。

材料1:前引闻一多学者等认为,《山海经·海内经》"鲧复生禹"也是指鲧化生大禹。① 但这一解释实有可商,有学者认为:

> 《山海经》世系记载中说的"生"往往不是生殖之意,而是部落、氏族的分裂、增殖。禹氏族大约是从鲧部落分裂而出。②

又如常金仓先生认为:

> 《海内经》"鲧复生禹"犹言"鲧又生禹。"③

如果单就本句而言,则"复"似乎也可以理解成"腹"。但是分析史料的含义,需要就其相关通篇内容来看,而不是攫取一部分来讨论,甚而断章取义。相较而言,如果联系到《山海经·海内经》此处的前后文:

> 黄帝生骆明,骆明生白马,白马是为鲧……鲧复生禹。帝乃命禹卒布土以定九州岛。

可见,此处的"鲧复生禹",是针对"黄帝生骆明,骆明生白马(鲧)"这一世系而言的,因此,此处的"复"理解成"又"更为合理。

不过,《海内经》此处的记载,似乎也存在一个疑问:如果认为鲧应当是黄帝的孙子,则年代相差较多。王震中先生指出,古史传说中有"虚"有"实",需要在研究中对"虚"的部分加以剥离④,此说甚是。笔者以为,就古史传说而言,很多传说的年代不可考实,而具体到上引《海内经》所记载的鲧、大禹族源及其世系年代,参考相关资料的记载,如《汉书·律历

---

① 袁珂:《山海经全译》,贵州人民出版社,1991年,第348页。
② 郁贤皓主编:《中国古代文学作品选简编》,高等教育出版社,2004年,第69页。
③ 常金仓:《由鲧禹故事演变引出的启示》,收入马昌仪选编,叶舒宪主编《中国神话学百年文论选(下册)》,陕西师范大学出版总社有限公司,2013年,第1112页。
④ 王震中:《古史传说中的"虚"与"实"》,收入孟世凯主编《赵光贤先生百年诞辰纪念文集》,中国社会科学出版社,2011年,第114-128页。

志》引《伯禹帝系》,以鲧是黄帝之后颛顼五世孙,又《世本》:"颛顼生鲧,鲧生禹",《大戴礼记·帝系》:"颛顼产鲧,鲧产文命,是为禹。"因此,我们认为,其中关于族源的记载是实,而世系年代的记载为虚。也就是说,上引《海内经》此处的"鲧复生禹"记载,表明鲧为禹之父,鲧、禹均是黄帝之后,但此处的世系则不可坐实,也不能将"复"理解成"腹",进而和所谓的大禹"父生说"相联系。

材料2:《吕氏春秋·行论》记载了鲧被舜杀害之后,而禹作为鲧之子,继续从事于舜,和所谓鲧生子无关。

材料3:《山海经·海内经》郭注引《启筮》只是说鲧被剖之后,化为黄龙;而到《路史后纪》注引《启筮》时,这条材料则演变成鲧被剖之后,大禹由之出,可见记载发生了改变,表明《启筮》中"鲧由禹腹出"的记载,只是历经演变之后的故事,并非最初的记载。

由此可见,上述几条被认为和所谓大禹"父生说"的材料,其实都和这一论断无关。

## 结语

在分析大禹出身之"母生说""父生说"问题时,一种意见认为,这两种传说的先后出现,反映了从母系社会到父系社会的变迁;而我们则认为,从目前的资料及研究来看,大禹"父生说"的相关资料和论点尚缺说服力,所谓支持"父生说"的资料,内容上都和这一论点无关,"父生说"其实是不成立的。

而就《楚辞·天问》"伯禹愎鲧"而言,本文认为,"愎(腹)",可如此前学者指出,读为"复",为"继续"之意,表示鲧、禹在治水事业方面的继承;也可能读为"辟",表示"禹以鲧(的治水方法)为标准"。相较来看,笔者偏向第一种解释。本句反映的是鲧、禹在治水事业方面的继承,指大禹继承鲧的治水办法;而不应当读为"腹",进而引申到所谓的大禹"父生说""产翁制"。总之,《天问》"伯禹愎鲧,夫何以变化"句,和所谓的大禹"父生说""产翁制"无关,也不能由此来论证从母系社会到父系社会的变迁。

# "偶语诗书"与孔门传业问题探赜

王刚

江西师范大学历史文化与旅游学院

**摘　要**：作为先秦以来重要的学问修习之法，"偶语诗书"不是"小说家"类的"街谈巷语"。它应由孔子所开创，为孔门所传承，并为后世今文官学的经说、师说开辟了道路，对秦王朝的思想专制造成了文化冲击。与单纯藏书不同，"偶语诗书"可以在文本的深化和扩展中，转化为师生互动的教学活动，以"夫子之业"对接"圣王之道"；以"师道"对抗"君道"。它作为"私学"的支撑，与秦廷所主导的"官学—法教"之间产生了不可避免的冲突。作为思想文化的通道，它既联结着古典知识的传承方式，更成为"以古非今"的重要依凭。由此在秦王朝的"焚书"事件中，其被视为比藏书更为严重的"犯罪"。也由此，它不能被简单地归为"焚书"的附属物，而应该属于"焚书"的升级或加强版。

**关键词**：偶语诗书　孔门　传业　私学　官学

## 一　问题的提出：从"焚书"到"偶语诗书者弃市"

秦始皇三十四年（前213），秦统一六国后的第九年，一场朝堂之上的争论引发了影响深远的文化事件。这一年，秦始皇置酒咸阳宫，博士周青臣阿谀始皇，说他以诸侯为郡县，威德自古不及，当即遭到了另一博士淳于越的严厉驳斥，同时提议效法殷周封建，并说："事不师古而能长久者，非所闻也。"在大臣讨论此事时，李斯抛出了"焚书论"。在始皇的支持下，这项提议转而成为严酷的律令，《史记·秦始皇本纪》载：

> 丞相李斯曰："五帝不相复，三代不相袭，各以治，非其相反，时变异也。今陛下创大业，建万世之功，固非愚儒所知。且（淳于）越言乃三代之事，何足法也？异时诸侯并争，厚招游学。今天下已定，法令出一，百姓当家则力农工，士则学习法令辟禁。今诸生不师今而学古，以非当世，惑乱黔首。丞相斯昧死言：古者天下散乱，莫之能一，是以诸侯并作，语皆道古以害今，饰虚言以乱实，人善其所私学，以非上之所建立。今皇帝并有天下，别黑白而定一尊。私学而相与非法教，人闻令下，则各以其学议之，入则心非，出则巷议，夸主以为名，异取以为高，率群

---

收稿日期：2020-11-20。

作者简介：王刚，男，历史学博士，江西师范大学历史文化与旅游学院副教授，主要从事先秦两汉史、古文献与学术史研究。

下以造谤。如此弗禁,则主势降乎上,党与成乎下,禁之便。臣请史官非秦记皆烧之,非博士官所职,天下敢有藏《诗》《书》、百家语者,悉诣守、尉杂烧之。有敢偶语《诗》《书》者弃市,以古非今者族,吏见知不举者与同罪。令下三十日不烧,黥为城旦。所不去者,医药、卜筮、种树之书。若欲有学法令,以吏为师。"制曰:"可。"

这就是历史上著名的"焚书"了,它与此后的"坑儒"一起,成为秦灭绝文化的罪证,久为后世所诟病。

关于"焚书"问题,学界不乏讨论。① 虽意见不一,但对于这一事实的直接考订或论述,已基本上题无剩义。然而,可注意的是,与"焚书"相关的"偶语诗书者弃市"问题,往往在附带论及中语焉不详,或者略而不言。近来,有学者注意到了它,对于"偶语诗书"作出了新的解释。但遗憾的是,其所提出的"新说"与事实并不相符,对于准确理解"焚书"及相关问题,不仅无益,反倒带来了不小的误导。

尤为关键的是,所谓的"偶语诗书",以今人眼光看来,不过就是诵读、讲论一番《诗》《书》而已,为什么要以"弃市"这样的重罪来加以处置呢? 相较而论,藏书的后果是"黥为城旦",属于苦役一类的处罚。二者之轻重,不可同日而语。这是为什么呢? 当然,我们也注意到,紧接而来的"以古非今者族",是更为严酷的惩治。它承接着"焚书"和"偶语诗书"之罪,在量刑上层层加码,愈加残酷。

习文史者皆知,在秦王朝的这一政治文化事件中,"焚书"并不是根本目的,目标所在,是要钳制思想,实现愚民,杜绝"诸生不师今而学古"的发生。但是,"诸生"们是通过什么途径,最终达到"不师今而学古"的目标的呢? 显而易见的答案,是读书,尤其是读"诗书"。据此,就可以理解秦廷为何要"焚书",也可以理解为什么对于"以古非今者",要处以夷灭"三族"这样的重罪。概言之,前者是起点,后者是目标。但进一步的问题是,在这一层层推进的罪罚中,"偶语诗书"为什么是比藏书更为严重的"犯罪"呢? 它后面有哪些重要的文化背景呢?

以笔者目力所及,学界关于"偶语"问题虽有所讨论,但在"焚书坑儒"的背景下,延展到"偶语诗书"及其政治文化意义层面,并在此问题意识下,去系统探寻它与孔门传业的关系及相关问题者,似乎还暂付阙如。有鉴于此,笔者不揣浅陋,以"偶语诗书"及孔门传业问题为切入口,对隐于其后的学术及政治文化问题做一考察,以就正于方家。

## 二 不同的"偶语":"偶语诗书"与"街谈巷语"之别

"偶语诗书"是什么? 作为起点性的问题,对它的正确回答,将为后续观点的提出,建立第一事实。在这一问题上如果出现了误判,循此而来的各种推断,无论如何精巧,都将如"骨牌"一般,一一倒下,不攻自破。

有学者对于这一问题的重要性不加深思,将"小说家"类的"街谈巷语"当作"偶语"的正解,从而忽略了"诗书"的意义。深藏其后的学术文化意义由此被遮蔽,并使得"偶语诗

---

① 关于焚书问题的研究,可参看钟肇鹏:《焚书考》,《求是斋丛稿》,巴蜀书社,2001年;拙文《焚书问题再考辨》,《孔孟学报》2008年第86期;拙著《学与政:汉代知识与政治互动关系之考察》,黑龙江人民出版社,2012年;李锐:《秦焚书考》,《战国秦汉时期的学派问题研究》,北京师范大学出版社,2011年。

书"与"焚书"之间失去了内在关联,直接导致了文本的误读。下面,笔者就以"偶语诗书"之"语"与"街谈巷语"之"语"的差别为切入口,来展开必要的研判,以此透视其所具有的真实含义及背后的知识理路。

细绎文本,"偶语诗书"的关键词,在于两处,一是"偶语";二是"诗书"。

先看"偶语"问题。

"偶语"是什么呢?在《史记》中,这一语词及相关事件不仅出现在《秦始皇本纪》中,亦载于《高祖本纪》。在著名的"约法三章"中,刘邦言道:"父老苦秦苛法久矣,诽谤者族,偶语者弃市。"《集解》引应劭之言道:"秦禁民聚语。偶,对也。"在《始皇本纪》的《集解》中,则为:"禁民聚语,畏其谤己。"此外,在《汉书·高帝纪上》亦有相类的记载及应劭注文,只是"偶"写作同义的"耦"字。

在此需注意的是,"偶"虽然是两两相对之义,但是"偶语"并不仅限于两人之间的对话。诚如有学者所指出的:"'偶语'的含义是'聚在一起谈论',并不限于两人。"[①]最典型的例子来自《汉书·张良传》,根据它的记载,汉初一些将领因未获封爵,遂起异心,出现了结交谋反的倾向,"(刘邦)从复道望见诸将,往往数人偶语"。既然是"数人偶语",那么毫无疑问,"偶语"当然就包括了两人以上,由此应劭给出了"聚语"的解说。也就是说,就字义而言,"偶语"所指向的,是二人或二人以上的相对而语。而"偶语诗书",则是对《诗经》《尚书》等儒家经籍进行"聚语",这是千百年来久为士林所公认的解释。

但是,前已论及,近来有学者对"偶语诗书"问题提出了自己的新解。核心所在,恰恰是对此共识的颠覆。颠覆的理由在于,通过在"焚书"事件中,所烧者为"非博士官所职",首先认定,秦博士是可以执掌"诗书"的。并进而推断,在秦王朝,"聚语""诗书"是没有问题的,尤其是博士官们完全可以"聚谈""诗书",所以,"偶语诗书者弃市"的情况在秦王朝实际上不存在。

既如此,那么,"偶语诗书"又是什么呢?按照这一"新见",结论居然是,"偶语"是由"小说家"发展出来的"寓言"。所谓"偶语诗书",就是"借用《诗经》《尚书》等典籍来说事"。"诗书"由此成为了具有"小说家"的性质,用来说事的"由头"。[②] 这些文字在网络上同步公布,误导了不少的受众。但与此同时,由于此种看法的主观臆测成分太大,不仅在学界难以服众,甚至网络上,都有了驳斥的声音。[③]

笔者当然也难以苟同这一所谓的"新见"。尤为重要的是,就本论题而言,这一"新见"明显忽略了"偶语诗书"中的另一关键词——"诗书",及其背后的深远意义。当"偶语诗书者弃市"这么严重的问题,居然被轻描淡写地解读为,"偶语"不过"小说家言"触怒了秦廷而已时,且不说语义解读上存在的种种问题,"偶语诗书"中的"诗书",实质上就只剩下了"偶语","诗书"被排除,至少是虚化了。

在此必须指出的是,在"焚书"事件中,"偶语"绝不可能是较为随意的"小说家"之言谈,而是有着极为明确的目标指向的。这种指向不是别的,乃是通过严酷的法令加以确认,"偶语"的内容,绝不允许落实于"诗书"之上。由此,"诗书"是无可绕去的进攻靶向。

---

① 杨琳:《察隻子·变复·偶语解证》,《文化学刊》2016年第10期,第46页。
② 辛德勇:《生死秦始皇》第三篇《聚语诗书不避世》,中华书局,2019年。
③ 关于这一问题,可参看紫府清都自在天《怼辛德勇〈生死秦始皇〉中的"偶语诗书者弃市"新解》,"豆瓣读书",2019年9月1日,https://book.douban.com/review/10455922。

然而,"小说家"性质的"偶语",不仅与此目标相差甚远,甚至还有着某些对立性。为了更好地说明这一状况,可以先看看《汉书·艺文志》中关于"小说家"的一段论述:

> 小说家者流,盖出于稗官。街谈巷语,道听途说者之所造也。孔子曰:"虽小道,必有可观者焉,致远恐泥,是以君子弗为也。"

颜注引如淳曰:"街谈巷说,其细碎之言也。王者欲知闾巷风俗,故立稗官使称说之。今世亦谓偶语为稗。"由于这样的原因,"小说家言"具有"偶语"的性质,成为学界认可的一个基本事实。近来,王齐洲等学者撰有《小说家出于稗官新说》一文,它以饶宗颐的《秦简中"稗官"及如淳称魏时谓"偶语为稗"说——论小说与稗官》为研究基础,对此问题做了较为详明的论述,有兴趣者可参看。

值得注意的是,以上两文详论了"偶语"与"小说家"的关系,比之前所引及的"新说",时间更早,也更为细密。其中在饶氏一文中,以秦代的"稗官"官名问题为切入口,根据"焚书"的文献记载,由"时所烧者"为"诗书百家语",加之接续的文句为"偶语诗书者弃市",进而推断:"可见百家语与偶语极有关联。"①隐约暗示了"偶语"与"小说家"之间的关联。

但是,在"焚书"事件中,明载"偶语诗书者弃市",而不是"偶语诗书百家语者弃市","偶语"与"百家语"之间应无明确的关联。不仅如此,在秦廷的禁令中,"百家语"应与"诗书"有所差别,所以,"偶语"之罪及于"诗书",而不是"小说家"之上,就不是某种忽略或文字的省略。钱穆说:"再次乃及百家语,似是牵连及之,并不重视。"②由此,饶氏所论仅为一猜想,并不能以"偶语"的"小说家"指向,来涵盖"偶语诗书"的意义及性质。也所以,饶氏没有继续扩展这一逻辑理路,将"偶语诗书"与"小说家言"完全画上等号。而接续饶文的王齐洲等学者则更为谨慎,在文中绝无一语论及"偶语诗书"问题。可以说,对于"偶语"与"偶语诗书"的分际,拿捏得准确到位,并不随意扩大范围。

事实上,"偶语"的范围较大,不能仅限于"小说家言",更不可随意与之等同。尤为重要的是,既有"小说家言"的"偶语",更有"诗书"类的偶语,二者在性质上不能混同。那么,同样是"偶语",二者的不同主要体现在哪里呢?

首先,人群不同。

"偶语诗书者"主要是知识精英,与研习孔子之道的儒生关系密切。

揆之于史,"偶语诗书"是"焚书",以至于是后来"坑儒"这一整个文化事件中的重要组成部分,讨论这一问题,自然不能脱离"焚书坑儒"的历史语境。固然,我们也承认,"坑儒"中的"儒"流品较杂,并非都是纯粹的孔子之徒。但是,当"焚坑"之际,"诸生皆诵法孔子"③已成为一种身份符号,而"诗书"则主要是儒家所传的经籍,无论怎么说,"焚坑"的内核与主流,是绝对脱不开孔门之学的。由此可以确认的是,"偶语诗书者",以儒者为主体,大多属于文化精英,以"君子"自居。

而"小说家言"的"偶语"人群,则是"君子弗为"的所谓"街谈巷语,道听途说者"。在《汉书·艺文志》中,它被归入"九流十家"的最后一类,而且不入流,较之"偶语诗书者",它虽出自"稗官",似乎也沾上了一点"官"气,但实质上,他们大多是中下层,或者说是较为边

---

① 饶宗颐:《秦简中"稗官"及如淳称魏时谓"偶语为稗"说——论小说与稗官》,收入《饶宗颐二十世纪学术文集》编辑委员会编《饶宗颐二十世纪学术文集》卷三,第五册,新文丰出版公司,2003年,第63页。
② 钱穆:《两汉经学今古文平议》,商务印书馆,2001年,第188页。
③ 《史记》卷六《秦始皇本纪》,中华书局,1959年,第258页。

缘的知识人群。

不仅如此,"稗官"与"俳优"之徒,有着相通之处,王齐洲等认为,俳优就可以称为"稗官"。[①]习文史者应知,俳优往往以侏儒充任,属于人们所鄙夷的对象。《韩非子·难三》载:"俳优侏儒,固人主之所与燕也。"尤为重要的是,儒家系统对此是很瞧不起的。据《史记·孔子世家》,在齐、鲁夹谷之会时,当"优倡、侏儒为戏而前"时,遭到了孔子的斩杀。虽然历来有学者质疑此事的真实性[②],但是,它所反映的儒门风气是无可怀疑的。由此,事件之真伪可先存而勿论,可以确定的是,"偶语诗书"的"诸生"们,无论如何是不会与俳优侏儒们相提并论的,他们二者之间具有不通融性。

其次,它们之间的内容、特点及知识地位不同。

"偶语诗书"的内容一望即知,即所谓的"诗书",是以《诗经》《尚书》为代表的经籍,或者说古代典籍,由尧、舜、禹以来的"圣王"所传承,孔子所整理。它们是后世"经学"或"经术"的核心,在汉以来成为官方意识形态,但在秦王朝,却是最令统治者头痛的"学术"。按照李斯的说法,"诸生不师今而学古,以非当世,惑乱黔首",修习这一知识系统者,成为最不稳定的人群因素。他们"语皆道古以害今",在引经据典中危害着现实政治,建构着与秦王朝官方意识形态相对立的"私学"。

但"小说家言"的"偶语"则不同,虽然同在民间,但它仅仅是平民百姓的"街谈巷语",与"诗书"那样高大上的"私学"相比,甚至都不具备称之为"学"的资格。虽然它们也有"古语"的名义,但那不过是一种传奇性的"演义",顶多接近于《史记·滑稽列传》中所谓的"外家传语",由于不属于"正经"系列,时人多以戏谑或娱乐作品视之,并不会当真或重视。

如在《汉书·艺文志》"小说家"类中,"《伊尹说》二十七篇",自注云:"其语浅薄,似依托也。"对于"《务成子》十一篇",则指出:"称尧问,非古语。"这说明了"小说家""偶语"中的两个特点:①浅薄生造,没有依据;②非古语。而"诗书"之"语",则完全不同,它们不仅大有来历,而且"古语"就是特点和生命力所在。简言之,历史或圣王的基因贯穿在"诗书"之中。在治国理政的时候,它往往可以成为一种强大的文化资源。

由此,可发现的是,与"小说家"相比,在孔门系统中,"诗书"具有严谨的学术品质,这成为它的力量之源。它也使得司马迁在撰史时,特为强调"考信于六艺"的重要性。但这样的优势,在秦时恰恰转而具备了"以古非今"的危险。而"小说家言"则不同,它本就是"道听途说者之所造",没有"以古非今"的"古语"或"古学"力量。《论语·阳货》曰:"道听而涂说,德之弃也。"也由此,它与"诗书"的知识地位相差甚远,并促使儒家"诗书"系统对"小说家言"强力排斥。具体表现就是,与"诗书"所代表的"经术"不同,士人从事于此,往往会遭到非议,所谓"其高者颇引经训风喻之言。下则连偶俗语,有类俳优。"作为"致远则泥"的"小能小善",与"通经释义"根本不能并论。[③]

总之,没有"诗书"为依托的小说家型的"偶语",既不上台面,也不构成对秦王朝的知识威胁。只有"偶语诗书",与儒家关系密切,具有"以古非今"的力量,故而在"焚书"事件中占据着显赫的地位。二者实在不应混为一谈。

---

① 王齐洲、刘伏玲:《小说家出于稗官新说》,《湖北大学学报(哲学社会科学版)》2015年第6期,第74页。
② 关于这一问题,可参看钱穆:《先秦诸子系年》,河北教育出版社,2002年,第52-53页。
③ 《后汉书》卷六〇下《蔡邕传》,中华书局,1965年,第1996-1997页。

## 三 从"聚徒讲授"到"偶语诗书":口耳相传与知识传习

知识是通过何种载体或途径传承、发展的呢?首要的,当然是书籍。在中国的先秦两汉时代,就是竹帛。由此,在秦王朝的文化专制下,遂有了"焚书"的举措。但除此之外,还有一重要途径,那就是——口耳相传,它是诸子百家聚徒讲授时的重要形式。葛志毅甚至认为:"某子既创通一说,主要非著之竹帛以行世,而是以聚徒讲授的方式传授之。"①

众所周知,在诸子百家中,就知识的授受及传播来说,儒家学派一直是最有影响力的知识群体。《吕氏春秋·孝行览·遇合》载:"委质为弟子者三千人,达徒七十人。"《韩非子·显学》则曰:"世之显学,儒墨也。"可注意的是,自孔子开宗立派,弟子们群聚而来时,不仅以竹帛授业,口耳相传也是孔门中重要的知识授受手段,甚至可以说,孔子就是此种学风的开创者。由此,聚语,也即"偶语",成为孔门的重要知识修习方式。

那么在孔门中,"偶语"的主要内容是什么呢?是以"诗书"为代表的经学或经术。《史记·孔子世家》载:"孔子不仕,退而修《诗》、《书》、礼、乐,弟子弥众,至自远方,莫不受业焉。"由此完全可以说,在孔门的口耳相传中,"偶语诗书"就是核心所在。与后世主要依赖文本不同的是,在那个时代,"偶语诗书"在知识传习中具有不一般的意义。下面,就展开具体的论述。

### (一)为什么说在诸子百家中,孔子是口耳相传学风的开创者?

众所周知,孔子打破西周以来的官学垄断,在"学术下民间"的进程中,成为中国创办私学的第一人,并树立起"百家"中的第一门派。为此,冯友兰在论及"百家争鸣"时,曾评述道:"孔子实占开山之地位。"②

当然,有人会说,道家学派的出现应不晚于儒家,而且还有所谓的孔子问学于老子的传说。但揆之于史,且不说这一学派中具有轻视知识的反智倾向,并在孔、老关系方面有许多尚不明了,甚至可疑之处。仅查核《史记·老子韩非列传》,可以发现,连司马迁都没有完全整明白,李耳、老莱子、太史儋,究竟谁才是那个"隐君子"的老子,最终只能慨叹:"世莫知其然否。"由此,老子是很神秘的,故而他的弟子是谁,都没有明确的传承路线,后学庄子等人只是由于思想宗旨相类,"归本于老子之言"而已,这与儒家学派那种清晰的师徒关系是完全不同的。要之,这一学派没有确定的师徒授受,更不要说"聚徒讲授"了。所以,当老子过函谷关时,在"强为""著书"之后,竟是"莫知其所终"。也就是说,老子及其学派是不可能开创口耳相传学风的,担此任者,只能是孔子及其学派。

事实也正是如此。

前已论及,先秦两汉的知识传承载体,一为竹帛;二为口耳相传。在此必须指出的是,强调后者,并不是要否定前者的作用,事实上,它们在功能上还有着不可分离的互补关系。

就诗书典籍的利用及收藏而言,毫无疑问,孔门是大宗所在。孔子整理六经,并以此来授徒,在传承经籍的进程中,在在皆需竹帛作为载体,这些都是人所周知的常识。此外,

---

① 葛志毅:《今文经学与口说传业》,载葛志毅、张惟明:《先秦两汉的制度与文化》,黑龙江教育出版社,1998年,第372页。
② 冯友兰:《中国哲学史》上册,华东师范大学出版社,2000年,第19页。

孔子作《春秋》时,"笔则笔,削则削,子夏之徒不能赞一辞。"①没有竹帛,甚至各种异本,如何整理典籍?而"笔削"更是竹帛之事。由此而言,孔门当然有竹帛之书,且不说后世著名的孔壁书之出土,是实实在在的证据,仅就"焚书"而言,如果孔门没有竹帛之书的授受,以"诗书"为代表的经籍如何能够被焚?文本又从何而来呢?

但是,另一面的重要事实亦不能不加以关注。那就是,据现有的材料来看,当孔子"聚徒讲授"之时,往往不以竹帛为依托,来进行知识的传习及思想上的互动。翻检《论语》等文献,可以看到,当孔子与弟子们相互讨论各种问题时,竹帛竟然处于缺席状态,口耳相传成为问答砥砺的依凭。虽然《论语》中的描绘,反映的可能是讲经之外的生活化图景,但也足以证明在师生的授受中,口耳相传具有举足轻重的地位。

由此,孔门的"聚徒讲授",往往表现为"聚语"的形式。其中,《卫灵公》篇中的一段记载最为学界所津津乐道。当子张与夫子一番问答后,出现了一个重要的动作:"书诸绅。"子张撩起了束腰的大带,将孔子的话记录下来。这说明什么?在师徒问答之中,很可能没有竹帛在场。但是,子张在学习中真的没有,也不需要竹帛吗?当然不是。前已论及,孔门不仅有竹帛,而且是竹帛典籍的大宗所在。作为孔门贤徒的子张,当然不会缺失竹帛,并以之作为学习的载体。事实上,"书诸绅"乃是非常态的情形,"聚语"之后,他势必要将其抄录于竹帛之上。再进一步言之,如果孔门的知识传授仅有"聚语"形式,而无竹帛,那么,"子张书诸绅"也就没有任何意义了。要之,"聚语"在前,书于竹帛在后。在孔门的知识授受中,"语"与"书"二者是相辅相成的。

### (二)口耳授受为什么会成为讲学传业的通例?

明了以上事实,随之而来的疑问是:既然竹帛为首要的知识载体,那么,为什么不直接运用它加以讲授呢?葛志毅指出:"口耳授受为先秦讲学传业通例。"为什么会出现这样的情形呢?

揆之于史,口传的授受习惯之所以出现,首要的原因在于,"其时简册繁重难得、书籍传本罕见"。由此葛志毅认为,当时的学术习惯应该是,"欲向学,不得不从师口授。往往仅老师一人有简册写本为讲授之资,学生只能凭耳受、口诵、心记传习之。"这一观点得以成立,还有一个显著的证据,那就是,伏胜传《尚书》时,此种"佶屈聱牙"的文字亦是口授,而不是传抄文本,"则与其时授受之习有关。"②葛氏所论,无疑是吻合历史事实的。如果当时的传习习惯以文本为主,在传《尚书》时直接抄定就是了。伏胜那样的高龄老人,又何必耗费精力,口授那种难懂又难读的文字呢?

但需要进一步指出的是,口耳相传这一方式的出现,"简册繁重难得、书籍传本罕见"固然是重要原因。但是,即便书籍数量充足,以当时的书册状况而论,亦不得如后世所认为的,完全呈现出"古之讲经者,执卷而口说"③的情形。更普遍的状态应该是,"执卷"与"口说"有所隔离。也就是说,"口说"之时,也可以不"执卷",这是由先秦两汉的历史条件所决定的,是具有鲜明时代特点的知识修习方式。

设身处地想想,在那时知识授受的过程中,能够像后世纸本时代那样人手一册,然后

---

① 《史记》卷四七《孔子世家》,第1944页。
② 葛志毅:《今文经学与口说传业》,载自葛志毅、张惟明《先秦两汉的制度与文化》,第372、374—375页。
③ 王应麟:《困学纪闻》卷八,翁元圻等注,栾保群等点校:《困学纪闻(全校本)》,中华书局,2008年,第1094页。

对照着文本,师生辩难互答吗?难以做到。做不到的原因不仅在于书籍的"难得"与"罕见",更重要的是,即使弟子们将文本抄录下来,但这样的书籍,尤其是像"诗书"这样大部头的典籍,能够整本携带,随时进入讲堂之上吗?大概是不容易的。《史记·滑稽列传》载,东方朔在公车上书时,"凡用三千奏牍。公车令两人共持举其书,仅然能胜之。人主从上方读之,止,辄乙其处,读之二月乃尽"。通过东方朔的故事可以了解,大部头的文本不仅不能随时方便地携带,甚至合二人之力,也只能勉力"举其书",要阅读完毕,可谓耗时耗力。

所以,我们在汉代的画像石及其他画像上,虽可以看到孔门弟子及其他儒生手捧简册的形象,但很明显的是,简册相对较小,应该是拆分后的单篇,甚至是部分章句内容,而不太可能是整部文本。例如,在海昏侯墓孔子衣镜画像上,子夏两手展开简书,距离不及肩宽,其文本的容量势必十分有限。①

但问题是,即便通过拆分,使得文本的部头缩小,可以携带,时时翻阅,亦不免出现各种问题。孔子何以会"韦编三绝"?不就是翻检得过于频繁了?可是倘依赖文本作知识授受,不停地前后对照翻检,那是最常见之事了。在讲堂之上,师生不断地翻检笨重的简牍,且不说因个体的麻利程度,甚至体力的差异,致使每人的速度不一,即便高度统一,编绳能经得起多少次这样的折腾呢?如果频繁地断绳,知识授受会不会受到影响呢?断绳、断简之后如何处置?这些都是不得不面对的实际问题。

因为这样的原因,在先秦两汉时代,竹帛固然作为知识授受的依凭,但是,除了极其重要的授课之时,它更多的用处,或许在于备查,或于文本作整理时加以使用。在日常的学术习惯中,不排除以口耳相传为主的授受方式。尤其是"诗书"这样的"经术",在授受之时,"偶语"不仅比观之于竹帛更为普遍,还有着更为重要的思想文化意义。

### (三)"偶语诗书"的具体情形及"口说"的意义

通过以上的分析,对于口耳相传与书于竹帛两大知识载体,已有所了解。但接下来,我们又要问了:在口耳相传,尤其是"偶语诗书"时,只是需要诵读那些竹帛之上所记载的内容吗?如果仅仅是这样,它何以会遭到比藏书更为严苛的惩罚呢?要回答这些问题,就势必要对"偶语诗书"时的具体情形做进一步的厘清与复原。

毫无疑问,口耳相传或"偶语"之时,诵读竹帛之上的内容是不可或缺的。《战国策·秦五》载,子楚,也即秦始皇的父亲返秦之时,"王使子诵",他答复道:"少弃捐在外,尝无师傅所教学,不习于诵。"最终,子楚还是被立为了太子。子楚不能习诵,竟然也被立为太子,秦对文化的轻视可见一斑。然而,在此更值得注意的是,习诵,本可直接面对文本,子楚卸责于师傅,固然是搪塞之辞,但既然习诵要依赖于"师傅所教学",那么,文本上的文字转而成为口耳相传的内容,乃是可以想见的。

子楚所习诵的是什么呢?高诱注曰:"诵经。"加之在《荀子》中有"始乎诵经,终乎读礼"之说,有学者据此认为:"以'诵经'为代表的《诗》、《书》、礼、乐之教应该一直是秦公室的教育内容之一。"②但遗憾的是,这一观点是不准确的。在《荀子·强国》中,对于秦的批评就是"无儒"。在战国末期,"诗书"主要为孔门所传,既然"无儒","诵"怎么可以认定为

---

① 王意乐等:《海昏侯刘贺墓出土孔子衣镜》,《南方文物》2016年第3期,第63页。
② 马银琴:《周秦时代〈诗〉的传播史》,社会科学文献出版社,2011年,第177页。

诵读"诗书"这样的经籍呢？更何况，荀子有"始乎诵经"之语，正说明，所"诵"者，有"诗书"这样的"经"，也有"经"之外的书。所以，鲍廷博解为"诵所习书。"[1]具体是什么书，没有特指，也不得而知。但是，作为贵族，尤其是未来的国王需要读书，这是情理之中的事。只是秦没有将此作为必不可少的资格而已，实在没有读书，也不影响成为未来的统治者。

但是，如果"口耳相传"仅仅是习诵书本上的内容，或者说它只是书本内容的复制而已，怎么会招致比藏书更重的处罚呢？它必然有着竹帛之外的内容或形式，从而深深地刺痛了秦廷敏感的神经。在笔者看来，这其中的关键点乃在于，书本仅仅是知识载体，而"偶语诗书"则可以转化为教学活动，它不仅是前者的拓展，而且比之前者，具有更深入的文化力量。

毫无疑问，竹帛作为知识文本，固然要成为教学活动中的依凭。但是，在进行学习活动的时候，如果仅仅是从教师那里原封不动地获得一种知识的复制，那么，直接看竹帛就好了。也就是说，如果教师只能带着学生去记住竹帛上的内容，也即"习诵"，他不过是一台"复读机"而已，倘真的这样，教师有何存在意义可言呢？

习诵是什么？它应该就是《礼记·学记》所载的"记问之学"。但这只是周秦诸子，尤其是孔门讲学的初级阶段。以汉代的今文经为例，在"焚书坑儒"之后，通过经师的口诵，将其著于竹帛，成为隶书书写的经籍。这自然有其文化贡献，但文本的复原只是初步，后面的解释及引申，才产生了经学的繁盛及家派的纷争。有了这样的知识取向，师者也才有了不可或缺的意义。

我们可以再次以伏生传《尚书》为例，来细加体认当时的历史图景。在秦的焚书政策下，就表面上来看，在《尚书》的灭绝中，书和人作为载体具有共通性。竹帛焚尽，书的载体就烟消云散；懂得《尚书》的人不许传播，就斩断了知识传承脉络。如果伏生死了，无人传经，那么，《尚书》的经文就绝了，这与"焚书"处在同一层面。但是，人较之书更为重要的是，传经结束之后，对于经的解释和引申，以及由此形成的学派等问题。所以，伏生不仅传了经文，他还解释了经，据说《尚书大传》就是由其所传，他的弟子们，也在一代代的解经过程中，形成了今文《尚书》学的各种大义及师法。

质言之，教师之所以不可或缺，乃是因为他需在文本的传输之外，让学生由此为入口，去深化内容、消除疑惑、明了意义，所谓"传道、授业、解惑"是也。这样的任务，仅仅靠竹帛，也即书本是难以承担的。书本上的内容就写在那里，没有教师的指导，仅靠自学，并不容易达其目标。只有教师深度介入，将书本上的知识做深化与扩展，才能将简单的书本阅读，转化为一种深入的教学活动。从某种意义上来看，个体的藏书如不转化为教学活动，仅仅能获得的，是一种阅读体验，而在知识的深化和传承上有着巨大的困难。由此，"偶语诗书"之所以比藏书更遭忌恨，它的要害就在于，作为一种知识传播方式，不是简单地复制竹帛上的内容，而是在习诵之外，进一步解说其义，通过师生互动的教学活动，相互启发砥砺。

《学记》云："记问之学，不足以为人师，必也听语乎！"作为一名好的教师，仅有"记问之学"是远远不够的，还需要"语"，与学生互动之时，则为"偶语"了。所以，细绎《学记》的文字，可以看到，"记问"之后，接着论道的是"必也听语乎！"这说明，教师要通过"语"与学生互动，"语"所传递的信息比"记问"更为重要。为什么会这样呢？因为"记问"只需要熟读

---

[1] 刘向：《战国策》，上海古籍出版社，1985年，第280页。

文本,并没有新内容的要求,它不过是知道了一种固定的静态答案而已。而这一答案为什么是这样?就不是"记问"或"习诵"可以解决的。所以,下一步通过"语",也即在思考之后提供解释性的内容,就显得更为重要了。

从某种程度上来说,"语"乃是释疑解惑的产物,是启发性思考的成果。

我们看到,在《学记》中,"语"是承接着"问"而来的。所谓:"力不能问,然后语之,语之而不知,虽舍之可也。"什么叫"力不能问"?学生在教师的指导下反复思考还是无能为力,这时教师就可以作正面的解答了,这也就是说《论语·述而》中的"不愤不启,不悱不发。"虽然在整个教学活动中,教师一直在起着引导的作用,甚至提供最终的答案。但是,由于它的终极目标不是某个标准答案,而是通过学而悟道,让学生在思考中一步步深入。倘若学生在这种思考中不能进一步深入或跟进,教师是可以终止这一智力活动的,也即所谓的"语之而不知,虽舍之可也"。在《论语·述而》中,表述为"举一隅不以三隅反,则不复也。"①

要之,深度的学习必须转入教学活动中,并在突破"记问""举一反三"的思考中引出新的内容。它的基本要求是,在习诵之后,对文本意义作出思考和阐释,既知其然,更知其所以然。这样的学习路径落实在"偶语诗书"中则是,师生在学习过程中,不能仅仅停留于经文字面,更需要通过"学""问""语",获得新的理解。通过这种理解性的活动,竹帛之上的文字或习诵的内容,才能获得新的生命力,也即是读明白了,读出了后面的"义"。

这样"义",也可称之为"经义"或"经说";由于它通过老师所传递,由"口说"而产生,亦可称之为"师说"。与"街谈巷语"的"小说"不同,作为一种"大说",它是学术系统中古雅周正的代表,具有重要的历史文化力量。② 这些"说"后来在经学系统中,与所谓的"传记",如《毛诗传》《公羊传》《左传》等解释性文本语义相当,所以,《汉书·艺文志》云:"及末世口说流行,故有《公羊》、《谷梁》、《邹》、《夹》之《传》。"也所以,汉儒又说:"五经传记,师所诵说。"葛志毅指出:"即视解经之传、记与师说同类。"③

当然,这样的学术路径推至极端,也有它的副作用。因为无论如何,口传总还是不如文本可靠。在西汉末期,刘歆就针对今文经师们不理睬"古文旧书"的学术路径,斥责道:"信口说而背传记,是末师而非往古。"④这里面的"传记",其实当年也是"口说",只是它们作为先师的"口说"而著于竹帛,成为文本内容。

这里面的是非优劣暂不讨论。由本论题出发,可以看到的是,那时一代代的学者在解释经义时,可以脱离与本经无关的"古文旧书",去做出自己的解释。这些解释性的内容,固然是以经书为基础敷陈演绎而来,但与竹帛之书不同的是,它们在师徒之间以"口说"形式加以流布,而并不需要著于竹帛,以成为"传记"。不仅如此,这一知识成果的推出,往往要在经学的"论难"中产生,要经过往复商讨、辩论的考验。在这种知识活动中,谁表现优异,谁就有话语权。《后汉书·丁鸿传》载:"从桓荣受《欧阳尚书》,三年而明章句,善论难,为都讲。"就可说明这一点。

我们甚至也可以说,经学的"论难"就发端于"偶语诗书"。

---

① 关于这一问题,还可参看孙希旦:《礼记集解》,中华书局,1989年,第970页。
② 高华平在《中国先秦小说的原生态及其真实性问题》(《天津社会科学》2007年第5期,第106页)中特别论及,"小说"是与"经说"这样的"大说"相对应的。
③ 葛志毅:《今文经学与口说传业》,收入葛志毅、张惟明《先秦两汉的制度与文化》,第373页。
④ 《汉书》卷三六《楚元王传附刘歆传》,中华书局,1962年,第1970-1971页。

《诗·大雅·公刘》云:"于时语语",毛传曰:"直言曰言,论难曰语。"清儒陈奂指出:"言者,徒言之而已,不待辨论也;论难者,理有难明,必辨论之不已也。"①也就是说,在经学系统中,"语"就有论难、辩论的含义在。通过这种辩难,经义得明,著录下来,遂成为"说"。由此在《汉志》的"六艺略"中,齐说、鲁说等常常出现,它们是经师对经义的阐释。这些在后来往往演而成为经学中的章句之学,也即是,就经文作分章,在形成章句之后,一章章地阐释深入的义理。它们的内容往往超出经文许多倍,如《后汉书·桓荣传》载:"荣受朱普学章句四十万言,浮辞繁长,多过其实。"

"浮辞繁长"固然有可议之处,但它不是本文的主旨所在。在经义的传承与切磋中,由口耳相传系统,也即"偶语诗书",可以增加如许"繁长"的"浮辞",而且它不明载于竹帛之上,较之静态的文本,它显然更为动态且不易管控。不仅如此,特别需要指出的是,汉代"浮辞繁长"的繁盛,很大一部分原因是"禄利之路然也"②,是"为稻粱谋"时的状态。而秦代的"偶语诗书"不仅没有官学的扶持,恰恰是主流官学的对立面。如果有"浮辞"的话,那也是求道及修习知识的理想使之然也。对于这种难以管控的文化对立面,秦廷自然是欲灭之而后快。

## 四 "私学"与"法教"的冲突:从"偶语诗书"到"以吏为师"

前已论及,比之于藏书,"偶语诗书"更为秦廷所忌惮。其中很重要的一个原因在于,"偶语诗书"可以在文本的深化和扩展中,转化为师生互动的教学活动。对于秦这样的专制政府来说,"书"固然有犯禁之处,但不受控制的"学",也即"私学"这种知识团队的出现,更是令人头痛的力量。由此,"私学"的存在,与秦廷所主导的"官学—法教"之间就产生了不可避免的冲突。也就是说,"私学而相与非法教"局面的出现,是秦统治者所不能容忍的。在他们看来,任其发展下去,士人们都会日渐成为朝廷的异己分子。

那么,该怎么办呢?

就"堵"的一面来说,除了众所周知的"焚书坑儒",落实到本论题,就是禁绝士人的"偶语诗书"。"疏"的一面呢?则是要求士人们转而学习秦的律令政策,所谓"百姓当家则力农工,士则学习法令辟禁"。依照帝国的政治要求,士人们需要从"私学"中脱离出来,转入秦的"法教"系统。由此,在灭绝"偶语诗书"的前提下,李斯提出,士人的最后出路应该是:"欲有学法令,以吏为师。"

李斯之言,不是一个随性的简单建议。它深植于秦政治文化的土壤之中,并由现实的冲突所引发。

众所周知,秦帝国以法家之说来治国理政。《韩非子·五蠹》曰:"明主之国,无书简之文,以法为教;无先王之语,以吏为师。"遵循法家理论,在知识文化领域内,"以法为教,以吏为师"实为唯一"合法"的态度及做法,而"诗书"这样的"先王之语",只能是必除之而后快的对立面。由此而论,从禁止"偶语诗书"到最终强力推行"以法为教,以吏为师",它实在是秦政治文化演进的必然逻辑,是为秦政夯实思想及知识基础的必然举措。下面,就具体论之。

---

① 陈奂:《毛诗传疏》,载王先谦编《清经解续编》第三册,上海书店,1988年,第1175页。
② 《汉书》卷八八《儒林传》,第3620页。

### (一)"私学"为何"非法教"?——"偶语诗书"与秦"官学"的宗旨、培养目标异趣

在具体论证之前,笔者要先加以说明的是,在本论题中所出现的"私学"与"官学"的对立,实为中国古代政治文化中的特例,是秦帝国时代的特有产物。如果不是因为秦政的存在,很多冲突与矛盾,便失去了生长的土壤和历史的条件。

揆之于史,"私学"与"官学"的冲突,历朝历代皆有之,但不存在根本性的矛盾。故而,倘时代转换,它们的表现及结局都不会像秦代那样剧烈。事实上,以"诗书"为代表的"私学"并非因其"私",就天然地与朝廷的"官学"发生冲突。恰恰相反的是,入汉之后,这种"私学"不仅与"官学"协调共生,甚至最终由"私学"转为了"官学",从而奠定了汉代以来两千年"经学时代"的知识基础。① 也就是说,这种"私学"不仅与"官学"没有本质上的冲突,它甚至可以成为最为得力的"官学"资源。在秦代,冲突之所以出现,并不可避免,不是"私学"本身的问题,而是在秦代法家政治的要求下,二者无法兼容。

我们注意到,在"焚书坑儒"之前,习"私学"者对于秦廷一度是很有期待的。《史记·秦始皇本纪》引贾谊言:"秦并海内,兼诸侯,南面称帝,以养四海,天下之士斐然乡风……既元元之民冀得安其性命,莫不虚心而仰上,当此之时,守威定功,安危之本在于此矣。"当此之际,战争结束,天下归一,作为文化承载者,士人们也希望能加入时代的洪流。淳于越的进言,以及始皇封禅之时大量儒生的参与,都可以说明这一点。

与此同时,秦统治者也不是没有表现出一定的姿态,并释放出若干"善意"。秦始皇在"坑儒"之际,曾恨恨地说:"悉招文学方术士甚众,欲以兴太平。""今乃诽谤我,以重吾不德也。"遂痛下杀手,"犯禁者四百六十余人,皆坑之咸阳,使天下知之,以惩后"。② 不可否定,"坑儒"是罪大恶极的做法。但倘循着始皇的想法,他也有着自己的愤懑和不解。在他看来,本来召集士人们过来共襄盛举,一同开创太平之世,这是天大的好事和恩德。可结果,士人们不仅不感恩,反而非议诽谤,站到了朝廷的对立面。所以,他才不得不采取行动。

由此,我们的问题是,秦廷和"私学"者之间本都有着相互接近的愿景,事实上也有一部分人将"私学"纳入了,或准备纳入秦的"官学"系统,如引发"焚书"争论的博士周青臣,就为秦政所化。但何以还是会出现所谓的"人善其所私学,以非上之所建立"的对峙局面呢? 核心原因在于,以"偶语诗书"为核心的"私学",具有明确的宗旨和培养目标,它与"以法为教,以吏为师"的"官学"之间,在取向上泾渭分明,不仅无法兼容,甚至本质上就是对立的。在宗旨、培养目标大为异趣的前提下,只要仍旧坚持自己的立场,冲突就必然会发生。

首先,就宗旨来看,以"偶语诗书"为核心的"私学",与秦"官学"之间,最根本的冲突,乃是"道"的冲突,二者具有不可调和性。

习文史者皆知,在古代中国,"求道"是士人的最高追求,尤其是受到儒家影响的知识分子极为看重这一点。《论语·里仁》曰:"朝闻道,夕死可矣。"但道在哪里呢? 按照儒家理念,就来自于由尧、舜到文、武的圣王们,并由孔子所承接和发扬。《中庸》曰:"仲尼祖述

---

① "经学时代"的概念,由冯友兰在20世纪30年代所提出。他指出,自"经学时代"之后,"其立说无论如何新奇,皆须于经学中求有根据,方可为一般人所信受。"见冯友兰:《中国哲学史》上册,华东师范大学出版社,2000年,第296页。

② 《史记》卷六《秦始皇本纪》,第258页。

尧舜,宪章文武。"孔子之所以伟大,正在于他是"先王之道"的传人。而"先王之道"的载体或文本依据在哪呢?那就是,以"诗书"为核心的经籍。《庄子·天运》载有孔子"治《诗》《书》《礼》《乐》《易》《春秋》六经"之事,并云:"论先王之道而明周、召之迹。"说明在儒家系统内,"道"与以"诗书"为代表的经书有着紧密的关联。所以,当儒生们"偶语诗书",并"皆诵法孔子"时,实质上是在通过孔子的教导,深入理解"诗书"中的"先王之道"。

由前已知,无论是藏书,还是"偶语诗书",最后的落脚点都是"以古非今"。在秦统治者看来,这些"偶语诗书"者所为之事,就是"语皆道古以害今"。不可否认,在秦王朝,借古讽今者固然有之,但"偶语诗书"作为传承已久的学术习惯,一开始并没有专门的针对性。然而,在秦政之下,不管出于何种情况,都必然是"语皆道古以害今",这是由它的意识形态所决定的。"道古"之所以具有"害今"的力量,实质上不在于其"古",而在于"古"后面的"先王"及其"道"。进一步言之,"先王之道"一直为帝国所鄙视,是意识形态上的大敌。作为"秦道"的对立面,它不仅毫无合理性可言,甚至就是烘托正面形象的反面典型。

为什么会有这样的认知呢?秦政府所奉行的法家理论相信今胜于昔,在"道"的问题上亦复如是。《韩非子·五蠹》就曾以"守株待兔"的故事来讥讽那些坚持"先王之道"者,认为"欲以先王之政,治当世之民,皆守株之类也"。根据这样的理论,"先王之道"早已过时,只有当下的"新圣",才能提供时代所需之"道"。由此,《五蠹》篇得意地宣称:"然则今有美尧、舜、汤、武、禹之道于当今之世者,必为新圣笑矣。是以圣人不期修古,不法常可,论世之事,因为之备。"并提出抛弃"先王之语"的主张,走"以法为教,以吏为师"的新路。

由此,在秦帝国的意识形态中,"先王之道"不过是迂腐过时的象征,当下的"秦圣",也即秦皇帝才是"道"的代表。也由此,"道"早已不存于"诗书"之中,而是由帝国所掌控的秦法加以承载,它由最高统治者,尤其是始皇帝这样的"圣人"所裁定,所谓"皇帝作始,端平法度,万物之纪"。依此理路,帝国的始皇帝才是最大的,甚至唯一的圣人,"上古以来所未有,五帝所不及"①。不仅如此,由于"秦圣""体道行德",不仅使得历史进入了崭新的时代,也使得他独占了"体道"的资格,凭借超凡的能力以法治天下。依据这样的理论阐说,秦帝国获得了前所未有的正当性。②

循着这样的逻辑理路,在秦的官学系统中,"诗书"就理所当然地失去了"道"的代表性,要"体道",只能学秦法。还有更为重要的一点是,在帝国的意识形态系统中,"体道"的资格唯有"秦圣"才具备,一般老百姓"听令"则可。也即是说,学习秦法,遵从"法教",就是遵从"秦圣"所提供的唯一之"道"。

而"偶语诗书"的思维路径则与之全然相反。按照儒家理论,人人皆可"体道","道"没有独占性。就人性而言普通人与圣人并无根本的不同。普通人只要"体道",也可以成为圣人。《孟子·离娄下》曰:"何以异于人哉?尧、舜与人同耳。"《告子下》甚至说:"人皆可以为尧、舜。"从某种意义上来看,儒家所提供的"体道",实质上就是一种"成圣之路"。《论语·宪问》曰:"下学而上达。"《子张》篇则曰:"君子学以致其道。"都充分表达着这一取向。

但接下来的问题是,"成圣体道"需通过何种途径获得呢?那就是学习。学什么呢?主要的就是"诗书"这样的经术,这是"成圣体道"的起点。《荀子·劝学》曰:"学恶乎始?

---

① 《史记》卷六《秦始皇本纪》,第236、245页。
② 关于这一问题,可参看王刚:《"体道行德"与秦帝国政治合法性的形上建构》,《传统中国研究集刊》2017年第1期。

恶乎终？曰：其数则始乎诵经，终乎读礼；其义则始乎为士，终乎为圣人。"尤为重要的是，既然以"成圣"为目标，自然是要自主体悟，自家体贴，最终深得于心，方可称得上"成圣"。故而《孟子·离娄下》曰："君子深造之以道，欲其自得之也。"但如果是这样，老百姓又怎么会听令于"秦圣"？并在守秦法之中，仰望"道"的独占者呢？所以，这样的为学宗旨在秦统治者看来，真的是"惑乱黔首"，大逆不道之至了。

其次，就培养目标来看，虽然都是造就古代的知识人，并最终"学而优则仕"，承担起治国理政的任务，但"私学"以培养仁德君子为己任，以经典教育为核心，重视对民众的引领作用；而"法教"则以文法吏的锻造为目标，重视人才的实际"功用"，以熟知和"督责"法令为学习、工作重心。

这种差异的产生，就源自"体道"的资格及方式的不同。

就前者而言，"诗书"的学习，其核心目标不在于获得多少实际的技能，而是以君子的养成为目标。技术性的问题，应该是"道"之余事。也就是说，君子以"体道"为追求，它主要表现在有德行修养，所谓"腹有诗书气自华"。由此，士人的学习，就不仅仅是为了掌握某种具体的谋生手段，更重要的是获得人格的提升，文化的滋润。通过这种学习培养出来的人，应该是文质彬彬，以德行为先，既有礼义于身，又有知识修养。

仅以《论语》中的材料为例，可以看到，孔门有所谓的"四科"，虽对于"言语""政事""文学"等实际才干亦加以重视，但"德行"是排在首位的。孔子曾对具有专门之才的子夏说："女为君子儒，无为小人儒。"孔子是希望自己的弟子在"学"的过程中，不要被具体的才干所牵引，而要首重修德，这是君子之所以为君子的灵魂所在。孔子还说："德之不修，学之不讲，闻义不能徙，不善不能改，是吾忧也。"子夏谨记师训，对于德行特为看重，认为其为"学"的根本，由此提出："贤贤易色；事父母，能竭其力；事君，能致其身；与朋友交，言而有信。虽曰未学，吾必谓之学矣。"①正说明了孔门之中以"学"修德的取向。简言之，以孔门为代表的"私学"，以培养"有道"或"有德"君子为目标。

那么，"有道"或者"有德"，落实于何处呢？尤其是在对待老百姓的问题上，最重要的就是"仁"。《孟子·离娄上》曰："不以尧之所以治民治民，贼其民者也。"并引孔子之言："道二：仁与不仁而已矣。"也就是说，"道"的表征不是别的，就是"仁"，它是"先王之道"的核心，扩展于治国理政，遂有了后史所艳称的"仁政"。作为"偶语诗书"的"君子"，毫无疑问，要在"体道行德"之中，将仁政施之于民。

然而，秦政下的"官学"，正与之相反。

李斯说："百姓当家则力农工，士则学习法令辟禁。"看起来，秦帝国的士人还是比一般百姓的地位更高。由于负担着治国理政的任务，二者之间有着"劳力""劳心"之别。但是，与"私学"不同的是，秦政下的士人高于百姓之处，不在于"体道"。前已论及，在秦政下，唯有最高统治者的"秦圣"才能"体道"，士人与一般百姓一样，也不具备"体道"的资格，只能听命于上。他们高于一般百姓之处，是对于"法令辟禁"的熟练与操作。由此，他们的未来，不是"有道君子"，而是文法吏。作为这一系统所培养的技术型"人才"，对于秦法，不仅自己要遵守，还要做到两点，一是晓谕百姓；二是监督执行。所以，《商君书·定分》曰："诸官吏及民有问法令之所谓也于主法令之吏，皆各以其故所欲问之法令明告之。"《史记·李斯列传》中则有所谓的"督责之术"，正对应着这两种取向。

---

① 以上分见《论语》之《先进》《雍也》《述而》《学而》篇。

必须指出的是,技术型人才的培养,本身并无问题或过错,在治国理政上,儒家文化所熏染的士君子也需要有着实际的政治才干,其中很重要的就是文法律令的熟知与运用。但问题是,在秦政之下的"学习法令辟禁",以"秦圣"所颁行的律令或诏命为圭臬,要与"先王之道"拉开差距,甚至是决裂。由此,值得注意的是,在"秦道"的指导下,无论是"晓谕百姓"还是"监督执行",文法吏们的为政风格,展现出的,是"驯兽法则"及工具思维。

什么叫"驯兽法则"?

为了更好地理解,先看它的对立面。前已论及,儒生们从"偶语诗书"中体会"先王之道"中的"仁德",并施之于政治。之所以能够如此,是因为在儒家看来,人性相通,在"人皆可以为尧、舜"的命题下,每个人固然要以"成圣"为追求,但即便不"成圣",亦是和尧、舜处于同等地位的人,《孟子·离娄下》说:"舜,人也,我人也。"只要是人,都需要获得人的对待和尊重。

但法家理论不是这样的。依其学说,对于百姓,只需要用鞭子和律令来狠狠地教训。在《韩非子·五蠹》中,用了一个比喻——驵马来形容民众,并申论道:"如欲以宽缓之政治急世之民,犹无辔策而御驵马。"言下之意很是明显,对待强悍的烈马,还有比猛烈的鞭打更好的手段吗?毫无疑问,信奉这一理念者,本质上是不会,也不可以存有仁爱之心的。因为对于"驵马"这样的"兽类"来说,任何的怜悯都属多余。故而在《韩非子·六反》中,又有这样的说法:"不养恩爱之心而增威严之势,故母厚爱处,子多败……故用法之相忍,而弃仁人之相怜也。"在法家那里,丢弃同情心,大开杀戒,震慑力足够,才能管控好社会。而"法教"恰恰就是要培养这样的"人才"。从这个意义上来说,秦政所要培养的士人,要掌握的只是"驯兽"的手段,以"法"为"辔策",牢牢地管控百姓,治理国家。

尤为重要的是,这样的思维路数,实属直通庸俗的工具主义。由此而论,儒家那套来自"先王"的仁义之术,就可说是毫无作用,迂腐之极了。

根据这样的逻辑,百姓,本来就是为专制主义国家服务的工具。农民可以种田,战士可以作战,那么,既不种田,又不作战的士人们,可以做什么呢?他们是社会的管理者。但是,如果用那套"先王之道",能治国理政吗?法家政府给出的是否定答案。在秦政下,百姓不是君子,也不能够成为君子,"它们"是牛马,需要的是法令和鞭子的督责。《韩非子·五蠹》说:"民者,固服于势。"即便"它们"有思想追求,为了法令的推行,也应该让"它们"蠢一点,直至蠢如牛羊。所以《商君书·定分》又说:"民愚则易治也,此所生于法明白易知而必行。"而"偶语诗书"那套,不仅不能达成这一目标,甚至是反其道而行之。

由此,在《韩非子·五蠹》中,将那些"谈言者务为辩"的儒生列为五蠹之首,他们"无耕之劳""无战之危",那套议论"不周于用",不是"蠹虫",还能够是什么呢?对于法家的御民之术,汉儒扬雄有这样的评价:"不仁之至矣,奈何牛羊之用人?"①但问题正在于,既然已经视之为"牛羊",对于那些"牛羊"们,还需要讲仁爱吗?"它们"懂仁爱吗?也由此,在"督责之术"下,"税民深者为明吏""杀人众者为忠臣"②,是最符合法家逻辑之事了。它所培养的士人,不管如何使用,实质上不过是"驯兽"的文化鹰犬而已。

**(二)"私学"如何"非法教"?——知识授受中的不同路径取向**

在讨论了宗旨及培养目标等问题后,接下来要问的是:"私学"是如何"非法教"的?

---

① 扬雄著,汪荣宝撰,陈仲夫点校:《法言义疏》卷六《问道》,中华书局,1987年,第130页。
② 《史记》卷八七《李斯列传》,第2557页。

或者也可以这样发问：接续前所论及的逻辑理路，"私学"和"法教"在培养方式方面，即知识授受的路径上，会有何差异呢？我们以为，最主要的在于两点，一是"是非之心"与"从主之法"的对立；二是"折中"与"中程"的不同。因这种差别，不仅造就了二者之间不同的知识面貌，更重要的是，以"私学"的知识授受方式为武器，很自然地就会质疑"法教"的合理性，从而严重地挑战了它的权威。对于秦代"官学"来说，这样的"私学"当然是一个危险的存在。下面就具体论之。

首先，看看"是非之心"与"从主之法"的对立。

什么叫"是非之心"？按照儒家理念，在每个人的本心中，都有着是非观的存在，它来自人的天性，是人之为人的关键。《孟子·公孙丑上》说："无是非之心，非人也。"在此篇中，孟子还提出了"四端"之说，其中，"是非之心，智之端也。"也就是说，"是非之心"是"智"的发端，丧失了"是非之心"的人，不仅丧失了人性，也必然是愚而不智者。

我们都知道，"智"是儒家的基本理念之一，人们常常将"智者"与"仁者"相提并论。前已论及，通过"偶语诗书"以达到的"先王之道"，一个重要的表征就是"仁"。成为"仁者"，是儒者的核心指标。《论语·卫灵公》曰："当仁不让于师。"《泰伯》篇则曰："仁以为己任""死而后已"。在"仁道"问题上，当奋勇争先，不做妥协，与老师都没有客气的必要。

但问题是，什么是"仁"？何以成为"仁者"呢？你又何以知道自己真的是在"当仁"呢？如果通过学习，不能明了，或者不去明了基本的事理，无法开智，甚至更加愚蠢了，不仅做不了"仁者"，还很有可能成为被他人所愚弄的蠢物。故而《阳货》篇曰："好仁不好学，其蔽也愚。"而《荀子·劝学》则告诉我们，"学"，譬如"登高之博见"。从某种意义上来说，"学"，首先要致力的方向，不是别的，乃是让人变得聪明智慧起来。视野开阔之下，犹若登高望远，不为浮云所遮蔽。且不说达到"智者"的要求，至少不智是无法达到"仁"及"仁者"境界的。要之，启动"是非之心"，以"智"达"仁"，方是为"学"的正途。

"是非之心"属于本心的判断。但"是非"存于何处？什么可以成为"是非"的标准呢？那就是——道义。

由此观之，"先王之语"之所以权威，本质上不在于"王"与"圣"，而是"圣王"传递了"道义"。以"道义"来比照自己的行为时，"徙"与"改"常常发生。《论语·述而》曰："德之不修，学之不讲，闻义不能徙，不善不能改，是吾忧也。"从某种意义上来说，学习"先王之道"，就是去明"是非"的，不管谁，都应唯"道义"是从。所以，《荀子·子道》曰："从道不从君，从义不从父。"即便是面对着君王和父师，亦不可例外。

在《论语·雍也》中，记载了这么一件事。子游做了武城宰，孔子来到这里听到了弦歌之声。这么个小地方，居然郑重其事地礼乐教化，孔子禁不住笑了，说："割鸡焉用牛刀？"结果子游当着老师的面，反驳道："昔者偃也闻诸夫子曰：'君子学道则爱人，小人学道则易使也。'"孔子立刻改正道："偃之言是也，前言戏之耳。"认为自己开了一个不恰当的玩笑。

要之，"偶语诗书"也好，修习道义也罢，在以儒家为代表的"私学"中，学习不是为了简单地背书，而是获得以"是非之心"来思考和行动的能力，并最终"体道"。由此，在儒家系统中，士人们在采取行动之前，总是要问问事物的真实合理性，思考与质疑不离左右，穷本追源顺理成章地成为应有的态度。也由此，《中庸》在提倡"笃行"之前，有着"慎思、明辨"的前提。"明辨"什么？主要的就是"是非"与道理。或者也可以这样说，学习是激发"是非之心"，增加明辨是非能力的一个过程，它不因任何势力而改变。

然而，"法教"的学习不是这样的。《韩非子·定法》说："贤者之为人臣，无有二心……

顺上所为,从主之法,虚心以待令,而无是非。"在这一理论系统中,是不允许存在"是非之心"的。要"从法",要"待令",就必须要去除"是非之心"。

这是为何?

核心原因在于,"是非之心"是内在于个体的人性思考,在秦政之下,属于与"公"对立的"私"。依照秦代的法家思维,"公"作为全民必须遵守的外在标准,是覆盖一切的。"公"通过什么体现呢?那就是秦法。《韩非子·诡使》说:"夫立法令者以废私也,法令行而私道废矣。私者,所以乱法也。"帝国子民要归之于"公",就必须一心一意地以"法"为行动及思想的准绳。"私学"之所以可恶,正在于它启动了与"公"不一致的"私心",从而形成了"二心",故而"大者非世,细者惑下。"

从本质上来看,"私学"所启动的"二心",就是与"公"相对的"是非之心",它引发了内在的个人思考,表现在面上就是《诡使》所谓的:"私学成群,谓之'师徒';闲静安居,谓之'有思'。"依照秦帝国的理论要求,这是必须要严厉禁绝的现象。

在此需要指出的是,在秦政之下,对于"是非之心"的否定,并不仅仅因为,它容易造成对于律令政策的"非议"。如果是正向的赞扬,是否就允许呢?也不可以。《史记·商君列传》载,商鞅初变法时,反对者遭到了严酷的处罚。然而,变法初见成效后,"秦民初言令不便者有来言令便者",也意外地遭到了流放。商鞅认为:"此皆乱化之民也","其后民莫敢议令"。

为什么赞扬秦法的民众也要受到严惩呢?答案就在于,他们留存了"是非之心"。从根本上说,这种"是非之心",是个体的,不可控的。在秦帝国的政治文化系统中,私人思想空间是不允许存在的,任何的私人认知都必须集中统一到"秦法"之上,所谓"天下已定,法令出一"。而这"法令"源于何处呢?就是唯一"体道"的最高统治者。由此,"人主"便是"公"的代言人,国家所有的资源,都应在他的掌控之下。《韩非子·八说》云:"匹夫有私便,人主有公利。"[①]《外储说右上》篇则说:"国者,君之车也。"

也由此,秦法虽然也讲求所谓"道"的支撑,但是,一则非人主不可染指于此;二则"道"即"法"。依照这样的政治逻辑,百姓们莫说是对于"道",就是对律令的议论,都属于僭越之举。律令政策在上,执行就是了。进一步言之,在秦政之下,为了帝国机器运转得更为有效,由君王决定方向,提供思想,其他人只需要作为执行者,而不能成为思想者,更不可质疑之。《史记·秦始皇本纪》载:"丞相诸大臣皆受成事,倚辨于上……天下之事无小大皆决于上。"正是这种理论得以落实的后果。

其次,接续以上的理论进路,"私学"和"法教"在知识授受的过程中,有了"道"与"事"的区别,落实到具体的教学实践中,表现为"折中"和"中程"的不同。

《论衡·程材》云:"儒生所学者,道也;文吏所学者,事也。"可注意的是,虽然这里所表现的,是汉代的儒生与文法吏在"学"上的差异,但二者的源头和基因,可以追溯到秦代的"私学"与"法教"之上。

我们先看孔门"私学"的情况。

众所周知,作为教学活动,教师在知识及理论的授受中,当然是需要传授具体的知识内容的。前已反复论及,孔子所传承的核心内容,乃是以"诗书"为代表的经学或经术。但

---

① 刘泽华说:"韩非所说的'公'是指人主,与人主相对的是'私'。"载自:刘著《中国政治思想史集》第一卷《先秦政治思想史》,人民出版社,2008年,第202页。

是,"诗书"的文句,作为一种书面内容仅仅是"其然"而已,更重要的"所以然",主要通过"偶语诗书"等方式加以传递。从特定意义上来看,是一种透过字面去"求道""证道"的过程,所以它极为关键。

在这一过程中,孔子虽然"为天下制仪法,垂六艺之统纪于后世"[①],但是,他不是在"诗书"等经籍之上总结出一、二、三、四等律令型的命令或规定,而是带着大家一起去"体道",给后人自我思考的空间,由此就产生了后世所艳称的"折中"之法。《史记·孔子世家》曰:"自天子王侯,中国言六艺者折中于夫子,可谓至圣矣。"时代相近的《盐铁论·相刺》则曰:"退而修王道,作《春秋》,垂之万载之后,天下折中焉。"

"折中"——到孔子那里去"折中",成为修习"诗书"等六艺的基本路径。

那么,什么是"折中"呢?

《楚辞·九章·惜诵》曰:"令五帝以折中兮。"朱熹指出:"折中,谓事理有不同者,执其两端而折其中,若《史记》所谓'六艺折中于夫子'是也。"[②]由此可知,"折中"的前提,乃在于对事理的不同理解。《春秋繁露·精华》曰:"《诗》无达诂,《易》无达占,《春秋》无达辞。"我们看到,在儒家系统中,对于"诗书"所反映的意蕴,并不提供现成的答案,更不强行统一标准,读者可以从自身的角度,自我地去加以理解。但是,这不等于说,可以漫无边际,随意发挥。"折中",在其间就起到了不偏离航向,向正道前行的作用。

怎么"折中"?

《论语·子罕》载孔子之言道:"吾有知乎哉?无知也。有鄙夫问于我,空空如也。我叩其两端而竭焉。"孔子并不认为自己无所不知,而是以一个"无知者"的"空"的姿态来引导他人进行学习,在"启发"的过程中,达到"体道"的目的,这与苏格拉底通过"产婆术"式的谈话以寻求真理,颇有几分相似之处。

而这样一来,在"私学"系统中,在通过"偶语诗书"以"体道"的过程中,师生就是平等的,在"道"的面前,大家都是探索者。从某种程度上来看,这样的教学活动,不是一种简单的、单向度的授受,而是由教师引导着学生去共同寻道。前已论及,即便孔子知道答案,也"不愤不启,不悱不发。"目的就在于,要让学生自得于心。而如果再进一步,学生能够反过来启发老师,达到教学相长的目标,则更上一层楼了。

我们注意到,在《论语》中有两段"偶语诗书"的场景再现。一是在《学而》篇中孔子与子贡的对谈,孔子最后评价道:"赐也,始可与言《诗》已矣,告诸往而知来者。"在这里,子贡在孔子的引导下获得了更进一步的认识,展现了"师说"的重要性。而在《八佾》篇中,子夏的话语则引起了孔子这样的感慨:"起予者商也,始可与言《诗》已矣。"孔子在《诗经》的讲论中,同样受到了弟子的启发。这两种情形正说明了"偶语诗书"的开放性及"折中"的思想意义。

由此,孔子虽圣,但他从来不是现成答案的提供者,而仅仅是一位引路人。《论语·八佾》曰:"天将以夫子为木铎。""木铎"不是严令禁止的思想指挥官,而是担负着警醒旁人,为之指引方向,并与其共同前行的使命与责任。

而"法教"与之不同的是,它不仅不承担思想引导的任务,恰恰是要中止思想的进程。"秦法"作为思想的终点,是不可怀疑的,它是行事的基本依据,也是不可问的"道"的表达。

---

① 《史记》卷一三〇《太史公自序》,第 3310 页。
② 朱熹撰,蒋立甫点校:《楚辞集注》,上海古籍出版社,2001 年,第 73 页。

律令的熟稔与不折不扣的执行,由此推进而至的做"事"的基本规程,便成为"法教"中的内容和基本任务。

在这种学习中,由于要放下"是非之心",以"从法""待令"为目标,由此,熟悉各种律令的内容成为一大特色。那么,怎么做呢?《商君书·定分篇》曰:"主法令之吏有迁徙物故,辄使学读法令所谓,为之程式,使日数而知法令之所谓;不中程,为法令以罪之。"我们看到,在"学读法令"时,规定了一定的"程式",也即标准,每日必须达到一定的数额,并进行考核,达不到者,要治其罪。由此,"中程"成为核心所在。

所谓"中程",就是对照指标加以完成,它不需要思考,也没有什么"法"外的思辨空间。最高境界,就是秦吏中的"文毋害"。对于文书、政事等熟稔之后,成为一个行政上的"匠人"。汉儒王充在《论衡·程材》中称其为"世俗学问者"。这种"世俗学问"所对应的,大致相当于前所论及的"记问之学",它以习诵为基本要义,而不需要通过"偶语诗书"去探求背后的深义。关于这一问题,在出土文献中也可以得到证明。

例如,在张家山汉简《史律》中,有"试史学童以十五篇,能讽书五千字以上,乃得为史"等内容,这里面的"史",就是从事律令文字工作的人,"史学童"则是学徒弟子。这是沿袭秦的制度,由睡虎地秦简可知,不仅有"学童",还有专门的"学室",并且特地设立了名籍,张金光指出:"这种学徒经过一定时期的学习,考核合格,即可以从事佐史一类的工作,而且政府还给以广阔的出路。"在秦代,"保证了史的学室弟子的吏途通达,并以此引导士人去就官学的规范,便于统一管理、训练与控制"①。

然而,接下来的问题是,他们具体是怎么学习的呢?不仅《史律》提供了答案,《汉书·艺文志》亦云:"汉兴,萧何草律,亦著其法,曰:太史试学童,能讽书九千字以上,乃得为史。"李学勤指出:"'讽'、'书'都是动词,'讽'是背诵,'书'是书写。《汉志》引文'能讽书九千字以上'也须如此解释。"②由于在《史律》中,还有所谓"诵七千言"云云,进一步言之,这里面的"讽书",实质上就是"习诵"。

他们习诵的内容是什么?因为在文献中,它所对应的是"史书"这一概念,以至于一般都认为,这些学童的学习,所面向的,是幼童的蒙学字书及对字体的要求。但这种理解是片面,至少是不完整的,或者只属于初步的内容。既然是培养文法吏,进一步的学习要求必然要直通律令系统。臧知非在经过细致研究后特别指出,文献中常常出现的"善史书""能史书"云云,"都是指对'簿书'的了解和掌握","'簿书'因为内容不同各有专门的称谓、格式、程序、文本和相应的套路,有专门的技巧,需要经过相应的针对性训练,从而形成专门的'文吏'队伍"。③ 在这一进程中,"以法为教,以吏为师"方可得以贯彻。

### (三)传业与禁业:"偶语诗书"与政、学冲突

公元前209年,陈胜起义掀起了反秦的巨浪。孔子的后代孔鲋携带礼器投奔陈王,并为之死难。《史记·儒林列传》评述道:"然而缙绅先生之徒负孔子礼器往委质为臣者,何也?以秦焚其业,积怨而发愤于陈王也。"孔子后裔毅然走上反秦的道路,与秦帝国残暴的

---

① 张金光:《秦制研究》,上海古籍出版社,2004年,第710页。
② 李学勤:《试说张家山汉简〈史律〉》,载自中国社会科学院简帛研究中心编《张家山汉简〈二年律令〉研究文集》,广西师范大学出版社,2007年,第57页。
③ 臧知非:《〈史律〉新证》,载自臧著《战国秦汉行政、兵制与边防》,苏州大学出版社,2017年,第101页。

作为密不可分。但是,这不是一时的情感冲动,而是长期的"积怨"所导致的。什么怨?最重要的,就是对于"其业"的毁灭,司马迁用"焚其业"来加以描述。简练的文句之后,仿佛触目可及的,是那冲天的秦火。

班固的《汉书·儒林传》沿用了这段话,班氏说:"然而搢绅先生负礼器往委质为臣者,何也?以秦禁其业,积怨而发愤于陈王也。"可注意的是,班固并非完全照抄,而是有着文字上的微妙改动,他将"焚其业"改为了"禁其业"。这一改动是随意之笔,还是有所考量呢?笔者以为,是后者。班固的改动,更为符合历史的真实细节,是更为精准的表述。

为什么这样说呢?

前已论及,书固然重要,但"焚坑事业"并非是简单地烧掉多少部书的问题,它真正的目的,是要阻断"官学"的对立面——"私学"的发展,彻底禁绝"以古非今",将"学"统一到"法教"上来。也正因为这样,"偶语诗书"才受到了比藏书更为严厉的处罚。从广义上来说,"偶语诗书者弃市",本身就是"焚坑事业"的一部分,或者说极为关键的部分。因为"焚坑"只是手段,秦政府的目的,在于"禁"。所以,当以"焚其业"来表述这一历史大事件时,固然形象直观,但一方面,由于它主要对应的是具体的书籍,"偶语诗书"这种软性的层面由此容易被忽略;另一方面,由于知识授受的特性,这里的"业",更多地不是与所焚之"书",而是与"偶语诗书"之间的对应关系,更为密切与直接。毫无疑问,"禁其业"的表述更具有针对性。

由此就可以发现,李斯在提出具体的"焚书"举措之前,是这样说的:"如此弗禁,则主势降乎上,党与成乎下,禁之便。"我们看到,秦统治者的确是围绕着"禁"而展开行动的,有了这样的理论基础,才有了接续而来的一连串"烧之"。而且所"禁"者,针对的乃是民间的"党与",从特定视角来加以观察,它的核心所在,就是"偶语诗书"的"私学"。更为重要的是,只有"禁其业",帝国的"业"才能得以扩张,并全面掌控天下,在不同的"业"及"传业"的背后,深埋着的是秦代的政、学冲突。下面,就进一步论之。

前已论及,当孔子"折中""天下"之时,实现了"为天下制仪法,垂六艺之统纪于后世"的目标。这样的一种表述,不仅仅是学问之道的延展,也有着重要的政治含义。因为当孔子为"天下折中"时,所承载和流传的,不仅仅是竹帛上的六艺文字,更重要的是"诗书"后面的"先王之道"。也就是说,孔子能"折中",并被视为"至圣",是他"退而修王道""垂之万载之后"的结果,前者的成立,是以后者为前提的。通过这种历史的延续性,孔子作为先师,不仅获得了圣的资质,甚至还有着"君临天下"的理论依托。

由此可注意的是,所谓的"统纪",本是"王者"的职责,现在却由孔子所掌握。而且,孔子不仅凭借着"诗书"这样的六艺之学,有了"王者"的资质,他的弟子们也顺理成章地成为接续"统业"之人。《史记·太史公自序》曰:"孔氏述文,弟子兴业,咸为师傅,崇仁厉义。"熟悉经学的人都知道,这些都是孔子作为"素王"的重要理论依据。①

当然,有人会说,这主要是入汉之后,"经学时代"以来的核心思想,秦代未必已如是。但揆之于史,秦代及此前的孔门之学中,并不缺少这方面的内容。《墨子·公孟》载时人之语云:"昔者圣王之列也,上圣立为天子,其次立为卿、大夫,今孔子博于诗、书,察于礼乐,详于万物,若使孔子当圣王,则岂不以孔子为天子哉?"我们看到,在战国时代,孔子就因

---

① 关于这一问题,可参看王刚:《海昏侯墓"孔子衣镜"的弟子选配旨趣及相关问题蠡测》,《地方文化研究》2019年第5期。

"诗书"的传承,而具有了"为天子"的资质。虽或为一家之言,却已拉开了孔子为"素王"的序幕。

《史记·孔子世家》云:"故孔子不仕,退而修诗书礼乐,弟子弥众,至自远方,莫不受业焉。"循前理路,这样一个布衣的"传业",及弟子们的"受业",就不再是简单的学术问题了,这里的"业",显然是可以与"王业""帝业"相提并论的。由此,《孔子世家》载,当楚国要给孔子封邑时,有人劝谏道:"今孔丘述三、五之法,明周、召之业,王若用之,则楚安得世世堂堂方数千里乎?"大意为,如果要给孔子政治空间,他所传承的由"先王之道"而来的"业",也即远绍"五帝三王"的"周、召之业",对于楚的基业将构成很大的威胁。虽然这里面有不少的臆断甚至是故事的造作,但它反映了一个重要的思想事实,那就是,在早期中国,人们认为,孔子所传之"业",来自"先王",故而具有强大的政治力量,现实中的"王业"或"帝业"常常会感到威胁。

在这样的思想背景下,超迈"五帝三王"的秦王朝,与之发生矛盾直至不可调和遂无以避免。

与后世"致君尧舜上",并由此尊崇经学及孔子不同,秦帝国早已宣称,它超迈了"五帝三王",它的"帝业"不仅开辟了一个全新的时代,而且必须取代儒者所传承的那套"三、五之法,周、召之业",天下之人、之事,无一例外都必须统之于这一"子孙帝王万世之业"①中。

由此,在李斯的建议中,一开始就开宗明义地声明:"五帝不相复,三代不相袭,各以治,非其相反,时变异也。今陛下创大业,建万世之功,固非愚儒所知。"一上来就大讲"大业"问题。这一话语系统中的政治含义是十分明了的,那就是,始皇帝所开创的"大业",作为"万世之业"或"万世之功",远远超过了"五帝三王"之"业",是世间只可仰视而无可质疑的功业及思想。所以它的伟岸,"固非愚儒所知",更别说质疑和对立了。那么,儒生们该怎么做才算合格呢?改弦易辙,从速进行思想改造,服从这唯一的至尊,不容再别有尊奉,所谓"别黑白而定一尊"是也。也就是说,孔门所传之"业",与秦"帝业"之间,二者只可选一,势如冰炭,你死我活。

然而,在秦政还未彻底亮出屠刀之前,士人之学,尤其是孔门之学早已传承了数百年,有着自己的传统和致思之路。《史记·儒林列传》在论及孔门的"传业"问题时,告诉我们,从战国早期开始,孔门弟子就以成为"王者师"为取向,至中晚期后,"孟子、荀卿之列,咸遵夫子之业而润色之,以学显于当世。"可以说,经过战国数百年的传承、发展,在孔门系统内,师、弟相传的,正是可等同或抗衡"王业"的"夫子之业",虽然也可以"润色之",即在孔子理论之上加以发展,但是所据的"夫子之业",是不可抛弃的,这是"儒"之为"儒"的根本,也是这种"学"得以成立的基本标志。

但秦统一六国后,历史又的确进入了一个完全不同的时代。

在这个时代里,随着"异时诸侯并争"的结束,统一的帝国政府以残酷的法家理论治天下,不允许有任何的异议。由此,当士人们沿袭着历史的进路和学理的逻辑来传承"夫子之业"时,实质上树立的是一种思想的权威,他们确实已经站到了帝国意识形态的对立面。与"秦圣"依赖暴力来建立君权的威势不同,"夫子之业"的传承,乃是以"道"为依托,传承者——"师",不仅可以与"君"相抗衡,甚至在理想状态下,他们还需引导统治者走上"正道",从而成为所谓的"王者师"。《礼记·学记》曰:"能为师然后能为长,能为长然后能为

---

① 《史记》卷六《秦始皇本纪》,第281页。

君。故师也者,所以学为君也。"又曰:"当其为师,则弗臣也。大学之礼,虽诏于天子无北面,所以尊师也。"按照这样的思路,明显将"师道"置于"君道"之上。至少在"师""君"的对立中,"师道"占优。

由前已知,"师"之所以尊崇,乃在于"传道",从特定意义上来说,"传业"即"传道"。"道"在哪里?在"诗书"之中,由其所承载。而且在"诗书"修习的过程中,必须突破"习诵",进入"偶语"的论难及辨析之中,不"偶语","先王之道"不得传。循着这一理路,可以这么说,仅仅靠竹帛是无法或难以传承"夫子之业"的。"夫子之业"要得以传承,师徒关系要得以建构,成为"私学","偶语诗书"就无法绕过。而这对于"别黑白而定一尊"的秦统治者来说,是决不可容忍的。在他们看来,这是对"一尊"的公然"挑衅"。不绝对服从"君",而听从"师"的意见,"人善其所私学,以非上之所建立",让他们如芒在背。所以,"焚坑"事件随之而出。

要言之,"偶语诗书"承载了"夫子之业",建构了"师道"的权威。但是,在秦帝国的意识形态下,这样的"师道"是不能有生存空间的,它的存在,是在对"帝业"后面的"君道"发起挑战。在"以法为教、以吏为师"的政治要求下,士人的思想道路只有一条,那就是,一切以"秦圣"的规定为标准,在"万世之业"中做规规矩矩的帝国子民,而不能别有尊奉。但是,以"偶语诗书"为载体的"私学",不仅做不到这一点,而且在与"帝业"的抗衡中,接续"先王之道",将"书"转而为"学",成为更具威胁的另一种"业"。对于帝国政府来说,与藏书之罪的处理不同在于,它不是简单地"焚"就能解决的,而是必须禁绝。由此,从"焚其业"到"禁其业",不仅成为符合历史的事实描述,而且更深刻反映着秦代政、学的内在冲突。

## 五 结语

作为先秦以来重要的学问修习之法,"偶语诗书"与士人的私学授受,尤其是孔门的传业活动关系密切。进一步言之,作为思想文化的通道,它既联结着古典知识的传承方式,更是"以古非今"的重要依凭,冲击了秦廷所主导的"官学"模式及意识形态。由此,在秦王朝的"焚书"事件中,它被视之为比藏书更为严重的"犯罪"。

循此理路做进一步的研讨,笔者还获得了如下的认识。

(1)"偶语诗书"不是"小说家"类的"街谈巷语"。首先,适用的人群不同。"偶语诗书者"主要为知识精英,与研习孔子之道的儒生关系密切。而"街谈巷语,道听途说者",则是"君子弗为"的人群,甚至是为儒者所鄙视的俳优、侏儒们,二者之间具有不通融性。其次,它们之间的内容、特点及知识地位不同。在孔门系统中,"诗书"具有严谨的学术品质,作为"私学",在秦时具有"以古非今"的危险。而"小说家言"没有"古语"或"古学"的力量及资质,它不属于"正经"系列,时人多以戏谑或娱乐作品视之。

(2)在先秦两汉的士人群中,作为极为重要的知识传习手段,"口传"占据着举足轻重的地位,并引领了诸子学风。作为早期中国"聚徒讲授"的一大通例,它应由孔子所开创,在孔门系统中,表现为"偶语诗书"的授受模式。通过这一模式,一方面文本固有知识可得以传承;另一方面,在"授业、解惑"中获得意义的阐发。在此进程中,不仅文本更为明了通畅,在知识含量上亦有新的增益。尤为关键的是,这一传习理路还为后世今文经官学的经说、师说开辟了道路,对秦王朝的思想专制造成了文化冲击。

（3）与单纯藏书不同，"偶语诗书"可以在文本的深化和扩展中，转化为师生互动的教学活动。它作为"私学"的支撑，与秦廷所主导的"官学—法教"之间产生了不可避免的冲突。这种冲突主要体现在：①"偶语诗书"与秦"官学"的宗旨、培养目标异趣。前者以造就传承"先王之道"的仁德君子为目标，后者则着力培养唯"秦圣"之命是从的文法吏。②以"偶语诗书"为载体的"私学"，与"法教"在培养方式或知识授受的路径上，有着根本性的差异。最主要的在于两点，一是"是非之心"与"从主之法"的对立；二是"折中"与"中程"的不同。③"偶语诗书"传承"夫子之业"，接续"先王之道"，将"书"转而为"学"，建构了"师道"的权威。它的存在，对秦"帝业"后面的"君道"构成了威胁。

由此，在法家政治的要求下，"偶语诗书"成为无法容忍的"罪行"，与秦帝国专制主义的文化政策之间发生了严重的冲突。也由此，它不能简单地归为"焚书"的附属物，而应该属于"焚书"的升级或加强版。

# 王霸之争与西汉王朝的灭亡

吴涛

洛阳师范学院历史文化学院

**摘　要**：从汉武帝独尊儒术以后，儒学获得了巨大的发展，儒学所倡导的王道理想逐渐成为全社会的信仰。而西汉中后期的政治却依然在沿着霸道政治的路线前进，虽然社会没有出现大的危机，但和儒生所要求的太平盛世却相去甚远。于是儒生和汉家政权之间的矛盾逐渐上升，批评的言论逐渐趋于激烈，直至要求汉家皇帝退位言论的出现。在这样的背景之下，王莽以近乎圣人的面目出现在世人的面前，承诺带领大家实现王道理想，从而获得了极大的支持，轻而易举地取代了汉家政权。思想学术领域内的王霸之争也是导致西汉王朝灭亡的一个重要因素。

**关键词**：西汉儒学　王道理想　霸道政治　王莽

　　昭帝、宣帝两代经过了近四十年的休养生息，改变了汉武帝末年所面临的紧张局面，西汉的国力得到了一定的恢复，后世史家称之为昭宣中兴。但是，从宣帝死后到王莽夺权，西汉王朝却迅速地灭亡了。前人对这一时期的历史研究已经很多了。大都认为这五十多年中统治阶级开始腐败，比如成帝和哀帝的荒淫，地主阶级的剥削开始加重，各种矛盾开始上升，人民开始反抗，农民起义增多。那么实际情况是怎样的呢？皇帝的荒淫确是事实，比如成帝宠爱赵飞燕姐妹，哀帝不仅与他的男宠董贤留下了"断袖"的典故，而且还把董贤的妻子和妹妹都接到宫里以供淫乐。但皇帝哪有不荒淫的？皇帝的荒淫并不必然导致社会混乱。这五十多年没有发生大的战争和灾荒，也没有人民的大规模反抗，和后世王朝末期的乱象更是不可同日而语。《汉书·食货志》也说："百姓赀富虽不及文景，然天下户口最盛矣。"[①]社会财富的数量显然要多于武帝以及昭宣时期。土地的开垦和人口的数量在西汉末期也达到了一个顶峰，"定垦田八百二十七万五百三十六顷，民户千二百二十三万三千六十二，口五千九百五十九万四千九百七十八，汉极盛矣"[②]。以至于章太炎把西汉末年称为"家给人足，天下艾安"[③]。内藤湖南氏也认为："当时民政方面还是继续宣帝以来的情况，并未因为朝政的紊乱而受到直接影响……自宣帝以后直到元帝、成帝时期，

---

收稿日期：2020-09-17。

作者简介：吴涛，历史学博士，洛阳师范学院历史文化学院副教授，主要从事中国经学史、中国古代思想史研究。

① 班固：《汉书》卷二四《食货志》，中华书局，1962年，第1143页。
② 《汉书》卷二八《地理志》，第1640页。
③ 章太炎：《国学演讲录》，华东师范大学出版社，1995年，第102页。

民政仍然正常进行,人民安居乐业。"①应该来讲西汉末年基本继承了昭宣中兴所开创的局面。

那么西汉王朝灭亡的是什么呢?难道仅是统治阶级内部的权力斗争吗?显然不是。实则儒家王道政治理想和西汉王朝霸道政治实践之间的矛盾,才是导致西汉政权最后灭亡的根本原因。

## 一　西汉中后期儒学的发展

汉武帝"罢黜百家,表彰六经"的决策,当然不是出于对儒家理想的信仰而做出的,只是为了稳固自己的统治,其实质是以"儒术缘饰吏治"。但是,这却导致了儒家思想的影响日趋扩大。尤其是西汉中后期,随着国家教育文化事业的发展,儒家的王道理想成了社会思潮的主流。

首先,董仲舒在《天人三策》中就向汉武帝建议"兴太学",他说:"夫不素养士而欲求贤,譬犹不琢玉而求文采也。故养士之大者,莫大虖太学。太学者,贤士之所关也,教化之本原也。今以一郡一国之众,对亡应书者,是王道往往而绝也。臣愿陛下兴太学,置明师,以养天下之士,数考问以尽其材,则英俊宜可得矣。"②汉武帝认可了这一建议。后来公孙弘又将这一建议具体化,设置了博士弟子员,并把国家的教育与官员的选拔联系了起来,于是就出现了所谓"彬彬多文学之士"的局面。

儒家对国家教育权利的垄断所产生的影响是十分深远的。它的直接表现就是儒生出身的官员越来越多。在西汉中后期③的丞相中,明确知道是儒生出身的有蔡义、韦贤、魏相、韦玄成、匡衡、张禹、翟方进、孔光、平当、王嘉等十人,杨敞没有明确说明他的出身,但他是司马迁的女婿,也应有比较高的学养。就连非儒生出身的官员也往往要请师受学,比如丙吉出身狱吏,"后学《诗》《礼》,皆通大义"④;也是狱吏出身的于定国担任廷尉后主动请师《春秋》;靠入谷入钱出仕的黄霸在狱中从夏侯胜学《尚书》;薛宣因为"经术浅"而被汉成帝轻视;王商出身外戚;朱博出身小吏。可见非儒生出身的丞相远少于儒生出身的丞相。御史大夫中的儒生也不少,除后来担任丞相的八人以外,萧望之号称大儒,贡禹、薛广德、郑弘、王骏、何武、师丹、赵玄、彭宣、王崇也都是儒生出身。张忠虽未明言出身,但他在少府任上和王骏一起弹劾了匡衡,其依据就是《公羊》家诸侯不得专地,所以他也应是儒生。张谭由太子少傅升任,在西汉中后期非儒生而能出任此职的可能性很低,很可能也是儒生。田广明为酷吏,杜延年以父任好法律,陈万年为狱吏,没有说明出身的有李延寿、尹忠。王音为外戚,于永以父任。御史大夫中儒生有十八人,确知非儒生的有五人,三人不详。而且这些人中韦贤、韦玄成父子为宰相,王骏、王崇父子为御史大夫。所以在韦氏父子的故乡就流传着这样一句谚语:"遗子黄金满籝,不如一经。"⑤

除三公外,其他高级官员中儒生也很多,著名的有夏侯胜、韩延寿、龚遂、杜邺、杜钦、

---

① 内藤湖南著,夏应元等译:《中国史通论》,社会科学文献出版社,2004年,第199页。
② 《汉书》卷五六《董仲舒传》,第2512页。
③ 从昭帝以后算起,到哀帝末止。
④ 《汉书》卷七四《丙吉传》,第3145页。
⑤ 《汉书》卷七三《韦玄成传》,第3107页。

谷永、疏广、疏受、张敞、鲍宣、王章、王尊、马宫等。所以夏侯胜有一句名言："士病不明经术，经术苟明，其取青紫如俛拾地芥耳。学经不明，不如归耕。"①

在社会上，儒家的影响力也不断提高。官学的规模逐渐扩大，太学最初的学生人数由五十人不断扩展："昭帝时举贤良文学，增博士弟子员满百人，宣帝末增倍之。元帝好儒，能通一经者皆复。数年，以用度不足，更为设员千人，郡国置五经百石卒史。成帝末，或言孔子布衣养徒三千人，今天子太学弟子少，于是增弟子员三千人。岁余，复如故。"②到了西汉末年干脆取消了名额限制，同时还建立了比较完备的地方学校体系，"郡国曰学，县、道、邑、侯国曰校。校、学置经师一人。乡曰庠，聚曰序，序、庠置《孝经》师一人。"③而且民间的私学也蓬勃地发展起来了，比如董仲舒的私学规模就很大，以至于他无法直接给全部弟子上课而不得不让弟子们转相传授，董仲舒的再传弟子眭弘也有弟子一百余人。到西汉后期，私学的规模就更大了，吴章有弟子千余人。班固对此总结道："自武帝立《五经》博士，开弟子员，设科射策，劝以官禄，讫于元始，百有余年，传业者寖盛，支叶蕃滋，一经说至百余万言，大师众至千余人，盖禄利之路然也。"④而且，西汉博士弟子的选拔的确非常认真，对选拔失实的处罚也很严厉，比如山阳侯张富居"元朔五年坐为太常择博士弟子故不以实，完为城旦。"⑤

这还只是表象，更为重要的是，儒家的一些学说，比如《公羊》，开始在国家政治生活中发挥着越来越重要的作用，比如在皇帝的废立这样的大事上都要从《公羊》里找依据⑥；《公羊》的"讥世卿"，也成了一些人反对臣下专权的借口。如皮锡瑞所言："皇帝诏书，群臣奏议，莫不援引经义，以为据依。国有大疑，辄引《春秋》为断。"⑦

## 二 儒生与现实政治之间不断上升的矛盾

当然，我们可以说统治者引经据典只是为了缘饰，士人读经只是为了取青紫。但这样做的结果将不止于缘饰和取富贵，还逐渐使儒家的一些理念成为全社会的信仰。孟子说："尧舜性之也，汤武身之也，五霸假之也。久假而不归，恶知其非有也？"⑧西汉中后期思想史的特点就可以归纳为"久假而不归"。汉武帝表彰六经只是为了缘饰而已，这一点汉宣帝还能清晰地认识到，但到了汉元帝，就真的主张要用儒生了。

汉元帝任用儒生的实际情况如何呢？和他的父亲相比，汉元帝的确对儒生礼敬有加，一些在汉宣帝时受到冷遇的儒生如王吉、贡禹等都被汉元帝以礼征。汉元帝时儒生仕宦显赫者也不少。不过，汉元帝时真正得势的却不是儒生而是外戚和宦官，凡与外戚、宦官为敌者都没能善终。地位显赫如萧望之，师傅之尊尚且被逼自杀，其余张猛也是自杀，京

---

① 《汉书》卷七五《夏侯胜传》，第3159页。
② 《汉书》卷八八《儒林传》，第3596页。
③ 《汉书》卷一二《平帝纪》，第355页。
④ 《儒林传》，第3620页。
⑤ 《汉书》卷一七《景武昭宣元成功臣表》，第639页。
⑥ 在废黜昌邑王的奏对中说："周襄王不能事母，《春秋》曰'天王出居于郑'，由不孝出之，绝之于天下也。"所引用之事见《春秋公羊传·鲁僖公二十四年》。
⑦ 皮锡瑞著，周予同注：《经学历史》，中华书局，2004年，第67页。
⑧ 阮元校：《十三经注疏》，中华书局，1980年，第2769页。

房、贾捐之被弃市,郑弘免官,刘向废锢。韦玄成、匡衡等以大儒而登相位,亦是仰宦官、外戚之鼻息。

在西汉中后期,儒生通经入仕之途开始畅通,但许多儒生在进入仕途后,他们原来的王道理想在现实利益面前是不堪一击的。比如著名的齐《诗》学者匡衡,出身贫寒,被后世视为贫而好学的典型,身居高位后,不仅攀附宦官石显,而且还乘机多占土地,最终因此被免为庶人。故而,在儒学内部也存在着曲学阿世者与迂儒之间的矛盾。在西汉中后期,得势的却是曲学阿世者流。西汉中后期,随着儒学的普及,他们之间的矛盾也在上升。未进入权力核心的总是高唱理想主义的高调,进入权力核心者关注的是现实的利益。

一方面,儒生在社会上的势力空前高涨,他们的仕途似乎特别的广阔。另一方面,儒生又没有真正地得到重用。这样,儒生与现实政治之间的矛盾就逐渐突出了。

而且所谓的"昭宣中兴",其实在正统的儒生看来离王道的理想还差得很远。而汉宣帝自己也有一段话说:"汉家自有制度,本以霸王道杂之。"①这样的霸道政治在儒生们看来是不能接受的。汉宣帝的施政风格很像他的曾祖父,只不过他吸取了汉武帝的教训,因而其缘饰得更加成功而已。就其本质而言,他还是更倾向于所谓的霸道。这一点我们可以举出许多的例证。

我们可以看到在宣帝朝,诛杀大臣的事件也是经常发生的。比如司马迁的外孙杨恽在汉宣帝镇压霍氏一事上立功而封侯,但他先是以私下的一句戏言而被免为庶人,然后又因为他那封著名的《与孙会宗书》中有不满言论而被腰斩。在宣帝朝治理的三辅地区中颇有名声的赵广汉、韩延寿也都是腰斩的下场。不仅如此,宣帝所任用的也多是以刑杀而闻名的,比如右扶风尹翁归对待有罪的豪强"输掌畜官,使斫莝,责以员程,不得取代,不中程,辄笞。督极者,至以铁自刭而死"②。号为通《春秋》的京兆尹张敞因下属说他"五日京兆"就滥杀无辜。河南太守严延年竟然有"屠伯"之称。

但汉宣帝也不完全同于汉武帝,他对儒术的缘饰使用得比其曾祖要纯熟一些。比如,他所任用的丞相于定国就是狱吏出身,出任廷尉后才迎师学《春秋》,他用经术缘饰刑罚的结果是"张释之为廷尉,天下无冤民;于定国为廷尉,民自以不冤"③,也就是说使被杀的人自己都认为自己该死。④

汉宣帝真正任用的全是他的私人。宣帝亲政后的丞相中魏相在宣帝与霍氏的斗争中起了重要的作用,丙吉是他旧日的恩人,外戚许、史两家更是显赫无比。外戚专权实自汉宣帝始,自五凤二年(前56)后,大司马大将军一职就成了外戚的专利品,许延寿、史高先后出任大司马,而且史高还是他临终时指定的首席顾命大臣。元帝时宦官弄权也由汉宣帝播下了种子,元帝朝的著名宦官弘恭、石显都是汉宣帝提拔起来的。他是极端不信任外朝官员的,所以尽量用私人来挤占外朝的势力,当然他是有能力控制这些人的,但他的继任者就不能做到这一点,大权自然旁落。在汉宣帝实际掌权的二十年里,真正能做到三公高官的都是对他绝对恭顺的人。典型的代表是御使大夫陈万年,他靠贿赂外戚和巴结丙吉而起家,"丞相丙吉病,中二千石上谒问疾。遣家丞出谢,谢已皆去,万年独留,昏夜乃归。

---

① 《汉书》卷九《元帝纪》,第277页。
② 《汉书》卷七六《尹翁归传》,第3208页。
③ 《汉书》卷七一《于定国传》,第3043页。
④ 俞樾《湖楼笔谈》卷三曰:"于定国为廷尉,称无冤民,而杨恽之狱,定国撮拾口语以为左验,此安得云无'冤民'也。"载自俞著《九九消夏录》,中华书局,1995年,第223页。

及吉病甚,上自临,问以大臣行能。吉荐于定国、杜延年及万年。万年竟代定国为御史大夫"。陈公还念念不忘把自己的为官之道传给儿子陈咸:"万年尝病,召咸教戒于床下,语至夜半,咸睡,头触屏风。万年大怒,欲杖之,曰:'乃公教戒汝,汝反睡,不听吾言,何也?'咸叩头谢曰:'具晓所言,大要教咸谄也。'万年乃不复言。"①陈咸不听其父之言,一生仕途坎坷,最后竟以忧死。

汉宣帝也绝对不能容忍任何人威胁到他的权威。他所任用的第三个丞相黄霸,就因为向宣帝建议任命史高为太尉而受到汉宣帝的严厉呵斥:"夫宣明教化,通达幽隐,使狱亡冤刑,邑亡盗贼,君之职也。将相之官,朕之任焉。侍中乐陵侯高,帷幄近臣,朕之所自亲,君何越职而举之?"结果黄霸"免冠谢罪数日乃决,自是后不敢复有所请"②。王先谦《汉书补注》引何焯曰:"史著此者,见宣帝必欲恩从己出。"③可谓一言中的。在昭宣时代的政局中发挥了重要作用的张安世一贯谨慎,但还免不了汉宣帝的猜忌,几乎被杀。④

宣帝时就已经如此,后来的元帝、成帝和哀帝在位时的情况就每况愈下了。元帝既没有推行王道的本领,也没有玩弄霸道的实力。成帝对王道的理解就是在重大仪式中的庄严肃穆,具体的政务就交给他的一群舅舅,自己的任务则为专职享乐。哀帝时甚至表示要把皇位传给男宠董贤。

## 三 西汉中后期儒生对政治的批判

由于现实如以上分析的那样,整个西汉中后期儒生对现实政治的批评声音一直不断,而且越来越激烈。

早在汉昭帝在位期间就发生了眭弘要求汉帝退位的事件:

> 孝昭元凤三年正月……有大石自立,高丈五尺,大四十八围,入地深八尺,三石为足,石立后有白乌数千下集其旁。是时,昌邑有枯社木卧复生。又,上林苑中大柳树断枯卧地,亦自立生,有虫食树叶成文字曰:"公孙病已立"。孟推《春秋》之意,以为"石柳皆阴类,下民之象;泰山者,岱宗之岳,王者易姓告代之处……"孟意亦不知其所在,即说曰:"先师董仲舒有言:虽有继体守文之君,不害圣人之受命。汉家尧后,有传国之运。汉帝宜谁差天下,求索贤人,禅以帝位,而退自封百里,如殷周二王后,以承顺天命。"孟使友人内官长赐上此书。时,昭帝幼,大将军霍光秉政,恶之。下其书廷尉,奏赐、孟妄设妖言惑众,大逆不道,皆伏诛。⑤

汉宣帝即位后,把公孙病已说成是自己,其实这反映了儒生对汉家政权合法性的否认。

而在汉宣帝在位期间,最激烈的批评来自盖宽饶。他是地道的儒生出身,"明经为郡文学,以孝廉为郎,举方正"。从政绩看,他也是很有行政能力的,执法严明、刚正不阿。他

---

① 《汉书》卷六六《陈咸传》,第2900页。
② 《汉书》卷八九《黄霸传》,第3634页。
③ 王先谦:《汉书补注》,书目文献出版社,影印光绪年间本,第1533页。
④ 《汉书》卷六九《赵充国传》,第2993页。
⑤ 《汉书》卷七五《眭弘传》,第3153-3154页。

在担任司隶校尉时给汉宣帝上了一篇封事,用十分激烈的言辞来批评时政。他说:"方今圣道浸废,儒术不行,以刑余为周召,以法律为《诗》《书》",而且还引《韩氏易传》说:"五帝官天下,三王家天下,家以传子,官以传贤,若四时之运,功成者去,不得其人则不居其位。"当汉宣帝大怒准备将他下狱时,他到北阙自杀以表达自己的抗争。当然,我们可以说这是他个人的性格使然。但实际上,他的观点很有一定的代表性,他自杀后,"众莫不怜之"①。

京房在汉元帝面前的慷慨陈词使汉元帝也认为当今是乱世:

> 房尝宴见……房因免冠顿首,曰:"《春秋》纪二百四十二年,灾异以视万世之君。今陛下即位已来,日月失明,星辰逆行,山崩泉涌,地震石陨,夏霜冬雷,春凋秋荣,陨霜不杀,水旱螟虫,民人饥疫,盗贼不禁,刑人满市,《春秋》所记灾异尽备。陛下视今为治邪,乱邪?"上曰:"亦极乱耳,尚何道!"②

翼奉在给汉元帝的上书中提出了迁都的建议:

> 如令处于当今,因此制度,必不能成功名。天道有常,王道亡常,亡常者所以应有常也……臣愿陛下徙都于成周,左据成皋,右阻黾池,前乡崧高,后介大河,建荥阳,扶河东,南北千里以为关,而入敖仓;地方百里者八九,足以自娱;东厌诸侯之权,西远羌胡之难,陛下共己亡为,按成周之居,兼盘庚之德,万岁之后,长为高宗。汉家郊兆寝庙祭祀之礼多不应古,臣奉诚难卒居而改作,故愿陛下迁都正本,众制皆定。③

在这种言论中,汉家政权的合法性遭到了彻底的否定。在翼奉眼里,汉家制度实在是不合王道,所以不如迁都洛阳,一切从头开始。杨向奎认为这是"变相的禅让说"④,是有一定的道理的。

## 四 西汉的灭亡——从让贤言论到禅让实践

当西汉经过了元帝的懦弱和成帝的荒淫后,人们对西汉皇室更加不满,这一时期的批评言论也更加激烈。

在这一背景下汉运中衰,应当传国让贤的言论日渐兴起。比较有代表性的是谷永的言论,建始三年(前29年)他在给成帝的上书中说:

> 元年正月,白气较然起乎东方。至其四月,黄浊四塞,覆冒京师。申以大水,著以震蚀,各有占应,相为表里,百官庶士,无所归倚,陛下独不怪与?白气起东方,贱人将兴之表也。黄浊冒京师,王道微绝之应也。⑤

十几年后,谷永在上书中使用了更为激烈的词句:

> 天生蒸民,不能相治,为立王者以统理之,方制海内非为天子,列土封疆非为

---

① 《汉书》卷七七《盖宽饶传》,第3248页。
② 《汉书》卷七五《京房传》,第3162页。
③ 《汉书》卷七五《翼奉传》,第3176页。
④ 杨向奎:《西汉经学与政治》,独立出版社,2005年,第77页。
⑤ 《汉书》卷八五《谷永传》,第3452页。

诸侯,皆以为民也。垂三统,列三正,去无道,开有德,不私一姓,明天下乃天下之天下,非一人之天下也。王者……失道妄行,逆天暴物,穷奢极欲,湛湎荒淫,妇言是从,诛逐仁贤,离逖骨肉,群小用事,峻刑重赋,百姓愁怨,则卦气悖乱,咎征著邮,上天震怒,灾异屡降,日月薄食,五星失行,山崩川溃,水泉踊出,妖孽并见,荧星耀光,饥馑荐臻,百姓短折,万物夭伤。终不改窹,恶洽变备,不复谴告,更命有德。①

连忠君色彩很明显的刘向也说:"明天命所授者博,非独一姓也。"②整个西汉中后期,关于汉家天命将终的言论不绝于书。班固在《路温舒传》结尾处写下了这样一段文字:"温舒从祖父受历数天文,以为汉厄三七之间,上封事以豫戒。成帝时,谷永亦言如此。及王莽篡位,欲章代汉之符,著其语焉。"③

当然,西汉帝王也采取了一些措施来挽回局面。比如,汉宣帝曾经试图对社会思潮加以影响,用相对温和的《春秋谷梁传》来消除激进的《春秋公羊传》的影响。汉元帝则是试图向王道妥协。最大规模的救亡活动则出现在汉哀帝朝。汉哀帝在即位后,很想有一番振作,短短一年之内集中出台了多种措施,包括加强皇权,整顿吏治,精简机构,抑制土地兼并,确立礼制,扶持古文经典等许多方面的内容。但是,这些举措都因为反对力量过于强大而不了了之。而且汉哀帝的身体也越来越糟糕④,汉命将终的言论也愈发甚嚣尘上。于是就有了在建平二年(前5)上演的"再受命"闹剧:

> 诏制丞相御史:"盖闻《尚书》'五曰:考终命',言大运壹终,更纪天元人元,考文正理,推历定纪,数如甲子也。朕以眇身,入继太祖,承皇天,总百僚,子元元,未有应天心之效。即位出入三年,灾变数降,日月失度,星辰错谬,高下贸易,大异连仍,盗贼并起。朕甚惧焉,战战兢兢,唯恐陵夷。惟汉至今二百载,历纪开元,皇天降非材之右,汉国再获受命之符,朕之不德,曷敢不通夫受天之元命,必与天下自新。其大赦天下,以建平二年为太初元将元年,号曰陈圣刘太平皇帝。漏刻以百二十为度。布告天下,使明知之。"⑤

但是,闹剧上演了一个多月就匆匆收场了。从此后,汉哀帝自己也彻底丧失了信心,甚至要禅位于董贤,这完全不是一个正常帝王可能产生的想法,表明他已经处于自暴自弃的状态中。元寿二年(前1)六月,汉哀帝病死,对于他自己来说是一个解脱,而对于西汉王朝来说则是彻底失去了希望。

正是在这种激烈批评言论的影响下,当王莽篡夺了西汉政权的时候,人们没有流露出多少对西汉政权的眷恋。西汉的儒生要求太高了,他们期望的太平盛世,而不仅仅是小康。他们并不以当前的局面为满足,他们认为完全可以更好,而不能实现更好局面的原因

---

① 《谷永传》,第3467页。
② 《汉书》卷三六《刘向传》,第1950页。
③ 《汉书》卷五一《路温舒传》,第2372页。
④ 汉哀帝是一个很不幸的人,《汉书·哀帝纪》赞中说:"即位痿痹,末年寖剧"。关于痿痹,《汉书注》引如淳的说法是"两足不能并行";王先谦《汉书补注》引沈钦韩的说法认为是"两足亍亍之状";余岩《古代疾病名候疏义》认为痿和痹是两种不同的病症,"痹者,有麻木、有痛乃神经炎""痿者,萎弱无力也,偏枯不用也",他进而认为"痹为神经炎,而痿为神经瘫痪""神经炎之甚者往往由痛而始弛缓性瘫痪,为萎缩。夫有始弛缓性瘫痪,又有萎缩,则痹也而变为痿矣",也就是说,汉哀帝得了小儿麻痹。
⑤ 《汉书》卷一一《哀帝纪》,第340页。

则是统治者的问题,所以他们才把批判的矛头对准了西汉的帝王。在批判没有达到他们的目的后,他们就抛弃了汉家政权,或者说汉家政权在他们眼中已经没有了合法性。

就在人们对汉家皇帝越来越失望的时候,一个以近乎圣人面目的人出现在了世人面前,这个人就是王莽。他以一个典型的书生形象出场,《汉书》中说他:"莽独孤贫,因折节为恭俭,受《礼经》,师事沛郡陈参。勤身博学,被服如儒生。"而且他还"事母及寡嫂,养孤兄子,行甚敕备"①,这些为他赢得了一定的名声。他不仅在外面广泛地结交,而且还很能赢得自己那些叔伯们的欢心,尤其是大伯父王凤,所以不久后就被封了侯:"永始元年,封莽为新都侯,国南阳新野之都乡,千五百户。迁骑都尉、光禄大夫、侍中。宿卫谨敕。爵位益尊,节操愈谦恭。敬舆马衣裘振施宾客,家无所余。收赡名士,交结将相、卿大夫甚众。故在位更推荐之,游者为之谈说,虚誉隆洽,倾其诸父矣。"②并且在三十八岁时取代叔父而任大司马。之后并没有改变他的一贯作风,《汉书》中说:"克己不倦。聘诸贤良以为掾史,赏赐邑钱悉以享士,愈为俭约。"而且王莽还刻意进行表演:"母病,公卿列侯遣夫人问疾,莽妻迎之,衣不曳地,布蔽膝,见之者以为僮使,问知其夫人,皆惊。"③

但一年后汉成帝的突然去世使王莽遭到了沉重打击,他不仅被免官,还被要求离开长安"就国"。不过汉哀帝即位后,王莽并没有放弃,还是继续他一贯的作风,收买人心。王太后让自己家族"田非冢茔,皆以赋贫民"。显然是在为王氏争取人心。王莽在自己封地里也极力表演以博得同情,次子王获杀了一个奴婢,这在西汉并不算是很大的罪过,王莽却逼令王获自杀。王氏姑侄的表演显然获得了很大的成功,收到了"天下多冤王氏"的效果。王莽在自己封地蛰居三年,前后有数百人为王莽讼冤。到了元寿元年(前2)汉哀帝迫于压力同意让王莽回到长安。汉哀帝死后,九岁的小皇帝汉平帝即位,因为年龄小,政权事实上掌握在王太后和王莽的手中,这样就为王莽在更大范围内收买人心提供了可能。王莽不仅得以当上大司马,而且还被封为安汉公。王莽一边让人们极力地宣传自己应该当安汉公,一边不断地推辞,甚至以辞职相要挟,最后表示实在不得已就只接受封号而不接受爵邑,等到天下家给人足以后再行封赏。王莽不仅积极地争取权力,还在全国范围内进行所谓制礼作乐的行动,营造一种太平盛世即将到来的景象。西汉儒学的广泛传播使儒生所宣导的王道社会理想深入人心,一旦有人作出要在全天下范围内推行王道的姿态,肯定会得到广泛支援。

在吕宽事件以后,王莽毒死汉平帝,立三岁的子婴为太子,自己居摄,经过三年的代理以后,凭借天意正式接过皇位。王莽就这么轻而易举地夺取了汉家政权,故而王夫之在千年之后还在感慨:"莽之篡如是其速者,合天下奉之以篡。"④在后世的所谓禅让中,经常可以看到许多为旧政权殉节的人,而在汉新禅代之际却几乎没什么人表示出对刘家江山的眷恋。最大一次反抗要算是翟义了,但其动机也不见得就是对汉室的忠诚。⑤ 甚至不少西

---

① 《汉书》卷九九《王莽传》,第4039页。
② 《王莽传》,第4040页。
③ 《王莽传》,第4041页。
④ 王夫之:《读通鉴论》,中华书局,1978年,第134页。
⑤ 翟义是翟方进之子,在成帝朝政治斗争中,翟方进倾向于淳于长,而淳于长是王莽在通向权利顶峰之路上需要被除掉的第一个障碍。所以,在王莽当上大司马后,翟方进就因为出现了"荧惑守心"的天象而被迫自杀以替汉成帝挡祸。但据黄一农考证,当年根本没有出现什么"荧惑守心"的情况,这一天象很可能是王莽以及投靠了他的李寻等人编造出来的,他们借此来清除政敌。这样,翟义起兵很可能就是为父报仇。详见黄一农:《汉成帝与丞相翟方进死亡之谜》,《社会天文学史十讲》,复旦大学出版社,2004年。

汉宗室也主动向王莽表示效忠,请王莽居摄的动议就是由泉陵侯刘庆首先提出的。后世夺权者所遇到的阻力也远比王莽要大。王莽代汉显然有着巨大的民意基础,当他拒绝接受新野封地时,前后四十八万七千五百七十二人上书劝太后一定要封赏他。虽说不能排除其中是否有类似后世筹安会之类的力量在其中发挥作用,但这一数字在一定程度上也反映了民心在汉帝和王莽之间的向背。诚如范晔所言:"当王莽居摄篡弑之际,天下之士,莫不褒称德美。"①

当然,王莽是靠着对人们允诺要实现王道理想而上台的,那么上台后,他就要兑现他的承诺。于是就有了王莽的改制,但是遭到了惨重的失败。而经历了这次惨重的失败以后,人们也逐渐认识到儒家所倡导的王道理想不过是一个不可能实现的梦,儒生也逐渐从西汉的进取转向了东汉的守成。当然这已经是另外的一个问题了。

---

① 范晔:《后汉书》,中华书局,1965年,第956页。

# 坚壁清野：宋夏战争中的战术运用发微

许玉龙

华中科技大学历史研究所

**摘　要**：坚壁清野战术频繁运用于宋对西夏的作战中。以坚壁清野为核心的战术体系构建于宋仁宗宝元至庆历年间，并于宋英宗之后的宋夏战争中频繁运用。宋仁宗熙丰年间，坚壁清野战术被朝廷认可，逐渐成为一种战术思维，用于指导边将的备边行动。坚壁清野战术在运用过程中存在战术部署对信息渠道依赖程度较高、战术执行与屯田实边相矛盾、战术思维僵化等问题。针对以上问题，北宋采取相应的损益措施，衍生出诸路牵制应援及浅攻蚕食等作战思路，但亦无法超脱最初的战术设计范围。北宋中后期，坚壁清野战术在朝廷备边方略中屡屡出现，是朝廷直接对边臣进行战术层次干预的体现，亦是朝廷"将从中御"传统的延续。同时，北宋对夏政策的战和不定，是影响战术运用、战术失利的重要原因。

**关键词**：坚壁清野　战术运用　战术失利　宋夏战争　将从中御

"兵者，国之大事，死生之地，存亡之道，不可不察也。"[①]此为古人对军事之于国家存亡重要性的认知。基于此，古代用兵者多着力探究影响军事行动的因素："经之以五事，校之以计，而索其情"[②]，五事即道、天、地、将、法，战术、战法即为其中之一。在客观因素相对固定的情况下，战术、战法运用的恰当与否往往会成为决定战争胜负的关键。宋夏战争中坚壁清野战术的使用情况即为今人提供了验证战术之于战争重要性的典型例证。

关于宋夏战争的研究，目前有较多成果问世。王天顺主编的《西夏战史》对宋夏战争有较为宏观的叙述。[③]李华瑞对宋夏战争中的主要战役做了详细描述，并注意到宋军在战争中的作战方式问题，认为北宋在与西夏战争中的防御作战较为成功，在宋仁宗陕西之战后，"逐渐丰富完善的牵制策应之法，具有积极防御的性质"，并指出北宋"充分利用西夏军队给养不足，不善于打持久战的弱点"，以达成消耗夏军的目的。[④]曾瑞龙从战略的角度对宋夏战争中的重要战役进行了细致入微的分析，认为北宋在与西夏的战争中，逐渐形成了

---

收稿日期：2020-10-28。

作者简介：许玉龙，华中科技大学历史研究所博士生，主要从事宋史研究。

① 孙武撰，曹操等注，杨丙安校理：《十一家注孙子校理》卷上《计篇》，中华书局，1999年，第1页。
② 《计篇》，第2页。
③ 王天顺主编：《西夏战史》，宁夏人民出版社，1993年，第86—229页。
④ 李华瑞：《宋夏关系史》，中国人民大学出版社，2010年，第165—170页。

一种弹性防御机制,各路之间采用浅攻牵制等策略,为弹性防御注入了新的活力。① 有关宋代对西夏政策变化的研究亦较为丰富。陈峰认为宋代以和止战策略是其在与周边民族政权的战争中处于被动地位的主要原因。② 方震华指出北宋中期以来虽确立了和戎政策,但是主战言论一直存在,这是促进宋代对外战略转型的重要因素。③ 同时,方震华还就元祐年间的弃地政策之失败对于宋夏关系走向战争的影响进行了探讨。④ 其他学者对此亦有较多论述,在此不一一列举。

综合而言,目前关于宋夏战争的研究一般倾向于从政策、战略、战役的角度阐发,但却鲜少关注战争中双方的战术选择与运用,这是由战术本身的特性决定的。战术多是用兵者根据战场形势变化临时做出的选择,就其本质言,因战术受国家政策、战略层面的约束较小,具有一定的灵活性,在研究中不易把握。然而,由于宋代中期制定的备边策略以坚壁清野为其战术核心,加之北宋"将从中御"传统的存在⑤,朝廷对武将的战术选择横加干预,又因朝廷对西夏政策的摇摆给边将战术执行造成困难,使得研究坚壁清野战术成为可能。本文尝试以此为切入点,探讨该战术的运用与演变,分析战术实施过程中所面临的问题与反思,进一步发掘其与北宋御将、备边政策的关系。疏漏之处,敬请方家教正。

## 一　坚壁清野是古代战争中的常用战术

坚壁有依据坚固工事进行防御之意,史籍中的坚壁多指据城不出,不与敌人交战。清野,据唐李贤注《后汉书》曰:"谓收敛积聚,不令寇得之也。"⑥坚壁与清野在战术层面本为两个独立的个体,而非单一战术的两个层面。随着历史的发展,坚壁清野才逐渐成为一种战术,后又作为某些战术体系中的具体环节。

### (一)战国至五代时期的坚壁清野战术

进攻与防守是战争的两种基本战术形态,故坚壁在清野之前出现。长平之战中廉颇施行坚壁战术抵御秦军,是较早的案例。⑦ 秦汉之际,刘邦行"深壁"⑧之法,拖延项羽主力,使韩信能够取得燕赵之地,此为坚壁战术作为战术体系中一个环节出现的开端。汉景帝时,周亚夫"不奉诏,坚壁不出"⑨,遣轻骑断吴粮道,而终平定吴楚之乱。此时始出现坚壁清野与断绝敌方后勤补给相结合的战术体系,与后世坚壁清野战术所要达成的战术目标异曲同工。

---

① 曾瑞龙:《拓边西北:北宋中后期对夏战争研究》第二章《北宋对外战争中的弹性战略防御》,北京大学出版社,2013年,第61页。
② 陈峰:《宋代主流意识支配下的战争观》,《历史研究》2009年第2期。
③ 方震华:《从和戎到拓边——北宋中期对外政策的转折》,《新史学》(台北)2013年第2期。
④ 方震华:《和战与道德——元祐年间弃地论的分析》,《汉学研究》(台北)2015年第1期。
⑤ 相关研究参见王曾瑜:《宋朝军制初探》第十四章《宋朝军事传统与指挥的若干评价》,中华书局,2011年,第522-526页;陈峰、王路平:《北宋御制阵法、阵图与消极国防战略的影响》,《文史哲》2006年第6期;田志光:《宋太宗朝"将从中御"政策施行考——以宋辽、宋夏间著名战役为例》,《军事历史研究》2011年第2期。
⑥ 范晔:《后汉书》卷九〇《乌桓鲜卑列传》,中华书局,2000年,第2987页。
⑦ 《史记》卷七三《白起王翦列传》,中华书局,2013年,第2819-2820页。
⑧ 《汉书》卷一上《高帝纪》,中华书局,1962年,第41-42页。
⑨ 《史记》卷五七《绛侯周勃世家》,第2076页。

坚壁清野作为一种战术的出现与两汉之际的流民起义有关。赤眉军进攻长安之时"诸有部曲者皆坚壁清野,赤眉虏掠少所得",刘秀下诏邓禹"勒兵坚守,慎无与穷寇交锋,老贼疲弊,必当束手事吾也。以饱待饥,以逸击劳,折捶而笞之耳"①。坚壁清野的战术雏形出现。三国时期,曹操欲进攻徐州,荀彧建议曹操防备徐州可能实行坚壁清野之计的同时后方又遭吕布进攻的情况。② 此时期坚壁清野已经在战术思维层面获得重视。

两晋南北朝时期,坚壁清野战术被用于南方政权与游牧民族政权之间的攻伐战争中。西晋永嘉六年(312)前赵石勒进攻西晋,晋军在石勒军队行军路线上多采用坚壁清野之策,前赵无法通过就地掳掠获得补给,导致"军中大饥,士众相食"③。东晋永和十年(354),桓温第一次北伐前秦,"初,温恃秦麦熟,以为军资",但苻健施行坚壁清野,"悉芟麦,清野以待之,军粮不属,士卒乏食",最终桓温只能"徙关中三千余户而还","温军屡败,失亡万计"。④ 刘裕北伐南燕时,断定燕人"贪婪,略不及远,既幸其胜,且爱其谷","必不能守险清野",最终取得此战的胜利。⑤ 上述三例表明此时期对坚壁清野战术的运用并不仅在于使用频率的变化,更多的则反应在用兵者从思想上对该战术的接受,并在战争中有意利用坚壁清野之策谋求胜利,或借此以反制敌方。唐与五代时期坚壁清野战术实施情况与此类同。

### (二)坚壁清野是宋夏战争中的常用战术

北宋在对周边民族政权的战争中多使用坚壁清野战术,尤以对西夏战争中使用频次最高。宋夏战争初期,宋军几乎很少使用坚壁清野战术。该战术的频繁使用肇端于宋仁宗庆历年间。宝元至庆历年间,以坚壁清野战术作为备边之策的言论开始出现,如吴育、范仲淹所上奏议等。⑥ 此后坚壁清野成为宋军防御西夏进攻的重要战术选择。宋英宗治平三年(1066)九月西夏国主谅祚率军入寇,环庆经略安抚使蔡挺"遣诸将分屯要害,以大顺城坚,虽被攻不可破,不益兵;柔远城恶,命副都总管张玉将重兵守之;敕近边熟户入保清野,戒诸寨无得逆战"⑦。最终,谅祚围城三日不能攻破,反被宋军集结兵力击溃。此为宋代中期防御策略影响下坚壁清野战术运用的典型例证。

至神宗朝,宋对西夏逐渐转入攻势,但双方的局部攻防转换仍较为频繁,坚壁清野作为防守战术也常被宋军用于越境作战中。熙宁四年(1071)的宋夏啰兀城之战,种谔孤军深入,欲聚拢军资行坚壁清野之计,抵御夏军的进攻。韩绛虽"命诸路出兵牵制"⑧,但是其战术为西夏识破,夏军采取围点打援的战术,使啰兀城成为孤城,宋军终因不敌,而不得不"罢师,弃啰兀"⑨。元丰四年(1081),宋军五路进讨西夏,欲攻下灵州,但作战开始便频繁遭遇西夏军坚壁清野的防御战术:"西贼引避,迁其居民,空其室庐",使宋军"进无所得,退

---

① 袁宏撰,周天游校注:《后汉纪校注》卷四《光武帝纪》,天津古籍出版社,1987年,第90-91页。
② 《三国志》卷一〇《魏书十·荀彧传》,中华书局,1982年,第309-310页。
③ 《晋书》卷一〇四,中华书局,1996年,第2717页。
④ 《晋书》卷一一二,第2870-2871页。
⑤ 《南史》卷一《宋本纪上》,中华书局,1975年,第9页。
⑥ 李焘:《续资治通鉴长编》卷一二三,中华书局,2004年,第2898页;卷一三四,第3201页。
⑦ 《续资治通鉴长编》卷二〇八,第5062页。
⑧ 王称:《东都事略》卷五八,齐鲁书社,2000年,第458-459页。
⑨ 《宋史》卷三三五《种世衡传附种谔传》,中华书局,1985年,第10746页。

无所恃,食乏兵疲",然后截断宋军归路,使其"自困"。① 十月癸酉,王中正因乏粮而进攻宥州,遭遇西夏军空城清野,使其无所获。② 高遵裕围攻灵州十八日不得破城,反遭夏军绝黄河、断粮道,导致全线溃败。③ 以上为西夏利用坚壁清野战术进行防御作战的典型案例。李华瑞指出北宋灵州失利的主要原因是"西夏坚壁清野,和把黄河以南的夏军主力主动撤至黄河以北,加之绝其馈运,使宋军无所作为"④,正凸显出战术选择对战争结果的影响。

而元丰五年(1082)的永乐城之战以及元祐二年(1087)张之谏领十一将宋军被西夏围困,则是宋军盲目执行坚壁清野战术致使失败的案例。就永乐城之战而言,当宋军在与西夏的野战中失利并退保永乐城后,被占据绝对优势的西夏军队围困十数日,并被夏军切断水源,导致饮水补给不足,最终不免兵败的下场。⑤

平夏城之战源于宋军对西夏边境的浅攻与蚕食。当宋军在西夏所控制的葫芦河川筑城之后,便遭到西夏的倾国来攻,西夏因"平夏视诸垒最大,郭成最知兵",认为攻下平夏城,则其他城寨不足为虑,并因此做出进攻与阻击援军的兵力部署。⑥ 此时宋军在章楶的指挥下,以防御代替进攻。完善营垒,坚守险隘,转移物资储备,坚守平夏城。当西夏军围攻平夏城十数日不破,得不到补给,师老疲敝,又遭到周边城寨增援宋军的袭扰,终致其败。⑦

以上是对之前朝代及宋夏战争中部分坚壁清野战例的简要勾勒,从中可知坚壁清野战术在宋仁宗宝元、庆历之后频繁见诸史籍。这些案例为我们指出该战术的运用并非是宋军的专属,在战争的某些时段,西夏亦会加以采用以抵御宋军的进攻,此与战争双方所处的攻守地位关系密切。但是该战术并不仅仅是一种单纯的防御战术,宋军亦将该战术运用于对西夏的攻势作战中,并取得一定的战果。当宋军战术被西夏熟悉之后,西夏则采取相应措施进行反制,使坚壁清野战术的实施不能达到预期效果。那么该战术频繁使用的根源何在?

## 二 坚壁清野与仁宗朝备边思路的转变

坚壁清野战术的频繁使用与宋仁宗宝元、庆历年间备边思路的变化有关。宋夏战争起源于宋太宗时期李继迁起兵反宋,战争初期,由于宋夏双方军事实力的差距,宋军在征讨李继迁时以攻势为主,防御战术在行军作战中较少出现。但是随着宋在对辽作战中的失利,北宋在边疆政策上逐渐出现保守倾向,"治国在乎修德耳,四夷当置之度外"⑧,正是这种保守倾向的体现。这也导致宋在对夏政策上发生转变,逐渐由进攻转为敕封安抚,战争态势随之变化,是为宋夏战争中宋军转入长时段防御的开端。

---

① 《续资治通鉴长编》卷三一九,第 7710 页。
② 《续资治通鉴长编》卷三一八,第 7686 页。
③ 《续资治通鉴长编》卷三一九,第 7704、7707 页;卷三二一,第 7738 页。
④ 李华瑞:《宋夏关系史》,第 144 页。
⑤ 《续资治通鉴长编》卷三二九,第 7935-7937 页。
⑥ 《续资治通鉴长编》卷五〇三,第 11974-11976 页。
⑦ 《续资治通鉴长编》卷五〇三,第 11974 页。
⑧ 《续资治通鉴长编》卷三四,第 758 页。

宋太宗后期至宋真宗时期,北宋出现反战论调,且逐渐形成一种"姑务羁縻以缓争战"①的政策,宋对西夏在西鄙的活动多姑息纵容。② 在转入长时段防御之后,北宋对战术方面需要作出的变化并没有十分明确的认识。以咸平五年(1002)灵州之战为例,宋军被困灵州城中,粮道断绝,守将裴济虽"刺指血染奏求大军,讫不至"③,导致灵州被攻破。这是宋夏战争前期宋军防御战的缩影,此时的战术选择多是被动的消极防御,并没有实施其他相关战术进行策应,终致战败城陷。而坚壁清野战术虽时或出现,但仍未摆脱消极防御之嫌,庆历四年(1044)富弼对真宗时期战术的评价点明了此点:"真宗即位,惩丧师之岫,遂下诏边臣:寇至,但令坚壁清野,不许出兵。继不得已出兵,只许披城布阵,又临阵不许相杀。贼知我不敢出战,于是坚壁之下,不顾而过。"④道出此时的坚壁清野只是消极防御,并不能有效遏制敌军寇掠的行动。

至宋仁宗时期,元昊为西夏国主,其对宋的攻势更甚。由于其自立、欲与宋分庭抗礼的做法,导致双方矛盾不可调和,但宋前期对西夏的姑务羁縻的政策,使西夏得到长远的发展。宋军在三川口与好水川之战中的失利预示着北宋前期"缓争战"策略的破产,同时也透露出宋军战略战术上存在的问题,令赵宋臣僚不得不思考对夏战略战术上的问题。而在这两次失利之前,宝元二年(1039)三月丙午,右正言吴育即曾进言:"羌戎之性,惟是剽急,因而伪遁,多误王师。武夫气锐,轻进贪功,或陷诱诈之机。今宜明烽候,坚壁清野,以挫剽急之锋,而徐观其势,此庙堂远算也。"⑤此为该时期最早明确提出具体坚壁清野战术以应对西夏攻势的言论。此后关于行守御之法的言论层出不穷。

宝元二年夏竦在其所上备边十策中建议应当令"诸路互相应援","并边小寨毋积刍粮,贼攻急则弃小寨,入保大寨,以完兵力"。⑥ 其所言虽强调应当诸路应援、入保大寨,但亦未摆脱之前消极防御的嫌疑。范仲淹等认为北宋边防空虚,应当"严边城,使持久可守,实关内,使无机可乘",他认为朝廷备边上策乃是:

> 若寇至,使边城清野,不与大战。关中稍实,岂敢深入?复命五路修攻取之备,张其军声,分彼贼势,使弓马之劲无所施,牛羊之货无所售。二三年间,彼自困弱,待其众心离叛,自有间隙,则行天讨。⑦

范氏此言亦为坚壁清野之策。但是综合吴育与范仲淹所言,此时的坚壁清野并未如之后弹性防御中的坚壁清野战术一般,此时的坚壁清野只是单纯地作为防守之计,与真宗时类同。在此思路指导下,范仲淹建议先修葺沿边堡寨,然后才可商议进讨西夏事宜。⑧ 但这些建议起初并未被采纳,朝臣反而采用了张方平所进和戎之策。⑨ 之后,西夏军队的

---

① 《续资治通鉴长编》卷六三,景德三年五月庚申,第1403页。
② 关于宋真宗朝的对夏政策,可参见李华瑞:《宋夏关系史》,第23-31页。
③ 《续资治通鉴长编》卷五一,第1118页。
④ 富弼:《上仁宗论河北七事》,赵汝愚编,邓广铭、张希清点校:《宋朝诸臣奏议》卷一三五,中华书局,1999年,第1514页。
⑤ 《续资治通鉴长编》卷一二三,宝元二年三月丙午,第2898页。
⑥ 彭百川:《太平治迹统类》卷八《仁宗经制西夏要略》,文渊阁《四库全书》第408册,台北商务印书馆,1986年,第214-215页。
⑦ 《续资治通鉴长编》卷一二七,第3012页。
⑧ 范仲淹:《上仁宗乞先修诸寨位宜进讨》,赵汝愚编,邓广铭、张希清点校:《宋朝诸臣奏议》卷一三二,第1464页。
⑨ 《续资治通鉴长编》卷一三四,第3192-3194页。

进攻使赵宋君臣很快惊醒,诸臣僚仍着力探讨应对之策。而以坚壁清野为核心的对夏战术体系正在此时形成。

庆历二年(1042)正月,范仲淹在其所上《奏陕西河北和守攻备四策》中具体阐述了其对西夏的攻守主张,此可被视为宋夏战争中坚壁清野战术频繁使用的渊薮。其认为陕西之守御应用土兵,招纳弓箭手,广筑堡寨,对守御的战术设想如下:

> 彼戎小至,则使属户蕃兵暨弓箭手与诸寨土兵共力御捍。彼戎大举,则二旬之前,必闻举集,我之次边军马尽可勾呼,驻于坚城,以待敌之进退。缘边山坂重复,彼之重兵必循大川而行,先求疾速,俟其得胜,使我师沮而不出,方敢散兵房掠,过越险阻,更无顾虑。我若持重不战,则彼之重兵行川路中,粮草无所给,牛羊无所获,不数日人马困散。彼之重兵更不敢越险,又未能决胜,必不得已而散兵房掠。我于山谷村落中伏精锐以待之,彼散掠之兵轻而寡弱,可击可逐,使散无所掠,聚不得战。欲长驱深入,我则使诸将出奇以蹑其后;欲全师以归,我则使诸城出兵以乘其敝。彼将进而有祸,不三两举,势必败亡,此守策之要也。①

由此可知,范仲淹所上守策的根基在于依托堡寨的守御之计,同时针对西夏军队的进攻方式与补给特点,清野以待,使其进退两难,然后驻守之宋军可伺机歼灭或者驱逐入侵之敌。但是战术执行的先决条件是提前获取西夏军将入寇的情报以及沿边堡寨的修筑。范仲淹所上攻策的核心为借鉴西夏的进攻方式,诸路浅攻,骚扰西夏边界,使其不能频繁入寇。进攻中需结合堡寨的修筑,逐步蚕食横山诸部。② 堡寨事实上是为应对西夏的反扑而设计的战术依托,究其原因,由进攻转入防御之时,仍需凭借坚壁清野战术。

范仲淹之后整饬边防的行动大略沿此思路进行,面对西夏的寇略多坚壁清野以待。尽管随着庆历新政的失败,范仲淹等人被逐出中枢,但北宋中后期历次战役所采用的坚壁清野战术却并未脱离范仲淹的战术设计范围。因此,宋夏战争中坚壁清野战术的频繁使用,与北宋对夏政策由和戎转入防御之后范仲淹所进行的战术预设有密切关联,并对北宋中晚期的对夏作战以及北宋朝廷的备边思维产生了重要影响。

## 三 坚壁清野由战术设计到诏令

在宋夏战争中,坚壁清野的战术设计出现于宝元至庆历年间,但是由于庆历后期至治平年间北宋对夏政策又以和戎为主,该战术虽时或出现,但并未得到更多的检验机会,而范仲淹等所做的战术设计也被束之高阁。治平三年(1066)的宋夏大顺城之战则验证了该战术在对夏作战中的可行性。韩绛评价蔡挺及其在大顺城所行坚壁清野战术时提到:

> 挺愿自将于邠、宁州为四路行营驻军之所,更不领逐路公事,止兼提举城守之备,并出战兵马专为应援,候知贼界鸠集及来犯一路,即领所将二万或更于邻路追兵往彼,与本路出战汉、蕃兵会合,分守要害,令诸城寨为清野坚壁之计,乘

---

① 范仲淹著,李勇先、王蓉贵校点:《范仲淹全集》政府奏议卷下《奏陕西河北和守攻备四策》,四川大学出版社,2002年,第588—590页。

② 《范仲淹全集》政府奏议卷下《奏陕西河北和守攻备四策》,第590—592页。

贼疲惰即往袭击。如此则比庆历以前陕西增兵其数至少,所费易办。①

由此可知蔡挺所行之坚壁清野对于此后战术使用的影响。蔡挺"斥候严明",在得到情报之后以重兵守御柔远寨,并令清野,而不增兵城防坚固的大顺城。谅祚大军攻击大顺城三日不能破城,被蕃官赵明与守城兵合击而战败,又攻击柔远寨,反被张玉"募胆勇三千人,夜出扰贼营,贼遂惊溃"②。观蔡挺的战术部署,其斥候的布置、大顺城与柔远寨执行坚壁清野、赵明与张玉在西夏进攻受阻之后的袭扰,正与范仲淹之设计暗合。由此可知,在战术设计与执行过程中坚壁清野都作为其中重要的一环,而并非是独立于体系之外的战术。

如前文所述,神宗熙丰年间,尽管北宋对西夏逐渐转入攻势,但坚壁清野战术仍被频繁应用到战争中。更重要的是此时不独坚壁清野战术在战场之上的运用,朝臣对该战术的阐释以及朝廷对边将战术层面的干预则是坚壁清野战术在此时期所面临的新情况。

熙宁三年(1070)九月甲辰,陈升之论可取盐州,王安石认为,"须有定计,一举取之而寇不能复取,则不害清野坚壁之本谋,不然即兵连未有已时也"③。王安石将坚壁清野作为新获疆土的守御之法,这也证明了坚壁清野在熙宁年间是边将守御的主要战术。当韩绛出守陕西时,吕大防与韩绛建议攻守二策中提到:"严为守备,贼至则坚壁清野,退则出奇兵邀击,或乘虚攻略以为牵制,速报邻路出兵救援以解贼围。"④韩绛在初到陕西之时也大略按此建议进行战略部署,派遣种古等七将分别驻守诸州、军、城,为牵制策应做准备。吕大防又建议对西夏进行袭扰:"今七将并出,伺其未集,便行扰击,彼若聚兵击我一处,则六处牵制,一处坚壁,使敌防救不暇。制敌之命,无出于此,然后招怀,无所不可矣。"⑤吕大防在此处强调以坚壁清野战术结合诸路牵制策应之法进行对夏防御。由此可知,仁宗时期被束之高阁的备边战术在熙宁年间被主政者采纳,成为一种重要的备边方略。之后北宋臣僚对坚壁清野多有阐发。王安石认为西夏与契丹入寇即以坚壁清野战术对敌,"敌未能深为我患""我所患者在于刍粮难继而已"⑥,可知此时北宋臣僚对于坚壁清野战术的认同,并且对于实施坚壁清野战术所需要注意的后勤补给问题有清晰的认知。

因此,此时期坚壁清野战术已经不止局限于最初的战术设计,而在北宋臣僚的备边过程中得到普遍实施。臣僚在议边的过程中对此战术认同度相对较高,这种认同不止是备边需要决定的,与朝廷诏令对坚壁清野战术的认可也存在某种联系。

神宗熙宁三年十二月,司马光在奏疏中提到:"昨者亲承德音,以为方今边计,惟宜谨严守备,俟其入寇,则坚壁清野,使之来无所得,兵疲食尽,可以坐收其敝。"⑦此语点出神宗要求边将一旦西夏入寇,则实施坚壁清野之计。熙宁四年二月,又"令陕西、河东宣抚及诸路经略司早为清野之计,毋得轻易接战"⑧。熙宁七年(1074)九月,辅臣所上边防十四事

---

① 《续资治通鉴长编》卷二二二,第5400页。
② 《续资治通鉴长编》卷二〇八,第5062-5063页。
③ 《续资治通鉴长编》卷二一五,第5240页。
④ 《续资治通鉴长编》卷二一五,第5241页。
⑤ 《续资治通鉴长编》卷二一五,第5242页。
⑥ 《续资治通鉴长编》卷二二〇,第5350页。
⑦ 《宋史》卷一九一《兵志五》,第4737页。
⑧ 《续资治通鉴长编》卷二二〇,第5336页。

中,亦有预为坚壁清野的相关事宜。① 熙宁十年(1077)七月己未,韩绛等奏"删定清野备寇预行条件""令机宜官书写闻奏,不得下司。"②坚壁清野之策以文字形式确立下来,这些文字应当是作为神宗向诸路指点机宜的参考。元丰二年(1079)九月癸巳,神宗又下诏颁行韩缜、范育等所上诸路清野备敌法③,事实上此时已经将坚壁清野作为诸路作战的规范来看待。类似诏令、奏疏等在神宗朝颇为常见,哲宗元祐年间的情形也大致类此。

由上述可知,北宋君臣对坚壁清野战术的态度颇具一致性,坚壁清野战术在神宗时期已经上升到诏令规定的程度,这预示着皇权与中枢权力对备边战术层面的干预。不过此时期坚壁清野战术由战术设想到诏令,战术出自皇帝与中枢的决断,颇符合宋神宗注重事功的历史背景。也正是在此种氛围之下,坚壁清野逐渐脱离原始的消极防御形态,而配合诸种战术行动,构成所谓的弹性防御体系。④ 但是,随着边将频繁运用坚壁清野战术,加之朝廷对边将战术执行的干预,坚壁清野战术的弊端也逐渐显现。

## 四　战术运用中面临的问题及反思

正如前述宋夏战争中的案例所体现的,坚壁清野的运用并非皆能达到预期的战术效果,甚至在某些情况下该战术一旦被识破则会被敌方反制,从而产生一定的负面作用。那么在战术运用中哪些问题会成为制约战术效果达成的因素呢?时人又提出了怎样的解决之法?

### (一)战术部署对信息渠道的严重依赖

范仲淹在进行坚壁清野的战术设计时提到:"彼或大举,则必先闻举集之期,我之次边军马,尽可驻于坚城,以待敌之进退。"⑤这是应对西夏大举入寇的措施,其中暗含着一个战术执行的先决条件——"必先闻举集之期",即先要知晓西夏的确切进攻日期,以便提前做出战略部署。毕竟集结兵力,将己方人马物资集中于堡寨、坚城之中,防止西夏军就地补给,需要一定的时间。而要做到信息的提前获取,则需要相应的信息渠道。

宋夏战争中,北宋君臣较为重视派遣间谍与斥候收集军情,此为北宋信息渠道的重要组成部分。⑥ 由于西夏骑兵聚散无常,攻击指向往往不甚明朗,间谍活动有助于北宋从长时段了解西夏内部动向,而斥候的运用则有助于边地将领对西夏军队的攻击方向做出提前预判。

使用间谍获取敌情,北宋边将对此并不陌生,范镇记载宋初"边臣皆富于财,以养死

---

① 《续资治通鉴长编》卷二五六,第6258页。
② 《续资治通鉴长编》卷二八三,第6936页。
③ 《续资治通鉴长编》卷三〇〇,第7304页。
④ 有关弹性防御的相关研究参见曾瑞龙:《拓边西北:北宋中后期对夏战争研究》第二章《北宋对外战争中的弹性战略防御——以宋夏洪德城战役为例》,北京大学出版社,2013年,第36-61页;李华瑞:《宋夏关系史》,中国人民大学出版社,2010年,第165-170页。
⑤ 《续资治通鉴长编》卷一四九,庆历四年五月壬戌,第3599页。
⑥ 关于宋代间谍与斥候活动的研究可参见王福鑫:《宋夏情报战初探——以元昊时期为中心》,《宁夏社会科学》2004年第5期;杨军:《北宋时期河北沿边城市的对辽间谍战》,《军事历史研究》2006年第4期;黄纯艳:《宋朝搜集境外信息的途径》,《北京大学学报(哲学社会科学版)》2011年第2期;袁良勇:《试论北宋沿边守臣的信息情报搜集活动》,《宋史研究论丛》2013年创刊号,第115-133页;等等。

士,以募谍者,敌人情状、山川、道路,罔不备见而周知之。故十余年无西北之忧也"①,可知宋代对于间谍的使用自有传统。种世衡墓志铭中载有其利用间谍的事迹:"尝遣谍者入庞中,凡半岁间而庞诛握兵用事者二三人。谍者还其谋得行,会君已殁,又天子方怀来,故其绩不显。"②至于使用间谍获取西夏将寇边以提前做坚壁清野战术准备的情况,史籍中也较为常见。元丰八年(1085)十二月,因有"谍者言夏人欲寇边",北宋朝廷下诏熙河路经略使赵济提前"经画堤备,夏人如果来攻城,即坚守应敌以取全胜,勿为贼诱轻易出兵。仍豫为清野之计,俟其回兵,即审量追袭"③。由此可知,在坚壁清野战术部署之前,赵宋君臣较为重视其从间谍渠道获取的信息。

同时北宋朝廷屡屡告诫边将,对西夏可能的入寇要"预为之备",而备边之一策是"远斥候"。司马光曾提到:"所谓为备者,当平居无事之时,简其将佐,训其士卒,严其壁垒,利其器械,审其间谍,远其斥候,使朝夕之间常若寇至,如是则虽有猛鸷之敌不能犯也。"④司马光此语正是针对张方平"在秦凤专以贵倨自处,下情壅而不通,自门墙之外皆可欺"的情况所发,由此可见时人认为派遣斥候侦察敌情是广耳目的手段,对防备敌军的寇犯有所帮助。事实上朝廷令边将早做防范的诏书中,一般都会提及"远斥候"。元丰七年(1084)三月庚申,神宗因得知西夏"发河南北人马十分之九,集于练家流",遂下诏刘昌祚"宜明远斥候,知贼所向,清野城守则为制贼上策"⑤。当年七月己酉,神宗因"牒报贼颇近并边,八九月必入寇",但无法获知其准确的进攻路线,批复李元嗣以去岁兰州被围为戒,"不轻发,固已得胜之半矣。明远斥堠,最为大事"⑥。斥候对西夏军队动向的提前获悉,是朝廷做出决策以及布置坚壁清野战术的基础。

由北宋对间谍、斥候作用的重视可以看出,对敌情的提前预知是布置坚壁清野战术的基础,基于此点,北宋朝廷一般会令边将做到"间谍必精,斥候必远,篱落必周"⑦。但是朝廷的旨意在多数情况下并未得到边将的严格执行,对间谍、斥候等信息渠道疏于维护有时会导致严重的军事失利。神宗元丰五年(1082)九月,在永乐城陷落一战中,徐禧"军无斥候,比入城,敌倾国至",最终导致徐禧对军情的错误估计,其盲目据守永乐城,丧失最佳反攻机会,终因水源断绝而兵败。⑧ 徐禧所率军队忽视斥候的作用,从而导致战术选择失误,致使军事失利,这再次表明,坚壁清野战术对间谍、斥候所提供的军事情报依赖程度较高,上述司马光针对张方平的失误所提意见也是此问题的体现。哲宗元祐六年(1091)十一月,张若讷、折克行等人因"斥候不明,及不豫为清野之备,致西贼如蹈无人之境,恣行劫掠"而分别受到降官、罚金的处罚⑨,表明忽略军事情报的获取及未提前做清野准备在宋军备边过程中并非孤例。吕大忠"今间谍未精,斥候未远,篱落未周,安免杀掠之患哉"更是

---

① 范镇撰,汝沛点校:《东斋记事》卷一,中华书局,1980年,第1页。
② 《范仲淹全集》卷一四《东染院使种君墓志铭》,第359-360页。
③ 《续资治通鉴长编》卷三六二,第8662页。
④ 司马光:《温国文正公文集》卷二〇《论张方平第二状》,《四部丛刊初编》第833册,上海商务印书馆,1929年,第65-66页。
⑤ 《续资治通鉴长编》卷三四四,元丰七年三月庚申,第8263页。
⑥ 《续资治通鉴长编》卷三四七,元丰七年七月己酉,第8326页。
⑦ 《续资治通鉴长编》卷四八〇,第11420页。
⑧ 《续资治通鉴长编》卷三二九,元丰五年九月戊戌,第7935-7937页。
⑨ 《续资治通鉴长编》卷四六八,第11170页。

对信息渠道疏于维护可能引起战术无法部署、执行并最终导致军事失利的担忧。①

## (二)战术执行与屯田实边之间的矛盾

西夏亦多利用北宋斥候不远、间谍不精的问题,对边境进行袭扰。宋神宗之后,相继确立了屯田实边与浅攻扰耕的边疆策略②,然而西夏行扰耕之策,用于对北宋边境的袭扰。宋哲宗元祐三年(1088)三月:

> 壬子,枢密院言:"西贼屯聚,逐寨各止三四百人,声言作过。欲我清野,以妨春种。或自为护耕之计;或示寡弱,诱致官军,伏藏重兵,以邀战胜;或欲于别路作过,牵制本路应援之师。"③

从枢密院的简报中可以知悉西夏军队熟悉北宋边境军民的战术,其声言寇边的目的是妨碍北宋春耕,使屯田受阻。坚壁清野战术的实施在战时确实能够有效地聚拢人力、物力,但是屯田的开展需要一个相对稳定的生产环境,频繁地清野御敌会使农业生产错过合适的时机,从而使其生产受损,导致北宋边疆政策无法取得预期效果。宋哲宗元祐七年(1092),环庆路经略使章楶上疏论应对西夏的战术策略问题,其中提到"驱收居民,保聚于城郭,不可以常也":

> 夫兵固有先虚而从实者,何以言之? 贼计狡狯、每有啸聚,未尝不屯于两路之间,声言入寇某处,或更在数百里之外,知吾催收人口入城郭,则偃然不至;不收无备,则倏然必来。又蕃、汉之民,岂无牛羊犬豕之畜,室庐门户之具,舍之而去,则有毁败攘窃之虑,迁之以行,则劳于奔走挈负。一岁之间,苟至于再三,吾民亦将自困矣,况于耕作刈获之时,妨害农业,岂曰小哉? 然则坚壁清野,果不足以制贼明矣。④

由章楶所论可知,此时西夏利用坚壁清野战术的特点对北宋屯田活动实施侵扰,其弊并非全由西夏所致,多数情况下是战术特点导致的自我破坏,从而出现"自困"的局面。故此,章氏认为坚壁清野战术"虽足以备寇尔,未足以制寇也"⑤,正是战术执行与屯田实边政策相抵牾之处。

杜范议论南宋在两淮所实行的坚壁清野战术时提到:"近年以来,备边之策以闭关清野为要务,清理虽使敌无所之资,而自贼其人民,自荡其土地,将何以为国?"⑥杜氏直接点明坚壁清野战术虽能够切断敌方的补给来源,但也使边民的生产停滞,其所言虽为南宋时事,但是战术与屯田之间的矛盾却是自其出现起就一直存在,与章楶所言异曲同工。根究此矛盾的原因,或与长期战争中的战术思维僵化有关。

---

① 《续资治通鉴长编》卷四八〇,第11420页。
② 相关研究参见程龙:《论康定、庆历时期西北沿边屯田与宋夏战争的互动关系》,《中国历史地理论丛》2006年第1期;钱俊岭:《从浅攻到蚕食:论章楶的军事构想与实施》,《西夏研究》2010年第3期;李昌宪:《浅攻进筑:范仲淹在北宋对西夏作战中的战略思想》,《河南大学学报(社会科学版)》2016年第4期;等等。
③ 《续资治通鉴长编》卷四〇九,第9952页。
④ 《续资治通鉴长编》卷四六九,第11209页。
⑤ 《续资治通鉴长编》卷四六九,第11208-11209页。
⑥ 杜范:《清献集》卷一三《相位条具十二事》,文渊阁《四库全书》第1175册,商务印书馆,1986年,第719-720页。

### (三)战术思维僵化

一方战术行用既久,往往会为敌方所熟知。在之后的战争中,此种战术可能会加诸己身;更甚者,一旦其弱点被敌方利用,加以反制,则会造成更大的战争失利。如果一味地坚守,则往往会受制于人。坚壁清野战术在宋夏战争中大抵也经历了如此过程。

前文已经提到西夏以坚壁清野战术挫败北宋进攻的事例,至于西夏针对坚壁清野战术对宋军反制的事例也不稀见。宋哲宗元祐二年(1087)九月己未,西夏犯镇戎军。① 李焘引《实录》称:

> 有旨令知镇戎军张之谏权统制军马。昌祚素知之谏不能,乃夙夜驰授方略,尽兵力而属之,十一将总七万余人。之谏得之,懦不敢战,来即纳之羊马城中,至人身不能转侧。城中兵望贼焚室庐,掘冢墓,号哭唾手欲战,之谏以剑加之,不得出。贼留五日,攻三川,不拔而去。②

坚壁清野战术本是北宋弹性防御战略中的一环,但是由于执行过程中用兵者战术思维的僵化,对骚扰及反攻兵力布置的缺失,使坚壁清野战术缺少变化,演变为消极的城寨防御,亦使敌军少了许多顾忌,可肆意深入寇略。张之谏合十一将兵力,却将之全部囤积于城寨之中,虽有主将怯懦之因,但更凸显出边将在战术执行过程中缺乏变通之术。

章楶于元祐七年(1092)二月所上奏疏或许更能说明宋军在作战中的战术思维僵化问题:

> 坚壁清野,盖自古良将御戎之策。然不可以只循一轨,使贼知我无变通之路,反为贼所制。伏见元祐二年内,镇戎军遭围闭,十一将兵尽在城内,蕃众据掠三百里以上,如行无人之境。所幸者贼不相知虚实,若更深入掳劫,则害尤大。盖官兵尽在城内,无以制之。及其将去也,于所札寨内,如常日烧起烟火,量以兵围守,一夕而遁。城中比知贼退,已是第二日,出兵前去追袭,不见一人一骑。此专用坚壁而外无兵将已试之验。去年九月内犯河外,大率不异于此。③

章氏直接点明张之谏的问题,"只循一轨""无变通""反为贼所制",直接点出北宋边将战术思维的僵化。章楶又提到元祐六年(1091)九月西夏"犯河外"之事,可以获悉边将战术思维僵化并不是孤例,而是具有一定程度的普遍性。

此外,战术思维的僵化还反映在宋军对西夏的进攻并无有效的遏制措施。元祐八年(1093)正月,枢密院言:

> 陕西河东诸路每探知西贼大兵入寇,即起遣人户清野坚壁,专为守计。近来贼情狡狯,每欲犯边,即所在虚声,令诸路分兵处处为备,暮出一路。或示形于此,却往他路,或大举入寇,以重兵分守城寨,使汉兵不敢轻出,而遣钞骑四散掳掠。如近日于奇鲁、朗口齐集,泾原为备,乃寇环州。虽本路预作准备,城寨幸无疏虞,而边民被害数已不少……又西贼每举兵犯塞,必虚张声势,动称数十万,边将不过闭壁自守,坐观焚掠,纵有战兵在外,既不能遏其奔冲,亦未尝出奇掩杀,

---

① 《续资治通鉴长编》卷四〇五,第9866页。
② 《续资治通鉴长编》卷四〇五,第9866页。
③ 《续资治通鉴长编》卷四七〇,第11222页。

致贼来往坦然,若涉无人之境。若不别图方略,何以保民待敌?①

由上引材料可知,元祐年间宋军战术思维僵化已经成为痼疾。面对西夏灵活多变的进攻方式,只能坚壁守城,坐观西夏骑兵劫掠。此种僵化的战术思维最终导致时人发出"若不别图方略,何以保民待敌"的慨叹。事实上前引章楶有关坚壁清野的论议,亦是对已经陷入僵化的坚壁清野战术的批判。

### (四)改进之法

由于坚壁清野战术的部署严重依赖军情的及时获取,一旦无法获知西夏军队的动向,坚壁之策往往无法达成战术目的,清野恐只能是损害边境屯田的"自困"之计。随着西夏逐渐掌握北宋边军的战术特点,一些针对此战术的扰边活动经常展开,对边民屯田产生了消极影响。由于边将战术思维的僵化,本应作为整个战术体系重要环节的坚壁清野又往往被作为独立的战术应用,只依靠坚城防御,而未在后方部署一定的兵力威胁西夏军的退路,或是已经部署而怯战不出,导致西夏入寇常有恃无恐。因此,至北宋中后期,此种战术常受时人质疑,边臣亦提出相应的对策,姑以范纯粹及章楶二人之策论之。

1. 范纯粹:诸路出兵牵制策应之法

史载元丰五年(1082)十一月,范纯粹因徐禧永乐城之败曾上章疏,阐述诸路牵制策应之法。《东都事略》记曰:

> 诸路策应,旧制也。自徐禧罢策应,若敌兵大举,一路攻围力有不胜,而邻路拱手坐观,其不拔者幸尔。谓宜修明战守救援之法。②

此为其牵制策应之法的开端。永乐城之败,前文已有简述,其根源在于战术使用中的思维僵化,一味固守坚城。范纯粹此法是有的放矢,该议论并非否定坚壁清野之策,而是认为应当将坚壁清野作为牵制策应的一环,这可从《长编》所载其后对坚壁清野战术的运用知悉:

> 臣自今年夏秋已来,便作贼兵攻围帅府之计。其沿边城寨,只令过为守备,诚以军法,虽有小利,无辄出兵;及近日以探报加急,已令清野避贼。此外先已选择将佐之可任战斗者,令团结战兵,排备休息,俟贼耗逼近,即欲渐次抽那,与帅府重兵相合,以观其变。纵使贼兵直至帅府,遂肆攻围,亦止可坚壁自固。盖彼贼远来,以众自恃,势大气锐,必利速战。我既众寡不敌,惟宜按兵不动,以顿其锋。彼既知重兵在内,不务速战,又既已清野,掠无所得而日有伤残,臣料彼贼岂不以归路自虞,恐未敢外舍诸寨,内置帅府,而遂移内地。万一彼贼尚有余力,既不顾己之成败,又不顾重兵在后,而尚更深入,则当临事审画,或出或处,或聚或散,或乘不意破其间隙,或俟气衰制其归路,并系至时处决,非可预陈。③

范纯粹所阐述的措施与范仲淹最初提出的御边之策有较多相似之处。坚壁清野与重兵在后相机攻敌的组合亦与其牵制策应之术相符。但是范纯粹的坚壁清野之术并不仅限于单一战区各部队间的策应,战区与战区之间的相互配合则更为其所注重,《东都事略》记

---

① 《续资治通鉴长编》卷四八〇,第11419-11420页。
② 《宋史》卷三一四《范仲淹附范纯粹传》,第10280页。
③ 《续资治通鉴长编》卷四〇三,第9824-9825页。

范纯粹言徐禧事已经点明意图。之后范纯粹遣曲珍救援张之谏事,正是其注重路与路之间相互应援的体现:

> 夏人之寇泾原也,环庆经略使范纯粹以是月甲寅得泾原报,纯粹亟命副总管曲珍领兵自环州傍附泾原深入牵制,珍翌旦遂行,纯粹面戒珍曰:"本路首建牵制应援之策,勿谓邻路致寇,非我之职,当忘躯报国,解朝廷深忧。"珍鼓激战士,昼夜疾驰,出境外三百余里,赴曲六律章讨荡贼帐,斩一千二百余级,俘其老弱妇女六百余人以还。夏人遽释泾原之围。①

由此可见,范纯粹所提牵制策应之法主要是针对沿边诸路之间的配合。前述北宋熙丰年间历次进讨西夏的开边活动多以失败而终,究其原因,在于诸路各自为战,并无有效的协同作战之法。故范纯粹牵制策应之法在战术上对诸路军队做出有效整合,使坚壁清野战术重新纳入整个战术体系之中,作为战术执行中的重要环节,避免该战术演变成单纯的据城防御,而丧失对西夏军队的有效威胁。曲珍的出兵,对西夏的退路产生了威胁,促成西夏退兵,泾原之围解除。此后章楶在开边过程中亦采取诸路协同作战的方式。

2. 章楶:浅攻蚕食的攻势策略

前文已经提到章楶对坚壁清野弊端的部分认识,但此并不意味着章楶对坚壁清野战术的排斥或否定,相反在备边的过程中亦会主动进行坚壁清野的部署,并且章楶对范纯粹牵制策应之计亦加以采用。元祐六年(1091)九月环庆路经略使章楶奏称:

> 臣窃谓羌戎为孽久矣,自庆历以来,前后入寇,非举国之众,不能深入。今者自八月聚兵境上,凡四五十日,其众始集。初欲寇鄜延、环庆,一夕忽趋麟、府,舍近取远,必有意谓。盖疑两路之兵亦聚,故分其半以寇河东。然则朝廷著牵制之令,最为得策。②

章楶此语间接表明范纯粹此前牵制策应计策奏效。其又认为当敌"举国入寇,则坚壁清野",待其气衰将要退却时,"遣将据要害便利之处",以"分头讨击"或者断其归路,"一路被寇",诸路出兵牵制策应,这是很好的"备御之策"。③

但章楶又认为上述方略并不足以解决西夏边患,加之前文中所引章楶对西夏扰边方式的认识,其认为解决边患应当依据西夏"啸聚则为用,既散则难集"的特点,"宜乘间捣虚,扰耕践稼",不要限制诸路帅臣所行之"浅攻之计",士兵中掺杂知晓边情的蕃兵,频繁袭扰西夏边境,使其近塞三百里境内"既不能为生,又不能自存",以达到"困"贼的目的,使西夏"束手归命"。④

从章楶的奏疏大略可知其在对西夏战术实施上的观点:在面对西夏时不能一味地采取守势,防守即便能够使其无所获,但终归不是长久之计,因此必须行诸路牵制策应之计,浅攻蚕食敌方边境,以解边之困。此后的平夏城之战就是在此种思想指导下的开边活动。在此战役中,坚壁清野被用于蚕食敌方边境的战术体系中,并取得战役的胜利。

此为北宋中后期对战术选择与执行中出现的问题而提出的一些损益之法。其他如吕

---

① 《续资治通鉴长编》卷四〇五,第9869页。
② 《续资治通鉴长编》卷四六六,第11131页。
③ 《续资治通鉴长编》卷四六六,第11131页。
④ 《续资治通鉴长编》卷四六六,第11131-11132页。

大忠、范育等亦有相关陈述,且多有相似之处。然而仍需注意,范纯粹与章楶等所行之法,并未超脱庆历年间的战术设计范围,其原因何在?宋夏战争中坚壁清野战术从其战术设计到战术使用逐渐僵化的演变,这中间与北宋御将及对夏政策之间有怎样的联系?

## 五 余论:战术失利与宋代边疆政策之联系

通过前文对宋夏战争中坚壁清野战术运用的大致勾勒可知,以坚壁清野为核心的战术体系预设完成于宝元至庆历年间,但由于仁宗中后期的对夏政策以和戎为主,该战术预设多被束之高阁。坚壁清野被频繁运用于战场发生于宋英宗之后,在宋英宗治平至宋哲宗元祐年间,宋军运用此战术与西夏的作战互有胜负。宋神宗熙丰年间,朝臣对以坚壁清野为核心的战术体系多有阐释,并将之视作朝廷之"本谋"①。神宗皇帝的事功取向导致朝廷多对边臣的战术选择与运用进行干预。在战术运用过程中,由于北宋军队在情报获取等方面存在问题,往往导致其不能针对西夏的寇掠做出准确的战略部署;同时坚壁清野与屯田实边之间的矛盾,往往被西夏军队加以利用以进行扰边;边将战术思维的僵化则使坚壁清野成为一种消极防御战术。时人虽对坚壁清野战术在使用中的问题提出损益之法,但是其思路亦无法超脱范仲淹最初之战术预设。其原因何在?

前文谈到战场上的战术选择与运用都具有一定的随机性,不易为人所把握,这正是战术的魅力所在。某种程度而言,更应该将战术选择与运用视为边将的个人行为方式,其本不应过多地受到政策的干预。但是以坚壁清野为核心的战术体系从其构建到执行、进入朝廷诏令层面,无不受到北宋对夏政策及其御将政策的影响,这些政策方面的内容在一定程度上是战术失利的重要原因。概括而言,可将其归纳为因循守旧的备边之策、"将从中御"的御将之策以及战和不定的对夏政策。以下对战术失利与上述政策间的联系做简要勾勒,以为本文之结尾。

### (一)因循守旧的备边之策

北宋在备边过程中的因循守旧,通过前文对坚壁清野的叙述已可发现些端倪。宝元至庆历年间范仲淹等臣僚对朝廷攻防战术的预设,一直持续到北宋末年仍作为朝廷认可的备边之策。但是随着边疆形势的变化,西夏采取同样的战术对陕西、河东进行袭扰时,北宋却显得束手无措。当边将意识到备边策略已经不适应边疆形势而提出相应的改进策略时,也没能超出范仲淹等的战术预设范围。因此,北宋对夏的战术失利部分是由因循守旧的备边之策无法适应不断变化的宋夏关系及双方实力对比变化造成的。

### (二)"将从中御"的御将之策

政策层面的内容并不直接作用于战术层面,在边境作战中,将领所采用之战术随战场形势而改变。古语"将在外君命有所不受"正表明在实际战争中,将领的战术选择在一定程度上是独立的,不必受中央政策的强制干预,而需要用兵者根据战场形势做出决定,因此,战术应当是独立于国策之外的存在。但是,如前文所述,从北宋中期以后,坚壁清野作

---

① 《续资治通鉴长编》卷二一五,第5240页。

为宋夏战争中的常用战术,其运用逐渐受到皇帝与帝国中枢的干预,频繁地出现于中央对边臣的指示中。本应酌情实施的战术,大有成为朝廷御边政策的趋势。皇帝与帝国中枢为何会频繁地干预边将的战术布置?其通过诏令方式来进行干预是否合适?

提到宋代的皇帝与帝国中枢对边境作战的干预,学界往往将皇帝授予武将阵图与以文驭武等作为宋代"将从中御"的有力证据。① 但笔者认为:皇帝与帝国中枢对坚壁清野战术的干预可被视为"将从中御"的又一证据,这在崇尚事功的北宋中后期表现得尤为明显。时人的观点可以作为此问题的总结:"边臣全赖朝廷主张。"② 在此之前数十年亦有"阃外之事,将军处之,一一中覆,皆受庙算,上下相循,安得不如此"③的慨叹,大略与此相同。

对边将战术布置的干预,往往会使战术丧失其临敌时的多变而转向僵化,宋代对夏战争中的战术思维僵化即与宋代对边将的干预密切相关。皇帝对边将战术的干预并不止于提前指示其应当采取何种备边战术,并且在战争期间,遥控前线将领一些具体战术执行的细节,贻误战机,导致战争失利。方震华在谈到徐禧退守永乐城战败一事时描绘了宋神宗对边将的干预:"永乐城被围之后,鄜延路以外的驻军都在等候朝命,不敢主动救援",等到神宗的命令之时,为时已晚,神宗后又指示徐禧弃城突围,已然丧失了战术执行的最佳时机。④ 此为朝廷"将从中御"对边将战术执行产生消极影响的体现之一。

(三)战和不定的对夏政策

过往学者多认为太宗后期对民族关系的一些言论,如"治国在乎修德尔,四夷当置之度外"⑤等,成为宋朝处理与周边民族政权关系的主流意识,这导致北宋最初在宋夏关系中采取姑息避战的策略。⑥ 之后又逐渐演变为仁宗时期的和戎之策。神宗皇帝的锐意开边,使战争成为此时双方关系的主流。但宋哲宗元祐年间,由于西夏在请和的同时又实施扰边之策,北宋朝廷在对夏的态度上始终战和不定,朝廷中枢意见无法统一,加之"边将全赖朝廷主张"使边将多采取较为保守的措施,对西夏采取防御之策。坚壁清野战术也因此演变为消极的据城防御,使战术体系丧失了对西夏的制约,致使战术失利,导致边患的加剧。元祐二年张之谏被围即是边将在战和取向不明朗的情况下疏于防备,一味坚守,最终导致战术失利的典型案例。

但是无论宋对西夏是战是和,坚壁清野都是其战术体系中的重要内容。陈峰先生曾提到宋朝在处理与周边民族政权的关系时一直在谋求以和罢战,并为之寻找到"不战而屈人之兵"的理论依据。⑦ 自古兵家将坚壁清野战术视为不战而谋求胜利的战术,这与宋人所追求之理想暗合。或许正是在此理论的影响下,坚壁清野战术才能够频繁地出现在战场上。政策的一惯性有助于战术效果的发挥,但是北宋对西夏政策的摇摆,却带来了战术

---

① 参见王曾瑜:《宋朝军制初探》第十四章《宋朝军事传统与指挥的若干评价》,中华书局,2011年,第522-526页;罗炳良:《宋代治军政策矛盾探析》,《河北学刊》1993年第2期;陈峰、王路平:《北宋御制阵法、阵图与消极国防战略的影响》,《文史哲》2006年第6期;等等。
② 《续资治通鉴长编》卷四六四,第11092页。
③ 程颢、程颐:《河南程氏遗书》卷二上,《二程集》第三册,中华书局,1981年,第46页。
④ 方震华:《战争与政争的纠葛——北宋永乐城之役的纪事》,《汉学研究》2011年第3期;《续资治通鉴长编》卷三二九,第7932页。
⑤ 《续资治通鉴长编》卷三四,第758-759页。
⑥ 参见李华瑞:《宋夏关系史》,第20-23页;陈峰《宋代主流意识支配下的战争观》,《历史研究》2009年第2期。
⑦ 参见陈峰:《宋代主流意识支配下的战争观》,《历史研究》2009年第2期。

失利，其"不战而屈人之兵"的理想也逐渐成为纵容西夏入寇的因素。

　　本文着力从宏观层面审视坚壁清野战术在宋夏战争中的运用情况，探究战术预设的出现、战术的实际运用以及在运用过程中所面临的问题，发掘其与北宋部分政策之间的关联。笔者认为从战术的角度去审视北宋"将从中御"的传统，为研究这一政策提供了一个新的视角。谈及"将从中御"不能仅将视角局限于"阵图"及"以文驭武"等方面，仍需进行细致入微的观察。在"将从中御"的传统影响下，皇权对战争、边将的干预甚至深入到了边将具体的战术行为中，进而影响到朝廷的备边行动与边将的战术思维。由此而言，两宋战争中战术层面诸问题仍有深入研究的价值。

# 孔子仁学的主体性价值

白宗让

香港中文大学(深圳)人文社科学院

**摘　要**：远古时代人类的精神文明状况难以描述。夏商周三代均有"天命"信仰，但个体理性没有得到独立而充分的发展。周公对"德"之重视成为儒家修身思想的渊源。孔子所倡导的"仁"与"为己之学"是华夏文明个人主体性的最早挺立，先秦儒家学者们继承了这一"反躬内求"的修身路径，并指出了以"慎独"为核心的修养理论。主体性不是封闭的自我，而是无私的、开放的、灵明的、能够照顾到天地万物的存在，是儒学指出的救赎之道。但是，"慎独"还需要一套具体的工夫论体系来支撑，自我反思的合法性也需要面对来自比较哲学、比较宗教的质疑与审问。

**关键词**：孔子　仁学　主体性　价值　反思

从夏商周三代以降的思想发展与文化传承来看，孔子哲学的开创性贡献就是"仁学"。"仁"扎根于内心之"志"，落实于"为己之学"，个人的道德主体由此挺立，儒学的核心价值也建立在此心性本体之上。先秦孔曾思孟一系的学说都围绕此核心而展开，《易传》之"自强不息"、《礼记·大学》之"明明德"、《礼记·中庸》之"慎独"与"诚"、《孟子》之"良知""深造自得"等都是一脉相承的修身进路。新出土文献也为这方面提供了更多的佐证。学界历来对孔子主体性哲学的深度认识不足，从《论语》"子绝四""无可无不可""未可与权"和《中庸》之"时中"（引孔子语），可以看出孔子思想已经历过类似道家与佛家破除私蔽与我执的过程。因此，仁学体现的主体性价值不同于主观主义，这一"为己之学"是开放的、动态的、完整的，走出了虚无与相对的泥潭，承载着安身立命、参赞化育之终极关怀。

## 一　"前轴心时代"之信仰形态

按照德国哲学家雅斯贝尔斯对"轴心时代"的时间定位，中国最早的纪传体通史《史记》中《五帝本纪》《夏本纪》《殷本纪》《周本纪》记录了华夏文明思想史上的"前轴心时代"。周代之前的文献基本没有流传下来，司马迁所记黄帝之事来自对各种文献的旁征博引："而百家言黄帝，其文不雅驯，荐绅先生难言之"（《史记·五帝本纪》）。传世最早的文献《书·虞书》之记述始于尧，其内容为后世编撰而成。熟读古代文献的孔子亦感叹："夏礼

---

收稿日期：2020-08-06。

作者简介：白宗让，哲学博士，香港中文大学(深圳)人文社会科学院讲师，主要从事中国哲学、比较哲学研究。

吾能言之,杞不足征也;殷礼吾能言之,宋不足征也。文献不足故也,足则吾能征之矣。"(《论语·八佾》)

考古学为我们了解古代文明打开了另一扇窗口,依托现代科技的考古学使得历史在前进中不断后退,极大地扩展了人类的历时视野。西晋年间出土的《竹书纪年》有五帝及夏商周的编年通史,但此书在宋代佚散,后又重新收集整理,一定程度上降低了可信度。二十世纪初安阳殷墟出土的商代甲骨文资料是孔子与司马迁都没有见过的,甲骨文将中国有文字记载的可信历史上推到了商朝。2000年11月9日"夏商周断代工程"公布了《夏商周年表》,《年表》定夏朝约始于公元前2070年,夏商分界约在公元前1600年,盘庚迁都约在公元前1300年,商周分界(武王伐纣之年)为公元前1046年。《年表》依据武王伐纣之年和懿王元年的确认,建立了商王武丁以来的年表和西周诸王年表。2018年5月28日,国务院新闻办公室举行了"中华文明探源工程"成果发布会,以丰富的考古资料证实了距今5000年前我国已进入文明阶段并出现了国家。"中华文明探源工程"所发掘的六大遗址即与黄帝有关的河南灵宝西坡遗址、与传说中尧时代时空吻合的山西襄汾陶寺遗址、可能是禹都阳城的河南登封王城岗城址、可能是夏启之居的河南新密新砦遗址、考古学界公认的夏代中晚期都城河南偃师二里头遗址以及郑州大师姑遗址。六大遗址年代先后衔接,时间上大体从公元前2500年到前1500年,这为了解这一千年间的社会组织结构的变迁、王权发展的程度以及当时的自然社会环境等提供了翔实的资料。浙江良渚、山西陶寺、陕西石峁等遗址均有大规模的城市建筑。央视探索发现系列纪录片《尧舜之都》展示了陶寺出土的扁壶朱书文字。

"前轴心时代"虽然有了考古学的证据,但要从思想史的角度来勾勒这一时期文明的面貌还是相当困难的。从流传下来的诗歌(如《击壤歌》《帝舜歌》《夏人歌》)与考古发现的艺术(岩画、玉器)、手工业(陶器、青铜、纺织品)来看,这一时期的物质文明已经相当发达了,但其精神世界还是以图腾信仰和神灵崇拜为主导,理性思维尚未独立发展。

《书·虞书》与《大戴礼记·五帝德》建构出了一个理想的上古社会:君权禅让,民心质朴,天下大同。夏商周"三代"从家天下与朝代更迭的历史教训中突出了"德"的重要性,这也符合老子"大道废,有仁义"(《老子·十八章》)的历史逻辑。春秋末年礼崩乐坏,周天子形同虚设,诸侯以实力称霸,诸子百家学说争鸣,原始儒学继承了古代的文明传统,形成了以"仁"与"礼"为核心的学说体系。《礼记·表记》中孔子对"三代"之信仰形态做了一番评述:

> 子曰:"夏道尊命,事鬼敬神而远之,近人而忠焉,先禄而后威,先赏而后罚,亲而不尊;其民之敝:蠢而愚,乔而野,朴而不文。殷人尊神,率民以事神,先鬼而后礼,先罚而后赏,尊而不亲;其民之敝:荡而不静,胜而无耻。周人尊礼尚施,事鬼敬神而远之,近人而忠焉,其赏罚用爵列,亲而不尊;其民之敝:利而巧,文而不惭,贼而蔽。"子曰:"夏道未渎辞,不求备,不大望于民,民未厌其亲;殷人未渎礼,而求备于民;周人强民,未渎神,而赏爵刑罚穷矣。"子曰:"虞夏之道,寡怨于民;殷周之道,不胜其敝。"子曰:"虞夏之质,殷周之文,至矣。虞夏之文不胜其质;殷周之质不胜其文。"

《史记·高祖本纪》太史公亦曰:

> 夏之政忠。忠之敝,小人以野,故殷人承之以敬。敬之敝,小人以鬼,故周人

承之以文。文之敝,小人以僿,故救僿莫若以忠。三王之道若循环,终而复始。

从以上对"三代"文化气质之概括可见夏代重赏而轻罚,权威缺失;民众对鬼神敬而远之,人与人之间交往崇尚忠诚的品质,但"质胜文则野"(《论语·雍也》),缺乏文化修养。商代以事鬼神为先务,贬低了人的地位,先罚而后赏,权威森严但没有亲切感。周代重视文化创制,礼乐大兴,其弊端是民众趋于华而不实,虚伪奸诈。

在宗教信仰方面,商代之前的民众向"天帝"或"上帝"为首的群神祈求福佑。《国语·楚语下》观射父答楚昭王问,叙述了帝颛顼以"绝地天通"①来重新定位神人的界限,使二者不得互相僭越,并重新任命了专司天地的官职。"绝地天通"之后,神人之间自由沟通的权利被王权垄断,必须通过王权认可的媒介(重黎)。商代卜筮文化盛行,凡国之大事,以占卜得到的"命"为最高信仰。甲骨文与金文的内容以卜辞居多,商王将"天命"与政治相结合来巩固其统治权威。从《诗》《书》中关于商代的文献可以看出其对"命"的绝对服从。《诗·商颂·玄鸟》曰:"天命玄鸟,降而生商,宅殷土芒芒。古帝命武汤,正域彼四方……商之先后,受命不殆……殷受命咸宜,百禄是何";《商颂·烈祖》曰:"我受命溥将";《商颂·长发》曰:"帝命不违,至于汤齐。汤降不迟,圣敬日跻。昭假迟迟,上帝是祗,帝命式于九围";《商颂·殷武》曰:"天命多辟,设都于禹之绩……天命降监,下民有严";《书·汤誓》曰:"有夏多罪,天命殛之";《书·西伯戡黎》记述周文王战胜黎国之后,殷朝贤臣祖伊向纣王进谏,但纣王却盲目迷信天命,甚至说:"我生不有命在天?"

西周初年,统治者亦沿用天命作为政权的合法性基础,《诗·周颂·昊天有成命》曰:"昊天有成命,二后受之";《周颂·时迈》曰:"时迈其邦,昊天其子之,实右序有周",足见周人亦笃信天命,且以天命在周而自居。周人在总结商亡的教训时,也看到了"德"在治国中的决定性作用,如《书·召诰》曰:"惟不敬厥德,乃早坠厥命","肆惟王其疾敬德?王其德之用,祈天永命",但此时"德"与"命"还是合为一体的,"天命"本身就是"德"之化身;《诗·周颂·维天之命》曰:"维天之命,于穆不已"。从"天命"到独立的"天德"意识之形成过程中,周公是一个关键性人物,《书·周书·梓材》周公告诫康叔:"皇天既付中国民越厥疆土于先王,肆王惟德用,和怿先后为迷民,用怿先王受命";《周书·康诰》曰:"宏于天,若德,裕乃身不废在王命";《周书·酒诰》曰:"丕惟曰尔克永观省,作稽中德,尔尚克羞馈祀","弗惟德馨香祀,登闻于天";《周书·蔡仲之命》曰:"皇天无亲,惟德是辅。"周公之"德"摆脱了商代天命观中人处于被动、从属的地位,强调了在位者要主动施行德政并加强个人修养来维持天命。与此同时,周人还注意到了天意与民意相关,《周书·酒诰》曰:"无于水监,当于民监。"

王国维在《殷周制度论》一文中论述了从商代到周代制度的转变:

> 中国政治与文化之变革,莫剧于殷、周之际。都邑者,政治与文化之标征也……故自五帝以来,政治文物所自出之都邑,皆在东方,惟周独崛起西土……

---

① 《国语·楚语下》:"古者民神不杂。民之精爽不携贰者,而又能齐肃衷正,其智能上下比义,其圣能光远宣朗,其明能光照之,其聪能听彻之,如是则明神降之,在男曰觋,在女曰巫……于是乎有天地神民类物之官,是谓五官,各司其序,不相乱也。民是以能有忠信,神是以能有明德,民神异业,敬而不渎,故神降之嘉生,民以物享,祸灾不至,求用不匮。及少皞之衰也,九黎乱德,民神杂糅,不可方物。夫人作享,家为巫史,无有要质。民匮于祀,而不知其福。烝享无度,民神同位。民渎齐盟,无有严威。神狎民则,不蠲其为。嘉生不降,无物以享。祸灾荐臻,莫尽其气。颛顼受之,乃命南正重司天以属神,命火正黎司地以属民,使复旧常,无相侵渎,是谓绝地天通。其后,三苗复九黎之德,尧复育重、黎之后,不忘旧者,使复典之。以至于夏、商,故重、黎氏世叙天地,而别其分主者也。"

故夏、殷间政治与文物之变革,不似殷、周间之剧烈矣。殷、周间之大变革,自其表言之,不过一姓一家之兴亡与都邑之移转;自其里言之,则旧制度废而新制度兴,旧文化废而新文化兴……周人制度之大异于商者,一曰"立子立嫡"之制,由是而生宗法及丧服之制,并由是而有封建子弟之制、君天子臣诸侯之制;二曰庙数之制;三曰同姓不婚之制。此数者,皆周之所以纲纪天下。其旨则在纳上下于道德,而合天子、诸侯、卿、大夫、士、庶民以成一道德之团体。周公制作之本意,实在于此。①

这些制度的转变"其旨则在纳上下于道德",这就形成了思想重心从"命"到"德"的转变,周公是其中的关键人物。从文字学上看,商代甲骨文"德"字还没有"心"旁,甲骨卜辞中"德"多指来源于帝神之"得"。周代彝铭中的"德"字都带有"心"旁,说明其已经深入到了个人修身与心灵的层面。

周朝末年,各诸侯国以实力称霸,周天子的权威下降,春秋时期"命"的观念逐步淡化,《左传·宣公三年》王孙满对楚子曰:"周德虽衰,天命未改,鼎之轻重,未可问也",似乎也只是对楚国野心的不满,不代表对周朝天命仍然保有信心。春秋时期是周公以来人文理性大发展的阶段,"德"对现实政治之作用得到了更加深入的认识:"天道无亲,唯德是授"(《国语·晋语》)。《左传·昭公四年》司马侯告诫晋平公不可依靠外在的势力:"是以先王务修德音,以享神人"。此时对民意的认识上升到了"天民一体"的层次:"民,天之生也。知天,必知民矣。"(《国语·楚语》)这些对"德"与"民"的重视成为后来儒家思想的渊源。

春秋时期社会形势的动荡使得民众对"命"之信仰发生了动摇,卜筮的功能亦逐步减弱并边缘化,《左传·昭公十三年》楚灵王"投龟诟天"而呼曰:"余必自取之";《左传·昭公十七年》司马子鱼曰:"司马令龟,我请改卜";《左传·哀公十八年》楚惠王曰:"宁如志,何卜焉?"因此,从宗教信仰的角度来大致概括"三代"之精神世界的话,商代体现为敬畏宗教,周代是功利宗教与道德宗教夹杂,纯粹的道德宗教则要等到儒学出现以后。

## 二 孔子与个人主体性之觉醒

周公对"德"的重视是华夏文明史上人文理性的萌芽,经历管蔡之乱以后,周公夜以继日"制礼作乐",奠定了华夏礼乐文明的底色。鲁国作为周公的封地,自古就以礼仪闻名天下,《左传·昭公二年》晋侯使韩宣子来聘,观书于大史氏,见《易》《象》与《鲁春秋》,曰:"周礼尽在鲁矣"。孔子生于鲁国,从小受到"礼乐"与"德"的教育。他晚年对传统文化进行整理与重新阐释,删《诗》《书》,订《礼》《乐》,都保留了有益于教化的内容并且突出了德性修养之价值观引导。《易》在古代为卜筮之书,但孔门《易传》则将其转化为义理德性之学。孔子作《春秋》的目的也是要拨乱反正。

孔子身处礼崩乐坏的时代,必须建立一个新的哲学起点来从根本上对社会现实进行改造,这一新的哲学精神就是"仁学"。如果说周公之"德"主要还是基于事功方面(外得于人)的考虑的话,"仁"则首先以个人修身(内得于己)为出发点。孔子很欣赏道家的隐逸之士,但他选择了入世并四处奔波来干预现实政治,救民于水火。孔子看到社会问题的根源

---

① 王国维:《观堂集林》,河北教育出版社,2003年,第232页。

在人,这样的问题只能通过人的自力转化与制订正当的社会规范来解决,不能依靠祈祷神灵或者将一切归于命定论。《礼记·中庸》引子曰:"道不远人,人之为道而远人,不可以为道。《诗》云'伐柯伐柯,其则不远',执柯以伐柯,睨而视之,犹以为远。故君子以人治人,改而止。"《易传·系辞下》曰:"苟非其人,道不虚行。"儒学之"道"聚焦于人道,既是个人身心性命提升与转化之道,也是人类社会长久存续之道。

《论语·宪问》子曰:"古之学者为己",竹简《尊德义》曰:"学非改伦也,学己也",《荀子·劝学》进一步解释曰:"古之学者为己,今之学者为人。君子之学也,以美其身;小人之学也,以为禽犊。"君子之"为己之学"非为谋取名利,而是从自我的身心性命去"修身",这也是儒学认定的万事万物之根源。《礼记·大学》确立了"修身为本"之原则,"明明德于天下"必须从"修身"做起。本着追根溯源(本末终始)的意识,《礼记·大学》之"修身"又以主体内在意识之"正心""诚意"为基础。《礼记·中庸》"凡为天下国家有九经"亦以"修身"为始,其"所以行之者一也"之"一"即是"诚"。"修身"始于"心""意""诚",继承了孔子开创的仁学传统,《论语·为政》子曰:"吾十有五而志于学",《论语·述而》子曰:"志于道",修身之学始于"志"。孔子对"志"极为重视,《论语·子罕》子曰:"三军可夺帅也,匹夫不可夺志也。"《礼记·孔子闲居》孔子曰:"志之所至,诗亦至焉。诗之所至,礼亦至焉。礼之所至,乐亦至焉。乐之所至,哀亦至焉。哀乐相生。是故,正明目而视之,不可得而见也;倾耳而听之,不可得而闻也;志气塞乎天地,此之谓五至。""志"为主体之内在意识,不闻不睹,亦不为他人所知,在"志"上下功夫就是心性本体之修养。《礼记·大学》与《礼记·中庸》都以"慎独"为核心,"慎独"历来被阐释为独处(郑玄)、独知(朱熹)、独体(刘宗周),都有一定的道理,"独体"说更加突出了本体挺立之含义。

孔子以传"道"为己任,儒学之道就是"仁道"与"中庸之道",二者均以心性修养为基础,所以是相通的。《易传·系辞上》曰:"一阴一阳之谓道。继之者善也,成之者性也。仁者见之谓之仁,知者见之谓之知,百姓日用而不知,故君子之道鲜矣。""君子道"在人所不知之处下功夫,是一种内在的修养,颜渊能三月持仁不失即是此意。《礼记·中庸》曰:"故为政在人,取人以身,修身以道,修道以仁。""仁"与身心性命直接相关,郭店楚简中"仁"字写为"上身下心",就突出了其"主体—本体"之含义。《论语·颜渊》子曰:"为仁由己",《论语·述而》子曰:"仁远乎哉?我欲仁,斯仁至矣",《孟子·告子上》曰:"思则得之……此天之所与我者",《孟子·尽心上》曰:"求则得之……求在我者也",都强调了"仁"乃是每一个主体生来就具备的本体属性。

孔子发明了"仁"之本体属性,也就决定了求仁之路径为向内求索。《论语·卫灵公》子曰:"君子求诸己,小人求诸人";《礼记·大学》曰:"是故君子有诸己而后求诸人,无诸己而后非诸人。所藏乎身不恕,而能喻诸人者,未之有也";竹简《穷达以时》曰:"故君子敦于反己";《孟子·离娄上》曰:"行有不得者,皆反求诸己,其身正而天下归之";《荀子·天论》曰:"君子敬其在己者,而不慕其在天者,是以日进也。""己"即是"自",孔子开创"反躬内求"的"仁学"路径之后,曾子之"明明德""自明"(《礼记·大学》),子思之"诚者自成"(《礼记·中庸》),孟子之"自反""深造自得"(《孟子·离娄下》),《易传·象传·乾》之"自强不息",《礼记·乐记》之"自生""自成",①《荀子·修身》之"自存""自好""自省""自恶",②都是一脉相承的修身模式。③ 孟子曰:

> 乃若其情,则可以为善矣,乃所谓善也。若夫为不善,非才之罪也。恻隐之心,人皆有之;羞恶之心,人皆有之;恭敬之心,人皆有之;是非之心,人皆有之。恻隐之心,仁也;羞恶之心,义也;恭敬之心,礼也;是非之心,智也。仁义礼智,非由外铄我也,我固有之也,弗思耳矣。故曰:"求则得之,舍则失之。"或相倍蓰而无算者,不能尽其才者也。诗曰:"天生蒸民,有物有则。民之秉夷,好是懿德。"孔子曰:"为此诗者,其知道乎! 故有物必有则,民之秉夷也,故好是懿德。"(《孟子·告子上》)

孟子从"四端"建立了先验至善之"主体—本体",将仁义礼智落实于"心",是对孔子"仁道"主体性的进一步阐发。荀子亦推崇"明君子"(《荀子·解蔽》),"明"即是"自知自爱":

> 子路入,子曰:"由! 知者若何? 仁者若何?"子路对曰:"知者使人知己,仁者使人爱己。"子曰:"可谓士矣。"子贡入,子曰:"赐! 知者若何? 仁者若何?"子贡对曰:"知者知人,仁者爱人。"子曰:"可谓士君子矣。"颜渊入,子曰:"回! 知者若何? 仁者若何?"颜渊对曰:"知者自知,仁者自爱。"子曰:"可谓明君子矣。"(《荀子·子道》)

《礼记·中庸》曰:"道也者,不可须臾离也,可离非道也。"天命之性内在于人,无法否认,无法脱离,因此就必须有"率性"④之"道","修道"要从隐微之处做起,即是个人主体性之"慎独"。《论语·卫灵公》子曰:"民之于仁也,甚于水火。水火,吾见蹈而死者矣,未见蹈仁而死者也","仁"对于民众之重要性远大于每日生活所需之水火,是人性本体层面的真实存在。孔子毕生都以自力向内用功去修养"主体—本体",到"五十而知天命"(《论语·为政》),已经证成了内在超越之哲学路径,因此才有"下学而上达"(《论语·宪问》)之感慨与"天生德于予"(《论语·述而》)之自信。孔子开创了个人与天命的直接沟通,不再需要垄断祭天权利的天子或巫觋、重黎、龟筮等作为媒介,这在当时是极具革命性的思想,欧洲两千年后宗教改革先驱马丁·路德才提出了类似的主张。因此,孔子堪称华夏文明"轴心突破第一人"。⑤

哲学家的思想有时可以通过当时的社会历史情境来理解,但更多的时候,哲学家的思考是超越时代的,他们关注的是永恒的、普遍的问题,孔子学说的主体性价值就在于此。关于道德与修身的思想,孔子之前亦有之,但都没有从本体论的角度将主体之心性结合为内在超越之"主体—本体"。孔学主体性挺立之后,逐步体现出"独体—独立—独化"三重维度。孔子从不盲从流俗,《论语·子罕》子曰:"麻冕,礼也;今也纯,俭,吾从众。拜下,礼

---

① "礼也者,反其所自生;乐也者,乐其所自成。"(《礼记·礼器》)
② "见善,修然必以自存也;见不善,愀然必以自省也。善在身,介然必以自好也;不善在身,菑然必以自恶也。"(《荀子·修身》)
③ 道家也推崇"自"的价值,如庄子之"自本自根"(《庄子·大宗师》),但道家之"自"为"自然",儒家之"自"为主体自身。
④ "率"可释为"循",意为遵循、顺从,也可释为统领、引导。
⑤ 余英时:《论天人之际——中国古代思想起源试探》,中华书局,2014年,第 206 页。

也;今拜乎上,泰也;虽违众,吾从下",礼仪之适宜皆由内心来权衡。孔子也不会被外人的观点所左右,《论语·颜渊》子张问明,子曰:"浸润之谮,肤受之愬,不行焉,可谓明也已矣;浸润之谮,肤受之愬不行焉,可谓远也已矣。"孔子更不会为了别人的看法而从学,《论语·学而》子曰:"人不知而不愠,不亦君子乎?"以上皆是"独体"成形(形于内)之后,人格获得独立与自由的证明。

"独化"首先是主体自我转化,其过程中既有量变也有质变。"重生"是基督宗教的观念,基督徒在耶稣信仰中成为全新的人。儒学自我转化中也包含有"重生"的维度,《易传·系辞上》曰:"富有之谓大业,日新之谓盛德,生生之谓易","生生"一般被解释为生命延续不断,但重叠词"生生"重在"日新",也就具有了"重生"的含义。儒学之"重生"即是让个体生命与大道接通,成为"大人"。朱熹曾将《礼记·大学》三纲领之"亲民"改为"新民",也是看到儒学修身之自我转化的巨大价值。

"独体"既能"内化"也能"外化"。"为己之学"之主体不是一个封闭的自我,而是无私的、开放的、灵明的、能够照顾到天地万物的存在。主体性与他者不但不矛盾,而且是一体两面的关系。"己欲立而立人,己欲达而达人"①(《论语·雍也》)正是通过他者来彰显自我的方式。回归主体性不但不是主观主义,而且恰好是要突破私我的限制。竹简《成之闻之》曰:"故君子所复之不多,所求之不远,窃反诸己而可以知人。"《论语·里仁》篇孔子告诉曾子:"参乎! 吾道一以贯之",曾子随后告诉门人此道即是"忠恕"。"忠"即是内心之"诚",《说文解字》曰:"尽心曰忠",这一内心品质的修养可以与天地万物相感通:

> 唯天下至诚为能尽其性。能尽其性,则能尽人之性。能尽人之性,则能尽物之性。能尽物之性,则可以赞天地之化育。可以赞天地之化育,则可以与天地参矣。(《礼记·中庸》)

> 孟子曰:"万物皆备于我矣。反身而诚,乐莫大焉。强恕而行,求仁莫近焉。"(《孟子·尽心上》)

秦汉以后中国进入帝制时期,儒学与现实政治结合之后,"忠"的个人主体性含义暗而不彰,更多地成为"忠君"之意识形态,原始儒学之哲学性逐渐衰落,这也是儒学被后人误解的主要原因。

英国社会学家吉登斯(Anthony Giddens)认为,人文学科的根本问题,就在于解释个人存在是何以能够通过社会关系、文化结构而超越时空限制的。那么,一个没有任何地位、资源与权势的普通人,不通过任何外在的媒介,是否有可能突破私我的限制? 孔子之前很少有这方面的思考。孔子开创主体性传统之后,战国思孟之学、宋明新儒学、当代新儒家都在"己"上大做文章,形成了鲜明的心性儒学传统。此外,儒学的主体性并不是人的自大,更不是启蒙以来在浮士德精神鼓舞之下自我膨胀的"超人"。"人能弘道,非道弘人"(《论语·卫灵公》)说明主体自我转化其实是在为天地保存此"道",以"修身"来"弘道",最终成为"大人""圣人",是儒学之最高理想,也是主体绝对自由与主体性的最高实现。

儒学主体性学说是自我转化与"成人"最便捷的"直道"与"易简之道",心性隐微之处的深层转化比任何外在约束下达成的转变都要更加根本。《礼记·大学》以"明明德"为"大学之道","自明"之心性工夫是儒学最重要的纲领。《易·革》爻辞曰:"九五,大人虎

---

① 从《论语》的上下文来看,这句话正是孔子针对子贡好高骛远、执着于"自我"的成就所作的批评。

变,未占有孚","上六,君子豹变,小人革面,征凶,居贞吉。"《易传·象传·革》解释曰:"大人虎变,其文炳也。君子豹变,其文蔚也。小人革面,顺以从君也。""虎变""豹变"才是儒家之"文"的精华所在,小人只能做到在表面上顺从。从孔子开始,儒者修身的最高目标就是成为圣贤,实现这一目标靠的是主体的自我超越,而不是任何外在的救赎,所以"成人"也是主体性的自我完成。自我转化是人生的终极问题,经由自我转化而达成"自利利他""己达达人",实现人类社会和谐长久之道。各大宗教传统都重视人的转化,并发明了各种富有价值的途径,这些都是人类文明的瑰宝。儒家虽然信仰天性至善,但在工夫层面上,对自我之限制与习气之顽固有充分的"幽暗意识",从主体性入手这一路径也是充满了艰辛的。儒学主体性落实于身心,因此便具有了最大的普世性,但由于"心"之灵明不定,所以很难建立一套固定的仪轨,多数时候都是在实践中的情境化应用。儒学与日常生活紧密结合,没有一套专门的语法,所以其文化符号也最为淡薄,这些在比较宗教学中各有其优点与缺点。

当今社会,无论发达国家或贫穷国家,个人的安身立命与社会全体的福祉两大领域都出现了各种问题。后现代反本质主义以来,主体性的失落成为普遍现象,这些问题都需要从"人"或者"何为人"出发去解决。哲学在直面当下的救赎之道时,也要回到塑造了人类思想的"轴心时代"去寻找智慧,借鉴古代圣贤走过的路,致力于未来人类价值观的建构。

余英时在《修德——春秋时期的精神内向运动》①一文中回顾了孔子之前的贤人(士蒍、宫之奇、子鱼、晏子、王孙满、司马侯、叔向、子木)对"修德"之重视。可以说,中国古代"德"的含义在孔子出生之前的一百年间已经经历了一个内化的过程,但这一过程在"学在官府"时期只能止于君主、卿大夫及其后代。好学知古的孔子在这些思想资源的基础上构建了"有教无类"的"仁学",将教育普及到了普通人,甚至居住在都城之外的"野人",《论语·先进》子曰:"先进于礼乐,野人也;后进于礼乐,君子也。如用之,则吾从先进。"只有每个人都挺立了自我的主体性时,才有人的尊严可言,才是文明的进步。

弗洛伊德曾说人类的自负心理遭受过科学的两次重大打击:"第一次是认识到我们的地球并不是宇宙的中心,而是大的难以想象的世界体系中的尘埃……第二次是生物学的研究剥夺了为人类特创的特殊优越性,将人类废黜为动物的后裔。"②哥白尼与达尔文剥夺了人身上所有的光环,从弗洛伊德本人开始,人可能也不是自己精神和行为的主宰,潜意识才是。那么,毫无任何特殊性的人如何能够期待自救或者被拣选呢?其实,人类如果丧失了主体性,才是最大的打击。只要主体性还能够挺立,就有救赎的希望。

## 三 主体性哲学相关问题

孔子开创的儒学主体性不是主观的、封闭的,而是动态的、开放的、无限的,是迈向理想人格的提升与扩展之路。这样的主体性不同于后现代哲学反主体与反本质主义之论敌,也不同于佛学所批评的"我执"或者道家要消解掉的"分别心"。儒学的主体修养就是要去除私蔽,达成万物一体。但是,主体性哲学本身能否成立还需要从效用方面来检讨一番。

---

① 余英时:《论天人之际——中国古代思想起源试探》,中华书局,2014年,第212-223页。
② 转引自斯蒂芬·杰·古尔德著,田洺译:《自达尔文以来——自然史沉思录》,上海三联书店,1997年,第9页。

"修身"之正当性与可行性在儒学传统中似乎是不证自明的,但从比较哲学的角度来看,如此设定恐尚欠安。与其他宗教传统相比,先秦儒学对于"慎独"之心性本体的修养没有发展出一套具体的工夫进阶体系。① 主体之"心"既难降伏,又很难脱离主观性,如何能够知道自己所体证到的就是真理? 佛经云:"得阿罗汉已,乃可信汝意。"(《四十二章经·第二十八章》)所以,缺乏仪轨与客观证验的心学易流于空疏,阳明后学中有些学者失于狂荡,可能与此有关。

心性儒学不可用"实去修证"来打发所有的质疑。在这个问题上,儒者切不可以启蒙者自居,更不能有"良知的傲慢",而要坐下来详细分析其中的理路,这是哲学应有的态度。儒学史上修身有成者很多,他们都走出了自己的路,他们流传下来的典籍与教导的学理都是后来者的路标。他们不但教我们去追求什么,如何追求,而且教我们遇到问题时如何去解决,把这些资源拿出来与大家分享、讨论、质疑、检验,才能有益于学者。佛学认为世界上的大多数问题都是来源于"我执"与"分别心",由此给追求般若智慧之修行路径奠定了合法性基础。《礼记·大学》之"修身"始于"正心"与"诚意","诚意"与"慎独"相关,很大程度上是一种自我反思。人类反观自身,就是"反思之反思"。即使反思外物,在北宋邵雍看来尚需"以物观物"(《皇极经世·观物外篇》),与其说是哲学,倒不如说是美学。那么"反思之反思"又如何可能? 作为人类自身,开展超越"人类中心主义"之反思又如何可能? 通过内在的心性工夫来修身,甚至达到改变外物的目的,这一路径是否可行? 这些问题都需要从学理上进行严密的论说。

冯友兰先生说:"哲学是人类精神的反思。所谓反思就是人类精神反过来以自己为对象而思之。"②《易·观》九五爻辞曰:"九五,观我生,君子无咎"。《论语·学而》曾子曰:"吾日三省吾身"。佛学提供了"反闻闻自性"③的可能,天台宗有"止观"法门,唯识宗"四分说"有"证自证分"。犹太思想家艾恺纳(Yehuda Elkana)通过研究古希腊哲学发现了"第二序反思"(second-order thinking),④从而揭示人类有超越其自然属性的可能。美国量子物理学家玻姆(David Bohm)认为"思维这一现象从根本上来说,是集体性的而非个体性的"⑤,因此,传统的内省法和自修法不足以理解心理的真实本质。玻姆的贡献就在于通过"对话"来突破此类困境。关于"反思"是否可能的问题,玻姆科学式地归结为"我们是否可能悬置起一种行为从而既不纵容也不压制它?"⑥继而得到"本体感受""思维的自我感知""思维的自我意识"。⑦ 玻姆又看到:"洞察力或者感知力可以影响万物。它不但会影响人的推理,而且也会在化学层次上和人们无法言说的层次上,对万物产生影响。"⑧玻姆倡导回归

---

① 《礼记·大学》从"毋自欺"与"好恶"来说明"慎独",《礼记·中庸》从戒慎恐惧、隐微之几来强调"慎独"的重要性,但都缺乏具体的工夫体系支撑,直到宋明儒者才建立起成体系的工夫论。
② 冯友兰:《中国现代哲学史》,三联书店,2009年,第219页。
③ 《楞严经》卷六,中华书局,2010年,第224页。
④ Yehuda Elkana. The Emergence of Second-order Thinking in Classical Greece//Eisenstadt S N. The Origins and Diversity of Axial Age Civilizations. Albany:The State University of New York Press,1986:40-64.
⑤ 戴维·玻姆著,王松涛译:《论对话》,教育科学出版社,2004年,第10页。
⑥ 《论对话》,第89页。
⑦ 《论对话》,第93页。
⑧ 《论对话》,第97页。

远古人类"万物一体"式的"共享思维"(participatory thought)来突破长期以来限制人类的"平板思维"(literal thought)。① 这些都能给儒学提供有益的借鉴,但只借鉴别人是远远不够的,"修身"的内在哲理必须从儒学自身的学理中建构出来,才能在跨文化、跨学科的对话与检验中立得住。

---

① 《论对话》,第100页。

# 两汉之际谶纬神学与今古文经学的分歧、互动与合流

袁宝龙

中国社会科学院大学历史学院

**摘　要**：自独尊儒术以来，今文经学取得官学地位，牢牢掌握了理论权与话语权，并进而垄断了仕进之途。西汉末年随着复古思潮的涌动，古文经学开始崛起，并与今文经学形成两强对峙的态势，而谶纬神学的勃发兴起，又使得这一时期的思想格局愈加复杂。王莽的兴衰起落，固受益于这一思想乱局，同样亦亡于始终无法解决经学体系与谶纬神学之间的内在矛盾。东汉初期，这种矛盾性表现得更为明显，且在治国理戎与学术思想层面有诸多表现。直到白虎观会议召开，标志着今古文经学与谶纬神学并轨合流、融通互补，这一尖锐问题始得到根本性的解决。

**关键词**：两汉之际　谶纬神学　今古文经学

汉初以来学术复苏的时代环境为儒学复兴乃至独尊提供了天然的文化土壤，董仲舒以"君权神授""天人感应"等公羊学理论面圣，得到汉武帝的圣心赞许，由此开创了独尊儒术的思想格局。此度儒学之盛，实为公羊学之盛。汉宣帝时，谷梁学崛起并一度取代公羊学获得统治哲学的尊崇地位，公谷鼎革亦成为西汉中期思想层面的磅礴剧变。值得注意的是，公羊学与谷梁学同属今文经学范畴，即通过对圣人经典的阐释发扬来表述当下政治思想诉求的合理性与必要性。西汉末年，随着奉天法古思潮的兴起，尘封已久的古文经文献开始引发时人关注，今古文经学关于官学地位之争亦由此开启，纵贯两汉，历久未决。在这场旷日持久的思想争夺中，因经学的分歧纷争衍生出了对社会文化、学术走向以及政治实践的一系列重大影响，进而决定了两汉思想与现实格局的独异特质。

## 一　经今古文学之争的政治意蕴与学术内涵

钱穆先生称："然一时代之学术，则必其有一时代之共同潮流与其共同精神，此皆出于时代之需要，而莫能自外。迨于时代变，需要衰，乃有新学术继之代兴。若就此寻之，汉儒治经学，不仅今文诸师，同随此潮流，同抱此精神，即古文诸师，亦莫不与此潮流精神相应

---

收稿日期：2020-10-18。

作者简介：袁宝龙，历史学博士，中国社会科学院大学历史学院副教授，主要从事秦汉思想史研究。

基金项目：国家社科基金后期资助一般项目"秦汉边疆思想研究"（项目号：19FZSB026）。

相和,乃始共同形成其为一时代之学术焉。"①贯穿于两汉时期的经今古文学之争蔚为中国学术史上一大景观,其争鸣之激烈、影响之深远,千载之下,犹有余响。

秦汉学术发展因秦始皇焚书坑儒之举,险遭中绝,几至六艺缺焉。直至汉初行黄老之术,学术风气开始强劲复苏,此前散佚零落的经籍旧典经故老口耳相传,以今文书写,始得传世。此外,又有以古文字书写的古文经学文献出土面世,从而形成今古文经学两家并立的基本格局。《汉书·艺文志》曾详述其事:

> 秦燔书禁学,济南伏生独壁藏之。汉兴亡失,求得二十九篇,以教齐鲁之间。讫孝宣世,有《欧阳》、《大小夏侯氏》,立于学官。《古文尚书》者,出孔子壁中。武帝末,鲁共王坏孔子宅,欲以广其宫。而得《古文尚书》及《礼记》、《论语》、《孝经》凡数十篇,皆古字也。共王往入其宅,闻鼓琴瑟钟磬之音,于是惧,乃止不坏。孔安国者,孔子后也,悉得其书,以考二十九篇,得多十六篇。安国献之。遭巫蛊事,未列于学官。刘向以中古文校欧阳、大小夏侯三家经文,《酒诰》脱简一,《召诰》脱简二。率简二十五字者,脱亦二十五字,简二十二字者,脱亦二十二字,文字异者七百有余,脱字数十。《书》者,古之号令,号令于众,其言不立具,则听受施行者弗晓。古文读应尔雅,故解古今语而可知也。②

姜广辉先生指出,今古文经学的差异在不同的历史时期表现出鲜明的时代特征:在古文经初现以及争立之初,二者主要是在文本、版本方面的差异;而随着古文经学研究的深入,二者则形成了不同的治学风格。③ 而历数今古文经学的发展历程,不同历史时期的今古文经学亦以不同的方式影响着当时的理论发展与思潮演变。

公羊、谷梁以阐扬《春秋》义理为宗旨,讲求微言大义,皆属今文经之列。公羊学于武帝时代取得独尊地位,谷梁学则昌盛于汉宣帝之世,此间数十年汉廷所立博士皆为今文经学者,这一时期今文经学作为治世大道,凌驾于诸学之上,地位尊宠,不容置疑。相比之下,古文经文献一直藏诸秘府,尘封多年,隔绝于世,无人问津,自然无缘得立学官。直到汉成帝后,刘向、刘歆父子相继奉诏校书,得观宫内所藏古籍,经此一事,古文经学方始得到重见天日的契机,此后今古文经学风起云涌的理论纷争亦此时埋下伏笔。

> 至成帝时,以书颇散亡,使谒者陈农求遗书于天下。诏光禄大夫刘向校经传诸子诗赋,步兵校尉任宏校兵书,太史令尹咸校数术,侍医李柱国校方技。每一书已,向辄条其篇目,撮其指意,录而奏之。会向卒,哀帝复使向子侍中奉车都尉歆卒父业。④

刘歆学问之精深不让乃父,他继父校书,亦得机缘见到藏于大内的古文经籍,目睹古文经书与传世的今文经文体不同,风格迥异,产生了浓厚兴趣,就此精研求进,终获大成。

值得注意的是,西汉末年为学术思潮动荡不息的年代,关于历史循环周期将届、政权即将易代改姓的舆论呼声不绝于耳,备受此种风气浸润的刘歆在左右权衡之后,最终作出了振兴古文经学的学术选择。

---

① 钱穆:《两汉经学今古文平议》,商务印书馆,2001年,第4-5页。
② 《汉书》卷三〇《艺文志》,中华书局,1962年,第1706-1707页。
③ 姜广辉、邓林:《今文经学与古文经学再认识——从经学史的分派谈起》,《哲学研究》2016年第2期。
④ 《艺文志》,第1701页。

> 歆及向始皆治《易》，宣帝时，诏向受《谷梁春秋》，十余年，大明习。及歆校秘书，见古文《春秋左氏传》，歆大好之。时丞相史尹咸以能治《左氏》，与歆共校经传。歆略从咸及丞相翟方进受，质问大义。初《左氏传》多古字古言，学者传训故而已，及歆治《左氏》，引传文以解经，转相发明，由是章句义理备焉。歆亦湛靖有谋，父子俱好古，博见强志，过绝于人。歆以为左丘明好恶与圣人同，亲见夫子，而公羊、谷梁在七十子后，传闻之与亲见之，其详略不同。歆数以难向，向不能非间也，然犹自持其《谷梁》义。及歆亲近，欲建立《左氏春秋》及《毛诗》《逸礼》《古文尚书》皆列于学官。①

刘歆以为，古文经对于圣人之意的转述更为准确，因此更具权威性，也就更能表述经学真义。他判断的主要依据是作者所处时代的不同：古文经作者左丘明与孔子为同时代之人，可以当面受圣人之教，聆听圣人之训；相比之下，公羊、谷梁诸人则皆为孔子的后学晚生，徒能于书籍口耳间遥想圣人之意，则今古两经之优劣显然可见矣。他因此上书请立古文经博士，经今古文学之争由此发端。刘歆疏称：

> 及鲁恭王坏孔子宅，欲以为宫，而得古文于坏壁之中，《逸礼》有三十九，《书》十六篇。天汉之后，孔安国献之，遭巫蛊仓卒之难，未及施行。及《春秋》左氏丘明所修，皆古文旧书，多者二十余通，臧于秘府，伏而未发。孝成皇帝闵学残文缺，稍离其真，乃陈发秘臧，校理旧文，得此三事，以考学官所传，经或脱简，传或间编。传问民间，则有鲁国桓公、赵国贯公、胶东庸生之遗学与此同，抑而未施。此乃有识者之所惜闵，士君子之所嗟痛也……夫礼失求之于野，古文不犹愈于野乎？往者博士《书》有欧阳，《春秋》公羊，《易》则施、孟，然孝宣皇帝犹复广立《谷梁春秋》，《梁丘易》，大小《夏侯尚书》，义虽相反，犹并置之。何则？与其过而废之也，宁过而立之。传曰："文武之道未坠于地，在人。贤者志其大者，不贤者志其小者。"今此数家之言，所以兼包大小之义，岂可偏绝哉。若必专己守残，党同门，妒道真，违明诏，失圣意，以陷于文吏之议，甚为二三君子不取也。②

不过，刘歆此度上疏，其议未得实现。当时今文经学所立十四博士，历时已久，成为不容置疑的学术权威。今文经学诸博士弟子只需潜心治学，修习诸经，便有极大的机会跻身仕途。再立古文经，无疑意味着对既有仕进资源的侵吞瓜分，今文经诸生入仕之路亦将因此受阻。此外，从学术层面来说，古文经学一旦崛起，也会动摇今文经学者垄断已久的学术权威地位。以上两个层面的矛盾因涉及两个群体的切身利益，几无调节和缓的可能，也就决定了今古文经学天然对立、彼此互斥的复杂关系。

以治学理路言，今古文经学的差异尤为明显。以董仲舒为代表的今文经学者，遵循微言大义的基本原则，每每根据学者意图以及现实需求对圣人经典进行重新阐释，并基于理论权威化与传播需要惯于神化孔子及传世经籍。仍以董仲舒为例，其对《春秋》的解读和阐释超越了前代学人，使得公羊学理论完成体系化进程，而且通过"天人感应"以及灾异阴阳学理论，为儒学经典赋予浓重的神秘主义色彩。此后公羊学虽然于汉宣帝之世遭到官方的主观抑制，但仍然广泛流布于山野民间，经过不断改造异化，最终成为谶纬神学的重

---

① 《汉书》卷三六《楚元王刘交传附刘歆传》，第1967页。
② 《楚元王刘交传附刘歆传》，第1969-1971页。

要源头之一。

相比之下,古文经学家亦尊先师孔子,但是不同于今文经学者对孔子的极度神化,古文经学家提出"六经皆史"的主张,即认为所谓"六经"其实反映的不过是上古时期的理想社会形态,而非真正的圣人之典。古文经学者试图通过对典章制度乃至字词章句的辨疑考证来释读经典,表现出钻坚研微、皓首穷经的求索精神,对神秘主义敬而远之。因此之故,古文经学大师几乎均是反谶纬的代表人物,桓谭、王充、张衡等皆属此类。

如前所述,西汉末叶刘歆接触到古文经文献,目睹古文经的风貌后,便倾心于此。他严词批评今文经学者学识不精,徒能抱残守缺,有愧于学术权威的地位:

> 往者缀学之士不思废绝之阙,苟因陋就寡,分文析字,烦言碎辞,学者疲老且不能究其一艺。信口说而背传记,是末师而非往古……犹欲保残守缺,挟恐见破之私意,而无从善服义之公心,或怀妒嫉,不考情实,雷同相从,随声是非,抑此三学,以《尚书》为备,谓左氏为不传《春秋》,岂不哀哉!①

然而,由于前述种种原因,古文经学的兴起之途至为艰难。刘歆上书请立古文经非但未能如愿,反而引发群儒激愤,险致杀身之祸,不得不仓皇出逃,离京避祸:

> 其言甚切,诸儒皆怨恨。是时,名儒光禄大夫龚胜以歆移书上疏深自罪责,愿乞骸骨罢。及儒者师丹为大司空,亦大怒,奏歆改乱旧章,非毁先帝所立。上曰:"歆欲广道术,亦何以为非毁哉!"歆由是忤执政大臣,为众儒所讪,惧诛,求出补吏,为河内太守。②

直到汉平帝时期,王莽以外戚辅政,学术风气与政治氛围皆有异于前,古文经学始得列于学官。

《汉书·儒林传》称:"平帝时,又立《左氏春秋》、《毛诗》、逸《礼》、古文《尚书》,所以网罗遗失,兼而存之,是在其中矣。"③又据《王莽传》,元始四年(4年):

> 是岁,莽奏起明堂、辟雍、灵台,为学者筑舍万区,作市、常满仓,制度甚盛。立《乐经》,益博士员,经各五人。征天下通一艺教授十一人以上,及有逸《礼》、古《书》、《毛诗》、《周官》、《尔雅》、天文、图谶、钟律、月令、兵法、《史篇》文字,通知其意者,皆诣公车。网罗天下异能之士,至者前后千数,皆令记说廷中,将令正乖缪,壹异说云。④

可知古文经立于学官,当为元始四年之事。在此过程中,王莽的主观态度无疑起到了决定性作用。

关于王莽对古文经学的青睐有加,乃至鼎力支持古文经列于学官之举,王夫之称:

> 宣、元之季,士大夫以鄙夫之心,挟儒术以饰其贪顽。故莽自以为周公,则周公矣;自以为舜,则舜矣;周公矣,舜矣,无惑乎其相惊如狂而戴之也。当伪之初起也,匡衡、贡禹不度德,不相时,舍本逐末,兴明堂辟雍,仿《周官》,饰学校于衰

---

① 《楚元王刘交传附刘歆传》,第1970页。
② 《楚元王刘交传附刘歆传》,第1972页。
③ 《汉书》卷八八《儒林传》,第3621页。
④ 《汉书》卷九九上《王莽传》,第4069页。

淫之世,孔光继起为伪之魁,而刘歆诸人鼓吹以播其淫响。而且经术之变,溢为五行灾祥之说;阳九百六之数,易始受命之符,甘忠可虽死而言传,天下翕然信天命而废人事,乃至走传王母之筹而不能禁止。故莽可以白雉、黄龙、衰章铜匮惑天下,而愚民畏天以媚莽。则刘向实为之俑,而京房、李寻益导之以浸灌人心,使疾化乎妖也。①

可见西汉末叶复古思潮的风云涌动,为王莽奉古改制、施展政治报复提供了广阔舞台。王莽本人亦为古文经学大家,其得行周公之事,乃至代汉为帝,实质上系以儒生政治为基础,因势利导,把奉天法古的时代风潮推向极致而已。在此过程中,古文经学成为他复古更化最为重要的理论依据。据《汉书·食货志下》:"莽性躁扰,不能无为。每有所兴造,必欲依古得经文。"②即言此也。

然而,值得注意的是,古文经学作为王莽复古改制的理论依据,是其实施宏大政治实践的基础前提。但他在代汉过程中,又不得不借助风行一时的谶纬工具,以神化自身,并为代汉之举赋予神圣化色彩。然而谶纬与古文经学之间的深重矛盾,使其始终无法实现自身理论与实践的逻辑自洽,难免左支右绌,顾此失彼,乃至于代汉之初就埋下日后丧败瓦解的种子。不过,王莽以汉代文化中的经学思想为基础行改制代汉之事,虽然在政治上以失败告终,却在学术层面产生了至为深远的影响。③ 换言之,王莽改制的政治实践固如昙花一现,旋起旋灭,却引发了学术领域鼎新革故、遗泽深远的巨大变革。

自新莽天凤元年(14)开始,天下灾异复生,接踵而至,不绝如缕,显示出强烈的末世气息:

> 元元无聊,饥寒并臻,父子流亡,夫妇离散,庐落丘墟,田畴芜秽,疾疫大兴,灾异蜂起。于是江湖之上,海岱之滨,风腾波涌,更相骀藉,四垂之人,肝脑涂地,死亡之数,不啻太半,殃咎之毒,痛入骨髓,匹夫僮妇,咸怀怨怒。④

《后汉书·王常传》称:"王莽篡弑,残虐天下,百姓思汉,故豪杰并起","既有天下,而政令苛酷,积失百姓之心。民之讴吟思汉,非一日也。"⑤《冯异传》又称:"天下同苦王氏,思汉久矣。"⑥表明其时天下之人在经历新莽改制失败后,从梦想回归现实,强烈涌生出对汉室的思念之情。吕思勉称:"新室之所为,非王巨君等一二人之私见,而其时有志于治平者之公言也。一击不中,大乱随之,根本之计,自此乃无人敢言,言之亦莫或见听矣。"⑦王莽代汉的大幕徐徐落下,然而其一系列政治实践对于两汉之际经学走向的巨大影响余波悠远,历久未绝,深刻地影响着东汉学术的发展与演进。

事实上,就在复古改制失败后,儒生们面对依据公天下政治理念改造现实的惨痛失败,再无反思自身的勇气,反而走向"王命论"的另一个极端,即舍弃禅让理念,认为天下应

---

① 王夫之著:《读通鉴论》卷五,中华书局,1975年,第134页。
② 《汉书》卷二四下《食货志下》,第1179页。
③ 葛志毅:《王莽改制的经学文化基础》,《求是学刊》1993年第2期。
④ 《后汉书》卷二八上《冯衍传》,中华书局,1965年,第966页。
⑤ 《后汉书》卷一五《王常传》,第579页。
⑥ 《后汉书》卷一七《冯异传》,第640页。
⑦ 吕思勉:《吕思勉文集·秦汉史》,上海古籍出版社,2005年,第3页。

为刘氏一家所有。这种转向,成为中国思想史上的一大变局。① 也可以说,王莽复古改制的失败标志着儒生政治理想的破碎,经此迂回,人们遂明白复古之路殊不可行,甚至于就此丧失改制易姓的念头,转而认可有汉一代万世一系的王权合理性,思念西汉帝国曾经的现实繁华。凡此种种,共同构成为光武中兴的理论与现实基础。

## 二 东汉初期政治文化的整合与儒学神学化

谶纬神学的体系化大致发生于西汉哀、平时期,此后逐渐风行于西汉社会,深入人心,宰制时人的思维习惯。在王莽代汉的过程中,谶纬神学起到了至关重要的作用。不过,王莽因谶纬代汉,卒亦因谶纬而国丧身死,天下之人在不同境况下对刘汉与新莽的去留抉择从另一个侧面体现出了谶纬思潮的巨大影响力。

如前所述,王莽代汉改制实为儒生政治极端化的现实体现,这一举措也代表着当时普遍而殷切的儒学梦想。只不过这种带有强烈理想化特征的盛世想象一旦真正付诸现实,其与现实世界的严重脱节及与当今之世的极度不适便会显露无遗,此前洋溢澎湃的热情亦于现实面前一一冷却。新莽立国凡十四年而败,天下复归刘氏。王莽改制失败,使时人意识到远去的周代已经不可复制,复古之风就此戛然而止。然而,始于哀平、盛于新莽的谶纬神学殊无终结的迹象,反而愈演愈烈,凝聚成为电照风行的时代洪流。

事实上,经新莽之乱,作为西汉宗室疏属的刘秀在起事之初,并无宏图远略,其政治意图的转向乃至建基信心的积累皆与谶纬存在直接的因果关系:

> 地皇三年,南阳荒饥,诸家宾客多为小盗。光武避吏新野,因卖谷于宛。宛人李通等以图谶说光武云:"刘氏复起,李氏为辅。"光武初不敢当,然独念兄伯升素结轻客,必举大事,且王莽败亡已兆,天下方乱,遂与定谋,于是乃市兵弩。②

> 会光武避吏在宛,通闻之,即遣轶往迎光武。光武初以通士君子相慕也,故往答之。及相见,共语移日,握手极欢。通因具言谶文事,光武初殊不意,未敢当之。③

由纪传对光武"初不敢当"以及"未敢当之"的描述,略可窥见光武帝的心态转变。其由初无异志到将信将疑、踌躇满志,促使他的政治渴望逐次递进的推动力正源自谶纬神学广泛而普遍的影响力。就在起兵之后,作为王莽重要代汉工具的谶纬神学,亦迅速为光武帝接纳、操控、制造和引导着社会舆论,由此开始了与新莽政权在现实与理论层面的双重对抗。

建武元年(25),光武帝大胜绿林军,功业显赫,驰名天下,诸将请上尊号。马武当先进言,以天下无主,请光武帝先即尊位,再议征伐之宜。光武帝惊曰:"何将军出是言?可斩也!"此事遂暂罢不定。光武帝自蓟而还,至中山,诸将复请,光武帝又不听。此后乃有第三次劝进:

> 行到南平棘,诸将复固请之。光武曰:"寇贼未平,四面受敌,何遽欲正号位

---

① 曲利丽:《从公天下到"王命论"——论两汉之际儒生政治理念的变迁》,《史学集刊》2010年第4期。
② 《后汉书》卷一上《光武帝纪》,第2页。
③ 《后汉书》卷一五《李通传》,第574页。

乎?诸将且出。"耿纯进曰:"天下士大夫捐亲戚,弃土壤,从大王于矢石之间者,其计固望其攀龙鳞,附凤翼,以成其所志耳。今功业即定,天人亦应,而大王留时逆众,不正号位,纯恐士大夫望绝计穷,则有去归之思,无为久自苦也。大众一散,难可复合。时不可留,众不可逆。"纯言甚诚切,光武深感,曰:"吾将思之。"①

当此之时,天下纷乱,群雄并起,觊觎尊位者多如过江之鲫。光武帝以宗室之后,皇室贵胄,战功彪炳,践极为尊非无不可,而光武帝之所以屡拂诸将劝进之议,一个重要的原因当属舆论层面的酝酿与积淀尚未完全成熟,欲徐图之。而舆论条件的最终齐备,同样借助谶纬完成:

> 行至鄗,光武先在长安时同舍生强华自关中奉《赤伏符》,曰"刘秀发兵捕不道,四夷云集龙斗野,四七之际火为主"。群臣因复奏曰:"受命之符,人应为大,万里合信,不议同情,周之白鱼,曷足比焉?今上无天子,海内淆乱,符瑞之应,昭然著闻,宜答天神,以塞群望。"②

有此前两度拒进为铺垫,加之此度有谶纬明文作为依据,光武帝终于应诸将之请,即皇帝位,领袖群伦,振策宇内,终得中兴刘氏,再造炎汉。

东汉立国以后,在安定局面、巩固基业的过程中,光武帝对于谶纬的重视同样超乎寻常。谶纬神学因此成为东汉帝国国家治理与政治运作中的最高原则,甚至在与割据势力公孙述的外交博弈中,光武帝也曾尝试借助谶纬神学自证正统身份,以说服对手:

> 述亦好为符命鬼神瑞应之事,妄引谶记。以为孔子作《春秋》,为赤制而断十二公,明汉至平帝十二代,历数尽也,一姓不得再受命。又引《录运法》曰:"废昌帝,立公孙。"《括地象》曰:"帝轩辕受命,公孙氏握。"《援神契》曰:"西太守,乙卯金。"谓西方太守而乙绝卯金也。五德之运,黄承赤而白继黄,金据西方为白德,而代王氏,得其正序。又自言手文有奇,及得龙兴之瑞。数移书中国,冀以感动众心。帝患之,乃与述书曰:"图谶言'公孙',即宣帝也。代汉者当涂高,君岂高之身耶?乃复以掌文为瑞,王莽何足效乎?君非吾贼臣乱子,仓促时人皆欲为君事耳,何足数也。君日月已逝,妻子弱小,当早为定计,可以无忧。天下神器,不可力争,宜留三思。"署曰"公孙皇帝"。述不答。③

凡此种种,不一而足。谶纬于光武帝有襄助之功,故极得光武帝的圣意偏好,东汉初期谶纬的地位因此得到极大提升,臻于鼎盛。一个重要的表征在于,谶纬在东汉贵为"内学",相比之下,今文经十四博士则沦为外学,此种内外之分自然也在表明诸学的尊卑之别。总的来说,东汉国家以言政治,则人事任免、国家典礼等皆以谶纬为根本依据;以言学术,则汉初学者多以谶纬治经,以"述五经正义"为追求的古文经学不可避免地受到冲击。④事实上,终东汉之世,谶纬之学始终对政治哲学与学术思潮的演进产生着深刻而直接的影响。

东汉初立之际,王业未宁,四面树敌,现实危机迫在眉睫,新政权时刻面临倾覆之险。

---

① 《后汉书》卷一上《光武帝纪》,第21页。
② 《后汉书》卷一上《光武帝纪》,第21-22页。
③ 《后汉书》卷一三《公孙述传》,第538页。
④ 闫海文:《东汉初帝王的谶纬信仰和经学调整》,《兰州学刊》2009年第9期。

在此情形下,光武帝不得不以"柔道"治国,内政外交、治军理戎诸事宜均表现出顺势而为、因势利导的执政风格。早在建武十七年(41),光武帝即萌生出以"柔道"治国之意:

> (冬十月)时宗室诸母因酺悦,相与语曰:"文叔少时谨信,与人不款曲,唯直柔耳。今乃能如此!"帝闻之,大笑曰:"吾理天下,亦欲以柔道行之。"①

这一思想在边疆事宜的处理上最为明显。新莽乱后,西域之地复为匈奴掌控,东汉虽已立国,却无暇顾及更无力出师,唯能以"柔道"应之。

> 二十一年冬,车师前王、鄯善、焉耆等十八国俱遣子入侍,献其珍宝。及得见,皆流涕稽首,愿得都护。天子以中国初定,北边未服,皆还其侍子,厚赏赐之。是时贤自负兵强,欲并兼西域,攻击益甚。诸国闻都护不出,而侍子皆还,大忧恐,乃与敦煌太守檄,愿留侍子以示莎车,言侍子见留,都护寻出,冀且息其兵。裴遵以状闻,天子许之。二十二年,贤知都护不至,遂遗鄯善王安书,令绝通汉道。安不纳而杀其使。贤大怒,发兵攻鄯善。安迎战,兵败,亡入山中。贤杀略千余人而去。其冬,贤复攻杀龟兹王,遂兼其国。鄯善、焉耆诸国侍子久留敦煌,愁思,皆亡归。鄯善王上书,愿复遣子入侍,更请都护。都护不出,诚迫于匈奴。天子报曰:"今使者大兵未能得出,如诸国力不从心,东西南北自在也。"于是鄯善、车师复附匈奴,而贤益横。②

这一政策固使西汉经略边疆的成果于东汉初期消失殆尽,但也在一定程度上保证了新兴政权的巩固稳定。

除边疆事宜,国内流民生存之艰,也是东汉初立之际的重大隐患。刘秀以南阳豪宗起事,得登帝位,多蒙宗室之力,故其对南阳宗室极尽包容,其时"豪人之室,连栋数百,膏田满野,奴婢千群,徒附万计。"③相比之下,东汉底层民众则面临着切身的存亡之忧。刘秀对宗室的优容亦属"柔道"精神的现实体现,然而如何应对底层流民的沸腾民怨,成为东汉帝国建基初期最为急迫的问题之一。

相比于边疆内缩、经济衰退与社会动荡,更令光武帝时感忧虑的是思想层面的诸家争雄,风云涌动。思想层面缺乏权威引领,放任自流,必然导致诸说迭起,异端横行,形成与大一统局面相背离的强大离心力。西汉亡国之鉴尤在近前,光武帝之忧心忡忡自然可想而知。而东汉学术承西汉、新莽之旧,思想纷争中仍以经今古文学之争最具代表性,亦最具影响力。

考虑到经学在两汉之际无可取代的重要地位,光武于中兴之后,如何重建经学、平抑争端成为实现学术一统的当务之急。据《后汉书·儒林列传上》:

> 昔王莽、更始之际,天下散乱,礼乐分崩,典文残落。及光武中兴,爱好经术,未及下车,而先访儒雅,采求阙文,补缀漏逸。先是四方学士多怀协图书,遁逃林薮。自是莫不抱负坟策,云会京师,范升、陈元、郑兴、杜林、卫宏、刘昆、桓荣之徒,继踵而集。于是立《五经》博士,各以家法教授,《易》有施、孟、梁丘、京氏,《尚书》欧阳、大小夏侯,《诗》齐、鲁、韩,《礼》大小戴,《春秋》严、颜,凡十四博士,太常

---

① 《后汉书》卷一下《光武帝纪》,第68-69页。
② 《后汉书》卷八八《西域传》,第2924页。
③ 《后汉书》卷四九《仲长统列传》,第1648页。

差次总领焉。①

在此次重建经学的过程中,西汉末年本已取得官学地位的古文经再度失去官学地位,重新成为私学。这自然引发了古文经学者的强烈不满。建武二年(26),东汉一朝关于古文经学官学地位的争夺历程正式开启:

> 时,尚书令韩歆上疏,欲为《费氏易》《左氏春秋》立博士,诏下其议……升起对曰:"《左氏》不祖孔子,而出于丘明,师徒相传,又无其人,且非先帝所存,无因得立。"遂与韩歆及太中大夫许淑等互相辩难,日中乃罢。②

古文经学者中以陈元最为学人所宗,他肩负诸生众望,与范升之间就《左传》博士的废立问题,展开了至为激烈的论辩:

> 范升复与元相辩难,凡十余上。帝卒立《左氏》学,太常选博士四人,元为第一。帝以元新忿争,乃用其次司隶从事李封,于是诸儒以《左氏》之立,论议讙哗,自公卿以下,数廷争之。会封病卒,《左氏》复废。③

作为古文经中最具象征意义的《左传》立而复废,其余古文诸经自然更加无缘学官。古文经学者的诸多努力曙光初现,却又旋即幻灭。

在平息今古文经之争、确定孰去孰留的过程中,今古文经学者对于谶纬的不同态度起到了关键性作用。东汉之初,谶纬神学除在政治层面着力于证实君权合法性以及支撑治国之道,亦成为学术思潮的主导。相比之下,今学博士因利禄使然,亦因其学与图谶内在契合,故附会图谶;古文经学以探寻古义为旨归,多笃守善道,故不言谶,因此屡见受挫。④《左氏传》立而复废,自然与古文经学者对谶纬神学的天然排斥态度有关。

除此之外,官学取今文而去古文,也是多方面因素共同作用的结果:一方面光武帝以谶纬建基立业,因此需要对今文经学的神圣性给予基本的制度保证,而这一点刚好是古文经学者所极力反对的;另一方面,光武帝在以"柔道"治国的过程中,对于思想层面混乱无序的情况心怀忧虑,亦有制约之意,抑制古文经学在一定程度上也就意味着起到了统一思想的作用。换言之,前文所述王莽始终未能解决谶纬与古文经之间的深重矛盾,直至东汉初期光武帝通过对古文经学的官方舍弃才得以苏缓化解。

光武帝反复强调以谶纬作为立国之基,故在政治运作以及国家治理各层面上皆彰显出强烈的谶纬精神。不过,西汉末年以来,谶纬之发生发展每每表现出明显的无序化特征:来源多端,散乱无序,甚至人人皆可为谶,增删修改,为其所用。这于乱世之中,自可作为光武中兴王业的理论利器;然于大一统治世,却又显示出与中央集权精神相背离的态势,这一内在矛盾成为光武帝以谶纬治国的先天不足和潜在忧患。

因此,即位不久后,光武帝就组织学者对存世谶纬进行集中的校订整理,这种整理工作显然带有统一思想的现实诉求。据《后汉书·薛汉传》:"建武初,(薛汉)为博士,受诏校定图谶。"⑤又《后汉书·尹敏传》:"(建武二年)帝以敏博通经记,令校图谶,使蠲去崔发所

---

① 《后汉书》卷七九上《儒林列传》,第2545页。
② 《后汉书》卷三六《郑范陈贾张列传》,第1228页。
③ 《郑范陈贾张列传》,第1233页。
④ 曾德雄:《谶纬与东汉学术》,《人文杂志》2010年第6期。
⑤ 《后汉书》卷七九下《儒林传下·薛汉传》,第2573页。

为王莽著录次比。"①此度整理,历时极久,规模极大,修订整理的核心要义是祛除王莽时代的"伪"著,而易之以顺应时代需求、富有强烈时代气息的新著。直至中元元年(56),这次官方发起的图谶修订工作始告结束,"是岁,初起明堂、灵台、辟雍,及北郊兆域。宣布图谶于天下。"②这一年,距离建武二年初修之时已经过去三十年之久。至此回想光武帝于崩前一年起明堂灵台,宣布图谶于天下,其中必具深义。钟肇鹏先生称:光武"宣布图谶于天下"就是把谶纬写成定本,使谶纬定型化,此后凡有增损改易谶纬的也得治罪。这样就使谶纬书籍定型化,并且用政治和法律的权力来维持谶纬的尊严。③ 换言之,光武帝"宣布图谶于天下"意味着对于谶纬之学的解读与阐释即将由此前的散乱无序转为由国家官方垄断,谶纬的性质亦由学术思想转变为政治工具,此举也标志着东汉王朝建基以来精神层面的顶层建筑正式构筑完成。

光武帝把谶纬神学作为东汉的治国哲学,东汉王朝遂因此形成了以谶纬为特色的独特政治传统。上既有所好,今文学者自然愈加热衷于此道,满朝上下无人不言谶纬。《后汉书·张衡列传》:"初,光武善谶,及显宗、肃宗因祖述焉。自中兴之后,儒者争学图纬,兼复附以妖言。"④又《后汉书·方术列传》:"及光武尤信谶言,士之赴趣时宜者,皆骋驰穿凿,争谈之也。"⑤这一时期,谶纬的影响力逐渐超乎传统经学之上,充斥于东汉社会的各个角度,深入肌理,成为时代的显性文化。不过,就在谶纬神学与今文经学臻于极盛之际,作为私学的古文经学始终没有消沉退缩,而是牢牢地坚守学术阵地,并持续释放出巨大的号召力与影响力。当此之时,如何化解二者之争,尽可能消除古文经学表现出来的"反动"潮流,成为东汉统治集团夙夜忧思的问题,无时或忘。如此迫切紧要的现实需求,以及学术发展的内在驱动力,最终共同促成了白虎观会议的正式召开。

## 三 白虎观会议的理论成果及其对政治文化的影响

前文已述,中元元年(56),光武帝正式宣布图谶于天下,此举成为影响东汉学术演进的重要文化事件。不过当时作为私学的古文经学影响力尚大,东汉官方把古文经学排斥于官学之外,此度又正式宣布以图谶为治学哲学,无疑在一定程度上激化了今古文经学者之间的矛盾。因学术渊源与治学范式的巨大差异,古文经学者多对谶纬之学持批判态度,二者甚至表现出水火不容、不共戴天之势。据《隋书·经籍志》:

> (谶纬)起王莽好符命,光武以图谶兴,遂盛行于世。汉时,又诏东平王苍正五经章句,皆命从谶。俗儒趋时,益为其学,篇卷第目,转加增广。言五经者,皆凭谶为说。唯孔安国、毛公、王璜、贾逵之徒独非之,相承以为妖妄,乱中庸之典。故因汉鲁恭王、河间献王所得古文,参而考之,以成其义,谓之"古学"。当世之儒,又非毁之,竟不得行。⑥

---

① 《后汉书》卷七九上《儒林传上·尹敏传》,第2558页。
② 《后汉书》卷一下《光武帝纪》,第84页。
③ 钟肇鹏著:《谶纬论略》,辽宁教育出版社,1991年,第28页。
④ 《后汉书》卷五九《张衡列传》,第1911页。
⑤ 《后汉书》卷八二上《方术列传》,第2705页。
⑥ 《隋书》卷三二《经籍志》,中华书局,1973年,第941页。

冯友兰称:"'古学'即所谓古文家之经学。其说经不用纬书谶书及其他阴阳家之言,一扫当时'非常可怪之论',使孔子反于其'师'之地位。此等经学家,实当时之思想革命家也。"①当此之时,以光武帝为首的统治集团面临东汉社会的现实危机与内忧外患,备感焦虑,如何在保证思想大一统的基本前提下实现两派学者的和解互融,成为为政者的当务之急。思想层面亟待回答的学术命题则是,始终游离于官学之外的古文经学如何找到自存之道,以及这场旷日持久的经学内部之争如何收场。白虎观会议的召开,就是以前述现实与理论境况为背景的。

事实上,今古文经学固然针锋相对,势如水火,但并非全无一致性可言。至少在对孔子与六经关系的认知上,二者均认为,全部的六经之中只有《春秋》与《易传》为孔子所作。②两大学派这种罕见的认知共识,表明了同属经学一脉的历史同源性,这种一致与共识也成为二者由敌对转向和解进而实现经学统一的重要前提。事实上,经历汉末、新莽时期的剑拔弩张后,东汉时的今古文学派虽然因学官之废立再起纷争,但随着现实情况与学术生态的不断转变,使得今古文经学的矛盾对立于东汉前期隐约出现了和解互融的契机与可能。

首先,最高统治者对古文经学的态度出现了明显变化,这一点在汉明帝时期表现得最为明显:

> 肃宗立,降意儒术,特好《古文尚书》、《左氏传》。建初元年,诏逵入讲北宫白虎观、南宫云台。帝善逵说,使发出《左氏传》大义长于二传者。③

汉明帝圣心垂意,以及古文经学者得以进入宫廷大内,于天子驾前讲经布道,这对于古文经学者而言无疑是巨大的激励。

其次,东汉学者对于经学分歧的包容性日益加强,这一点又尤以古文经学者对谶纬的态度转变最为明显。古文经学大家贾逵在给汉明帝的上疏中称:

> 臣谨擿出《左氏》三十七事尤著明者,斯皆君臣之正义,父子之纪纲。其余同《公羊》者什有七八,或文简小异,无害大体。至于祭仲、纪季、伍子胥、叔术之属,《左氏》义深于君父,《公羊》多任于权变,其相殊绝,固以甚远,而冤抑积久,莫肯分明。臣以永平中上言《左氏》与图谶合者,先帝不遗刍荛,省纳臣言,写其传诂,藏之秘书。建平中,侍中刘歆欲立《左氏》,不先暴论大义,而轻移太常,恃其义长,诋挫诸儒,诸儒内怀不服,相与排之。孝哀皇帝重逆众心,故出歆为河内太守。从是攻击《左氏》,遂为重仇。至光武皇帝,奋独见之明,兴立《左氏》、《榖梁》,会二家先师不晓图谶,故令中道而废……又《五经》家皆无以证图谶明刘氏为尧后者,而《左氏》独有明文。《五经》家皆言颛顼代黄帝,而尧不得为火德。《左氏》以为少昊代黄帝,即图谶所谓帝宣也。如令尧不得为火,则汉不得为赤。其所发明,补益实多。④

此书既奏,明帝嘉之,于厚赐之余,"令逵自选《公羊》严、颜诸生高才者二十人,教以

---

① 冯友兰:《中国哲学史》下册,商务印书馆,2011年,第76页。
② 丁鼎:《汉代今、古文经学研究二题》,《史林》2013年第6期。
③ 《郑范陈贾张列传》,第1236页。
④ 《郑范陈贾张列传》,第1236-1237页。

《左氏》，与简纸经传各一通。"①无论从贾逵疏中所论，还是从明帝的反馈来看，都在表明今古文经学之争因彼此双方学术态度的转折而有逐渐趋缓的迹象。

贾逵认为，导致今古文经学针锋相对的重要原因在于当时古文经学先师不晓图谶，难付圣意，这才导致古文经学失去官学地位。于今而言，这既是矛盾冲突的焦点，亦是解决矛盾的关键所在。贾逵以古文经学宗师的身份表明，事实上古文经学亦合于图谶，甚至很大程度上可以在学理上弥补今文经学之不足。贾逵的态度转变，在一定程度上代表了东汉初期古文经学者向现实俯首的强烈意愿，也预示着古文经学即将迎来学术态度的重大转折。

除此之外，另一个不容忽视的原因是源自经学外部的巨大压力。两汉儒学在谶纬的迅猛冲击下逐渐变异、分化，乃至发生激烈的内部斗争。与此同时，佛教东来，道家方兴，而且与政治的结合日益紧密，颇有对儒学取而代之之势。这些严峻的外部因素也在迫使经学必须迅速地消除内部分歧，一致对外。②无论基于何种视角，处于内忧外患中的今古文经学，由分歧走向统一都成为最好的选择。周予同先生指出："则古文学在学统上本与纬谶立于相反的地位。但汉代古文学者，因为或阿俗学，或投主好，或别具深心，所以也多与纬谶有关。"③可以说，正是由于古文经学者对谶纬态度的转向，才使得双方见到由分歧走向和解的曙光，这个微弱的曙光也成为促成白虎观会议召开的重要积极因素。

建初四年(79)，校书郎杨终建议："宣帝博征群儒，论定《五经》于石渠阁。方今天下少事，学者得成其业，而章句之徒，破坏大体。宜如石渠故事，永为后世则。"④《后汉书·儒林传》称："建初中，大会诸儒于白虎观，考详同异，连月乃罢，肃宗亲临称制，如石渠故事，顾命史臣，著为通义。"⑤以汉宣帝时代的石渠阁会议为标榜的白虎观会议，就带着这样的历史使命召开于汉章帝朝。

从汉章帝所发诏书来看，可知白虎观会议的召开固非章帝一朝之议，而是经历了此前几代的酝酿绸缪。只不过至章帝世，前述召开会议的必要条件方始具备。

> 十一月壬戌，诏曰："盖三代导人，教学为本。汉承暴秦，褒显儒术，建立《五经》，为置博士。其后学者精进，虽曰承师，亦别名家。孝宣皇帝以为去圣久远，学不厌博，故遂立《大、小夏侯尚书》，后又立《京氏易》。至建武中，复置《颜氏》、《严氏春秋》，《大、小戴礼》博士，此皆所以扶进微学，尊广道艺也。中元元年诏书，《五经》章句烦多，议欲减省。至永平元年，长水校尉儵奏言，先帝大业，当以时施行。欲使诸儒共正经义，颇令学者得以自助。孔子曰：'学之不讲，是吾忧也。'又曰：'博学而笃志，切问而近思，仁在其中矣。'于戏，其勉之哉！"于是下太常、将、大夫、博士、议郎、郎官及诸生、诸儒会白虎观，讲议《五经》同异，使五官中郎将魏应承问，侍中淳于恭奏，帝亲称制临决，如孝宣甘露石渠故事，作《白虎议奏》。⑥

---

① 《郑范陈贾张列传》，第1239页。
② 马勇：《汉代〈春秋〉学研究》，四川人民出版社，1992年，第140-142页。
③ 朱维铮编：《周予同经学史论著选集(增订版)》，上海人民出版社，1994年，第58页。
④ 《后汉书》卷四八《杨终传》，第1599页。
⑤ 《后汉书》卷七九上《儒林传上·序》，第2546页。
⑥ 《后汉书》卷三《肃宗孝章帝纪》，第137-138页。

从诏书所说,可知至迟在永平元年(58),白虎观会议已埋下伏笔,建初四年的会议召开亦属承前人余绪。与石渠阁会议相比,白虎观会议酝酿的周期更为漫长,准备更为充分,目的更为明确,规模之大也远超石渠阁会议。会议结束后,相关议论由班固整理成书,此即《白虎通义》。

由前述白虎观会议的召开背景以及疏诏辞旨可知,由于东汉初期以来今古文经学观点各异,学无定式,因此白虎观会议的首要目的就是统一经义,终结异端并存的学术乱象,为东汉社会确立基本的政治哲学与伦理原则。从会议召开的过程、形成的成果以及对东汉学术的长久影响来看,这一目的基本实现。

白虎观会议成为今古文经学合流的重要契机。如果说此前古文经学者对谶纬的认同使今古文经学合流具备了理论可能,那么白虎观会议则开始切实地把这种理论可能性付诸实践。由于谶纬神学作为国家统治哲学的地位牢不可破,因此今古文经学合流的前提必然是以对谶纬神学的共同认可为前提的。作为白虎观会议的成果汇编,《白虎通义》无疑可以代表两家在学术层面达成的价值共识。《白虎通义》通篇充斥着阴阳五行理论,这自是源于谶纬神学的直接影响。如《五行》篇试图以五行理论来阐释宇宙的运行规则:

> 五行者,何谓也? 谓金木水火土也。言行者,欲言为天行气之义也。地之承天,犹妻之事夫,臣之事君也。谓其位卑,卑者亲事,故自同于一行尊于天也。①
>
> 五行之性,或上或下何? 火者,阳也。尊,故上。水者,阴也。卑,故下。②

除此之外,阴阳学理论亦渗透于儒家礼乐体系之内。《礼乐篇》云:

> 乐言作,礼言制何? 乐者,阳也。动作倡始,故言作。礼者,阴也。系制于阳,故言制。乐象阳也,礼法阴也。③

简言之,《白虎通义》以谶纬之学阐释五经意旨,把汉代经学与谶纬神学熔于一炉,从而实现了二者合流。尽管今古文经学合流最终完成于东汉末年,但白虎观会议无疑是切实推动合流实践的开始,其对于文化层面无可替代的影响力自然不能忽视。

除此之外,《白虎通义》通过使谶纬与经学的合流,进一步强调了儒家道德伦理与尊卑秩序的神圣性和不可侵犯性,从而使得东汉儒学逐渐走上神学化的道路。《白虎通义》以阴阳理论而象儒学礼义,如《号篇》云:

> 帝者天号,王者五行之称也。皇者,何谓也? 亦号也。皇,君也,美也,大也。天人之总,美大之称也。时质,故总称之也。号言为帝何? 帝者,谛也。象可承也。王者,往也,天下所归往。④

如此,则君臣之义为天地常经,臣之从君,子之从父,始为顺天之举。尤其值得注意的是,《白虎通义》中关于纲常观念的提出与阐释:

> 三纲之义,日为君,月为臣。⑤

---

① 陈立撰,吴则虞点校:《白虎通疏证》卷四,中华书局,1994年,第166页。
② 《白虎通疏证》卷四,第169页。
③ 《白虎通疏证》卷三,第99页。
④ 《白虎通疏证》卷二,第44-45页。
⑤ 《感精符》,转引自《白虎通疏证》卷九,第424页。

三纲者,何谓也? 谓君臣、父子、夫妇也。六纪者,谓诸父、兄弟、族人、诸舅、师长、朋友也。故《含文嘉》曰:"君为臣纲,父为子纲,夫为妻纲。"又曰:"敬诸父兄,六纪道行,诸舅有义,族人有序,昆弟有亲,师长有尊,朋友有旧。"何谓纲纪? 纲者,张也。纪者,理也。大者为纲,小者为纪。所以张理上下,整齐人道也。人怀五常之性,有亲爱之心,是以纲纪为化,若罗网之有纪纲举而万目张也。①

所以称三纲何? 一阴一阳谓之道,阳得阴而成,阴得阳而序,刚柔相配,故六人为三纲。②

三纲法天地人,六纪法六合。君臣法天,取象日月屈信,归功天也。父子法地,取象五行转相生也。夫妇法人,取象人合阴阳,有施化端也。③

《白虎通义》对儒家礼教下的君臣父子关系进行了再阐释,并引用阴阳五行理论把这一关系神圣化,从而实现了道德原则与伦理原则的重建,这就从根本上解决了西汉末年的理论危机。

总的说来,白虎观会议的召开,加速了今古文经学的合流,正式确立了儒学的神学化转向,也相当于从另一个层面认同了古文经学的合理性,促进了学术思想的传承与发展。从现实意义而言,以谶纬神学统一今古文经学,实现了思想层面的去异存同,完成了东汉道德体系的重新建构,同时为东汉社会的稳定发展提供了强大的精神力量。此后东汉国势日盛,一度恢复西汉旧境,于经济、文化、军事诸多方面皆有建树,与白虎观会议实现的哲学统一不无关系。

## 四 结语

两汉之际的今古文经学之争虽属儒家经学内部之争,但因其时儒学的特殊地位,故其影响蔓延于汉代社会的各个角落,成为足以影响两汉思想格局的重要文化事件。如果说西汉晚期争端初现之际,二者之争尚限于版本章句的正伪之别,那么至东汉时期,今古文经学两家在长期的论战过程中形成了各自不同的治学风格、治学理念与治学范式,其歧见之判然、纷争之激烈,远胜西汉之时多矣。

纵观两汉经学,不同于今文经学注重义理的解释与阐发,古文经学者多擅考证、考释之学,表现出质朴方正的传统治学风格。西汉中后期,人心慕古,思潮涌动,王莽欲以古文经学作为其托古改制的理论依据,进而倾移汉祚,倒转乾坤,故古文经学于西汉末叶之勃兴与王莽的倾力支持不无关系。然而两汉之际的古文经学又对谶纬神学表现出鲜明的排斥态度,故王莽对古文经学与谶纬神学的兼重,成为其始终无法自圆其说的理论破绽与逻辑漏洞。亦因今古文经学对于谶纬神学的不同态度,导致两家之学在东汉初期地位迥异,发展轨迹亦因此大相径庭。

不过,随着东汉前中期学术思潮的流转与社会现实的演进,两家之争的锋芒渐隐,甚至表现出互融合流的发展态势。最终,以白虎观会议的召开为标志性事件,东汉经学正式走上了今古合流的道路,历时绵长、纵跨两汉的汉代今古文经学之争亦就此尘埃落定。

---

① 《白虎通疏证》卷八,第 373-374 页。
② 《白虎通疏证》卷八,第 374 页。
③ 《白虎通疏证》卷八,第 375 页。

# 明代白沙学在湖北的传播——以李承箕为中心

朱志先

湖北科技学院

**摘　要**：明代初期，大儒陈献章以其别具特色的白沙学，上承程朱之学，下启阳明心学，在学人中产生很大影响，尤其是在岭南一代。而湖北学人中，以李承箕、朱伯骥为代表的诸多学者仰慕陈献章，通过不同途径与之相交往，学习其为人治学，并且将白沙学传播到湖北，对明代湖北理学的发展、士人的行为意识等产生很大影响。

**关键词**：明代　白沙学　陈献章　李承箕　湖北

陈献章作为明代理学大儒，以自己独特的学术见解，自成一派——白沙学①，该学上承程朱之学，下启阳明心学，独成明代理学中的一道靓丽风景。黄宗羲在《明儒学案》专列《白沙学案》，言曰："有明之学，至白沙始入精微。"②陈献章的学问主要通过本人亲自授受进行传播，另外就是借助弟子及再传弟子进行弘扬，享誉学界。陈献章的弟子主要分布在

---

收稿日期：2020-08-05。

作者简介：朱志先，历史学博士，湖北科技学院人文与传媒学院教授，主要从事中国史学史及湖北地方史研究。

基金项目：湖北省社科基金项目"耕读文化视野下明代李承箕家族研究"（项目号：2019155）；湖北科技学院鄂南文化研究中心专项研究基金项目"南嘉望族：明代嘉鱼李承箕家族研究"（项目号：2018-19XZE08）。

①　按：刘兴邦《论江门学派》（《五邑大学学报（社会科学版）》2004 年第 1 期）指出陈献章及其弟子创立了江门学派；刘红卫《论江门学派理论体系构架》（《南昌大学学报（人文社会科学版）》2018 年第 2 期）、《江门学派的道统体系》（《五邑大学学报（社会科学版）》2018 年第 3 期）主要论述了江门学派的理论框架及道统体系。而江门学派所言之内容即通常所谓白沙学。

②　黄宗羲著，沈芝盈点校：《明儒学案》卷五《白沙学案上》，中华书局，2013 年，第 79 页。

广东省,外省籍弟子相对较少①,故而学界对白沙学在岭南的影响论之较多②。实际上,白沙学在湖北亦有一定的影响力。李承箕曾数度到江门向陈献章问学,深得其传,黄宗羲《白沙学案》将其排在众弟子之首③。郭齐勇先生在论述明代湖北儒学史时亦言及白沙心学④。那么白沙学是如何进入湖北的?在湖北又呈现怎样的表现?笔者欲就此问题进行一个尝试性探讨。

## 一　陈献章与湖北学人交游考

陈献章不像王阳明那样任职经历丰富,每到一处便通过书院讲学使自己的弟子遍天下,学问亦随之流播四方,影响深远。陈献章在京城短期任职后,致仕归故里,绝大部分时间在江门讲学论道。学者们慕其名声,趁其在京城任职前往拜访,或是从各地到江门向其请益学问。陈献章一生似乎没有专门到湖北任职及讲学,那么白沙学是如何传播到湖北的呢?我们通过分析陈献章与湖北学人的交游情况,借以探析其对湖北学人的影响。

湖北学人中与陈献章交往较多,受其影响最深的应属李承箕。⑤ 李承箕曾数次往返于嘉鱼到白沙之间,"自其乡裹粮南望大庾岭,沿途歌吟,入南海",拜访陈献章于白沙,两人"一见语合意"⑥,且陈献章喜曰:"吾与子神交久矣。"⑦顾天埈称陈献章"独于世卿莫逆。白沙去嘉鱼数千里,诗牍往来甚勤,时一相聚,登山饮酒,吟咏唱和,无所不语,以开世卿,而世卿辄喟然发悟。"⑧陈献章专门为李承箕建楚云台,希望他能继承自己的衣钵。⑨ 张建民先生称:"白沙学派流传颇广,影响也不小。在陈献章门人中,以李承箕、张诩、湛若水三人最为重要,其中李承箕即湖北人,而有明一代湖北学者较有影响者,亦自李承箕始。"⑩周积明先生在《湖北文化史》中称明代"湖北学者受白沙之学影响者有李承芳、李承箕、吴廷举、

---

① 按:关于陈献章门人的数量及地域分布,王光松先生《白沙门人与白沙心学传播》(《现代哲学》2015年第6期)指出:"在白沙184个门人中,籍贯可考者179人,其中,外省籍门人20人,仅占籍贯可考人数的一成,其地理分布为:盛京1人,江苏1人,浙江4人,江西7人,湖北2人,湖南1人,福建3人,广西1人。广东籍门人159人,占籍贯可考人数的近九成。"
② 按:刘兴邦先生《白沙学派》(广州出版社,2018年)一书论及贺钦、林光、张诩及湛若水几个岭南学者与白沙学派的关系;王光松先生《白沙学派论考》中论及白沙门人对白沙心学的传播,主要以陈白沙的岭南弟子为核心,论述了"白沙门人总数及地理分布""白沙门人的从学、举业及职业情况""传播方式与影响"及"白沙门人的传播动力与学派的凝聚程度",其中仅指出陈白沙在湖北的弟子为两人,即李承箕和朱伯骥(巴蜀书社,2018年,第3-19页。此文又见于王光松:《白沙门人与白沙心学传播》,《现代哲学》2015年第6期)。
③ 按:张诩《翰林检讨白沙陈先生行状》言:"先生殁后,门人聚议,以湛雨为行状,李承箕为墓志铭,梁储为传,而墓表则属之诩也。"(《张诩集》之《集外文》,上海古籍出版社,2015年,第296页)这种通过众弟子讨论为老师写行状、传记之类,能够执笔者应该是获得了众人的信任,及其在师承中的地位。李承箕属于陈献章晚年纳入门下的弟子,能够给老师写墓志铭,亦可见其在白沙学派中的地位。故而本文以其为中心探讨白沙学在湖北的传承。
④ 按:郭齐勇先生在论述湖北儒学史中的白沙心学时,即以李承芳、李承箕为例予以探究(《湖北儒学史略谈》,《理论月刊》2013年第1期)。
⑤ 按:李承箕与陈献章的交谊情况,见朱志先、张霞:《君子以道交——李承箕与陈献章交往述论》,《东方论坛》2015年第4期。
⑥ 陈献章:《陈献章集》卷一《送张进士廷实还京序》,中华书局,2008年,第13页。
⑦ 王鏊:《震泽集》卷二六《李大厓先生墓表》,上海古籍出版社,2013年,第373页。
⑧ 顾天埈:《顾太史文集》卷四《二贤祠记》,崇祯刻本。
⑨ 黎业明:《陈献章年谱》,上海古籍出版社,2015年,第264页。
⑩ 张建民:《湖北通史·明清卷》,华中师范大学出版社,1999年,第633页。

朱伯骥、曹璘、何迁、袁国臣等一批人,而最著者即嘉鱼'二李'"①。张建民与周积明两位先生的观点为我们研究白沙学在湖北的传播提供了很好的线索。

李承箕与陈献章的结缘,多少和堂弟李承恩有一定关系。

李承恩(1459—1496),字荩卿,号贞轩,1484 年考中进士。1481 年,李承恩在国子监读书时,丘濬盛赞其文。1482 年,陈献章应召入京,李承恩闻其名前去拜访,"一见合意,闲日辄往",陈献章对李承恩评价甚好,称:"以子之聪明,异日何所为而不成! 昨过淮,钟君语次比及李氏兄弟。信有征矣。"②看来陈献章对李氏兄弟还是有一定的了解。李承恩拜访之余,没有忘记将其兄长李承箕的诗文呈给陈献章,让其指正,"自是世卿遂往,传其学,实公发之"③。虽然,在史料中没有发现李承箕拜托李承恩把文章交给陈献章指正的记载,但我们可以猜想李承箕应该是了解陈献章的学问,趁其在京之际,让李承恩代为请益。而李承箕也许是通过李承恩的介绍更加了解了陈献章的为人为学,这为数年后他的江门之行埋下了伏笔。

李承恩不仅在京城与陈献章往来甚多,而且与广东钟禧及陈献章弟子梁储交往亦多,无形中应该受到陈献章学问的影响④。

李承芳与陈献章的交往。明代石珤在《李评事传》中指出,李承芳"每慕陈白沙公甫,不远千里攀涉岭海往从之游。既举进士为大理评事,非其志,居二岁,以病乞归"⑤。但在陈献章和李承芳的诗文中,均未发现李承芳亲自到江门求学问道的记载⑥,李承芳没有亲自上门拜师,并不代表两者没有交往⑦。甚者,清人张夏在《雒闽源流录》中将李承芳列为陈献章门人之一。⑧ 陈献章在去北京的途中通过钟禧所言对嘉鱼李氏兄弟的学问已有所了解,加之在京期间,李承恩不断请教,自然会加深陈献章对李氏兄弟的印象。尤其是李承箕为陈献章的得意弟子,师徒往来中,无形中为陈献章和李承芳拉近了距离。实际上也的确如此,在陈献章⑨和李承芳⑩的诗文集中都收录有多篇两者相互往来的诗文,其间有陈献章给李承芳"惠布",李承芳给陈献章送扇的诗文,足见两者之关系,可谓是有来有往。

---

① 周积明:《湖北文化史》,湖北教育出版社,2006 年,第 412 页。按:何迁,字益之,德安人,1571 年中进士,系湛若水门生,属于陈献章再传弟子。袁国臣,字惟邻,号钦吾,潜江人,隆庆五年进士。

② 嘉鱼《李氏宗谱》之《教谕分约庵房·李承恩传》,2012 年三部堂续修本,第 565 页。按:钟君即广东钟禧,字百福,顺德龙江乡人,被誉为钟狂客,与李承箕友善,曾在淮安督理漕运总兵官平江伯陈公手下任幕僚。

③ 嘉鱼《李氏宗谱》之《教谕分约庵房·李承恩传》,2012 年三部堂续修本,第 565 页。

④ 嘉鱼《李氏宗谱》之《教谕分约庵房·李承恩传》,2012 年三部堂续修本,第 565 页。

⑤ 石珤:《熊峰集》卷一〇《李评事传》,清文渊阁四库全书本。

⑥ 按:黎业明所撰《陈献章年谱》(上海古籍出版社,2015 年)亦没有关于李承芳到江门问学的记载,因此石珤所言李承芳到江门求学的说法应该是误。

⑦ 按:李承芳《东峤先生集》卷一二《寄呈白沙陈先生》:"山居寡与,不得时通问候,惟神飞心运,无须曳离,道体侧至人,灵烛得其情,实敢托虚状哉? 伏蒙迭致佳贶,母子咸戚,下及僮仆,仰天外风情,感激越世表也。容一之近书传尊体欠安,意乃托之绝俗往来耳。天游无外量惟泰然,承芳莫就省问,深剧向往。人易易迁,托交者多为先生累,承芳固忍断此行矣。见小自传,惟天则中正,示之于归,古之道也,圣之教也,无任恳恋之至。"(《四库全书存目补编》第 75 册,齐鲁书社,2001 年,第 362 页)可见,李承芳虽未能亲历白沙,但心向往之,并且通过书信往来,深得陈献章的教诲。

⑧ 张夏:《雒闽源流录》卷一四《江门》,清康熙二十一年黄昌衢彝叙堂刻本。

⑨ 按:陈献章写给李承芳的诗文:《读茂卿次韵呈定山先生,诗有梦入罗浮之句,用韵寄时,时世卿在白沙》《东桥茂卿住处》(《陈献章集》卷五,中华书局,2008 年,第 495 页)《茂卿评事惠扇答之》(时世卿在馆中)(《陈献章集》卷六,第 616 页)。

⑩ 按:李承芳写给陈献章的诗文:《东峤先生集》卷一《谢张进士示公甫陈先生诗稿》,卷三《奉和白沙陈先生五首》《谢陈石翁惠布就奉和石翁来韵》四首,卷五《石翁寄诗奉和见情》二首、《再次陈石翁韵》三首,卷一二《寄呈白沙陈先生》。

陈献章收到李承芳的扇子后，兴奋之余，写下《茂卿评事惠扇答之》(时世卿在馆中)："遥望不见大崖山，君家兄弟果皆难。不知风动今多少，也到先生掌握间。"①李承芳收到陈献章的书信后，予以奉和②，撰有《奉和白沙陈先生五首》，兹录其两首如下：

> 语带烟霞熏海山，和陶容易和陈难。铁桥流水非人世，信有人言出世间。
> 到处青山是我山，驱车不道砖头难。黑头了却人间事，宁待霜花点鬟间。③

李严、雷震东、雷震阳与陈献章的交往。1492年，李承箕带着仲子李严及同乡雷震东、雷震阳来到新会。1493年春天，李承箕带着他们返乡。④ 陈献章为此作《世卿还黄公山》。陈献章并作有《与李严》⑤《与雷震东》《与雷震阳》，雷氏兄弟是跟随李承箕到的江门⑥。

吴廷举与陈献章的交往。吴廷举，字献臣，号东湖，嘉鱼人，1487年中进士。曾任顺德知县、广东布政司右参议、广东右布政司等职，在广东任职多年。尤其是吴廷举任顺德知县时，和陈献章往来较多。在陈献章给吴廷举的书信(《与顺德吴明府》)及诗文(《寄吴别驾献臣》《再韵呈吴献臣》)中，涉及如何为政⑦、为人⑧等方面。对于陈献章的教诲，吴廷举

---

① 陈献章：《陈献章集》卷六，中华书局，2008年，第616页。

② 按：李承芳在《东峤先生集》卷三《奉和白沙陈先生五首》中题有小序，借以表达对陈献章的仰慕，"伏尊赐手教兼贶大书，累幅典刑，所钟家世，末宝感极而愧倍之，不肖何能当此。先生之道，惟欲引ese成归后生者耳。孟子教人师圣人于百世之上，况当世者乎？心逐飞云，无日不在罗浮之侧也。潘户侯匆遽告归，生时方逐队习仪，少吐区区。"(《四库全书存目补编》第75册，齐鲁书社，2001年，第278页)

③ 李承芳：《东峤先生集》卷三《奉和白沙陈先生五首》，《四库全书存目补编》第75册，齐鲁书社，2001年，第278页。

④ 黎业明：《陈献章年谱》，上海古籍出版社，2015年，第267页。

⑤ 李严，字端和，号竹友。随李承箕游白沙，"白沙爱之，赠以诗归"(嘉鱼《李氏宗谱》之《教谕分欧宾房大崖卷·李严传》，2012年三部堂续修本，第165页)。陈献章《与李严，用前韵》："野鹤将雏到海边，楚云归梦几乡山。羹墙见我三湘外，岁月还君五岭间。杏苑不禁春意闹，美人争捲绣簾看。长安莫买乖崖醉，太华长留睡老僧。"(《陈献章集》卷五，中华书局，2008年，第469页)

⑥ 雷震东、雷震阳。陈献章《与雷震东》："何处黄公客欲还，黄公山亦小庐山。往来云水两三辈，妆点春风花柳间。岳色晓行湘浦望，湖光晴到洞庭看。有诗都点逍遥送，九万扶摇一日抟"；《与雷震阳，用前韵》："近午黄鹂鸣树头，深春红雨落山山；谁开灯火书帷地，郎在丹青画幅间。醉墨收归湘筐富，狂诗抄与郢人看。墙隈只欠梧桐树，高翼还随老凤抟。"《陈献章集》卷五，中华书局，2008年，第469页）

⑦ "来纸二束，封识具在。恭惟廉令惠不与常人同，荣感，荣感。适见按治周公叹息言，省中一时州县吏无如顺德。其谓：当道知人无难，惟行其所知。善有劝，恶有惩，则公道明。美恶杂居，贤者羞与不肖伍，万一有如陶元亮辈人，傲睨于其间，其肯为五斗米折腰而不去耶？吾惧斯民之不得蒙其泽也。按治自香山将临敝邑，阻风江上连日，某为绝句以迓之，云云。其望于按治者如此，遐之之"(《陈献章集》卷二《与顺德吴明府》，第208-209页)。"梁生至，辱手书，具审被诬事今已释然，甚慰。明府惠爱在民，民以是报，何耶？凡无损之来，吾无以取之，可以言命矣。唐中丞称潘时用之贤，悼邱汝愚之死，小抑大扶，朝低夕昂。张梧州之于督府，皆可谓知己之遇，夫复何憾？承一一示。明府当徒羡彼者耶？陶邦伯才能集事，威能御暴，便可当一面之寄，其他未敢轻议。大抵用人不求备，议者谓中丞公人物一大炉冶，百炼之则真金出焉。顺德小邑，治之不难，而有难者，其诚乎！诚则不言而民信，无为而化成。观于明道先生治县，则可知用智之不足贵矣。承下问，不敢不尽，明府以为何如？"(《陈献章集》卷二《与顺德吴明府》，中华书局，2008年，第209-210页）

⑧ "顷者从事至，辱书贶为感。适姜仁夫在坐，不即裁答。仁夫说足下缕缕。去岁首夏李世卿过白沙，至腊初始别。闲与论一时人物，世卿亦以后进之才称足下。章于足下所存，不待言而悉也。念昔苍梧之会潦略，几于失君矣。顾今乃蒙不鄙，瞻望清光于咫尺，得非幸欤？章衰疾不出，下拘于官守，未有相见之期，惟以洗耳林下，以冀邹壤颂声之来，足下将不以循吏之事让古人也"(《陈献章集》卷二，中华书局，2008年，第209页）；"出处语默，咸率乎自然，不受变于俗，斯可矣。以张梧州先生与献臣近日所为，章皆未得其详，不敢悬决是非，俟面尽"(《陈献章集》卷二，中华书局，2008年，第209页）。

在诗文中亦有体现,悉列如下(除《登嘉会楼》(白沙陈先生所居)见于光绪版《东湖集》①,其余数条吴廷举所撰和陈献章有关的诗文均来自嘉鱼《吴氏族谱》②):

《留别石翁》:"八年江门得往还,春风领略笑言间。翁聊遁世非忘世,我每求闲未得闲。西蜀短鞭缭马首,东溟长梦是鱼竿。烟霞自古栖贤地,万丈飞花倘许攀。"③

《庐阜精舍,为白沙先生吟》:"闻歌容易答歌难,此是乾坤第几关。眼孔今谁小东鲁,脚跟吾已到庐山。松阴过雨青天下,花径封苔白昼闲。一榻我临三宿去,山灵莫浪笑空还。"④

《寿白沙生诞日》:"尧舜垂衣裳,山林老稷契。六十五年身,百千万载责。江门水几深,庐阜山几嶷。自翁来乐之,寿与天地掇。"⑤

《又以菊寿白沙先生》:"彭泽本无菊,陶潜不耐官。花枝人世共,花谱洞仙看。烂漫欺冬冷,馨香扑酒寒。一杯浮一瓣,千古此江山。"⑥

《题图新书室,呈石斋先生》:"春水江门一苇通,山斋傍水看芙蓉。风花雪月攻心久,帝霸皇王转眼空。庐阜南来谁是主,沧溟东去合还公。独怜身在泥途处,一见图新一愧侬。"⑦

按:通过这些诗文,可见吴廷举对在顺德任职的回忆及对陈献章为人为学的感念,足见吴廷举与陈献章交往之多、感情之深。

朱伯骥与陈献章的交往。朱伯骥,字千里,号溪南翁,通山人,1483年中举人。在广州任推官期间,"从白沙陈献章遊,浩然自得。退而上书论古今人才不相及,白沙以为知言。遂弃官归,横经讲学,士大推重之"⑧。朱伯骥在清人阮榕龄《白沙门人考》中是名列白沙弟子之中,亦是除李承箕外,湖北仅有的一位。⑨ 陈献章曾给朱伯骥撰有《奉寄节推德卿朱先生》,该诗未见于陈献章的诗文集中,其文为:"若水清风多颖出,山人谁道不全知。拍手江门春信早,黄鹂啼过绿杨枝。(此郡人之情也,非章之私言也,东所为我答)"⑩陈献章的得意门生李承箕⑪、张诩⑫均有给朱伯骥的诗文,说明他们也是有来往的。

曹璘与陈献章的交往。曹璘,字廷辉,襄阳人,1478年进士。1490年夏天,曹璘访陈献章于玉台山,请他撰写《襄阳府先圣庙记》,陈献章让邹智代笔。⑬ 曹璘巡按两广时,"访

---

① "少微昔见江门岛,柱史新营嘉会楼。百粤山川知乡往,四方豪杰此遨游。及门弟子尊颜闵,达道先生梦孔周。海阔天空人去远,不堪身倚最高头",见:吴廷举《东湖集》之《东湖吟稿》卷一,光绪乙亥重镌本。按:该条史料由吴廷举后人湖北嘉鱼吴远卿先生提供,特致谢。
② 按:见于嘉鱼《吴氏族谱》的诗文均由吴廷举后人湖北嘉鱼吴远卿先生提供,特致谢。
③ 按:此文见吴廷举后人湖北嘉鱼吴远卿家藏《吴氏族谱》卷三《东湖吟稿》,民国戊子年(1948)清惠堂刊本。
④ 按:此文见吴廷举后人湖北嘉鱼吴远卿家藏《吴氏族谱》卷三《东湖吟稿》,民国戊子年(1948)清惠堂刊本。
⑤ 按:此文见吴廷举后人湖北嘉鱼吴远卿家藏《吴氏族谱》卷三《东湖吟稿》,民国戊子年(1948)清惠堂刊本。
⑥ 按:此文见吴廷举后人湖北嘉鱼吴远卿家藏《吴氏族谱》卷三《东湖吟稿》,民国戊子年(1948)清惠堂刊本。
⑦ 按:此文见吴廷举后人湖北嘉鱼吴远卿家藏《吴氏族谱》卷三《东湖吟稿》,民国戊子年(1948)清惠堂刊本。
⑧ 郭棐撰,黄国声、邓贵忠点校:《粤大记》,广东人民出版社,2014年,第338页。
⑨ 王光松:《白沙学派论考》,巴蜀书社,2018年,第173页。
⑩ 通山通阳《朱氏宗谱》卷二,2007年续光阁续修本,第5页。
⑪ 参见李承箕著,朱志先点校:《李承箕集》卷九《答朱节推伯骥》、卷二〇《与朱推府》,湖北人民出版社,2018年。
⑫ 按:张诩写给朱伯骥的诗文较多,如《奉赠节推德卿朱先生》、《题溪南一家图》(通山通阳《朱氏宗谱》卷二,2007年续光阁续修本,第5页)、《与朱德卿》、《再与朱德卿书》、《复朱推官》(《张诩集》之《东所先生文集》卷六)。
⑬ 黎业明:《陈献章年谱》,上海古籍出版社,2015年,第247页。

陈献章于新会,服其言论,引疾归山,居三十年闭户读书,不入城市"①。

陈献章与湖北学人的交往,在地域方面,主要集中在鄂南嘉鱼、通山;在对象方面,以嘉鱼李承箕家族及其乡人为主;在交往方式方面,除了李承箕带着儿子李严及乡人雷氏兄弟是专门去白沙求学外,其余多是利用在广东任职的机会向陈献章请益。这些湖北学人不管是地处何方,以何种方式向陈献章学习,其共同点都是仰慕他的学识,纷纷前往,或是通过书信、诗文与其建立联系,受其为人为学的熏陶,从而使白沙之学得以流播。

## 二 李承箕与白沙学的传播

1487年,李承箕会试落第后,不像传统的读书人孜孜于举业,年复一年的备考应考,达到学而优则仕的目标,而是不再从事举业。从1488年开始,他数次到江门师从陈献章,并以读书为文终其生。目前传世的李承箕诗文均是源自其跟随陈献章之后的作品,这些诗文处处彰显着白沙学的痕迹。李承箕除了跟随陈献章学习外,就是在大崖山以读书为乐,也没有兴趣去一些书院讲学。在此情况下,李承箕自然没有湛若水那样的条件,可以弟子遍天下,使白沙之学得以弘扬光大。但是,作为深得陈献章真传的嫡系子弟,李承箕在社会上还是很有声誉,朋友圈子亦广,不少学人慕名来到大崖山,直接和李承箕进行学习交流,或者通过书信诗文往来相互切磋。另外,在李承箕去世后,吴廷举将其诗文集予以刊刻,使其学问得到进一步宣传。还有,政府和族人鉴于其学问影响之大,为其建立祠堂,如李承勋所言:"伯氏东崂、大崖以圣贤之学,倡我宗人,风于楚中,法亦宜祀。"②世人在膜拜其祠堂的过程中,白沙之学也会随之得以传播。李承箕对白沙学的传播,主要是通过两种途径,即亲身传授和间接传播。

其一,亲身传授。李承箕通过身体力行,言传身教,使白沙之学得到进一步传承。

李承箕中举人后,除在江门师从陈献章外,大部分时间是在嘉鱼度过,通过其言传身教,对嘉鱼李氏子弟及地方学者的培养起到很大作用。

胡尧凯,字廷和,蒲圻人,"博宗典坟,崇尚经术",正德八年(1513)考中举人,"高尚其志,竟不复出,专究心于理学,游南嘉李承箕大崖之门,学者称之,盖渊源于陈白沙",被祀为乡贤。③胡尧凯价值取向和李承箕一样,究心理学,淡于仕进,师从李承箕后,深得其传。

叶相,字会贞,通山人,师从于李承箕,曾随李承箕远游江门,深得李承箕的信任。李承箕《大崖李先生诗文集》卷一六《送叶生序》对二人的交往略有表述,兹述如下:

> 通山,予同郡邑也。山高而水浅,其人多直峭呈露而尚气节。邑有生曰叶相会贞者,志士也。父卒官山东,归旅殡于数千里外,庐于墓下三年,宗族乡党皆信之。于是歙予馆且久,予亦信之。予携之白沙,白沙闻生行,益嘉之。白沙卒,经营封事,人称之。生不屑世尚,始来时,予使之与儿辈寻课试文。生曰:"吾不能拘拘于世以求合也。"静坐之余,乃手录真西山《文章正宗》一书读之,寻常众人,不肯苟合。人有过,则面折,不少假人,忤之不恤也。予每饮辄大醉,生固止之。

---

① 丁宿章:《湖北诗征传略》卷三六,清光绪七年孝感丁氏泾北草堂刻本。
② 《同治嘉鱼县志》卷九《义学记·郑晓》,江苏古籍出版社,2001年,第271页。
③ 《同治蒲圻志》卷七《人物二·儒林》,江苏古籍出版社,2001年,第566页。按:胡尧凯系李承箕女婿,参见王鏊:《王鏊集》之《震泽先生集》卷二六《大厓李先生墓表》,上海古籍出版社,2013年,第373页。

生内之所存,可谓贞矣。孔子曰:"君子义以为质,礼以行之,逊以出之,信以成之","文之以礼乐,亦可以为成人矣。"圣人成己成物之功,盖如此也。开其所闭而收其所放,文华其气质而广大其心胸,则君子之道矣。吾于是有望焉。

按:孝子叶相追随李承箕问学,亦如李承箕跟随陈献章一样,讲求学问贵自得。真德秀《文章正宗》属于李氏家传之书,李承箕熟识之,叶相亦对此爱不释手,抄录之,足见李承箕对叶相潜移默化之影响。而且李承箕对叶相关爱有加,去拜见陈献章时,还要带着叶相,使其见见大场面长点见识,同时有助于其认识更多名流。① 丁宿章《湖北诗征传略》卷五《通山·叶相》载:"相父官山左,卒六年而榇不能归。相时犹童子,间关百状,扶掣而行,卒归葬故里,庐墓侧三年。嗜古好学,从游李大崖之门,《陈白沙集》中有《赠叶孝子》诗,即为相作也。"② 缘于叶相与李承箕交往颇深,故与李承芳③、李承勋亦有一定来往,李承勋在《赠叶相》中言:"年年旌孝子,不见有贫家。恨我言无补,怜君发易华。乡评诗卷在,苦节岁寒加。莫负重泉下,吾兄与白沙。"④

1498年正月,浙江上虞许璋来大崖山中拜访李承箕,时时向其咨询心中的疑惑。许璋"有问疑则复至门",李承箕曾告诉他,"拘拘陈编,曰居敬穷理者,予不然;蹩蹩虚迹,曰傍花随柳者,予不然;罔象无形,求长生不死之根者,予不然"⑤。当许璋想南下江门问学于陈献章时,李承箕鉴于路途遥远及许璋家庭贫困且父母年迈,就劝告许璋不要再远行。1499年正月,许璋返归上虞,李承箕为之序。许璋回乡之后,便以读书为务。耿定向在《先进遗风》中言王阳明养病时,在阳明洞与许璋朝夕相处,并向许璋请益学问,随后擒拿逆贼朱宸濠多得力于许璋。耿定向对此事感叹道:"往谓先生学无师承,据璋曾经事白沙,而先生与之深交,谅亦有私淑之者。夫先生天授之资,犹然取于人者如此,吾侪顾独学而不藉师友,望其有成也难哉。"⑥实际上,许璋并未亲授于陈献章,而是求学于李承箕。⑦

王从善,字承吉,号凤林,襄阳人。嘉靖二年(1523)进士,曾任溧水知县。1501年,王从善从襄阳来到嘉鱼,向李承箕问学。

王从善曾师从李承箕,在其《凤林先生文集》中有给李承芳、李承箕所作祭文,以及给李承芳、李承箕后人诸如李荣、李整、李虔等人的书信⑧。王从善在追随二李学习时,李承箕之子李整亦追随左右,故王从善与李整往来较多。

李承箕《送王承吉序》中言:

> 往年壬子,予再谒白沙先生。先生曰:"三楚人物得之襄樊,今御史曹公尝诗

---

① 按:正是李承箕对叶相的栽培与关照,使得叶相与当世大儒、名流陈献章、庄昶、吴廷举有一定的往来。如:陈献章《赠叶孝子》(见:丁宿章《湖北诗征传略》卷五《通山·叶相》)、庄昶《定山集》卷五《赠通山叶秀才相》、吴廷举《东湖集》之《东湖吟稿》卷二《题孝子叶相卷》(见:邹壮云《〈东湖集〉校注》,广西大学硕士学位论文,第114-115页)。
② 丁宿章:《湖北诗征传略》卷五《通山·叶相》,清光绪七年孝感丁氏泾北草堂刻本。
③ 按:李承芳《东峤先生集》卷六中有其为叶相所作《题通山叶相秀才井湾书屋》《送通山叶秀才相次世卿韵》。
④ 《同治嘉鱼县志》卷一二,江苏古籍出版社,2001年,第366页。
⑤ 李承箕著,朱志先点校:《李承箕集》卷一六《送许生还上虞序》,湖北人民出版社,2018年,第239页。
⑥ 耿定向:《先进遗风》,中华书局,1985年,第19页。
⑦ 按:嵇曾筠《雍正浙江通志》卷一七六载,许璋"欲访白沙于岭南,至楚,见白沙之门人李承箕,质疑问难,语之以静坐观心,不至岭南而返。阳明自右归越,每相访,菜羹麦饭,信宿不厌。璋殁,阳明题其墓曰处士许璋之墓。"(文渊阁《四库全书》本)此事又见于:黄宗羲《明儒学案》卷一〇《许璋传》。
⑧ 王从善:《凤林先生文集》卷一《与李端彝书》、卷二《寄嘉鱼李端彝疏》《答嘉鱼李端采端冕玉疏》、卷三《送李铁桥还嘉鱼序》、卷四《祭嘉鱼李茂卿先生文》《又祭茂卿》《祭嘉鱼李世卿先生文》《书嘉鱼李端采卷后》。

之,曰'御史前身或姓钱',急流勇退者也。"且称其女夫王承吉从善者。当是时,予胸中已著承吉,而恨未面,盖知其玉润者也。今辛酉,承吉挟二仆夫徒步访予山中,不交一言而彼此心醉,但相与于丘壑、林薄、田亩、饘粥、粗粝、瓦盆之间而已。依据贤圣讲说经传以立门户,以侥声誉,以干非分,以损灵原,非予所以心醉于承吉者也,亦非承吉所以心醉于予者也。予尝于丘壑、林薄、田亩、饘粥、粗粝、瓦盆之余,曰:古先贤圣之学不传也久,予三见白沙先生,不敢考问为学之方。先生甚怪之,曰:"世卿三见白沙,不考问为学之方,岂相从意耶?"予曰:"闻见口耳之学,非其自得者,非真学。盖所以存其无竟其说之意。"先生闻斯言,甚然之。今五十年,凡在宇内,物物与之皆真。颇觉已之所以自存者,无待闻见口耳,而其所以自存,不敢渎告人也。他日访承吉卧龙山中,观者旧之遗风,使江汉变于邹鲁者,吾于承吉岂别有言欤?①

按:李承箕所言即王从善来拜师学艺的情况。刘存义《凤林先生文集叙》中言王从善"闻嘉鱼李大厓先生游白沙之门而有得者,即往依之,归而以其所闻者日相讲明,若将终身焉"。② 王从善多次在书信中表述自己师从于李承箕、李承芳,给李承箕三子李整写信时,指出:"且闻令四弟以期丧不入试而归,古道不复久矣,何幸有斯人邪。但望昆玉益相磨砺,卒究大业,则我大厓老师常含笑于地下矣"③"念昔夏拜东峤、大厓二老,掀沐春风,如河之汤汤,而饮者自克其量,归而不敢少休,以至于今,惟恐志虑昏庸,跌而不振。"④ 卫东楚《凤林先生文集后叙》中亦指出王从善的学问源自李承箕,王从善"亢洁不群,雅自好修,得白沙先生正藏于李大厓先生,私甚慕其人",于是,"白沙之学得凤林而益阐"⑤。

李承箕去世后,王从善撰有《祭嘉鱼李世卿先生文》,尽显其从学李承箕的体会。

呜呼!孝弟忠信、礼义廉耻,世之大防,自淳风调丧,人怀异志,蹈道者以为迂也。先生辞荣家居,事母及兄欷曲周至,与人交接,不妄笑语,检身□物,慎于取予,世方以为难,而先生则从容遊□□也。尊罍既倾之后,正襟危坐,一有所发,洞□金石,及其园林池馆,啸歌吟咏,则不知春风杨柳、秋月梧桐,方有以契吾之思也。世之局局尘埃者以为是湖海少年之气,而放浪形骸者又以为桎梏未脱,而更加以羁縻也。某晚生小子妄意为学,昔者得拜先生于大江之滨,步趋坐卧皆以示教,而所以不发不启者,泯然欲以□其多歧也。樗材朽□□□为故步所窘,睹先生高深之道,恒欣仰而嗟咨也。盖先生天资劲迈,造诣直截于下学事物之功,可以不烦绳削而自合,实非承学者所敢望其藩篱也。呜呼!世不有先生,贪者孰知货之可弃,懦者孰知志之可持,冒进者孰知恬淡之可即,退遁者孰知忧乐之不可辞,是将梁津而梯岳,以身为万姓之轨模也。岂意变生仓卒,哲人告逝,而使斯

---

① 李承箕著,朱志先点校:《李承箕集》卷一六《送王承吉序》,湖北人民出版社,2018年,第230-231页。
② 王从善:《凤林先生文集》,《凤林先生文集叙·刘存义》,《四库全书存目丛书》集部第84册,齐鲁书社,1997年,第263页。
③ 王从善:《凤林先生文集》卷二《寄嘉鱼李端彝疏》,《四库全书存目丛书》集部第84册,齐鲁书社,1997年,第312页。
④ 王从善:《凤林先生文集》卷三《送李铁桥还嘉鱼序》,《四库全书存目丛书》集部第84册,齐鲁书社,1997年,第349页。
⑤ 王从善:《凤林先生文集》,《凤林先生文集后叙·卫东楚》,《四库全书存目丛书》集部第84册,齐鲁书社,1997年,第422-423页。

道之益孤也。只鸡絮酒千里致哀,而所以描写高深者,犹未及七分之妙,使斯世伥伥者莫知所之,匪但临风一痛,聊以伸吾之私也。呜呼哀哉,尚飨!①

按:王从善在祭文中对李承箕的性格予以概括,高度赞扬李承箕的学问,并指出自己跟随李承箕在学问方面的体悟。另外,王从善给李承芳次子李榮的信中再次言及李承芳、李承箕的道德学问,且指出自己受知于二人最深。如其所言:"天下之事,不倡则不起,然倡之者无具则亦不能起之也。俗学沉迷,文章坏烂,士夫奄奄无气节。白沙陈先生倡于岭南,天下从而兴起者众矣。东峤、大厓二先生倡于楚,天下方翕然信之。高简廓落,与物无兢,甘贫守道,坦然中夷,东峤之为翁也。严毅方整,微示圭角,如沸如羹,屹不为动,大厓之为翁也。二翁独得之妙,执中之见,虽非后学所敢妄议,然见之者勃勃然流汗、靡靡然心醉,则某之所亲辱也。徒恨颓堕不振,以至于今,上不能霑一命以事君,又不能耕田以养母,进退无所据矣。日月未淹,二翁云逝,輀车既倾,指南为东,又何遂于逃迷耶……李氏一庭之间父叔兄弟自相师友,浸淫流润五十余年,岂鄙人所能窥?但以受知于二翁最深,使靳于一言亦异于曾子矣。"②王从善不仅高度赞扬李承芳、李承箕的人品,同时又指出二者对白沙学问在湖北的传承作用,亦指出二李为自己在学问方面指引了方向。

在李承箕与他人的书信中,亦可以发现其对白沙学问的弘扬。嘉鱼县令马思进非常支持李承箕去江门问学,自己出资资助他前行,并且帮助照顾其母亲。李承箕从江门回来后,马思进询问他跟陈献章学到了哪些本领。李承箕答曰:"予无似。陈先生曰:人有伊周之事功、孔颜之道德、庄孟之文章,能于土窖中乐然逮老,不求人知,夫然后可以不失为君子处己之道,而天下之风俗亦庶几乎少变矣。何也?上之人所以骄我者,知我固不出于富贵声利之间而已。使吾果不出其所知,则人亦何所恃而骄我也?公之所以考合于予者,舍此盖无他道焉。公荡然无偏执之见,侃侃然有固守之节,灑灑然有容人之量,愸愸然有御物之诚,而治事之才又不足以言之矣。"③李承箕借此机会向马思进宣扬陈献章对事功、道德、文章的看法。④ 莆田柯容甫属于有才华而不乐仕进之士,其同乡陈景重系嘉鱼教谕,带其到大崖山拜访李承箕。因志趣相近,在柯容甫还乡时,李承箕为其作送序,指出所谓"理者,其所自顺者也;义者,其所自合者也;身者,其所自不屈者也;心者,其所不自违者也;时者,其所不自失者也"⑤。

其二,间接传播。即借助于李承箕的人格魅力及学术影响力,使白沙学得以广播。

李承箕曾在大崖山构建书堂并读书于此,其子李整亦在此苦读,并将室名为真静所,言之非静无以成学。"自翁养静于此,迄今七十余祀,巨公贵卿、奇人墨士有意探幽者,闻名必一至焉。"⑥以学问博通著称的湖南人郭都贤,曾寓住嘉鱼,与当地名流熊开元、尹民兴往来甚多。郭都贤在《游大崖记》中言:"大崖为南嘉祖龙,鹤在鸡群,多骨少肉,所由理学

---

① 王从善:《凤林先生文集》卷四《祭嘉鱼李世卿先生文》,《四库全书存目丛书》集部第 84 册,齐鲁书社,1997 年,第 382 页。
② 王从善:《凤林先生文集》卷四《书嘉鱼李端采卷后》,《四库全书存目丛书》集部第 84 册,齐鲁书社,1997 年,第 418-419 页。
③ 李承箕著,朱志先点校:《李承箕集》卷一六《送邑侯马公膺召之京序》,湖北人民出版社,2018 年,第 236 页。
④ 按:《陈献章集》卷一《书漫笔后》中有陈献章对事功、道德、文章的看法(中华书局,2008 年,第 66 页)。
⑤ 李承箕著,朱志先点校:《李承箕集》卷一六《送柯容甫还莆田序》,湖北人民出版社,2018 年,第 232 页。
⑥ 《同治嘉鱼县志》卷九《真静所记·李宝蒙》,江苏古籍出版社,2001 年,第 283 页。

之士,清直节义之臣生焉。"①李承箕深得陈献章学问之精髓,他就像一张文化名篇,其读书处大崖山成为文人墨客、达官贵人的瞻仰之地,这种充满敬意的瞻仰实际亦是内心接受洗礼的过程。

除了大崖山成为世人游历学习之地外②,缘于李承箕的影响,嘉鱼李氏及当地政府为其建立祠堂③,享受族人及世人的祭拜,无形中是对李承箕道德、学问的认可。对一个人道德、学问认可的过程,其实就是一种学习的历程,于润物细无声中获得知识。例如,万历十五年(1587),嘉鱼知县蒋时馨为弘扬李承箕的学问,率领民众在大崖山李承箕读书处为其建立专祠,"因质祠旁公塘二十亩,俾先生子孙世世收入以奉祀事。盖先生之德久而弥彰,亦蒋公之志行有旷世相感者"④。为增加李承箕的影响力,其后人李憭通过蒋时馨让杨起元来写祠记⑤。杨起元在《理学祠记》中详述李承箕与陈献章之交往,对于两者所倡导的自得之学,杨起元论道,"此其声应气投,高风远韵,万世之下,岂不令人有余思哉! 今之知先生者,皆以瑰玮之文及不仕之节而已。至于依依于白沙而不忍舍者,未重也,是弃先生之所重者以重先生也。白沙先生尝序交情为先生别,意义最为微奥,大抵言有道而后有交。嗟夫! 交义之不明于世也久矣,如先生之于白沙,乃所谓交也。交义立,而后友之伦不废,友之伦不废而后彝伦当叙矣。然则吾人与天下后世所当重先生者,诚在此"⑥。杨起元主要对李承箕学问、人品方面给予很高的评价,认为后人应该提倡学习李承箕的交义之道。

万历二十九年(1601),嘉鱼知县为李承箕、蒋时馨建立祠堂,在《鼎建二贤祠记》中指出,蒋时馨"自负千载之绝学,谓能绍明其绪。又谓邑中可与共此者,独一李公大崖先生,而阻于世远也。因起元枭司作之,思于公旧隐大崖山之麓,买地鸠工,筑书堂以祀公,邑中诸后学遂駸駸乎兴"⑦。庞一德认为蒋时馨在大崖山为李承箕建立祠堂,并筑书堂来祭祀李承箕,使嘉鱼后学大受鼓舞,奋发向学。蒋时馨"所尊信实在大崖,祠大崖而不于城郭,不载祀与公之心疑若有待者。我辈尚亦率先间间为二公图不朽,而以祠典求隶有司乎?"接着庞一德指出建二贤祠的原因,"以记二公为学脉计也者,不佞安知,不佞所知者奋乎百世之上,百世之下闻焉,而兴起者是谓百世师。李公起于俗学支离之日,其所严者惟一独坐青山不著书之陈子超然而莹然也"⑧。庞一德所言李承箕在学术方面的贡献,对后世影响较大。

万历四十二年(1614),按台史纪事将李承箕纳入三贤祠予以祭祀,"匾额一名,旌仪三两,附嫡孙为纸笔之资",众人皆认为李宙永"文章行谊,足征雅重",适合领取奖励。史纪事亦嘉其贤,"以为异日之道承先哲,名驰金马,是其人也。不意棘闱数战未第,仅以诸生

---

① 《同治嘉鱼县志》卷九《游大崖记·郭都贤》,江苏古籍出版社,2001年,第284页。
② 按:清代初年嘉鱼胡之奇与叔父胡希亮亦曾读书大崖山中,应该是受到嘉鱼李氏的影响(《同治嘉鱼县志》卷五《人物·胡之奇》,江苏古籍出版社,2001年,第144页)。
③ 按:嘉靖年间,李承勋建立李氏世祀堂时,将李承箕纳入其中,享受族人的祭拜。
④ 《同治嘉鱼县志》卷九《理学祠记·杨起元》,江苏古籍出版社,2001年,第274页。有关明代建专祠的论述,参见林济:《"专祠"与宗族——明中期前后徽州宗祠的发展》,《中国社会历史评论》,天津古籍出版社,2009年创刊号,第31-55页。
⑤ 按:蒋时馨与杨起元属于同榜进士。杨起元(1547-1599),字贞复,号复所,晚明理学大儒。其父曾师从于湛若水,杨起元亦可谓白沙、阳明后学。
⑥ 《同治嘉鱼县志》卷九《理学祠记·杨起元》,江苏古籍出版社,2001年,第273-274页。
⑦ 《同治嘉鱼县志》卷九《鼎建二贤祠记·庞一德》,江苏古籍出版社,2001年,第276-277页。
⑧ 《同治嘉鱼县志》卷九《鼎建二贤祠记·庞一德》,江苏古籍出版社,2001年,第277页。

终"①。此事例亦说明李承箕在当地影响之大。

另外,武昌府将李承箕配祀周敦颐时,指出:"查得嘉鱼李世卿才蕴今古,学贯天人,接濂洛关闽之真传,演洙泗源流之正派。今久仙逝,与论弭彰。除行提学道外,仰武昌府置立神主,安祀濂溪书院,大彰鼓乐,外立扁,赐冢孙第。本院外,给赎银六两,以为贤子孙笔纸之资,仍取回秩回报缴。"②李承箕俨然成为儒学正派之传承者,经过官方的认定,其在文化教育方面更具有影响力。

总之,李承箕通过自己的言传身教,影响着身边的交往群体,使白沙学得到很有效的推广;缘于李承箕的学术影响力,相关李承箕祠堂的建立,是民间及官方对李承箕人品及学问的认可,从而使李承箕给当地教育带来影响。而吴廷举对李承箕诗文集的刊刻,亦为李承箕学问的宣传提供了传播的载体,无形中更便于白沙之学的宣扬。

## 三 白沙学在湖北的影响

明代理学大儒陈献章以自己的著述及言行影响着众多学人,自成一派,黄宗羲在《明儒学案》中专列白沙学案,张夏《雒闽源流录》亦将陈献章列为"江门"派,如顾天埈所言,"我明自国初盖多儒者,然圣学真脉开于白沙陈先生,先生不立文字,而未尝不发于文字"③。虽然,陈献章的弟子主要分布在广东,白沙学对岭南文化产生很大影响④,而随着湖北学人通过不同方式与陈献章的交往,白沙之学对湖北学者的学问及行为亦产生很大影响。黄宗羲言陈献章与李承箕"真有相视而莫逆者。盖先生胸怀洒落,白沙之门更无过之"⑤。那么,我们试着以李承箕为中心来探究白沙之学在湖北的影响。

其一,在著书立说、学术趋向方面,慎于著述,倡导自得之学。

陈献章为学倡导"超然自得"之学,不喜著述,侍亲纯孝,淡泊名利,与其为"神交"的李承箕自求师白沙后,终其生秉承白沙之学行。

李承箕回忆追随陈献章求学的经历,"其后壬寅之七年,予始得拜先生白沙,既而每有请益,惟欲一启其扃,不深其奥,待予自得焉而已"⑥。在实际中,李承箕坚守老师的教诲,其《茅屋书声》有文:"万卷亦未足,三冬良迟迟。君子贵自得,轮扁乃吾师。"⑦且言:"闻见口耳之学,非其自得者,非真学。"⑧评论孔葸臣的诗作亦言:"别驾卷中十诗似欠沈著妥贴,力到自达,明者自得于言语之外。"⑨因此,吴廷举称李承箕"送许生文而悯俗学之支离,辟异学之汗漫,而令之静坐以观心,有得于深造自得之妙焉"⑩"其自得之妙,非惟人不能知。虽先生亦不自知也。又尝观其所谓道德矣,泰山乔岳而不自以为高,岷江渤海而不自以为

---

① 《嘉鱼李氏宗谱》之《教谕分欧宾房(大崖)》,2012年三部堂续修本,第176页。
② 《嘉鱼李氏族谱》第九册卷五《大崖配祀周夫子书院》,咸丰八年世祀堂合修本。
③ 顾天埈:《顾太史文集》卷四《二贤祠记》,明崇祯刻本。
④ 参见王光松:《白沙门人与白沙心学传播》,《现代哲学》2015年第6期;陈椰:《岭南阳明学与白沙学的互动交融》,《学术研究》2017年第9期。
⑤ 黄宗羲:《明儒学案》卷八《孝廉李大崖先生》,中华书局,2013年,第94页。
⑥ 李承箕著,朱志先点校:《李承箕集》卷一九《祭石翁文》,湖北人民出版社,2018年,第282页。
⑦ 《李承箕集》卷七《茅屋书声》,湖北人民出版社,2018年,第86页。
⑧ 《李承箕集》卷一六《送王承吉序》,湖北人民出版社,2018年,第231页。
⑨ 《李承箕集》卷二〇《与孔葸臣》,湖北人民出版社,2018年,第298页。
⑩ 《李承箕集·吴廷举序》,湖北人民出版社,2018年,第3页。

深,威凤祥麟而不自以为瑞,翔龙踞虎而不自以为猛,其变化之功,先生自信之,予知而亦信之"①。从首次由白沙返回嘉鱼后的十多年,李承箕一直秉持自得之学。

在著述方面,陈献章持谨慎态度,不虚为文字,"白沙之学不立文字,教人端坐澄心,优游停涵,久之,渣滓消融,神明内朗。其学号简易直捷。一时学者翕然趋向,然亦或訾且议之。大厓心独喜其说,往见"②。对此,李承箕认为陈献章"不著书,尝曰:'六经之外,散之诸家百子,皆剩语也。许鲁斋谓须焚却,顾我何复云云。'性喜吟咏,故其进退语默之几,无为自然之旨,悉发于诗"③。李承箕称陈献章的诗篇:"所谓吟咏性情而不累于性情者乎""济其源,发其光,内外一致,默语惟时,而超然自得于形器之外者,存乎其人焉耳。"④

李承箕从白沙归来后,深受白沙"不立文字"之影响,"日端坐一室,洗涤身心,不涉阶级,径造本真。或劝之著述,曰:'近世笺注繁芜,郢书燕说,鼎沸丝棼,方欲一划去之,而更推波助澜耶?'顾犹喜吟咏,客至,相与剧饮赋诗,醉起书之,札草濡墨,斜斜整整,无不如意。及为文章,刮濯陈垢,无起无止,莫可端倪"⑤。故而王夫之对此叹道:"夫之读白沙先生集而有疑焉,疑当时之授宗旨于江门者,自张廷实、林缉熙以及乎容贯、陈冕之流,洗髓伐毛于钓台之下,无幽不抉,以相谘印,而白沙所珀芥以弗谖者,则唯大崖先生。其唱和诗几百篇,抑未尝以传心考道之为娓娓,视彼诸子者言不勤矣。以此疑而思,思而不得者数月。乃置其往还唱和之迹,而设身以若侍两先生之侧者又数月,而后庶几若见之。呜呼!两先生之映心合魄,而非张、林、容、陈之得与者,岂其远哉!白沙之于一峰,犹是也;于定山,犹是也,于医闾,犹是也;于汝愚,犹是也;其时相与接迹者,前为三原,后为枫山,虽未尝与白沙游,大崖亦未尝造膝焉,而亦犹是也。逾此而外,交臂失之者多矣……江门风月,黄公台披襟而对之,扶疏葱苒,拄青天而荫沧海,言恶足以及之哉。"⑥

与陈献章交往较多的吴廷举虽属名宦,但其"性好读书,无不窥索,积书至数万卷,好薛文清及胡敬斋,录采其要言,作诗仿陈白沙,览者知其志简情真,至规人所不及,直中肯綮,毫无谀词,奏草剀当可以为式"⑦。

对于白沙之学在湖北的影响,嘉庆年间,四川南充县知县李元在给朱伯骥后人写寿序时指出:"余辑理学传授表,知嘉鱼李大崖、黄冈耿楚侗,闻白沙、姚江之风而兴起者,读其书未尝不想见其为人。又闻通羊朱氏溪南、两崖父子以理学世其家,固陈献章、王守仁之高第弟子也。张东所、唐渔石诸名流,往往引为莫逆交,顾以不获读其书为憾。"⑧

其二,在为人处世及对待名利方面,待亲至孝,淡泊名利。

陈献章对母至孝之情,这种品格对李承箕亦有很大影响。李承箕自白沙归,不复仕进,赡养老母,许多史籍载有此事,兹列如下:

> (李承箕)慕白沙陈先生振学东粤,而往师事焉,卒不复赴春官。归养其母垂

---

① 《李承箕集·吴廷举序》,湖北人民出版社,2018年,第3页。
② 王鏊:《震泽集》卷二六《李大厓先生墓表》,上海古籍出版社,2013年,第373页。
③ 《李承箕集》卷一八《石翁陈先生墓志铭》,湖北人民出版社,2018年,第274页。
④ 《李承箕集》卷一七《石翁先生诗集序》,湖北人民出版社,2018年,第251页。
⑤ 王鏊:《震泽集》卷二六《李大厓先生墓表》,上海古籍出版社,2013年,第373页。过庭训亦言,李承箕"为人寡言笑,终日端坐,人莫窥其所存,为诗文下笔立就"(《本朝分省人物考》卷七六《李承箕》,明天启刻本)。
⑥ 王夫之:《船山遗书》第七卷《姜斋文集》,北京出版社,1999年,第4231页。
⑦ 过庭训:《本朝分省人物考》卷七六《吴廷举》,明天启刻本。
⑧ 《通阳朱氏宗谱》卷二《征仕郎鹤亭年台朱老先生七十寿序(李元)》,2007年续光阁续修本,第30页。

二十年。伯兄大司马及仲廷评君闻大厓风,一时尽解官归大厓,因日与两兄者奉母夫人甚欢,每进食前起舞为寿,或击□而歌,母夫人亦时应声和之,如是竟其天年……大厓信纯孝,乃不谓能感其兄。①

(李承箕)与其兄日夕奉母怡愉一堂,虽贫约不计焉。②

己酉除夕,兄弟侍亲榻至中夜,母叹曰今夕有二子在,明夕当何如?世卿闻言即泣下,不忍去,劝兄就道,己留奉亲,遂弃科名,不复言禄仕。久之,兄弃官归,相与日夕奉母怡愉一堂,及母丧,寝苫枕块不离。③

李承箕不仅自己孝侍老母,且劝谕友人亦应孝敬老人,其《送许生还上虞序》中言:"生欲往白沙谒吾陈先生。夫自生之乡去彼,五千百余里,囊无粟,衾裹裂,钱挂杖头有几?生又有老亲双垂白于堂,只子可再远。"④

对于名利,李承箕非常看淡,曾言:"卑卑焉日趋于声色货利之场,如蜣螂之转丸而不能止,视其心何如也?"⑤其在诗文中,多次言及自己乃山野之人,其兄李承芳言:"世卿本以忘名者。"⑥廖道南称:"观《大厓集》,乃见其以迈往之志,弃荣利而耽幽寂。"⑦李承箕的兄长李承芳亦是淡泊名利,在大理评事任上致仕归家,和李承箕"相与悠然物外"⑧。陈献章看淡功名,以读书为务的做法,通过李承芳、李承箕两兄弟的身体力行,对嘉鱼李氏子弟产生了很大的影响。

以嘉鱼李氏李承箕这一支为例,李承箕长子李教"纷华荣显,视之漠如,而爱亲之心,奉先之礼,尤所崇重"⑨;仲子李严曾随李承箕拜访过陈献章,不乐举业,课农于黄公山,曾言:"吾亲见石翁,虽曰诗酒,其实天性不饮,家常勤慎,如初学之士,况汝辈岂可以职业妨于诗酒乎?"⑩三子李整考中举人后,考进士未中,自认命运如此,"不乐进取,游心苦学","遂栖志丘园,澹然世味,乃构书庐于大崖山,尽取其先世遗书读之,虽祈寒溽暑,手不释卷,所养亦觉深厚矣"⑪。李承箕的孙子李宝蒙亦是中举后绝意仕进,惟以读书为务,不治产业,考中举人后三十年中,家里财产没有任何增加,甚至吃饭都是问题,然仍泰然处之。⑫李占解系李宝蒙曾孙,中举人后,因明清易代,遂绝意仕进,与熊开元、尹民兴、金声等地方名流以读书酬唱为乐。⑬李占六亦为李承箕后人,视功名如浮鸥,乐于山水之间,李占解曾为其作《黄公真隐赋》:"黄公真隐隐黄公,古有黄公公也同。人是羲皇以上客,心无世故只如童。万卷父书教子读,一班苏秀挺人龙。虚静家学独吾领,月白江门海眼空。"⑭可见,嘉

---

① 莫如忠:《崇兰馆集》卷一一《寿姚母李孺人八袠序(为同志诸友作)》,明万历十四年刻本。
② 李贤:《明一统志》卷五九《李承箕》,文渊阁《四库全书》本。
③ 张夏:《雒闽源流录》卷一四,清康熙二十一年黄昌衢彝叙堂刻本。
④ 《李承箕集》卷一六《送许生还上虞序》,湖北人民出版社,2018年,第239页。
⑤ 《李承箕集》卷一七《华容刘公遗爱序》,湖北人民出版社,2018年,第246页。
⑥ 《李承箕集》之《采菊稿引》,湖北人民出版社,2018年,第6页。
⑦ 廖道南:《楚纪》卷二二,昭文内纪后篇,明嘉靖二十五年何城李桂刻本。
⑧ 顾天埈:《顾太史文集》卷四《二贤祠记》,明崇祯刻本。
⑨ 《嘉鱼李氏宗谱》之《教谕分欧宾房卷(大厓)》之《李教传》,2012年三部堂续修本,第164页。
⑩ 《嘉鱼李氏宗谱》之《教谕分欧宾房卷(大厓)》之《李严传》,2012年三部堂续修本,第165页。
⑪ 《嘉鱼李氏族谱》卷四《明故乡进士李君端彝墓志铭·余承勋》,第七册。
⑫ 《嘉鱼李氏宗谱》之《教谕分欧宾房卷(大厓)》之《李宝蒙传》,2012年三部堂续修本,第168页。按:李宝蒙之子李忕颇具才华,不愿受官方的约束,遂放弃应举,"视世泊如,视利淡如。"(《李忕传》,同上,第171页)
⑬ 《嘉鱼李氏宗谱》之《教谕分欧宾房卷(大厓)》之《李占解传》,2012年三部堂续修本,第190-191页。
⑭ 《嘉鱼李氏宗谱》之《教谕分欧宾房卷(大厓)》之《李占六传》,2012年三部堂续修本,第185页。

鱼李氏子弟素有不乐仕进之风,甚至县令庞一德赐之匾额"名家清隐"①。

不仅李承箕的家族子弟比较看淡举业,专心苦读,陈献章的弟子及再传弟子亦多有此风气。朱伯骥和陈献章交往后,深服其言,"遂弃官归,日课其子,横经讲学,时放歌山谷,自适其意"②。曹璘"出按广东,访陈献章于新会,服其言论,引疾归山,居三十年闭户读书,不入城市"③。许璋"淳质苦行,潜心性命之学,其于世味泊如也"④。因此,对于白沙弟子崇尚归隐的风气,黄宗羲称:"出其门者,多清苦自立,不以富贵为意,其高风之所激,远矣。"⑤

在传统社会里,一种学问的传播,需要多种因素,诸如学问倡导者的影响力,传播群体数量的众寡及地位的贵贱,传播载体(著述)的获取是否便利,还有学问的受众者能否从中获取更长远的利益(科举入仕)等,这些因素在不同程度上均会影响到该学问的传播。而陈献章一生授徒的主要地点是江门,湖北离江门路途遥远,交通条件受限。在这种情况下,能够直接得到陈献章教诲的湖北学人自然很有限。另外,亲身到江门求学的李承箕深受白沙学的影响,不乐仕进,喜于清净,以读书为务,亦没有到相关书院进行布道。李承箕仅是凭借自己的人格魅力及学术影响力,使同道中人前往嘉鱼交流,或是通过著述窥探其学问。还有诸如李承芳、朱伯骥、曹璘等亦属于归隐读书型,仅能在一定范围内传播白沙之学。囿于白沙之学并非一种强调经世致用的实学,其过多重视通过静坐体悟达到自得的境界,因而属于一种超世俗的学问。李承箕、李承芳、朱伯骥、曹璘等湖北学人秉持传承白沙学的信念,且身体力行之,使白沙学在湖北为世人所了解,并具有一定的影响力,但是渐渐地便被阳明学所取代,诸如朱伯骥的后人朱廷立及湛若水的弟子何迁便是阳明学的宣扬者。⑥

---

① 《嘉鱼李氏宗谱》之《教谕分欧宾房卷(大崖)》之《李忒传》,2012年三部堂续修本,第172页。
② 廖道南:《楚纪》卷四九《朱伯骥》,明嘉靖二十五年何城李桂刻本。
③ 丁宿章:《湖北诗征传略》卷三六,清光绪七年孝感丁氏泾北草堂刻本。
④ 耿定向:《先进遗风》,中华书局,1985年,第18-19页。按:丁元荐《西山日记》卷下:"王文成幕下有一布衣,上虞许璋也,擒赣州诸盗,平宸濠,大都藉其谋。文成不敢屈以官爵,馈遗亦不受,隐居山中,文成屏驺往候之,清谈竟日,蔬食菜羹泊如也。"(清康熙二十八年先醒斋刻本)
⑤ 黄宗羲著,沈芝盈点校:《明儒学案》卷五《白沙学案上》,中华书局,2013年,第79页。
⑥ 按:对于白沙学不如阳明学影响力广,黄桂兰认为其原因在于白沙门生求学时缺乏和老师形成相互诘难的互动、陈献章功业无闻、白沙门徒多清苦自立等(《白沙学说及其诗之研究》,文史哲出版社,1981年,第142-143页)。王光松认为除了上述原因,还"关涉学派成员的传播热情程度以及学派的凝聚程度与组织化程度"(《白沙门人与白沙心学传播》,《现代哲学》2015年第6期,第97页)。

# 国图藏《宋元学案》醉经阁刻本考述

岳珍

华中科技大学中文系

**摘 要**：醉经阁本是百卷本《宋元学案》的初刻定本，也是传世《宋元学案》诸本中刊刻最为精美的善本。此本的价值主要体现在两个方面：其一，《宋元学案》的撰修者、撰修经过与刊刻过程，一向是学术界注目的焦点，相关的考证已经非常详尽。但醉经阁本的编纂与刊刻过程，以及从醉经阁本到何绍基刻本的这段修订历程，研究者却大多语焉不详。此本的存世，为解开上述谜团提供了可靠的第一手数据，具有重要的史料价值。其二，虽然后出的何刻本在体例的完善、结构的调整、内容的增补、史误的纠正与文字的校改方面都取得了丰硕的成果，成为传世诸本的祖本，但醉经阁刻本的文献价值，尤其是因何刻本的疏忽或所引史料本身的错讹而产生的史实错误，以及刊刻过程中新产生的文字错讹等问题，使得醉经阁本的文献价值无可替代。笔者整理《宋元学案》，即以此本为对校版本。

**关键词**：宋元学案　醉经阁初刻本　史料价值　文献价值

《宋元学案》全书一百卷，卷首一卷，计有学案九十一个，记载了两千多位宋元思想家的生平、思想及其学术论著，全面展现了宋元两代学术思想及其源流派别，被梁启超先生誉为"学术上千古不磨的功绩"。

国图善本书室藏有《宋元学案》醉经阁刻本一部，编号14040，是《宋元学案》百卷本的第一个刻本，也是传世《宋元学案》诸本中刊刻最为精美的一大善本。但由于传本稀少，一般读者难以窥见，所以迄今为止，学术界已经发表的《宋元学案》研究成果中，还没有一篇讨论这个版本的专题论文。笔者整理《宋元学案》十年，对其成书经过及文献价值略有了解，今草成此文，抛砖引玉，希望能引起学界注意。

此本版式如次：每半叶十一行，行二十四字，小字双行同。黑口，左右双边，双鱼尾。上版心署"宋元学案卷××"，下署页码。下版心署"醉经阁校本"。首卷首行署"宋元学案卷一"，次行低一格署"姚江黄宗羲原本男百家纂辑"，第三行低一格署"四明全祖望修补"，再低五格署"后学慈溪冯云濠校刊"，第四行低十五格署"鄞王梓材重校"。

此本一百卷、卷首一卷，共一百零一卷，现存2734版，全书止于卷100/11B"御史刘云卿先生从益"标目，无"宋元学案卷一百终"尾题，知此本有残阙。据该卷《学案表》，知所阙包括刘从益、董文甫、宋九嘉、李经、雷渊、刘祁、董安仁诸传。比对何刻本，以上诸传包括冯、王案语约占两叶，则此本残阙一叶或两叶。全书篇幅，当为2735版或2736版。

---

收稿日期：2020-12-25。

作者简介：岳珍，文学博士，华中科技大学中文系教授，博士生导师，主要从事中国古典文献研究。

## 一 《宋元学案》纂修过程

《宋元学案》从开始编撰到定本何刻本刊刻成书,历时约一百七十年,其间经历了五个阶段:

第一阶段为草创阶段,时间在康熙中期。康熙十五年(1676),黄宗羲《明儒学案》完稿,即开始编辑《宋元学案》(黄炳垕《黄梨洲先生年谱》)。二十五年,作为《学案》原始资料的《宋元集略》编成(黄宗羲《与徐乾学书》)。至三十四年黄宗羲逝世,至少有六十七个学案已经初具规模,梨洲本人为三十三个学案撰写了部分案语,尚未完成的部分,遗命季子黄百家完成(黄炳垕《黄梨洲先生年谱》)。至康熙四十八年(1709)黄百家去世,初步完成了六十七卷五十八个学案的编撰工作。全书由黄宗羲本人发凡起例,其子黄百家主持,门人杨开沅、顾諟等参与编撰。二老阁郑氏刊本《宋元学案》卷首署"男黄百家编,门人杨开沅、顾諟分辑",即是明证。今传《宋元学案》何刻本正文百卷录存梨洲与黄百家、杨开沅、顾諟案语以及梨洲友人张采语共计三百三十条,分布于五十五卷之中。

第二阶段为修订、校补阶段。乾隆十一年(1746)至乾隆十九年(1754),全祖望对《宋元学案》进行了大规模的修订增补(董秉纯《谢山先生年谱》)。除了订补黄氏原本之外,新增三十三卷三十三个学案,并撰写了《序录》一卷,确立了今传本《宋元学案》一百卷、九十一个学案的基本面貌。何刻本《学案》正文百卷卷首明署"全祖望修定"者三十三卷、"全祖望次定"者六卷、"全祖望补定"者二十八卷、"全祖望补本"者三十三卷,录存其案语三百零四条,分布于九十六卷之中。

第三阶段为继续修订、校补阶段,乾隆二十年(1755)全祖望去世之后,宗羲五世孙黄璋、六世孙黄徵父对全氏增订本再次进行校补,编为稿本七十八卷(《考略》)、五十七个学案,由七世孙黄直垕抄录成册(《考略》)。道光十四年(1834)中秋,全稿始正式誊清(史语所藏《黄璋校补誊清本》卷末诸豫宗识语)。

第四阶段为校定刊刻阶段。道光十四年(1834)至十八年(1838),冯云濠、王梓材以全氏校补本为基础,据黄氏原稿本、黄璋父子校补本以及其他多种抄本校订全书文字,并编定全书《总目》,为各卷补编了《学案表》,同时补写了一批案语,撰写了《学案考略》《校勘条例》。道光十八年,由冯云濠出资刊刻于浙江慈溪醉经阁。全书一百卷、卷首一卷,九十一个学案的面貌正式定型。

第五阶段为修订、增补阶段。鸦片战争中,醉经阁本书版毁于兵火。道光二十二年(1842)至二十四年(1844),王梓材在北京据所携醉经阁本重校。道光二十六年(1846),由何绍基出资刊刻于北京。① 此本的分卷及行款与醉经阁本相同,但对醉经阁本进行了大规模的编次调整、内容增补及文字校订,全书共计三千一百零四版,约一百六十余万字。何刻本《学案》正文百卷、《卷首》一卷中录存冯云濠案语四百七十二条,分布于九十四卷之中。录存王梓材案语九百一十三条,分布于全书百一卷中。此后,何刻定本《宋元学案》成为流行诸本的祖本。

---

① 有关《宋元学案》成书及刊刻过程,参见其卷首何凌汉、何绍基《宋元学案叙》,王梓材、冯云濠《宋元学案考略》,王梓材《校勘宋元学案条例》;中华书局点校本、浙江古籍出版社点校本卷首《前言》,卷末《附录》;葛昌伦《宋元学案成书与编撰研究》。

## 二 醉经阁本的编纂与刊刻

《宋元学案》的撰修者、撰修经过与刊刻过程,一向是学术界注目的焦点,相关的考证已经非常详尽。但醉经阁本的编纂与刊刻过程,以及从醉经阁本到何刻本的这段修订经历,研究者却大多语焉不详。

此本目录后有王梓材道光十七年(1837)六月《题识》:

> 右《宋元学案》一百卷,吾鄞全谢山吉士因姚江黄氏本而修补之者也。其详具见慈水冯君五桥所与同辑《考略》。盖黄氏原本创于梨洲,纂于其子主一,谢山修补之。其稿辗转归于及门月船卢氏,别见数帙于同门樗庵蒋氏,而梨洲后人又有八十六卷校补之本。要之,梨洲、谢山皆为未成之书,黄氏补本则虽成而犹未成也。比岁壬辰,何大司空仙槎师按试吾郡,首进梓材而问及是书。梓材对以《明儒学案》见有数刻,《宋元诸儒学案》则未之见也。退而遍访,始知是书原委。其明年,陈少宗伯硕士师代督学事,又以是书命题,俾为之考。冯君五桥同在试院,互言其详。既而同出硕士师之门,硕士师已获黄氏补本,思得谢山修补原稿参校之,月船之孙卓人茂才又深护之,不肯出,而硕士师亦遂谢世。呜呼,两美之合,其难也如是! 自是厥后,贤士大夫莅吾郡者每访求是书,而卓人茂才亦虑是书藏稿之终归散佚也。冯君五桥慨然以剞劂自任,而梓材适有晋都之役,勉为留行,出其藏稿,与冯君散者整之,杂者厘之,兼以黄氏补本参互考订。盖自孟春至季夏,而谢山百卷之书凡六阅月而始克成编,惜乎硕士师之不克见其成也。伊将教习北学,敬奉是书晋谒仙槎师而鉴裁之,必有以教其不及,益以见蔼然垂问之非偶然矣。道光十七年丁酉六月望日,甬上后学王梓材谨识。①

其下有冯云濠道光十八年七月《题识》:

> 宋、元儒之有学案也,姚江黄梨洲先生既辑《明儒学案》,因溯宋元诸儒而为之述其学派也。顾梨洲仅举大要,至其子主一未史先生始编辑之。其稿尝归吾邑南溪郑氏而旋失,梨洲之孙证孙复得之淮阴杨氏。厥后吾郡谢山全先生续修之,以补黄氏所未及。考其年谱,盖自乾隆丙寅以至甲戌之春,几无岁不修《学案》。明年乙亥遂卒,而其编次序目,草创甫定。修补之稿,递归及门卢月船氏。月船剧思完补,既任平阳学博归,即取稿本手钞之,以冀成编,且与梨洲元孙稚圭号大俞者往还商榷。未卒业,而月船以乙巳卒,距谢山之殁盖已三十一年。其原稿与钞本庋藏于家,世守之。迨今又五十余年,始出诸其孙卓人而尽录之。盖谢山手稿字迹致密,其未为月船所钞者犹三百余页。月船同门蒋樗庵氏亦有《学案》残本,多与卢氏复,其不复者今亦间入卷中。第黄氏原稿不言卷数,谢山修定序录,列为百卷,而蒋氏藏稿帙尾乃有六十卷之目。黄氏大俞及其子平黼别见校补本,分卷八十有六。案其跋语,盖尝见卢氏藏本者。特大俞、平黼所补原本,有卢氏藏之而黄氏遗之者;亦有谢山修补之本,黄氏补本有之而卢氏藏本无之者。

---

① 王梓材:《题识》,醉经阁刻本《宋元学案》,卷首《总目》第14叶下至15叶下。

互见杂出,端宜归一。是用不揣固陋,与同志王君朦轩悉心参校,汇为一编,适如序录百卷,以付剞劂。经始于丁酉之春,告竣竣于戊戌之夏。海内君子,得有所藉,以资观览。庶梨洲、未史、谢山诸先生拳拳示学之意不致湮没云。道光戊戌岁七月既望,慈溪后学冯云濠谨识。①

以上两段题识,有助于揭示冯云濠、王梓材整理《宋元学案》的几个基本史实:

其一,整理《宋元学案》,缘起于何凌汉道光十二年(1832)按学宁波,召王梓材问及是书。次年何用光代督学事,又以是书命题,俾为之考。十四年,冯云濠得黄氏校补誊清本。其后又得卢月船、蒋樗庵两家分藏的黄宗羲、黄百家父子原稿本以及全祖望修补稿本,再加上《考略》所录二老阁郑氏刊本《序录》与第一七卷《横渠学案》上卷,以上四种,就是冯、王直接掌握的《宋元学案》原始资料,也就是他们整理《宋元学案》的底本。

其二,冯云濠、王梓材整理《宋元学案》,起于道光十七年孟春,至其年季夏,凡六阅月而始克成编。该书的刊刻,经始于道光十七年丁酉之春,告竣于十八年戊戌之夏,历时一年以上。

同年冬,冯、王开始着手对醉经阁本进行重校修订,见王梓材道光二十五年(1845)二月《题识》。有关修订的过程,王梓材何刻本《题识》的叙述较为详细:

> 戊戌之夏,是书百卷刻竣于溪上。版中讹脱,犹已考订。是年冬,梓材以内艰归自京师,五桥同年属再为校正,因相与讲习旧业。随辑《补遗》,亦至百卷。而是刻版本之宜整次者,又复层见迭出,遂于初刷本逐一标识,以备修改。辛丑二月,梓材服阙北上,亦照写一本,并携《补遗》稿本而行。时海氛不靖,未克命工修理,版藏五桥家,既慎且固,而是刻之不即印刷行世者,亦以昭慎重也。未几,夷匪深入吾郡,延及慈水。壬寅二月初旬,五桥居室被烧,是版亦毁。幸而梓材行箧所留一部,岿然尚在。五桥复思重刻,敦属梓材勿轻旁借,其志甚决。而道州何子贞编修与日下诸君子亦谋刻于都中,以公诸宇内。梓材因以学事之余,重为校订。其有明为正编之遗漏与补编之必归入,而前此考订时所未见及者,皆为录入;又其学派初未审定者,亦多为更正。盖自壬寅之秋以至甲辰之冬,再期而毕事,始克重付剞劂焉。道光二十五年乙巳春二月初吉,后学臣王梓材重识于都门宣南坊香炉营头条胡同之寓斋。②

由于醉经阁本需要"整次",所以书版刻成之后,并没有急于刷印行世,而是在初刷本上"逐一标识,以备修改"。自道光十八年(1838)冬至二十一年(1841)二月王梓材入京,《学案》的整次已告一段落,这是醉经阁本修订的第一阶段,历时两年有余。同期完成的,还有《宋元学案补遗》百卷。道光二十二年二月初旬,醉经阁本书版毁于英军兵火。所幸王梓材入京时携带的印本一部尚存,且冯、王标识于初刷本以备修改者也已经照写一本携带入京,所以何绍基得以谋刻于都中。其后王梓材重为校订,自道光二十二年(1842)壬寅之秋以至道光二十四年(1844)甲辰之冬,再期而毕事,这是醉经阁本修订的第二阶段,历时两年有余。关于此次修订重刊,何绍基道光二十六年所作《宋元学案叙》的叙述较为

---

① 冯云濠:《题识》,醉经阁刻本《宋元学案》,卷首《总目》第15叶下至16叶下。
② 王梓材:《题识》,何刻本:《宋元学案》,续修四库全书影印清道光二十五、六年道州何氏刊本,卷首《总目》第16叶下至17叶下。

详细:

> 壬寅春,冯氏书版毁于兵火,幸腾轩所呈印本尚存余家。是岁秋,余服阙入都,思有以卒成先志。腾轩曰:"果拟重刊,且宜少待。"乃复精心勘阅,又为补脱正误,至甲辰冬而竣事。适余方典黔试归,倾使橐以营剞劂。先是,癸卯之夏,余集同人勾资创建顾亭林先生祠于城西慈仁寺之隙地,轩亭静奥,因请腾轩下榻其中。悉检家中藏书有系《学案》者,移度祠屋,供其寻讨。余亦竭力襄事,校出讹漏甚多。手民亦悉萃居于是,随校随刻。至丙午夏而事竣。①

此次修订,按王梓材所说,"自壬寅之秋以至甲辰之冬,再期而毕事",历时两年多。重付剞劂,则在道光二十四年甲辰之冬重校毕事之后,至道光二十六年"丙午夏而事竣",历时约一年半。按何绍基的说法,此次再版,始于道光二十三年(1843)癸卯之夏,至道光二十六年(1846)丙午夏而事竣,历时约三年。其中包括道光二十二年壬寅秋至道光二十四年甲辰冬"精心勘阅""补脱正误"的两年。

就现存史料考察,醉经阁本初刷本至少应该有两部:冯、王"于初刷本逐一标识",则冯、王应分别持有一部初刷本。王氏入京之前"照写一本",即将对方"逐一标识"的校改符号及异文过录到自己所持初刷本上。不过,按现存藏本情况考察,冯、王所持初刷本并非两部而是同一部,冯、王各持半部,这就是国图古籍馆善本阅览室所藏索书号13299的半部,计存卷一七至卷九七共八十三卷;以及浙江省图书馆藏索书号1337的半部,计存卷一至卷一〇、卷一四至一六共十四卷。此外,道光十六年何凌汉《宋元学案叙》谓:"今兹戊戌,王生再入都门,居然以校刻《宋元学案》百卷定本至"②,道光二十六年何绍基《宋元学案序》谓:"腾轩所呈印本尚存余家",则何家应藏有一部初刷本,这就是本文所考国图善本书室索书号14040的这一部。此本卷末有王梓材跋语:"此刻板藏慈溪冯五桥家,尚未印刷行世。年初冯宅被□夷所烧,书板一并遭劫。现在刻本仅留梓材行箧一部,五桥敦属不宜旁借,且俟重刊送阅。如大雅欲见全书及补遗稿本,便中过寓一览可也。是本并希惜护。壬寅十月二十六日腾轩王梓材白。"又此本卷首有"癸卯八月平定张穆借读"题签,则王梓材跋所谓"大雅",即指张穆。由此可以判定,本文所考醉经阁刻本,即王梓材"行箧所留"亦即何绍基所称"尚存余家"者。

## 三 醉经阁刻本的文献价值

何刻本对醉经阁刻本进行了大规模的增补修订,使之成为《宋元学案》多种传本中内容最丰富、体例最缜密、文字最精善的版本,这个评价是可以成立的。不过,校书如秋风落叶,旋扫旋生,新的错讹也是不可避免的。在《宋元学案》早期传本中,体例和内容最接近何刻本的醉经阁本,就成为何刻本最佳的版本校对对象。就现有情况考察,醉经阁本可以纠正何刻本两大方面的错讹:其一,由于重校者的疏忽或所引史料本身的错讹而产生的史实错误;其二,刊刻过程中新产生的文字错讹,这类错讹为数不少,有价值可供取校者即数以百计。此下列举若干实例,以窥见醉经阁刻本的文献价值。

---

① 何绍基:《宋元学案叙》,道州何氏刊本《宋元学案》卷首,第2叶下至第3叶上。
② 何凌汉:《宋元学案叙》,道州何氏刊本《宋元学案》卷首,第1叶下。

### (一)可纠正何刻本史实错讹

考略/3a 知泰安县。①

泰,醉经阁本作"秦"。按:《清史稿·儒林二·全祖望传》:"董秉纯,字小纯。乾隆十八年拔贡,补广西那地州州判,升秦安县知县。"《清儒学案小传》卷七《谢山学案上·董先生秉纯传》:"擢甘肃秦安知县。"

3/1b 隐君戚正素先生同文。

正,醉经阁本作"坚",下文同。按:戚同文谥号,曾巩《隆平集》卷一三、杜大珪《名臣碑传琬琰集》下卷七"戚学士纶"条、李焘《续资治通鉴长编》卷四四、王称《东都事略》卷四七、章定《名贤氏族言行类稿》卷五二、《锦绣万花谷续集》卷三八、元张光祖《言行龟鉴》卷三作"坚素先生"。曾巩《元丰类稿》卷四二《虞部郎中戚公墓志铭》、徐度《却扫编》卷上、施宿《嘉泰会稽志》卷三作"正素先生"。《宋史·戚同文传》:"杨徽之尝云:陶隐居号坚白先生,先生纯粹质直,以道义自富。遂与其门人追号坚素先生。"陶隐居,陶弘景。陶弘景谥号为"贞白",戚同文谥号当为"贞素",作"坚"作"正",均为宋人避仁宗讳改字。但此条末明署"参史传",其文字出自《宋史》无疑,当作"坚素先生"。

70/1b 聘郑清之、全子才为之师。

全,醉经阁本作"牟"。中华本 p.2330 注:"'牟',原本作'全',据《宋史·赵葵传》改。"按:《宋史·赵葵传》亦作"聘郑清之、全子才为之师",百衲本、库本、殿本以及中华书局点校本并同。此引不确。宋代确有全子才,其人于二赵为同僚。端平二年九月壬寅,赵范以入洛之师败绩,上表劾赵葵、全子才,即其人也。元盛如梓《庶斋老学丛谈》卷上:"赵南仲兄弟平李全日,参议官则全子才。有蒋山僧见全,喜甚曰:'逆全诛矣。'问其故,曰:'公之姓,贼名也。公之名,贼姓而少一人。合姓名而观,是倒悬李全而无左臂也。'其说果验。"其人非二赵之师,《宋史》误。

### (二)可订正何刻本体例错讹

2/泰山学案表。

首行"孙复"下改"高平门下士"为"高平讲友";同行增"泰山学侣"标目,所列"胡瑗"为新增;又增"泰山同调"标目,所列"士建中""刘颜"为新增。次行增"文彦博";行末增"徂徕学侣"标目,所列"范纯仁""吕希哲"为新增。第三行删"范纯仁""吕希哲";同行增"梁焘";又"姜潜"下增"见上《泰山门人》","莫说"下增"见上《泰山门人》";"刘挚"下增"父居正"。第四行"吴秘"下增"郑史","刘挚"下增"蹈"。第五行"刘跂"下增"长福"。

按:醉经阁本"范纯仁""吕希哲"为徂徕门人之首。据《高平学案·范纯仁传》:"时胡安定瑗与孙泰山复、石徂徕介、李盱江觏皆客文正门,先生从之学。"则忠宣兼师泰山、徂徕,信而有征。朱熹《伊洛渊源录》卷七:"公(吕希哲)始从安定胡先生瑗于太学,后遍从孙先生复、石先生介、李先生觏、王公安石学。"醉经阁本同时列入孙复、石介门下,是。王梓材以为:"第考先生之于徂徕、盱江,盖在师友之间,与范忠宣同。故谢山《序录》特著'学于安定''学于泰山'而不及石、李二先生也。"然全祖望《荥阳学案序录》云:"荥阳少年,不名

---

① 本文引用《宋元学案》原文,均据续修四库全书影道光廿五六年道州何氏刊本,正文中各署卷次页码,以下不再一一出注。

一师。初学于焦千之,庐陵之再传也。已而学于安定,学于泰山,学于康节,亦尝学于王介甫,而归宿于程氏。集益之功,至广且大。"范纯仁、吕希哲尝从徂徕问学,宋代史料记载明确无误。唯其"不名一师",所以全祖望《序录》未能一一遍举其师承,但其间并无否定范、吕问学石介、李觏的意味,王梓材所删不当。

18/17a 张采谨案:是子厚谨慎处。

"谨案"二字,醉经阁本作"曰"。下文同。按:黄宗羲门人参与《学案》编撰者,冯云濠记载为"杨开沅""顾諟",二老阁郑氏刊本卷首署名亦可与之相互印证。但吴光《宋元学案补考》谓:"宗羲门人杨开沅(字禹江,康熙间山阳人)、顾諟(字在瞻,康熙间山阳人)和张采(字号乡贯不详)分任编辑之责。"葛昌伦《宋元学案成书与编撰研究》以为冯云濠漏列张采,不确。张采(?—1648),字受先(黄宗羲《思旧录》),太仓人。崇祯元年进士,授临川知县。移疾归,与同邑庶吉士张溥结复社倡复古学。复社案起,悬狱累年。周延儒再相,乃见钩沉(黄嗣艾《南雷学案》卷五)。弘光年间起礼部主事,进员外郎,乞假去。南都失守,为奸人狙击,死而再苏。避之邻邑,又三年卒(徐鼒《小腆纪传·文苑传》)。崇祯元年,梨洲入京颂忠端公冤,与张采相识于京师。崇祯七年访太仓,亦在其家往还。其人为梨洲早年患难之交,"交情不可磨灭者"(黄宗羲《思旧录》)。《南雷学案·同调上》有传。何本《学案》正文百卷中录存"张采谨案"六条,分布于五卷之中,分别评论横渠、正献、张绎、魏掞之、龙川诸人。但受先卒于顺治五年,下距康熙年间梨洲编撰《宋元学案》尚有数十年之遥。今书中录存其文字,当采自其著述之中,或亦梨洲因文存人之意。值得注意的是,醉经阁刻本录存上述文字,均作"张采曰"。则"张采谨案"云云,当为王梓材所改。是误张采为《学案》编撰者,其误始于王梓材。

42/表1 张栻。

"别为《南轩学案》",何刻本脱,醉经阁本有此标目。

60/表1a 子大原。

"别见《慈湖学案》",何刻本脱,醉经阁本有此标目。

74/17a 汤艺堂先生建。

梓材谨案:"梨洲原本列先生传于陈止斋之门,谢山修之,并不明著其受学止斋。《温州府志》载先生以其学授徒,又称其'退与朋友商论,欣欣自得,年踰八十卒',亦未详其师承。朱氏《经义考》引胡一桂说,言先生交于杨慈湖,著有《周易筮传》,则以为慈湖讲友可也,故自《止斋学案》移列于此。"按:《温州府志》卷一一:"汤建,字达可,乐清人。少为陈止斋所知,天文地理、古今制度,考核精详,洞达本末。遂弃举子业,笃意兢省,深造理窟。始以其学授徒,名儒达士多受业焉,尊曰艺堂先生。每凤兴,必齐沐读《易》一卦,退与友朋商论,欣欣自得。有古瑟,常鼓以自娱。年逾八十卒。所著《诗衍义》《论语》《道德经解》。"①明徐象梅《两浙名贤录》卷三所载略同,此称"少为陈止斋所知",则梨洲列于陈止斋之门,应有依据。王梓材以为"《温州府志》未详其师承",不确。朱彝尊《经义考》卷三四著录汤建《周易筮传》,引"胡一桂曰":"建字达可,号艺堂先生,温州乐清人,交于杨慈湖门人。知惠州赵汝驭作序,淳祐四年刊于郡斋。"元胡一桂《周易本义启蒙翼传中篇》著录"汤建《周易筮传》"云:"名建,字达可,号艺堂先生,温州乐清人。交杨慈湖门人。知惠州赵汝驭作

---

① 汤日昭:《温州府志》卷一一,明万历刻本,第12叶下。

序,淳祐四年刊于郡斋。"①此谓"交杨慈湖门人",非"交于杨慈湖",王梓材误。

94/师山学案表。

首行"郑玉"下增"融堂三传""晦翁续传"标目;同行增"师山讲友"标目,所列"危素"为新增;又增"师山学侣"标目,所列"唐仲实"为新增;又行末增"师山同调"标目,所列"王廷珍"为新增。次行师山门人删"鲍安";"淮"下增"并见《师山门人》";"偕"下增"并见《师山门人》";"洪斌"下增"并见《师山门人》"。第三行"郑潜"下增"鲍颍";"葆"下增"并见《师山门人》"。

按:醉经阁本《学案表》师山门人有"鲍安",其位置在"鲍颍"之后,"鲍观"之前。传文仅"鲍先生安"四字。下有王梓材案:"谢山于是卷《札记》云:尚有鲍安。"何刻本王梓材案:"然查《师山文集》及诸书无及鲍安者,盖即鲍仲安也。"按:郑玉《燕耕读堂诗序》:"三月七日,骤雨乍霁,天气清明。携酒过鲍氏耕读堂,与子经叙故旧。是日会者,项子闻、鲍仲安与其侄伯原、以仁、伯尚,诸生得侍者,鲍安、鲍葆。"②是鲍安实有其人,王梓材误删。

98/表1b 杨畏。

"杨畏",何刻本脱,醉经阁本有此标目。

### (三)可订正何刻本文字错讹

3/25b 天称"明"也,宜在国之阳。

天,醉经阁本作"夫",是。参见李觏《明堂定制图序》(四部丛刊本《直讲李先生文集》卷一五)。

5/17b 官籍而脱之。

脱,醉经阁本作"税",是。参见《宋史·郑穆传》。

8/3b 堇坠之大谊也。

坠,醉经阁本作"墜",是。参见《潜虚·名图·释音》(四部丛刊本)。

17/20b 得水之精于水之濡。

水之濡,醉经阁本作"土之濡",是。参见《张子全书》卷二。按:四库存目丛书影明万历刻本高攀龙《正蒙释》:"水之濡,当作'土之濡'",知其误不始于《学案》,明本《正蒙》已误。

23/8b 吾不能附名不臣传。

不,醉经阁本作"奸",是。参见周彦约《青溪汪先生革传》:"蔡氏当国,欲得知名士附己,以周王宫教召,不就。曰:'吾异时不欲附名奸臣传。'复为楚州教官,卒年四十。"③

### (四)可补足何刻本脱文

5/22b 作萱堂以养母。

醉经阁本"萱"下多一"草"字,是。按:宋陈傅良《新归墓表》无"草"字,见《止斋集》卷四八。王梓材当据《止斋集》删"草"字。但此段文字出自徐象梅《两浙名贤录》卷三"奥塘林介夫先生"条,明天启刻本原文有"草"字,醉经阁本不误。

20/表2a 陈瓘。

醉经阁本"陈瓘"下有"别为《陈邹诸儒学案》",是。参见本卷正文。

---

① 胡一桂:《周易本义启蒙翼传中篇》,影文渊阁四库全书本,第84叶下。
② 郑玉:《燕耕读堂诗序》,影文渊阁四库全书本《师山集》卷三,第17叶上。
③ 周彦约:《青溪汪先生革传》,影文渊阁四库全书本明程敏政《新安文献志》卷七七,第12叶下。

23/2b 王后蚕以供祭服。

醉经阁本"后"下多一"亲"字,是。《春秋谷梁传》桓公十四年:"天子亲耕以共粢盛,王后亲蚕以共祭服。国非无良农工女也,以为人之所尽事其祖祢,不若以己所自亲者也。"

48/26b 根于理而日生者浩然而无穷。

醉经阁本"穷"上多一"无"字,是。参见《朱子语类》卷三。龙本有"无"字。

58/47b 黄壶隐先生晟。

醉经阁本"生"下多一"文"字,是。参见《黄公墓志铭》(《象山先生全集》卷二八)。

### (五)可删削何刻本衍文

17/54a 不有,不凝不滞,无宿物于心。

醉经阁本"凝"下无"不"字,是。参见《张子全书》卷三。

23/2b 以为人之所尽事亲其祖祢。

醉经阁本"事"下无"亲"字,是。参见《谷梁传》桓公十四年。

58/27b 而又以阴阳为一形而上者之道。

醉经阁本"为"下无"一"字,是。参见朱熹《答陆子寿书》(《晦庵先生朱文公文集》卷三六)。

81/1b 先生晚出,独立慨然以斯文自任。

醉经阁本"独"下无"立"字,是。参见《宋史·真德秀传》。

85/23b 至《坎》《离》凡三十甲。

醉经阁本"三"下无"十"字,是。参见宋史绳祖《学斋占毕》卷一、元袁桷《清容居士集》卷四二。

### (六)可乙正何刻本倒文

15/31b 世之人固有怒于室而市于色。

市于色,醉经阁本作"色于市",是。参见《二程遗书》卷一八(影文渊阁四库全书本)。

25/30b 王庭秀,字彦颖。

彦颖,醉经阁本作"颖彦",是。参见《宋史·王庭秀传》。

46/4b 文潜《性论》为谓善恶混。

为谓,醉经阁本作"谓为",是。参见汪应辰《答叶南美》(《文定集》卷一六)。

## 结语

对于《宋元学案》的研究与整理而言,醉经阁本非常珍贵,具有不可替代的文献价值。但由于多年来深藏中秘,非一般学者所能问津,所以迄今为止的几种《宋元学案》现代整理本,都还没有真正采用此本。中华书局1986年校点本未能采用此本,尚可理解。至于浙江古籍出版社2005年校点本,其《点校说明》交代其校勘体例,明确地以北图所藏醉经阁初刻本作为其参校版本,书中也确实出校有醉经阁本异文76条。但在这76条异文中,居然有57条与此本文字不相符合,原因何在,难以揣测。就篇幅相差20多万字、总量高达200万字的巨著而言,有价值的异文仅此数条,也令人难以置信。唯其如此,如果我们判断说,醉经阁本《宋元学案》的研究与使用还存在有待发掘的广阔空间,应该不是过甚其词。

# 日本类书《和汉三才图会》初探

刘 耀

北京师范大学历史学院

**摘 要**:《和汉三才图会》是明代类书《三才图会》东传日本后衍生而成的"姊妹书"。该书承袭《三才图会》,秉承为我所用原则,对"三才"体例进行完善,增入日本社会文化元素并辅以日文注解,成就了日化版的图绘类书。在文本层面,《和汉三才图会》摆脱传统类书尊卑等级局限,具有明显医者意识与科普精神,内容全面而实用。以《和汉三才图会》为滥觞,日本学界出现了一批"图会"书籍,不仅改变了志书的传统写作模式,还在一定程度上推动了日本旅行文化的发展,成为中日书籍文化交流史上的典范。

**关键词**:《和汉三才图会》 寺岛良安 "三才"体例 民族意识

《和汉三才图会》105卷,日本医生寺岛良安于正德二年(1712)效仿明代《三才图会》"三才"体例所编的百科全书式类书,书中汇辑古书图谱并加以文字说明,是中国古籍《三才图会》东传日本的"姊妹书",对于研究明清时期中日书籍文化交流史具有重要意义。有关《三才图会》研究,学界早已进行①,而对于《和汉三才图会》尚停留在知识介绍层面,缺乏深入探讨。本文通过对《和汉三才图会》文本内容梳理,以期对《和汉三才图会》类书内容特点及其背后所反映的日本社会进行初步探讨。不足之处,尚祈方家指教。

## 一 "理""术"结合与成书

医理与医术的有效结合是历代中医从业者所追求的目标。正如"医之为术,苟非得之

---

收稿日期:2020-05-22。

作者简介:刘耀,北京师范大学历史学博士研究生,主要从事文献学、中外书籍流通史研究。

基金项目:教育部人文社科基金项目"明清士大夫书籍之交研究"(项目号:19YJA770023)。

① 目前学界关于《三才图会》的研究主要有:俞阳《〈三才图会〉研究》对《三才图会》版本流传、引书情况、体例与编纂思想的关注,加上日本纂《和汉三才图会》,认为《三才图会》在中国文献史上是重视图谱思想的枢纽;钱国红《走进"西洋"和"东洋"中日世界意识形成的比较研究》(商务印书馆,2009年)认为《三才图会》的问世与利玛窦带来的图像有关联,其中所载"山海舆地全图"即引用了传教士报告的世界五大洲知识,《三才图会》是西学东渐背景下明代知识阶层世界观改变的产物;田威、李承华、李莹石、吕小川以及英国美术史专家柯律格等从图-文关系角度进行关注,诸如田威认为《三才图会》中体现作者王圻对于图(文字)与图二者关系的认知,图像在王圻眼中,与文本是一种并列表达,甚至是超越文本的表达,可以说图像是一种等同于文本认知的又一种认知方式。此外,李正柏对《三才图会》所载"器用卷"作了专项研究,臧运峰以《地理卷》和《人物卷》为中心对《三才图会》域外知识文献的来源进行了考证,认为上述两卷史料所载知识来源存在官方和民间两个系统等。

于心,而恃书以为用者,未见能臻其妙"①,医者既要不断学习新内容,丰富知识储备,又不能全然迷信医书,须注重实践中的活学活用。中医自古讲究阴阳调和,遵循病理,深受中医文化理念影响的日本医界同样如此。

> 医之体者,理也;医之用者,术也;理与术兼备而后可以论功也。苟居专业者,匪仰观天文,俯视地理,中察人身,则何足轩、岐之泽,施于斯民也?故经有阴阳,方法宜有四气,调神微论,奥旨悉示,天人合一之理也……未有三才废一而明于医者也,复未有所医而不通于三才者也。欲玩医之理,精医之术者,须博学而后守约。②

所谓"三才",是中国古人对天、地、人三者关系认识的简称。《易·系辞下》有言:"《易》之为书,广大悉备,有天道焉,有人道焉,有地道焉,兼三材而两之,故六。六者非它也,三材之道也。"③具体而言,易学家以三画象征天、地、人三才,三才又各分阴阳,再把卦爻两两成列,合两个三爻卦为一个六爻卦,其中"两爻为一位,五爻六爻为天位,三爻四爻为人位,初爻二爻为地位,初、三、五爻为天人地之正位。"④各爻位之间有机结合,统成卦象。这种"三才"思想在中医学上表现为整体观念,即事物之间存在紧密联系,不可分割,强调人体内部之间、人体与自然环境、社会环境的有机统一性。《素问·宝命全形论》载:"天覆地载,万物悉备,莫贵于人,人以天地之气生,四时之法成""人生于地,悬命于天,天地合气,命之曰人。"⑤对于医者,《素问·著至教论》认为,"上知天文、下知地理,中知人事",方"可以长久"。⑥日本著名医者和气仲安同样认为医生不仅要熟记医理知识,还应了解阴阳应象,通晓自然万物规律,做到"理"与"术"的有机结合。

遵从业师教诲,寺岛良安利用闲暇之际,遍阅中日古籍,三十余年间终有所成,于是效法明王圻《三才图会》内容体例新著《和汉三才图会略》,图文互证,"三才"为例。

> 欲为医者,上知天文,下知地理,中知人事,三者俱明,然后可以语人之疾病,不然其如无目夜游,无足登涉也……方今书成,百五卷,标拟王氏《三才图会》也。盖历代人物有像无像者可计以千万焉,欲录之而未果,故省略人物系传焉。且于天地人也,事物广大而不能以悉画,因号名《三才图会略》。⑦

前文已提及,《和汉三才图会》是日本医生寺岛良安编修的综合图文类书,内容涉及乾坤、人物、支体、气形、食服、器材、金石、草木等不同类型,尤其是对与百姓日常生活相关的星象、时令、动物、植物、工匠、钓鱼等部分作了详细描述和图解,其构思来源于中国的《三才图会》。由书名可知,《三才图会》不同于一般类书,将传统知识进行文字分类排列,而是超越传统图文观念,充分重视图谱作用,不仅使书中图像所占比重首次超过文字,还采用配图、释文相结合的方式,成为中国古代类书发展史上的创举。对于王氏父子所编《三才

---

① 沈括:《梦溪笔谈》,岳麓书社,2002年,第133页。
② 寺岛良安:《和汉三才图会·和气伯雄序》,《日本汉文史籍丛刊(第六辑)》,上海交通大学出版社,2015年,第4页。
③ 朱清国:《周易本义》,湖南大学出版社,2015年,第261页。
④ 张劲松:《中国史前符号与原始文化》,北京燕山出版社,2001年,第119页。
⑤ 王冰撰注:《黄帝内经素问》,辽宁科学技术出版社,1997年,第45-46页。
⑥ 王冰撰注:《黄帝内经素问》,辽宁科学技术出版社,1997年,第157页。
⑦ 寺岛良安:《和汉三才图会·自序》,《日本汉文史籍丛刊(第六辑)》,上海交通大学出版社,2015年,第6页。

图会》,《和汉三才图会略·序》有云:

> 《三才图会》行于世,便用尚矣。顾其为书上自天文,下至地理,中及人物,旁逮器用、时令、宫室、身体、衣服、人事、文史、珍宝、礼制。细而天乔,蠢而羽毛鳞介,经史子集及稗官小史所载,靡不旁搜邃览,字节句比,区分胪列,务极其耳目之所加、神识之所诘者也……浪速医士法桥寺岛良安,卫生家者流也。寄心文学,励业仁术,追慕其迹,效依其样,举示其部,分聚其类,欲正其习俗之误,以助多识之功,聊有所加,亦有所略也,顷岁作《倭汉三才图会略》,凡百五卷。①

从序文内容可知,藤原信笃对《三才图会》评价颇高,在认可顾秉谦序文评价的基础上,进一步认为《三才图会》可以将世间本已杂乱无序的事物,按照门类井然罗致,事无巨细,无所不包,因而对寺岛良安仿作《和汉三才图会》的行为予以肯定,并认为作者"托物以附意,扬言以切事,阙疑而传其信,斥似而采其真,考索之劳,思辨之志,可以嘉奖焉。"②

## 二 《和汉三才图会》的体例、内容与特点

《和汉三才图会》是作者仿《三才图会》而修的类书,从书前《大目录》来看,全书共 105 卷,分属天、地、人三个不同部类。其中,卷一至卷六属"天"之部,卷七至卷五四属"人"之部,卷五五至卷一〇五属"地"之部。

天部:天文、二十八宿、天象、时候、历占、历日吉凶

人部:人伦、亲属、官位、人伦之用、经络、支体、异国人物、外夷人物、艺财、艺能、嬉戏类、乐器、神祭佛具、兵器(防备)、兵器(征伐)、刑罚具、渔猎具、百工具、容饰具、服玩具、绢布、衣服、冠帽、履袜、庖厨具、家饰类、车驾类、船桥类、农具、女工具、畜类、兽类、鼠类、寓类(牲类)、水禽、原禽、林禽、山禽、龙蛇类、介甲(龟蟹)、介贝(鳆蛤)、有鳞鱼(河湖)、有鳞鱼(江海)、无鳞鱼(河湖)、无鳞鱼(江海)、卵生虫、化生虫、湿生虫

地部:土地类、山类、水类、火类、金类、玉石类、杂石类、中华(北京 南京 山东 山西 河南 陕西 湖广)中华(江西 浙江 福建 广东 广西 贵州 四川 云南)、日本总图 朝鲜 琉球 蝦夷 西域 五天竺 北地诸狄 西南诸蛮、陆奥 出羽、上野 下野 常陆 上总 下总 安房、武藏 相模 伊豆、越后 佐渡 越中 信浓、甲斐 骏河 远江 三河、能登 加贺 越前 飞驒 美浓、若狭 近江 尾张 伊势 志摩 伊贺、山城(神社 臼迹 佛阁)、大和、摄津、河内、和泉 纪伊 淡路、丹波 丹后 但马 播磨 因幡、美作 伯耆 出云 隐岐 备前 备中 备后、阿波 土佐 讃岐 伊豫 安艺 石见 周防 长门、丰前 丰后 筑前 筑后 日向 肥后 大隅 萨摩 肥前 壹岐 对马、家宅类、香木类、乔木类、灌木类、寓木、五果类、山果类、夷果类、味果类、蓏果类、水果类、山草(药品)、芳草类、湿草类、毒草类、蔓草类、水草类、石草类、荤草类、蓏菜类、芝栭类、柔滑菜、谷类、菽豆类、造酿(酒 果子 盐 酱油)

---

① 寺岛良安:《和汉三才图会·藤原信笃序》,《日本汉文史籍丛刊(第六辑)》,上海交通大学出版社,2015 年,第 3 页。
② 寺岛良安:《和汉三才图会·藤原信笃序》,《日本汉文史籍丛刊(第六辑)》,上海交通大学出版社,2015 年,第 3 页。

总体来看,相较于《三才图会》,《和汉三才图会》在体例与内容方面都做了进一步改动。其一,坚持为我所用的原则。《和汉三才图会》参考《三才图会》体例内容,在介绍中国传统文化的同时,适当调整文本结构,增入日本地理和社会文化内容并辅以日文注解,成就日化版的图绘类书;其二,在目录上明确"三才"体系。《三才图会》虽然书名将天、地、人"三才"进行突出强调,但书目分类上还是没有摆脱中国古代类书"天、地、人、事、物"的知识体系框架,"三才"分类结构有所局限,而《和汉三才图会》不仅在书前设有《总目录》,每一部类前也有小目录,并且以天、地、人"三才"明确标目;其三,突出"三才"中"人"的意义。《三才图会》把众多的资料统筹在天、地、人、事、物五个基本部类,凡是性质相近的事物都归纳在一类,《和汉三才图会》则将各部类的设置参照与人关系的近疏来安排,更具"人性化";其四,注重内容实用化,尤其是满足基层民众日常生产、生活之需。

具体到文本内容方面,《和汉三才图会》带有明显医者意识。对比援引书目,我们发现:"《三才图会》明确引证的图书近三百种,许多书籍被引用频率相当高,尤以史子二部为多,引用经部虽少,但引用频率最高。引用集部最少,但大都恰到好处。"①《和汉三才图会》则以史籍、医书为主,《本草纲目》贯穿全文始末,成为其中的典型代表。《和汉三才图会》参考资料注重《本草纲目》,凡例中即已体现,文中又参照《本草纲目》木类说法,将"木部"类细分为香、乔、灌、寓、苞、杂六小类。② 此外,文本释文之中也随处体现作者的医者精神,诸如在简介完名目基本信息后往往附带按语,普及相应医学知识:

"戚施",戚施,不能仰,丑疾也。伛脊曲也。《庄子》云:"伛偻者,承蜩犹掇之也,又驼背,有肉鞍如峰,故称戚施,曰驼背。"按:戚施,多小儿龟背成痫疾者也。盖婴儿客风吹背入骨髓所致,或小儿坐早,伛偻背高如龟,故名龟背,病多成痫疾。③

"兔唇",兔之上唇缺面相似故以名矣。《本草纲目》云:"妊娠食兔肉,令子缺唇。"按:兔唇,亦自然之变,而强非食毒所致也。治之宜缝合,傅膏药,当如缝金疮,止令病人不笑。④

"兽类"中同样如此,譬如"鹿"条,首先释文讲解鹿这一动物名词,后附带普及鹿肉、鹿茸、鹿角、鹿皮等知识,并指出:"鹿角生用则散热行血,消肿辟邪,熟用则益肾补虚,强精活血。"⑤鹿角霜具有益气安胎之效,尾附鹿角霜的熬制之法,详细明了。再如"蝼蛄"条,在介绍完蝼蛄基本生物习性、危害和防治方法后,接着介绍蝼蛄的药用价值,按语又指出蝼蛄还具有治疗小鸟厌食躁动的良效,可将其作为鸟类食物进行投喂,尤以百舌鸟最为喜欢等。

《和汉三才图会》还具有近代科学精神,不落传统类书等级观念窠臼。首先,尊重引书

---

① 俞阳:《〈三才图会〉研究》,复旦大学硕士学位论文,2003年,第17页。
② 寺岛良安:《和汉三才图会·香木》,《日本汉文史籍丛刊(第六辑)》第25册,上海交通大学出版社,2015年,第197a页。
③ 寺岛良安:《和汉三才图会·人伦之用》,《日本汉文史籍丛刊(第六辑)》第23册,上海交通大学出版社,2015年,第203a页。
④ 寺岛良安:《和汉三才图会·人伦之用》,《日本汉文史籍丛刊(第六辑)》第23册,上海交通大学出版社,2015年,第202a页。
⑤ 寺岛良安:《和汉三才图会·兽类》,《日本汉文史籍丛刊(第六辑)》第23册,上海交通大学出版社,2015年,第490a页。

原文,按语注重内容考实。例如书中内容多参考《三才图会》,但遇有内容存疑之处,常附以按语指正,像"长臂国"条,《三才图会》云:"长臂国在僬侥国东,其国人在海之东,人垂手至地。昔有人在海中得一,布衣袖各长丈余。按:所谓长臂长脚二丈三丈者难信,谓丈余而可矣。"①"三十三天"条:"天有八重,而东西南北共三十二也。按:北极紫微宫有天皇大帝托之,《帝释》以为三十三天乎。此等之浮说,有儒士及天文者家流不敢用,但记其名目耳。"②面对材料记载不合理之处,作者并没有选择盲从,而是据现有知识进行判别,不确定之处亦不妄下论断。

其次,调整文本视角,坚持记史纪实。以两书(《三才图会》与《和汉三才图会》)"人物卷"收录内容为例,《三才图会》关注视角为社会上层,收录历代帝王(从传说中的盘古、三皇五帝到明世宗)、名臣、名人、佛道尊者、异域国家或人物,做法近似于传统官修类书;《和汉三才图会》则完全从自然人的角度出发,分别从人物职业、人际关系、衣食住行等不同角度关注社会中的人,凸显纪实意识。其中"人伦类"依从业身份介绍日本社会的各个阶层民众,从帝王、太子到农民、牙侩再到社会百工的陶工、瓦匠和乞丐、奴仆,无所不及,文字间并无先入等级观念,只作客观阐释而已。诸如"帝王"条,《和汉三才图会》介绍了帝王的不同称呼以及梳理中国皇帝的确立过程,意在普及知识;而《三才图会》"人物卷",则将历代帝王系谱详细梳理,意在突出皇权正统。此外,《和汉三才图会》新增"人伦之用",主要围绕人所发生的关系网,诸如人的婚丧嫁娶、身体病变等,内容全面而实用。由此可知,《和汉三才图会》并无明显尊卑等级观念,更具百科全书特质,更加适合大众读者,成为研究日本前近代社会历史的宝贵史料。

## 三 图-文之间的日本元素

在原有基础上,寺岛良安对《三才图会》进行了"日本化"处理:一方面站在本国立场上,辨明中日关系;另一方面增入大量医学知识、宗教元素与地理知识,使内容更具实用化与符合日本社会现状,改造《和汉三才图会》,使其成为一部日化版类书。

首先,认可"地球圆形说",为自己国家"正名"。收录在《三才图会·地理》卷一中的"山海舆地全图"是16世纪西方传教士利玛窦在华传播西学影响下的产物。该图首次以"全球观念"绘制世界各国地图,图中地球被认为是一圆形球体,陆地被海洋包围,"地与海本是圆形而全(统)为一,球居天球之中,如鸡子黄在青内"③。世界因地势被划分为六大洲,"曰欧罗巴、曰利未亚、曰亚细亚、曰北亚墨利加、曰南亚墨利加、曰墨瓦腊泥加"④。针对此说,《和汉三才图会》全盘接受并加以全文引用。

如果《山海舆地全图》的出现及释语表明中日作者对"世界"整体观念的认可及在地理层面客观看待世界六大洲分布,那么对《华夷一统图》的不同看法则是中日作者在文化心理层面的认知差异。《三才图会》以中国为舆图中心,诸夷四周环绕,形若"众星捧月"。配

---

① 寺岛良安:《和汉三才图会·外夷人物》,《日本汉文史籍丛刊(第六辑)》第23册,上海交通大学出版社,2015年,第288a页。
② 寺岛良安:《和汉三才图会·天文》,《日本汉文史籍丛刊(第六辑)》第23册,上海交通大学出版社,2015年,第49a页。
③ 王圻、王思义:《三才图会·地理》卷一,江苏广陵古籍刻印社,1987年,第93页。
④ 同上。

图释文是"帝王受命于天,天下多元一统"的儒家观念和"五镇四海五渎""十大洞天""三十六洞天""七十二福地"等华夏标志文化内容,意即中国是世界的中心,有别于其他国家,周遭国家与中华文明一起构成华夷文化圈。对于《三才图会》的《华夷一统图》文字解说内容,《和汉三才图会》则表示不同观点,其认为与中国一样,日本也是一个独立的国家个体,同属世界文明的组成部分,而不是作为中华文明的附属存在。诸如:

> "日本",即倭奴国。在中南大海中,依倚山谷……历魏晋隋唐皆来贡,稍习夏音。唐咸亨初,恶倭名更号日本,自以为其国近日所出故名。(《三才图会·日本》)

> "中华",历代易名。而汉与唐之治世盛久,故今虽号大清,倭以为汉为唐,就(疑作"尤")中唐世多日本通好,故于今称唐船、唐人、唐物等。(《和汉三才图会·中华》)

> "大日本国",丰台原千五百秋瑞穗国 浦安国 细戈千足国 机轮上秀真国 王垣内国以上神代所称国号。倭奴国,汉人误所称也。或以和与倭同音为倭国,或闻和训以为邪马台,或为耶马堆,共此夜未止唐音也。然《后汉书》光武下为倭奴国,其加奴字者,何耶?《东国通鉴》(朝鲜国之史书)云:倭国更号日本,自言近日所出,以为名。按:此时天智帝九年也,唐书亦如之。盖天智帝改正国号,铃敕天下,令告诉异朝焉,而以来唐书皆称日本,又曰日东。(《和汉三才图会·大日本国》)

对比上述词条记载可知,《三才图会》在介绍日本国时,不仅将其与诸方蛮夷并列说明,言语间且带有明显高傲口吻,称日本为"倭奴国",强调中华文明的优越性,指出日本国历代朝贡中国的附属国地位,对于日本国自改国号为"日本"更是带有不屑语气。对待中国,《和汉三才图会》将其作为一个国别名词处理,"'中华'这一称呼里面包含的文明中心的意思很单薄",而对于本国词条的释文,不仅标称"大日本国",将日本国旧称悉数罗列,而且将"大倭国"之名进行字注,认为"大倭国"和"倭奴国"系汉人误称,并试图从古汉语音训角度进行佐证。对于"日本"国号,按语中还原了天智帝更名过程,且程序合理合法并受到周边国家认可,"以来唐书皆称日本,又曰日东"。但是作者在介绍"外夷人物"时又以中华文明作区别,提出"外夷用横文字,不识中华文字,而食物亦不用箸而手攫食也"[①]。由上可以看出,德川中期的日本国内尚未摆脱中华思想的束缚,但《和汉三才图会》作者从地理、文化角度辨析,力图为中国附属国身份的日本国家"正名"。

其次,增入本土元素,服务日本社会。《和汉三才图会》内容多参考《三才图会》,为便于日本读者阅读使用,文本上作者采用日本惯用古汉语写法,并辅以日文音解。例如书前总目版心处即以日语"いろ卷ノ尾""は卷ノ尾"等标注内容,其中いろは是伊吕波歌中的古代日语假名排列次序。再如"乾坤"目中"硫黄岛"词条右侧标注硫磺岛假名读音"いひうがしま",下端给出所属"一丁〆萨摩"郡的地理信息。类似情况在书中十分常见,遍及类书整个文本。

借鉴《三才图会》"地理"卷形式,《和汉三才图会》"地部"卷六二、六三以省、府为单元

---

① 寺岛良安:《和汉三才图会·外夷人物》,《日本汉文史籍丛刊(第六辑)》第 23 册,上海交通大学出版社,2015年,第 276a 页。

简要介绍"中华地理"沿革信息后,用卷六四至卷八〇总计16卷的篇幅详细介绍日本五畿内、东海道、东山道、北陆道、山陆道、山阳道、南海道、西海道下辖的68领国,622郡之疆域、风俗、物产信息,并绘制有相关地图。① 就"地部"所收录地图数量来看,共计有46幅,中国分省及周边和日本分国各占23幅。书中中国分省地图应是作者参考《三才图会》修订而成。图幅不仅内容简单,仅有一些最基本的山、海、河、湖线条图形和州府图例信息,而且存在不少错误混乱之处,如"图中府名加一方框,直隶州则加圆框。不过有的州又是方框,如贵州图,所有的直隶州或安抚司、卫等都是方框;又如广西图,土州之类多加圆框,其他则是方框,显得较为混乱……各府境内地名方面分配极不均匀,像贵州图内,都匀府下完全是空白一片,而且位置也是错误的"②。

鉴于日本政区划分过于繁细,《和汉三才图会》作者就近将数领国作合并绘制地图处理,诸如武藏、相模、伊豆合为一幅(卷六七),越后、佐渡、越中、信浓合为一幅(卷六八)等。相较于中国及其周边的广大区域,疆域狭小的日本分国绘制有同等数量的23幅地图,因而其地图信息内容较中国分省更加详尽。如作者尽可能地在合并的"国"政区图上将"郡"一级区划悉数标出;对不同地名所在位置进行固定,采用小方框标识表示国治所在,用小圆圈表示其他地名所在;地图注记尽可能翔实,如山、河名称与走势。配合地图的是"泉岳寺石碑之图""从诸国往来大橼之图"的景观、行势图以及详细的风俗、物产文本记录,与区划图构成一幅图文并茂的区域方志。

最后,为照顾日本读者,《和汉三才图会》将书中大量插图进行日化改造,其中尤以"人部"人物图最为突出。如果说"帝王""公卿""儒士""奴婢"等人物图像是结合国内实情而采用的日本民众形象(见图1),那么属于"外夷人物"的"爪哇""真腊"等国人物形象(见图2)则是据《三才图会》进行的日化摹绘,词条释文均沿袭《三才图会》。但由人物着装即可看出,图中"外夷人物"均被采用日本民族形象,这种情况也在某种程度上反映出当时日本国内民众对外界的认知水平。

图1 《和汉三才图会》"人物卷"之帝王、公卿、儒士、婢图

---

① 日本分国制源起奈良时代,根据日本天武天皇所创的"近畿七道"行政区划将全国疆域细分为68国。江户时代,"国"是日本省一级行政区划,明治维新后改为"县"。

② 内容参考覃业程网文:《东瀛得书录(二)之〈倭汉三才图会〉》,2017-07-08。http://www.360doc.cn/article/8527076_669866820.html。

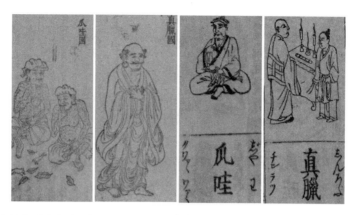

图2 《三才图会》"外夷人物"之爪哇国、真腊国与《和汉三才图会》"外夷人物"之爪哇、真腊图

## 四 《和汉三才图会》引领的"图会"现象

《三才图会》东传日本之后,深受日本民众欢迎。寺岛良安在承袭《三才图会》内容之基础上,新编日版《和汉三才图会》,此举对日本社会产生重要影响,并由此衍生出一批名为"图会"的书籍,诸如:[1]

《都名所图会》六卷,安永九年(1780)秋里篱岛撰;
《拾遗都名所图会》四卷,天明七年(1787)秋里篱岛撰;
《大和名所图会》七卷,宽政三年(1791)秋里篱岛撰;
《住吉名胜图会》全五册,宽政七年(1795)冈田玉山画撰;
《摄津名所图会》全四册,宽政八年(1796)秋里篱岛撰;
《日本山海名物图会》五卷,宽政九年(1797)平濑彻斋撰;
《东海道名所图会》六卷,宽政九年(1797)秋里篱岛撰;
《都林泉名胜图会》五卷,宽政十一年(1799)秋里篱岛撰;
《日本山海名产图会》五卷,宽政十一年(1799)蔀关月撰;
《河内名所图会》六卷,亨和元年(1801)秋里篱岛撰;
《远江古迹图会》三卷,亨和三年(1803)藤长庚撰;
《唐土名胜图会》六卷,文化二年(1805)冈田玉山撰;
《帝都雅景一览》四卷,文化六年(1809)竜川清勋撰;
《阿波名所图会》,文化八年(1811)探古室墨海撰;
《日本名山图会》,文化九年(1812)谷文晁撰;
《近江名所图会》,文化十一年(1814)秦石田撰;
《松岛图志》,文政四年(1821)樱田钦齐撰;
《备中名胜考》,文政五年(1822)小寺清之撰;
《伊势路名所图会》,文政六年(1823)车乐斋撰;
《鹿岛名所图会》,文政六年(1823)北条时邻撰。

---

[1] 内容参考:俞阳《〈三才图会〉研究》,复旦大学硕士学位论文,2003年。

由上述书目可知,《和汉三才图会》所带来的"图会"形式被人们普遍接受且广泛运用于日本志书①写作之中。由《都名所图会》为开端,以图为主的志书内容改变了传统的写作模式,充分发挥了图谱的功用,并迅速成为志书介绍名胜的主流方式。这些以图为主的志书,还大大推动了日本旅行文化的发展,诸如安永九年(1780)刊印的《都名所图会》曾作为一部畅销的旅行指南书籍供不应求,"该书问世后极为畅销,据泷泽马琴的记载,该书在刊行后的第二年竟然卖掉了四千部,因为需求太过旺盛之故,到后来书籍甚至还来不及装订就被直接交给了求购者"②。《都名所图会》成功引起了日本出版界的连锁反应,"有京畿名胜图绘之作,而诸邦相踏袭而出"③,一时间,各地名胜、土产地志层出不穷,其"图会"繁荣程度,可见一斑。再如文化二年(1805)冈田玉山编撰的《唐土名胜图会》,俨然是一部日本出版的清代中国版画集。书中分省介绍了中国各地名胜、古迹、风俗等,尤其是附带大量描绘清代北京皇宫和皇宫生活的插图,使其成为后世研究清代宫城文化的可靠参考材料。

## 五 结语

可以说,《和汉三才图会》是中日两国社会文化共同作用下的结果。作者借鉴《三才图会》范式,超越中国传统类书局限,对"三才"体例进行补充完善,秉承中医"理""术"结合理念,注入大量日本元素,通过调整内容结构,从人与自然、社会的关系出发,实现天、地、人三者关系上的贯通融合,成就一部非凡类书。从《和汉三才图会》对《三才图会》的承袭与修正考辨中可以看出:一方面,中国文化对日本社会有着重要的影响,另一方面幕府后期日本社会的民族意识萌芽,以寺岛良安为代表的日本知识分子开始从独立国家角度审视中日传统关系以及西方外来文明。书中随处可见的《本草纲目》征引内容,则反映了《本草纲目》在日本江户时期日本医学界的传承与接受。以《和汉三才图会》为开端,日本出版界迅速掀起了一股"图会"风潮,各类图绘志书层出不穷,并被人们用于旅行指南,这在一定程度上也促进了日本社会休闲文化的发展。

---

① 此处的志书指寺庙、游览胜迹、人物、风土方面的专门性志书。
② 王勇主编:《书籍之路与文化交流》,上海辞书出版社,2009年,第213页。
③ 饶田集义:《长崎土产序》,矶野文斋著:《长崎土产》,大和屋弘化四年刊,长崎文献出版社,1978年复刊。

# 谪迁与省咎：论辞赋祖骚传统的一种书写

陈守玺

辅仁大学中文系

**摘　要**：屈原及其放逐书写为贬谪文化的重要源头，后代谪迁文人往往步武屈骚的放逐书写，发抒其逐臣不遇的感慨与情志。在因见逐而感焉的书写作品中，有一系列以"省咎"为题来叙写文人谪迁感怀的辞赋，由唐代至明代皆见作品呈现。这种以"省咎"来叙写谪迁的辞赋作为一种书写类型，在书写上究竟有何特征？选择"省咎"作切入点书写的原因为何？这种类型书写的意义何在？皆为本文欲探究的焦点所在。

**关键词**：谪迁　贬谪文化　放逐书写　惩咎赋　省愆赋　省咎赋　内疚赋

## 前　言

自屈原以忠谤去国、怀才不遇的悲剧性形象成为文学书写的典型，落魄失意的文士逐臣不免借灵均余影一抒"士不遇"的幽微心绪。此外屈骚对赋体"蔚为大国"的影响与渊源，让赋论家称"心乎古赋者，诚当祖骚而宗汉"[①]，自此深远影响着辞赋的写作。笔者发现，在屈原象征形象的书写与辞赋祖骚传统间，有一类兼而有之的辞赋书写主题：以省咎为题的谪迁文人书写。这类以咎愆省思为题来书写谪迁感悟的辞赋共有四篇，依序为：唐代柳宗元《惩咎赋》、宋代唐庚《省愆赋》、明代李梦阳《省咎赋》[②]以及许应亨的《内疚赋》，四篇赋作均见于《历代赋汇》外集卷六，言志类。

本文关注的焦点在：（1）因谪迁而以省咎为题的书写类型，所省咎愆为何？省思过程中透露的情志意向为何？（2）对于谪迁的现实困境，赋家的因应之道为何？（3）以省咎为题叙写文人谪迁，这类辞赋在形式上呈现何种面貌？（4）这类省咎名题的辞赋书写，其意义为何？行文首先略叙各篇谪迁背景；其次，以形式层面为主要线索，梳理书写样态；再次，依旨意勾勒赋家心境以及借省咎欲传达的情志，并依情志动机统理对应相关的书写形构元素，试申借省咎叙写谪迁主题系列的赋作其写作意义。期待以上梳理层次，渐次观照

---

收稿日期：2020-11-24。

作者简介：陈守玺，文学博士，辅仁大学中文系助理教授，主要从事中国古代文学研究。

[①]　祝尧：《古赋辩体》卷三《两汉体上》，《四库全书》集部第1366册，台北商务印书馆，1983年，第747页。

[②]　李梦阳《省咎赋》在《景印文渊阁四库全书》本的《空同集》中题作《省愆赋》，与宋代唐庚之《省愆赋》同名。由于本文援引文本均自《历代赋汇》，自然依《历代赋汇》载录题名，此其一；其次，为免与唐庚《省愆赋》造成辨别上的困扰，此其二。因此行文皆以《省咎赋》称之。

前揭四点。

## 一 谪迁背景

自尚永亮先生《元和五大诗人与贬谪文学考论》《唐五代逐臣与贬谪文学研究》专著相继出版,为文人遭逢贬谪的研究立下标竿,"贬谪文学"一词无疑成为相关研究的代称。然而本文易以"谪迁"为题的原因,在于文人骚客失意或兴怀才不遇之感多半源自仕途的贬谪黜落,此点毋庸置疑。然而仅是官职的平迁调动,尽管没有下放的尊卑之别,当事者仍可能兴起见逐之感,此其一。① 除此之外,有时知己、朋党见逐,同窗故旧间也可能兴起对宦海沉浮的不安、不确定感,此其二。以上两种情形,作者本身虽然未必领受贬谪,却皆可能身感逐臣愁绪有感而作。因此笔者以为"谪迁"一词的指涉较广,对于文本的涵纳也较为周延,更适切于此类书写中作者与文本间的依存关系,故本文以"谪迁"取代学界熟悉的"贬谪"一词命题与行文,在此特作说明。②

唐代柳宗元(773—819)《惩咎赋》,《柳河东全集》本题解云:"盖为永州司马时作于元和三年秋也。"欧阳修(1007—1072)等编撰《新唐书》中《柳宗元传》载此赋云:

宗元不得召,内悯悼,悔念往咎,作赋自儆。③

柳宗元于唐顺宗贞元二十二年(805)坐王叔文党遭黜,三年后于永州司马任上作《惩咎赋》,时年三十六岁。《惩咎赋》是柳宗元贬至永州后较早的作品,众所周知的代表作《始得西山宴游记》《钴鉧潭记》《钴鉧潭西小丘记》《至小丘西小石潭记》等永州八记的前四记,均作于《惩咎赋》的后一年。因此《惩咎赋》是柳宗元谪迁后整理其心路历程较早的作品,具有开启往后诸作的指标意义,故得《新唐书》重视而在本传中如实载录。

宋代唐庚(1071—1121)《省愆赋》作于北宋徽宗政和元年(1111),时年四十一岁。唐庚,字子西,眉州丹棱人,诗学苏轼(1037—1101),际遇、乡里也有相近之处,有"小东坡"之称。唐庚中进士后得宰相张商英(1043—1121)举荐,政和元年张商英罢相,唐庚亦坐贬惠州五年,④至政和七年(1117)才还京。与《省愆赋》时间相近的诗文创作尚有《游越王台记》《寄傲斋记》《益桥铭》,以下分别引之:

政和元年春,吾南迁惠州。⑤
吾谪居惠州,扫一室于所居之南,号寄傲斋。⑥
政和元年谪居鹅城,以暇日游丰湖,偃仰于桥亭之上。⑦

---

① 如本文探讨的赋家唐庚,在谪迁前一年即作《春日谪居书事》诗。本诗作于大观四年(1110)作者四十岁时,正值官职除代未闻有新任之际。仅仅除代未有新任作者赋诗却题为"谪居",是知心念身感未尽随职官。"除代",古时官员将离任时,即由别人代其职任,叫除代。
② 详细论述可参考陈守玺:《论唐宋谪迁辞赋的书写谱系与因革》,《华中国学》2019年·春之卷,第140-142页。
③ 欧阳修等:《新唐书》卷一六八。
④ 张商英罢相虽在政和元年(1111)八月,唐庚虽坐张商英党,但见黜却是在罢相之前的事。据吴定球《唐庚年谱(寓惠部分)》知,唐庚于大观四年(1110)十月被黜。《省愆赋》云:"唐子谪居岭表,既已半载",故知赋作于政和元年,唐庚四十一岁时。
⑤ 唐庚:《眉山文集》卷二。
⑥ 唐庚:《眉山文集》卷二。
⑦ 唐庚:《眉山文集》卷四。

另外尚有张友仁(1876—1974)《惠州西湖志》卷三载:"宋唐庚有《郎官湖诗》云:'为予题作谪官湖'"的《题郎官湖》诗,同年诗作尚有《大熟行》《谢人送酒》《水东感怀》《双榕》《湖上》《收景初书并示药物》《九日怀舍弟》《收家书》《除夕》等。

明代李梦阳(1472—1529)《省咎赋》作于《述征赋》之后,刘瑾(?—1510)伏诛之前。《述征赋》序云:"正德四年夏五月,北行作",刘瑾则卒于正德五年(1510)八月,因此《省咎赋》当作于正德四年(1509)或五年夏季。与《省咎赋》相近的作品除前揭《述征赋》外,尚有正德四年的《疑赋》《钝赋》两篇。不过相较于正德四年的三篇赋作,《省咎赋》偏重于仕途谪迁的历程自述,与柳宗元《惩咎赋》在旨意和写法上均相呼应,而《述征赋》等篇对谪迁的际遇表达出恐惧、愤怒、质疑、寻求解答的情绪,在心境上和《省咎赋》似乎有些微不同,因此本文暂系年于正德五年李梦阳三十八岁时。

清代钱谦益(1582—1664)《列朝诗集小传》丙集,《李副史梦阳》条:

> 正德改元,进郎中,代尚书韩文草奏,劾八阉,坐奸党,镌职致仕。明年,复逮系,自戊午至此,凡十年,下吏者三矣。①

《省咎赋》正是李梦阳在"十年三狱"后,幸得康海(1475—1540)施救才得以从狱中获释,死里逃生放归大梁后的作品。

明代许应亨(1514—?),字子嘉,浙江钱塘人,有《石屋存稿》传世,于台湾"中研院"傅斯年图书馆有微缩胶卷可见。许应亨治易经,排行第九,为顺天府乡试第九十九名,会试第一百四十二名,嘉靖二十三年(1544)登进士。除以上资料外,关于许应亨的文献资料相当有限,《内疚赋》序云:

> 嘉靖己亥七月之闰,余从兄至京师,道齐鲁之墟。中夜无寐,彷徨起坐,悼过往之寖深,惧将来之易溺,怲怲中热,抚几赧颜而作是辞。②

可知《内疚赋》作于嘉靖十八年(1539),许应亨二十六岁登进士第以前。另外从"余从兄至京师,道齐鲁之墟"一语可推估,谪迁的经过及地域应与其兄长有关系。许应亨之兄长为许应元(1506—1565),据《明人传记数据索引》载:

> 许应元,字子春,号茗山,钱塘人。嘉靖十一年进士,以刚介忤执政,不得馆职,出知泰安州。廉白自持,苞苴断绝,擢工部员外郎,官至广西布政使,所至有声,年六十卒官。工诗文,有许水部稿。③

据文献知,许应元中进士后因忤执政,随即派任泰安知州(山东省中部),正与赋序载记相吻合,故知许应亨《内疚赋》的谪迁身感应与兄长许应元的文献记述有相当程度的关系。整理四位赋家的谪迁背景,见表1。

表1 省咎赋作与谪迁赋家背景整理

| 时代 | 赋家 | 作赋时间 | 时年 | 谪迁寓居地 | 体例 | 字数 | 备注 |
|---|---|---|---|---|---|---|---|
| 唐 | 柳宗元 | 元和三年(808) | 36岁 | 永州(湖南) | 骚体 | 705 | |

---

① 钱谦益著:《列朝诗集小传》,上海古籍出版社,2008年,第310-312页。
② 陈元龙编:《历代赋汇》,凤凰出版社,2004年,第585页。
③ 台北"中央图书馆"编:《明人传记数据索引》,台北"中央图书馆",1978年,第5147页。

续表

| 时代 | 赋家 | 作赋时间 | 时年 | 谪迁寓居地 | 体例 | 字数 | 备注 |
|---|---|---|---|---|---|---|---|
| 宋 | 唐庚 | 政和元年(1111) | 41岁 | 惠州(广东) | 散体 | 284 | 假设问对 |
| 明 | 李梦阳 | 正德五年(1510) | 38岁 | 大梁(河南) | 骚体 | 680 | |
| 明 | 许应亨 | 嘉靖十八年(1539) | 26岁 | 泰安(山东) | 骚体 | 762 | 序乱俱全 |

## 二 谋篇布局的演变察考

关于以省咎为题叙写谪迁的赋作,就其书写铺排形式,概括如图1所示。

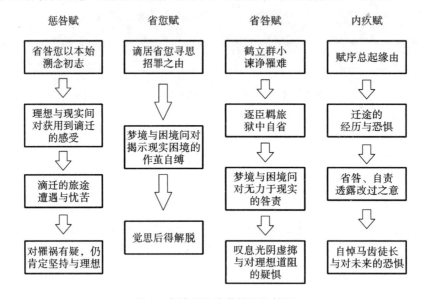

图1 省咎赋作的谋篇架构梳理

以下分别依题目、布局铺排、特殊技巧等三个层次,对四篇省咎类型的赋作在书写形式、铺叙组构部分作考察。

### (一)题目

浑言不分,析言有别,若以旨意来看,四篇赋作赋题的核心均在于:对于己身过失、甚至罪过的省察,乃至于因过失罹祸而延伸出的各种情绪、人生疑惑进行思辨和自我对话的过程。然而若迫察细究,仍有可深入辨别的细微之处。

"咎"与"愆",在此处使用的意义,大抵均解释为"过失、罪过",在传统的文献使用上,如《诗经·小雅·北山》:"或湛乐饮酒,或惨惨畏咎。"郑玄笺:"咎,犹罪过也。"愆,典籍使用上最早见于《尚书·商书·伊训》:

惟兹三风十愆,卿士有一于身,家必丧。①

因此唐庚《省愆赋》、李梦阳《省咎赋》两篇没有任何解读上的疑义,至于许应亨的《内

---

① 新陆书局编辑部编:《书经集注》卷一,台北新陆书局,1975年。

疚赋》虽然题名略作更易,但仍不脱对于过失的省思。"疚"字的意义为:"因有过失感到内心惭愧痛苦",典籍上的用法最早见于《论语·颜渊》云:"内省不疚,夫何忧何惧"。因此,许应亨是在心境上直接承认有过,而在赋作旨意上偏重于省察过失后的惭愧痛苦。

比较值得注意的是柳宗元《惩咎赋》。曾有意见质疑,此处的"咎"字应作"灾祸,不幸之事"解读为宜。以"咎"为灾祸作解的,最早见于《尚书·虞书·大禹谟》:

> 君子在野,小人在位,民弃不保,天降之咎。①

孔颖达疏:"天降之殃咎。"然而,若当"灾祸"解读必须面对两个问题:
1. 赋文第一句"惩咎愆以本始兮"如何解释?
2. 若作"灾祸"解,那么赋题的"惩"如何解释?

柳宗元"咎愆"连用,在语汇用法上应是旁纽双声的连绵词概念,如《汉书·谷永传》:"燕见紬绎,以求咎愆","咎愆"两字是作"过失、罪过"解释的同义复词。其次,如果"咎"字仅作"灾祸"解,既是上天无端惩下灾祸、不幸之事,赋作下文又何须言"惟罪大而宠厚兮,宜夫重仍乎祸谪"?因此若作灾祸、不幸之事解,赋题"惩咎"如何与赋文旨意相适切,这是值得思考的问题。

## (二)布局铺排

四篇省咎主题的赋作,书写上大致都有省咎的忖度、迁途的摹写、谪迁的郁苦以及展望未来等四个铺叙元素涵纳在组构布局之中。不同之处在于,四项基本元素可能随文意展舒而序次有别,但大致均具有这几个陈述要项的篇幅在铺排设计之中。

### 1. 省咎的忖度

既然题名为"省咎"及相类义涵,四篇赋作对省思都有所着墨,有的着重于对有何咎愆,并借着历程的自述细细剖析针砭,如《惩咎赋》:

> 惩咎愆以本始兮,孰非予心之所求?处卑污以闵世兮,固前志之为尤。②
> 愚者果于自用兮,惟惧夫诚之不一。不顾虑以周图兮,专兹道以为服。
> 谗妒构而不戒兮,犹断断于所执。哀吾党之不淑兮,遭任遇之辛迫。
> 势危疑而多诈兮,逢天地之否隔。欲图退而保己兮,悼乖期乎曩昔。③

相似的还有《省咎赋》,借由回顾叙写每个阶段的怀疑与挣扎、矛盾与抉择,和过程中间的是非得失与转折影响,呈现出一路走来的心路历程,故李梦阳写到:

> 伊余幼好此骐骥兮,服偃骞以骄骜;载衔辔而周流兮,耿既得此中路。
> 余谓秉质曷固兮,谓兰蕙介而过疑;援鸣鸠使为理兮,俾高举而并驰。
> 既婞直而不豫兮,又任怨而于僇;固群吠之难犯兮,每贴危而弗惧。
> 余岂不知嘵嘵者之寡完兮,羌坚忍而弗惩;骤谏诤以离尤兮,莽飘风之相仍。④

---

① 新陆书局编辑部编:《书经集注》卷三,台北新陆书局,1975年。
② 柳宗元:《惩咎赋》,《历代赋汇》本,凤凰出版社,2004年,第584页。
③ 柳宗元:《惩咎赋》,《历代赋汇》本,凤凰出版社,2004年,第584页。
④ 李梦阳:《省咎赋》,《历代赋汇》本,凤凰出版社,2004年,第584页。

至于唐庚的《省愆赋》则比较特别，赋家同样为谪迁所苦，对自己困陷于咎愆感到怀疑，并试图寻找答案，故赋云：

> 杜门时省愆而慨曰："身邪心邪，孰陷吾于罪乎？
> 吾将求之身，则身非我有，四大所会，地水火风，谁为之宰？
> 吾将求之心，则心不在内，复不在外，不在中间，是将安在？
> 昼夜以思，寝食皆废。骨为之出，发为之改。"①

然而《省愆赋》却将书写焦点放在"省咎"本身，唐庚仿佛置身事外，由旁观的角度来叙写一段陷入困境、寻求解答、终得解脱的悟理过程。或许《省愆赋》多少受到宋代文学理境化、理趣化的影响，写来较诸其余三篇情绪波澜淡一点、涉及自身感触少一点，体裁选择上也采取不同的策略，选用散体叙写。相对于唐庚《省愆赋》的淡然，《内疚赋》则在题名上就已经直指"内疚"，故赋云：

> 子独何其不肖兮，自丧子之嘉模。夫人孰能无过兮，贵速改之惟谨。
> 昔殷王之齐圣兮，曰不吝以为训。颜氏既以不贰兮，后世称其亚圣。
> 苟朝作而暮改兮，亦云天之明命。卒受耻过而作非兮，坠红业以陨躯。
> 有浑敦之长傲兮，圣人投之以四夷。恶无纤而弗灭兮，徽罔积而不虞。
> 鬼神福善而祸淫兮，天培哉而殛愚。余虽闻而不绎兮，犹报颜而怛怩。②

由赋文可以发现，自述历程的成分相对少一点，省思程度更多的，不在于咎愆的有无，而在于对咎愆的善后、追悔与遗憾等心绪的抒发。

2. 迁途的摹写

除了唐庚《省愆赋》着重于咎省的思辨本身③，其他三篇赋作都有相当的篇幅对谪迁的行旅景象作描绘。如李梦阳《省愆赋》云：

> 放子啥而掩涕兮，逐臣去而不还；纡郁邑以屈抑兮，恐日薄于西山。
> 浮洋洋余焉极兮，滥逶迤而游淫；相曹梁之废墟兮，揽长河之绪风。
> 信孔乐非我愿兮，望北岭而歔欷；效桃鸟以自珍兮，遵罗网之不意。④

赋家借由谪迁征途的外境来"体物写志"，外在的自然风貌会随着迁途的行进而日益萧索，然而除了实景的境象转变外，赋家的谪迁心绪也顺随密附在自然物象上，使得描绘的路途境象显得更加令人恐惧、不安。心随境转，境又随心转，外在实景无疑成了幽微谪迁心感投射的画布。如《惩咎赋》云：

> 凌洞庭之洋洋兮，溯湘流之沄沄。飘风击以扬波兮，舟摧抑而回邅。
> 日霾曀以昧幽兮，黝云涌而上屯。暮屑窣以淫雨兮，听嗷嗷之哀猿。
> 众鸟萃而啾号兮，沸洲渚以连山。漂遥逐其讵止兮，逝莫属余之形魂。⑤

---

① 唐庚：《省愆赋》，《历代赋汇》本，凤凰出版社，2004年，第584页。
② 许应亨：《内疚赋》，《历代赋汇》本，凤凰出版社，2004年，第585页。
③ 唐庚《省愆赋》虽然因书写切入点而未着墨迁途的阅历心感，不过他的《南征赋》以及《南迁》《武陵道中》《长沙道中》等诗作，都简略记述了唐庚在迁途时的心境感受。
④ 李梦阳：《省愆赋》，《历代赋汇》本，凤凰出版社，2004年，第584页。
⑤ 柳宗元：《惩咎赋》，《历代赋汇》本，凤凰出版社，2004年，第584页。

柳宗元借对气候变化的描写,为天空、前途以及自己的心情蒙上一层阴郁。无论舟楫还是行路,或扬波、或连山,前行总有漂遥未知之感,更不用说动物的号哀与心声的共鸣之感。至于《内疚赋》则是怀疚踏上谪迁之途,因此等待着赋家的不是道途,而是随时将戴罪之身吞没的忧惧,赋云:

> 余往昵此奇径兮,顾中道而背驰。极旷游之快心兮,决辔御而不羁。
> 白日既下溪麓兮,窃独处此累畴。魍魉蔽于大泽兮,山鬼迎将以噬。
> 石巉巉以蹙足兮,水澌澌以披靡。①

也因为对于己身的过失心怀愧疚,因此行旅的一景一物不仅是对未来的恐惧、未知、茫然与飘遥之感,甚至成为心理感受上的一种责罚,赋云:

> 彼哲人立于高冈兮,褰余裳戒以勿济。虎巍巍以肆翼兮,将以食子之肝肺。
> 余方愤而莫知兮,神怳怳以心醉。忠言逆余之耳兮,反迎之以骂詈。
> 披蒺藜以为衣兮,又纫之以为裳。席荆棘已自娱兮,杂蒺茨以佩囊。
> 狐九首而袭媚兮,蛇蜿蜒以引吭。涉流离而弗顾兮,道嵯峨以徜徉。②

"以蒺藜为衣""以荆棘为席"云云,都是许应亨对于自己不听忠告、没有及时醒悟的咎责,将之转化为自然物象的描绘书写,是《内疚赋》比较特别的书写笔法。总体而言,迁途的景物摹写实为谪迁赋家借"山水实景的叙写当中,曲折而深刻的谪囚心影"③。外在的山水物象不仅是赋篇纪行的体物写志,更仿佛是谪迁赋家内心惊惧的一座牢笼,具有囚笼的象征寓意。因此在迁途行次的纪行铺叙中,不难体会出叙写的笔法在书写背后的谪囚焦虑。

3. 谪迁的郁苦

在"省咎"主题的赋作中,赋家对于自身处境与心情,或多或少都用一定的篇幅描绘,发抒内心的不平之鸣。如柳宗元《惩咎赋》对于自身谪迁的境遇以及期间又遭逢的丧亲之痛,在双重打击之下不禁怀疑自己是否罪愆通天,才会招致这样的际遇,他说:

> 哀吾生之孔艰兮,循凯风之悲诗。罪通天而降酷兮,不殛死而生为。
> 逾再岁之寒暑兮,犹贸贸而自持。将沉渊而陨命兮,讵蔽罪以塞祸。
> 惟灭身而无后兮,顾前志犹未可。进路呀以划绝兮,退伏匿又不果。
> 为孤囚以终世兮,长拘挛而愲轲。④

在内心价值观与罹祸际遇间的拉扯下,柳宗元剖析内在承受的矛盾与痛苦,既无悔于前志,又看不见前路,想隐退又未能由心,对现实的折磨又感到煎熬,只能消极地想望在这个处境下"孤囚以终世"。李梦阳的《省咎赋》除了对心境描写外,还多了对狱中磨难的体现,作为内心与外境间的映照。李梦阳写道:

> 步庭阶而遥望兮,宫殿郁而櫼天;愿憿志之无路兮,倚北户而婵媛。

---

① 许应亨:《内疚赋》,《历代赋汇》本,凤凰出版社,2004年,第585页。
② 许应亨:《内疚赋》,《历代赋汇》本,凤凰出版社,2004年,第585页。
③ 参考许东海:《风景与焦虑:柳宗元永州所撰山水游记与辞赋之对读》,《政大中文学报》2004年第1期,第75—112页。
④ 柳宗元:《惩咎赋》,《历代赋汇》本,凤凰出版社,2004年,第584页。

> 观炎焱之煽埃兮,地沮洳又芜秽;哭与哭之相闻兮,对饮食而不能下。
> 怨长日而望夜兮,夜明闇又若岁;蚊蝎伺人以唐旁兮,鼠登床而鸣逝。①

《省咎赋》先写困坐囚笼时对庙堂、对前尘与理想的遥望,随后叙写视线返归自身感官的所见所闻,对自身处境体察摹写之后不禁心有所感,将焦点又回归内心的感念,李梦阳接续写到:

> 寤周览以增欷兮,块独处此幽域;鸲鹆萃而翔舞兮,凤鸟饥而夜食。
> 众靰沓以自媚兮,焉谁察余之忧忧;闵芳华之零落兮,秋风至而改期。
> 飙萧飒以摧容兮,天淫淫又阴雨;幽屋破而下淋兮,床一夜而十徙。②

李梦阳对于己身才干抱负未竟,既对"牛骥同一皂"有慨叹,又对于眼见岁月流逝、自己却无力于现实而辗转难眠。许应亨《内疚赋》则依时间线索逐步叙写谪迁的时间、旅途、沿路种种景象和内心感受,进一步铺陈到自身心境。许应亨在《内疚赋》写道:

> 乃己亥之孟秋兮,膏吾车于北衢。既远迹于尘陌兮,遂肆志于诗书。
> 缅溽暑之既退兮,又申之以秋初。风萧瑟以怒号兮,气抑郁而莫舒。
> 月既望于西陆兮,夜气清而不渝。达中宵而不寐兮,独惨栗而嘻吁。
> 昔婴身于汤镬兮,痛百创之在肤。譬狂药之丧心兮,赴水火而莫辞。
> 既号激于南北兮,复跳梁于东西。自安止于污下兮,惟狡童之是师。③

由于许应亨自题"内疚",是寓以郁苦之情,更偏重于自责,认为自己承受现今的苦痛实为应得,最后以《诗经·狡童》为喻,引申为即使身受不愉心志依然不改的寓意。即便是书写角度较偏向哲理探讨的《省愆赋》,虽然笔调较为清淡、赋家自身情绪与书写角度较抽离于文本,关于谪迁之郁想依旧有之。唐庚写到:

> 杜门时省愆而慨曰:"身邪心邪,孰陷吾于罪乎……是将安在?"
> 昼夜以思,寝食皆废。骨为之出,发为之改。④

虽然仅是悟理辩证之前的一段交代,描写中依然可见赋家对于"罪愆何来?"的寻思、揣想,由此亦得见唐庚并非没有内心的纠结与煎熬。另外,我们还可以参考相近于《省愆赋》的其他系年作品,如作于前一年的《武陵道中》云:

> 朝持汉使节,暮作楚囚奔。路入离骚国,江通欸乃村。
> 垣墙知地湿,草木验冬温。寂寞桃源路,行人祗断魂。⑤

本诗作于大观四年(1110)唐庚南迁途中,前两句点明在该年仕宦谪迁变化之剧,其次楚囚、寂寞、断魂等语都在点出唐庚谪迁途中的心情。借陶渊明典故象征理想的"桃源路"竟与寂寞同列,可见寂寞不仅指南迁的心境,同时对于内心理想的失落、远离与幻灭亦可见一斑。另外,早于《省愆赋》的《南征赋》也完整记录着唐庚谪迁旅途的行次与心念感怀,他写道:

---

① 李梦阳:《省咎赋》,《历代赋汇》本,凤凰出版社,2004年,第584页。
② 李梦阳:《省咎赋》,《历代赋汇》本,凤凰出版社,2004年,第584页。
③ 许应亨:《内疚赋》,《历代赋汇》本,凤凰出版社,2004年,第585页。
④ 唐庚:《省愆赋》,《历代赋汇》本,凤凰出版社,2004年,第584页。
⑤ 唐庚:《眉山诗集》卷四。

> 始摄提之孟冬,余负罪而南驰。雪盈尺而更繁,风三日而犹吹。
> 体冻极而若无,心怖甚而忘悲。凡再信而至许,觉惊魂之稍归。①

《南征赋》约作于《省愆赋》前两三个月左右,翔实地记录了唐庚一路南迁的心情写照与南迁经过,由引文"余负罪""心怖甚而忘悲""惊魂"等形容,自然透露了唐庚真实的情志感受。此外,约早于《省愆赋》两个月内作的两首诗,也揭露了唐庚初到惠州时的想法,他说:

> 《初到惠州》
> 卢橘杨梅乃尔甜,肯容迁谪到眉尖。因行采药非无得,取足看山未害廉。辩谤若为家一喙,著书不直字三缣。老师补处吾何敢,政为宗风不敢谦②。
> 《谢人送酒》
> 世情不到海边村,载酒时来饷子云。便欲醉中藏潦倒,已将度外置纷纭。细思扰扰胶胶事,政坐奇奇怪怪文。唤取邻翁传杓饮,渐令安习故将军③。

唐庚对初到谪所,当地人不拘牵于世情,仍和善相待的亲切与热情感到安慰与感谢,但对照于被接纳、诚心相待的安慰,关于自身"谪迁""潦倒""纷纭"事的回想忖思,自不难见唐庚对于遭逢"奇祸"的际遇心怀郁苦。④ 虽然《省愆赋》在书写的切入方式较为不同,然而细究《省愆赋》先前的诗赋作品可以发现唐庚一路来的情志感念趋向,对于谪迁的郁苦愁思事实上并没有《省愆赋》表面上呈现得淡然,因此赋篇在内心自我的对话诘问之余,才会有"昼夜以思,寝食皆废"云云,由同时期其他作品的对读可互见证得缘故。

4. 展望未来

每篇省愆赋作,无论书写偏重为何,最终都会在省思后着墨对于未来的一些想法、态度甚至于顾虑。有的是执着,有的是肯定坚持,有的是怀疑或情绪,不一而足。如柳宗元《惩咎赋》云:

> 幸余死之已缓兮,完形躯之既多。苟余齿之有惩兮,蹈前烈而不颇。
> 死蛮夷固吾所兮,虽显宠其焉加。配大中以为偶兮,谅天命之谓何。⑤

柳宗元对于自己坚持的价值观和信念依然肯定,只要"配大中以为偶",即使天命、际遇有舛,也不在意。唐庚《省愆赋》则轻描淡写地点出了悟理后的破执,从简单的整冠束带,可见得对未来的肯定。赋云:

> 觉而思之曰:噫! 此殆维摩诘也。
> 揽衣而起,正冠束带。稽首西望,作礼而退。⑥

至于李梦阳的《省愆赋》,对于自我的坚持与理念虽然仍抱肯定,然而对于未来的外在现实仍有忧虑。《省愆赋》云:

---

① 唐庚:《南征赋》,《历代赋汇》本,凤凰出版社,2004年,第596页。
② 唐庚:《眉山诗集》卷五。
③ 唐庚:《眉山诗集》卷五。
④ 唐庚:《寄傲斋记》"会奇祸作,以故不果。"见唐庚《眉山文集》卷二。
⑤ 柳宗元:《惩咎赋》,《历代赋汇》本,凤凰出版社,2004年,第584页。
⑥ 唐庚:《省愆赋》,《历代赋汇》本,凤凰出版社,2004年,第584页。

> 闿纡壹以忳瞀兮,窃陈诗以自抒;惧言弱而道阻兮,恒慭隐而思虑。①

许应亨的《内疚赋》对于自身咎愆感到自责,但是对于未来仍有疑惧,担心贤愚不分。赋云:

> 慕吾兄之高蹈兮,将颉颃于青霄。胡中道之废坠兮,淬异质以泾渭。使兰茝杂于粪土兮,岂云异夫蓬蒿。虽往者之不可谏兮,惧来者之易淆。②

但仍寄望于改过迁善能明哲保身,甚至进一步有兴起之功。总体而论,以布局铺排的叙写组构要项为主要线索进行考察梳理,或许各篇叙写要项背后的情志成分有些许之别,然而省咎的忖度、迁途的摹写、谪迁的郁苦与展望未来等四项,是以省咎叙写谪迁主题的赋作中重要的组构叙写元素。

### (三)特殊技巧

以"省咎"为题叙写谪迁的四篇赋作,其中有三篇在铺陈上都有一个特殊的技巧,就是"理想与困境问对"的母题(motif)布局。③ 此外"理想与困境问对"这个布局落实在具体的书写呈现上,又往往以"梦"为取材媒介。借"梦"的布局环节,隐喻延伸为赋家心中理想的反映、依托、代言,以此寓意来和现实困境对话、提供内心解答或开释。如柳宗元《惩咎赋》写到:

> 奉吁谟以植内兮,欣余志之有获。再征信乎策书兮,谓炯然而不惑。⎫ 理想
> 愚者果于自用兮,惟惧夫诚之不一。不顾虑以周图兮,专兹道以为服。⎭
> 谗妒构而不戒兮,犹断断于所执。哀吾党之不淑兮,遭任遇之卒迫。
> 势危疑而多诈兮,逢天地之否隔。欲图退而保己兮,悼乖期乎曩昔。
> 欲操术以致忠兮,众呀然而互吓。进与退吾无归兮,甘脂润乎鼎镬。⎬ 现实
> 幸皇鉴之明宥兮,累郡印而南适。惟罪大而宠厚兮,宜夫重仍乎祸谪。
> 既明惧乎天讨兮,又幽栗乎鬼责。惶惶乎夜寤而昼骇兮,类麏麋之不息④。

柳宗元以寻思自身历程的时间线索顺叙,先写怀抱理想投入仕途的情景,接续陈述现实境遇的政敌谗妒、己身执断、局势危诈,两相对照下遂陷自身于惩咎谪迁之途。就谋篇角度而言,柳宗元借自身"理想与困境"的整理和叙写,从铺写过程中对过往的理想或罹祸遭遇进行了省察、检讨的自我对话。

"理想与困境问对"布局书写,赋家常以"梦"作为谋篇铺写的设计,借梦境与现实困境的问对,或是梦境与现实困境的对照铺陈,反映自身对理想与现实困境之间的省察、体会以及自我问对。如《省愆赋》云:

---

① 李梦阳:《省咎赋》,《历代赋汇》本,凤凰出版社,2004 年,第 584 页。
② 许应亨:《内疚赋》,《历代赋汇》本,凤凰出版社,2004 年,第 585 页。
③ "文学里不断重复出现的意象(imagery)、象征(symbol)、动作、人物、对象或处境,呈现出一种重复的主题(theme),就叫母题。"详见张错:《西洋文学术语手册》,台北书林出版社,2011 年,第 201 页。
④ 柳宗元:《惩咎赋》,《历代赋汇》本,凤凰出版社,2004 年,第 584 页。

> 梦有告余曰："甚哉！子之蔽也。罪性本空，念念灭坏。反复寻绎，祇益咎悔。道逢臭腐，何足眄睞。玩味不已，适足自秽。净是妄而况垢，谷犹无而刻稗。譬之身体，本自安泰。或作病想，便若婴瘵。识此病之谁受，尚何施于砭艾？譬之手足，伸缩无碍。忽作缚想，举动辄挂。悟此缚之无实，即无绳而可解。方耸听于妙语，失胸中之结块。若春动而冰坼，若秋至而叶败。回视无始以来，几千万世所作罪业，悉消散而崩溃矣，岂独今之所以流落颠沛者哉？"①  〔借梦境开解现实困境〕

在传统文学的书写中，将"梦（境）"设计为铺排环节，借以反映某些期待、情感与理想，或借此传达某些劝谕、理悟以及开解心结，运用这样的技巧推动旨意敷衍和谋篇效果所在多有。② 在"省咎"系列的主题写作中，唐庚的《省愆赋》和李梦阳的《省咎赋》也同时运用了这个设计安排，《省咎赋》写到：

> 梦忽乎余上征兮，魂浮游之邈邈；过太仪叩天阊兮，扣白榆之历历。
> 进不入以邅回兮，退余将览夫下土；冯玄云以相羊兮，洵极乐而无所。 〔梦境〕
> 抚辰星以摅虑兮，据雄虹而降观；饮积清之浮凉兮，依北斗而浩叹。
> 何民生之错杂兮，纷既有此多难；心犹豫而内讼兮，悔有目之不见。
> 窜周览以增欷兮，块独处此幽域；鸱鸹萃而翔舞兮，凤鸟饥而夜食。 〔困境〕
> 众靰沓以自媚兮，焉谁察余之忧忧；闵芳华之零落兮，秋风至而改期。③

柳宗元的《惩咎赋》虽然没特别以"梦/梦境"来涵笼这样的铺写层次，然而诚如本段开头所述，三篇对理想与现实毗邻序列的书写，都是"理想与困境问对"母题的底蕴呈现，差别只在于《省愆赋》《省咎赋》两篇更进一步运用了"梦/梦境"作为理想与内心情感的借代。如果文士怀抱着理想，期待实现心中理想的境界，"梦/梦境"无疑是有志之士隐喻自身理想的贴切代名词，或是寄寓发抒心念身感的最佳载体。因此"理想与困境问对"的布局书写中，以"梦境"为媒介作为赋家情志与理想的代言，并以此和现实的困境郁苦对话，实际上也是价值观和现实困境之间的自我对话与内心辩证。

至于"省咎"系列的主题赋作唯一未运用"理想与困境问对"母题的《内疚赋》该如何解释？关于这点应该借用作者的定题和旨意来说明，前三篇赋家在忖思叙写自身历程与心境时，寻思着己身是否有咎愆？对理想与现实遭遇的矛盾有较强烈的怀疑。然而许应亨《内疚赋》的着眼点则在认定自身有罪愆，并对己身咎愆感到惭愧、懊悔，因此行文虽然仍有涉及原先对自我的期许、对自身理想的初衷，不过更多的感念在于对自身的惭愧内疚。相对于《惩咎赋》《省愆赋》《省咎赋》三篇，《内疚赋》对于理想与现实困境、现实际遇之间的矛盾，落差的感受较小也较不强烈，行文中甚至透露当前的困境和际遇是对自身咎愆的惩罚和警惕，是故有"夫人孰能无过兮，贵速改之惟谨"云云。

---

① 唐庚：《省愆赋》，《历代赋汇》本，凤凰出版社，2004年，第584页。
② 最有名的篇章莫过于《杨林故事》《枕中记》《南柯太守传》，甚至戏曲里一再被小说、电影重复翻拍、引申改写的《惊梦》一折，都是"梦境"母题在"同系列创作"中的重复使用与再现。其实细读"省咎"系列写谪迁的主题赋作，行文中不难见"昼夜以思，寝食皆废""床一夜而十徙""达中宵而不寐兮"云云，既然忧忧揣思难寐，谋篇铺写却不自觉运用"梦/梦境"为书写设计，这中间的矛盾就相当值得玩味。
③ 李梦阳：《省咎赋》，《历代赋汇》本，凤凰出版社，2004年，第584页。

## 三　咎愆问对与困境对话

以省咎主题来叙写谪迁的赋作,依旨意大致可以归约为四个主要的情志思辨方向,归纳如表2所示。

表2　省咎类型赋作的情志之辨

| 类别 | 柳宗元《惩咎赋》 | 唐庚《省愆赋》 | 李梦阳《省咎赋》 | 许应亨《内疚赋》 |
|---|---|---|---|---|
| 咎愆省察 | 无咎意 | 无愆意 | 无罹祸之咎<br>有无能于生民之咎 | 有咎<br>贵速改之惟谨 |
| 群我之辨 | 不混同于世 | 未涉及 | 坚忍而弗惩 | 忧易涓难分 |
| 困境因应 | 守大中,不改初衷 | 毋妄缚,不改初衷 | 援圣为程,不改初衷 | 明哲保身,改过迁善 |
| 对来路之思 | 肯定而正面 | 肯定而正面 | 肯定,但有疑虑 | 不肯定,有疑惧 |

承此,在形式要件与情志要件的梳理之后,我们可以进一步思考,究竟赋家为何会选择借"省咎"为题来叙写谪迁？其次,省咎主题的赋篇作为一种特定的书写类型,被赋家运用在谪迁境遇的书写上,究竟发挥了什么效果,有何意义存在？

这种类型的赋作书写的意义在于,谪迁赋家对罹祸的遭遇,或忧惧、或不解、或有疑义、或不能接受,因此借"省咎"为题,作为寻思的线索,作为对现实人生境遇与内心价值观的一种自我对话、自我思辨过程。因此呈现在情志书写上,往往借由回顾一路走来的历程,细细铺排检视至今每一步的矛盾、挣扎、抉择,以及当时内心感受到的情绪。无论是入仕至谪迁的过程、对群我之辨的反省,甚至是谪迁路途上的疑惧不安以及对往后未知的飘遥之感,其实都是赋家整理寻思过去生命至书写当下之间的过程,并将这段寻思、自我对话、自我辩证的历程巨细靡遗地形诸书写。

谪迁赋家借由"省咎"这样的书写方式、这样的寻思与整理、这样的自我对话思辨,试图在内心进行一场对自我的追寻。期待在过往的经历、当下的困境与内心怀抱的理想三项指标间的矛盾拉扯中忖度理性与感性的平衡点,进而得出对于自己过往的抉择、对于目前遭逢的郁苦、对于内心价值观和理想的坚持,究竟值得？或不值得？所谓"咎愆"的有无,不过是这场困境问对、寻思历程的线索以及最后的结论。然而有愆或无咎的答案并非谪迁赋家寻思的终点,更重要的是对于现实遭逢的困境、内心的谪囚焦虑,赋家能给予内在煎熬的情绪一个满意、无悔的答复。此外,在内在自我的问对满足之后,谪迁赋家期待能对于外在当前的困境提出因应、内心感怀上情结的解消,并在回顾整理的最终能够对未来有一番新的看法或期望。因此基于以上的深层情志结构,反映在具体的书写形式和铺排上,自然有省咎的忖度、迁途的摹写、谪迁的郁苦、展望未来以及"理想与困境问对"母题的布局等书写组构元素,作为相应的表层写作架构呈现。

## 四　结语

经考察得出赋家借"省咎"主题叙写谪迁一类的辞赋书写,其要点及意义如下:

(1)在屈原标志了谪迁文人书写的典型之后,笔者发现原本即有祖骚传统的辞赋书写中有一种特定的书写类型,赋家选择以"省咎"主题来叙写谪迁心感。关于"省咎"主题的谪迁赋作计有:唐代柳宗元《惩咎赋》、宋代唐庚《省愆赋》、明代李梦阳《省咎赋》与许应亨《内疚赋》等四篇。四篇以"省咎"为主题的赋作皆缘于赋家自身的谪迁背景,然而本篇行文不同于学界惯常的"贬谪"一词,而以"谪迁"代易的原因,在于文人怀抱心感的谪迁之作未必皆源自"贬谪"。作家或者感怀遭逢贬谪、职官迁动的友人,自身并未亲罹贬谪之遇;或者自身官职并未有高下的调动,然而作者仍有谪贬之感,因此本文易以"谪迁"一词为之。

(3)若以形式、组构要素等层面为主要线索,考察以"省咎"叙写谪迁的主题赋作可以发现:

①赋篇定题大抵相同,仅因赋家着眼旨意而略作偏重更易。

②在铺排布局方面,以"省咎"叙写谪迁主题的赋作,大抵有省咎的忖度、迁途的摹写、谪迁的郁苦以及展望未来等四项重要的组构叙写元素存在。

③另外尚有一特殊技巧的运用,即"理想与困境问对"的母题(motif)运用于布局铺排之中。此外,赋家还往往借由"梦/梦境"作为隐喻理想与内心期待的借代,因此"理想与困境问对"还常以"梦/梦境"作为布局设计之用,以此推展文意制造铺排效果。若以情志趋向为主要考察线索而论,则"省咎"主题的辞赋书写在情志上大抵有:咎怨省察、群我之辨、困境因应、对来路之思等四个组构要素存在。

3.选择以"省咎"为主题来叙写谪迁,此一类型辞赋书写的意义是:谪迁赋家借由省咎类型赋作来书写其谪迁情志,实际上是一段自我对话的过程。如图2所示。

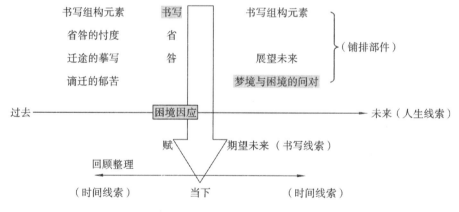

图2 赋家与谪迁书写的对话关系

赋家借由谪迁赋作的书写,一方面寻思、整理从过去到书写当下这段过程中的种种经历与心境情怀;又一方面通过回顾过去整理的过程,对于当下的困境和现实遭遇向自我、向同侪、向古人、向鬼神提出质疑问对,期待透过自我对话的思辨过程能给自己心里一个答案。对于过往追逐的理想无论是感到无悔、内疚、迁善或者坚持,在心里得到答复的一瞬间,当下的困境和所经历的苦痛也同时得到救赎解脱;另一方面对过往的追逐与当下的困境,其得失、评价以及质疑都得到解答和安顿之际,自然开始思索未来的方向。经"省咎"辩证的自我对话之后,是重新肯定过往的理想和价值观,回归最初坚持的理想追逐?还是对过往的理想幡然悔悟,在未来重新寻找新的理想和价值取向开启一段新的追逐?

其次，经历放逐、省咎思辨后的新追逐和最初的追逐，所追逐的是否一致？如果新开展的追逐和理想不同于初衷，那么两者间变异的情志取向为何，又分别呈现出怎样的风貌？谪迁赋家与省咎赋作之间一切心灵与文本的对话、辩证过程，正是赋家选择"省咎"主题来叙写谪迁的意义，也是"省咎"类型辞赋书写的深层结构。

# 新出汉简所见边地物价考述——以《肩水金关汉简》为中心

刘金华

华中科技大学历史研究所

**摘　要**：在新出肩水金关汉简中存有当时社会的各种物价资料，具体内容涵盖了人们日常使用的织品、衣着、饮食、器物等方面，梳理和分类讨论这些物价资料，可大致勾勒出金关汉简所反映出的有关汉代居民日常生活的基本消费状况，深化对汉代社会经济生活的了解和认识。

**关键词**：汉代　物价　简牍

物价是经济史研究中的一个重要主题，对秦汉时代物价的研究历来是学界关注的重点，国内外前辈学者如瞿兑之、劳干、陈直、徐扬杰、宋杰、谢桂华、宫崎市定等先生均有重要著述发表，所涌现的成果蔚然可观，具体情形可参见丁邦友先生《秦汉物价研究概述》[①]一文。

然而，近年来新出简牍层出不穷，前人因时代所限不能利用，故对此问题的讨论有做进一步深入的必要。此前，我们利用较早公布的一些资料如敦煌汉简、居延汉简、悬泉汉简、额济纳汉简等分类加以整理、讨论，发表了相关成果。[②] 这里，我们就新近公布的《肩水金关汉简》所涉及的各类商品物价情况略作探讨，以期对了解彼时社会经济的发展面貌有所裨益。[③]

## 一　织物类

1. 丝絮、絮、黑絮

丝絮，唯见于金关简。居延简中保存着有关丝的交易记录，《合校》简507.12A记："钱十二买丝□□□□。"[④] 因其数量不明，其价格已不可知。然成书于汉代的《九章算术》卷三

---

收稿日期：2020-05-09。

作者简介：刘金华，历史学博士，华中科技大学历史研究所副教授，主要从事先秦秦汉史及出土文献研究。

① 丁邦友：《秦汉物价研究概述》，《中国史研究动态》2009年第3期。
② 刘金华：《汉代西北边地物价述略——以汉简为中心》，《中国农史》2008年第3期。
③ 甘肃简牍保护研究中心、甘肃省文物考古研究所、甘肃省博物馆、中国文化遗产研究院古文献研究室、中国社会科学院简帛研究中心编：《肩水金关汉简（壹）》，中西书局，2011年；《肩水金关汉简（贰）》，中西书局，2013年；《肩水金关汉简（叁）》，中西书局，2014年；《肩水金关汉简（肆）》，中西书局，2015年。因引文较多，页码不一一注出。
④ 谢桂华、李均明、朱国炤：《居延汉简释文合校（上、下）》，文物出版社，1987年。以下简称《合校》，因引用较多，文中不一一注明页码。

题有:"丝一斤,价直二百四十。"又有"丝一斤,价直三百四十五。"①这虽然是设题所虚拟的价格,但可以作为参考。

至于丝絮的价格,金关简有明确记录,简 73EJT5:60 云:"☑今余河内第十六辈丝絮六十二斤四两直四千廿钱八分率斤六十四钱五分什又分七百分八。"该简将丝絮的重量、价值及价格都非常完整地保留下来,即丝絮价格每斤"六十四钱五分什又分七百分八",这是相当精确的记载。又简 73EJT31:30 记:"☑已得彭城丝絮七斤直四百廿七　财物直五千七百五十五",据此可推算出丝一斤价六十一钱,这和简 73EJT5:60 所记较接近,或可反映同一时期的交易价格。

同出简中不仅有丝絮的说法,也有所谓"絮",其价格又有不同。简 73EJT21:52A 记:"绿绨一丈二尺直二百六十八率尺二十四　絮一斤直百七十"。这支简分为上下栏,上栏是有关绨的记载,下栏是有关絮的记录。此处的"絮一斤直百七十",表述十分清楚。值得注意的是,其计量单位是斤,这与前述丝絮所用的计量单位一致。

然而,"斤"并非絮唯一的计量单位,简文中也有"枚"的说法。如 73EJT24:6A、B 记:"出钱卅君成买絮一枚出钱……""出四百八十买絮出钱……"。该简 B 面所记简文与 A 面格式大致相同,但 A 面记录更为准确,所出钱数、所买物品、数量均有明确反映,B 面则对所买数量缺载。实际上这并非记录者有意缺载,而应该是书写时大意所致,这从"出四百八十"脱"钱"字可以得以佐证。据简 73EJT24:6A 所记,絮一枚价格为四十,这一记录不是最高的交易价格。简 73EJT23:898A 记:"十二月己酉啬夫囗卿囗囗囗市囗囗絮二枚直百卌",由此知,在某年十二月己酉日有"啬夫囗卿"参与的一次交易中,絮的成交价格是七十钱一枚,这一价格较前述记录高出许多。简 73EJT29:26 也保留着有关信息,该简呈上下两栏、分四行书写,其中云:"絮一绳直……",参看其他各条简文,这里的"绳"字应系衍文无疑。由于竹简残断,此处的价格已不可考。

简 73EJT23:898A 又记:"黑絮一两直卅五。"由此,我们不仅知道当时黑絮的价格情况,而且可以明了其计量单位与"丝絮""絮"均有不同,这也间接表明"丝絮""絮""黑絮"属于人们日常生活中不同功用之物。

2. 帛、廿两帛

金关简也保存了有关帛的交易记录,从中我们可以了解当时的市价。简 73EJT9:55 记:"出帛七匹三丈一尺七寸直千八百☑",这条记录保存有帛的数量及价值记载,但因其残断,这次交易的准确价格已无法了解。前引简 73EJT29:26 又记:"帛四丈九尺 = 九直百卌四",简文中" = "为重文符号,即"帛四丈九尺,尺九,直百卌四",如此,其记录格式正与同简所记"☑三丈尺九直二百七十""素六尺十直六十"一致,均载明交易商品类别、数量、单价及总价。不同之处在于,后引两条简文所记商品数量、单价、总价经验算准确无误,而前一条记录经验证则有讹误。依据帛"四丈九尺"、单价"尺九",可推知其总价为四百四十一钱,这与简文所记"直百卌四"不符。因此,该简帛价"尺九"这一说法是否准确无误,尚需参考其他简的记载加以考察。

如《合校》简 509.15 记:"帛千九十匹二尺五寸大半寸,直钱卌五万四千二百",大约每丈帛价值八十一钱。简 187.22 记:"已得五月廿日奉一匹三丈三尺三寸,直七百",则每丈

---

① 郭书春校点:《九章算术》,郭书春、刘钝校点:《算经十书》,辽宁教育出版社,1998 年。因引用较多,文中不一一注明页码。

帛价约九十五钱。简89.12又记："候史靳望正月奉帛二匹直九百",即帛一丈价约一百一十二钱。简168.13记："二千八百六十二赵丹所买帛六匹直",帛价一匹四百七十七钱,与《新简》EPT59:345所记相同,"今余帛一匹直四百七十七"①,折合帛一丈钱一百一十九。简210.27云:"右庶士士吏、候长十三人,禄用帛十八匹二尺少半寸,直万四千四百四十三",即约二百钱帛一丈。简156.34曰:"帛一丈六尺,直千九百",则价为一丈一千一百八十七钱。EPF22:325A又记:"天子将兵在天水闻羌胡欲击河以西今张掖发兵屯诸山谷麦熟石千二百帛万二千",帛一匹价值一万二千钱,此或系因战时之故。

自上述可知,帛一丈价格大约在八十至二百钱之间,属于比较合理的区间,如简156.34、EPF22:325A所反映的价格畸高,其原因与当时的特殊情势相关,这从EPF22:325A的记录可以证实。因此,金关简73EJT29:26所记帛价"尺九",也即一丈九十钱,当属正常的交易价格,该简文或系商品总价记录失误。

廿两帛,《合校》简303.5云:"出河内廿两帛八匹一丈三尺四寸大半寸,直二千九百七十八,给佐史一人元凤三年正月尽九月积八月少半日奉",即河内廿两帛价为每丈八十九钱。简509.8又记:"受六月余河内廿两帛卅六匹二丈二尺二寸半寸,直万三千五十八",价格与前条所记相同。金关简反映的情况似有不同,简73EJT21:314云:"廿两帛三匹二丈六尺七寸直九百",是价约一丈六十一钱,较前两条记录偏低。

3. 布、皂布、尊布、毋尊布、七稯布、八稯布

有关布的价格,金关简记录比较丰富。如简73EJT23:963便留存了一份当时某人赊卖布匹给故水门隧长尹野的记录,简云:"☑贳卖布一匹贾钱二百五十贷钱百卌凡直三百九十故水门隧长尹野所☑",即布一匹价二百五十钱。相较而言,这一价格并不算高。《敦煌汉简》838A云:"当欲隧卒宾德成卖布一匹直钱三百五十临要隧长当责尽四月奉",布一匹值三百五十钱。简73EJT24:263也记:"六月廿日责计 责柳子文布一匹少百 责驽布一匹直四百入二百八十少百廿 责庞次君布一匹直四百廿出二百五十少七十",该简记录的布匹价格并不一致。其中,"驽布一匹直四百""庞次君布一匹直四百廿",二者略有差别。柳子文名下价格缺载,应属书写大意文字脱漏所致。"布一匹直四百"这一价格在它简中也可印证。《新简》EPT59:660云:"□人先□□□物□□□乃受直布一匹直四百当得□单□□□□。"又《合校》简308.7云:"入布一匹直四百,絓絮二斤八两直四百,凡直八百,给始元四年三月四月奉,始元四。"

价格稍高者有之,如简73EJT23:985记:"布六尺五寸直七十五",则价约每匹四百六十一钱。《新简》EPT8:25也记:"□恩买布一匹直四百以上",是一匹布价四百以上。也有匹布价格五百钱者,EPT53:52云:"布一匹直五百"即是。《额济纳汉简》2000ES9SF4:22记:"第九隧卒吏义角布一匹贾钱五百。"②而时价最贵者至七百五十钱一匹,EPT59:64云:"布一匹直七百五十。"EPT59:70则云:"布二匹直千五百",是亦七百五十钱一匹。

较简73EJT23:963价低者,出自《九章算术》卷三所记:"布一匹,价直一百二十五。"这一方面可能反映了边地与内地之间的物价差异,同时也反映了算题设计与现实之间的差别。

---

① 甘肃省文物考古研究所、甘肃省博物馆、中国文物研究所、中国社会科学院历史研究所:《居延新简》,中华书局,1994年。以下简称《新简》,因引用较多,文中不一一注明页码。

② 魏坚主编:《额济纳汉简》,广西师范大学出版社,2005年。因引用较多,文中不一一注明页码。

皂布,汉简中不常见。金关简73EJT23:925记:"☑水门隧卒成弱郭徒毋何贯买皂布一匹直三百",是皂布一匹价三百钱。简73EJT30:32则记:"出百一十六皂布八尺",即一匹五百八十钱,较前简所记价格高出许多。

尊布,金关简73EJT7:19记:"出钱六百买尊布一匹",是尊布一匹六百钱。毋尊布,金关简中多有记载。简73EJT24:389云:"出钱千八百　毋尊布三匹＝四百","＝"为重文符号,即毋尊布一匹价格为四百钱。简73EJT23:805也有记录,一曰:"出钱七百八十　毋尊布二匹直七百八十",一曰:"毋尊布一匹直四百□。"据前条记录,毋尊布一匹价为三百九十钱;后一记录因其残断,仅能大致推测一匹在四百钱或以上。这两个价格与简73EJT24:389所记比较接近。简73EJT23:296A也有类似记载:"毋尊布□匹直三百八十梁卿取……",其数量已缺失,依据前述所示,缺字或为"一"。又简73EJT23:906B记:"十一月一日从王君长取毋尊布一匹直百□□二百六十少二百",似毋尊布一匹价在一百钱以上。由于简文残缺,目前很难断定这一记载是否可靠。

金关简中又有七稷布、八稷布等相关记录。七稷布,于豪亮先生指出即"粗布,所以《史记·孝景纪》说:令徒隶七稷布。"又引《说文》云:"稷,布八十缕为稷。"①《新简》EPT56:10云:"成卒东郡聊成昌国里繠何齐贯卖七稷布三匹直千五十屋兰定里石平所舍在郭东道南任者屋兰力田亲功临木隧",即七稷布一匹三百五十钱。金关简所载价格便宜许多,简73EJT26:23云:"入七稷布二千七百九十七匹九尺六寸五分直六十万八千四百　率匹二百一十七钱五分。"

八稷布,金关简73EJT10:72记:"今余广汉八稷布卅九匹直万一千一百廿七钱九分",价约每匹二百二十七钱。《合校》简287.13记:"惊虏隧卒东郡临邑吕里王广卷上,字次君,贯卖八稷布一匹,直二百九十",两者所记价格有一定差别。简311.20云:"成卒魏郡贝丘里杨通贯卖八稷布八匹,匹直二百卅,并直千八百,卖郑富安里二匹不实贾知券常利里淳于中君",简文"并直千八百"当系"并直千八百四十"脱漏"四十"二字所致,是又与简73EJT10:72所载十分相近。而简90.56,303.30云:"出广汉八稷布十九匹八寸大半寸,直四千三百廿",折价为每匹二百二十七钱,正与金关简73EJT10:72所记一致。

4.练、素、绛、缥、各皂、各象、完象、绿绨、絣

练,经过精练的熟丝织品。金关简73EJT7:19记:"出钱二百四卌买练一丈",合练价一匹九百七十六钱。《合校》简185.15、217.10云:"十石以买练一匹,至十月中不□予毋房　练丈□尺",其价值以谷物衡量,一匹价值谷物十石。《敦煌汉简》2258A:"出钱百买练",不知其数量几何,价钱已不可晓。但《敦煌汉简》简838A记:"惠敢卒买练一匹贾钱四百九十",知练一匹价才四百九十钱,与简73EJT7:19所记相去甚远。然《合校》简284.36云:"练一匹,直千",此价格与73EJT7:19大致吻合。

素,未经过精练的丝织制品。金关简73EJT29:26记:"素六尺十直六十□直……"该简似有脱字,应作"素六尺(尺)十直六十□直……"如此,简文便十分通畅合理,价为一匹四百钱。简73EJT30:124+96+123又记:"百廿羍素六尺",依该简文例,"百廿"为"素六尺"的价格,则素一匹钱八百,属于较高价格。《合校》284.36则记:"代素丈六尺,直三百六十八",即代地出产的素价格可以高至每匹九百二十钱。而《新简》EPT59:163记录的价格略低,曰:"枚缣素上贾一匹直小泉七百枚其马牛各且倍平及诸万物可皆倍牺和折威侯匡

---

① 于豪亮:《〈居延汉简甲编〉补释》,载《于豪亮学术文存》,中华书局,1980年,第234-235页。

等所为平贾夫贵者征贱物皆集聚于常安城中亦自为极贱矣县官市买于民",即新莽时素的价格高时为每匹小泉七百。《九章算术》卷三云:"素一匹一丈,价直六百二十五",则素一匹价五百钱,与简73EJT29:26所记相近。《合校》214.26云:"买白素一丈,直二百五十",是可知白素一匹价一千钱。金关汉简73EJT37:794记:"白素六尺八寸直百五十六……夫□□市",则价一匹约九百一十八钱,略低于前条所记。

绛,大赤色帛。金关简73EJT1:233记:"出钱廿八买绛",简文仅载交易所费钱数,并无相应数量,故其具体价格已不明。《新简》也有类似记录,简EPT65:330A云:"出谷十六石五斗五升布买绛",不同之处在于用来买卖绛的是谷物。《敦煌汉简》776则有:"捐之道,丈人前所买宅耿孝所,买钱千六百,今取孝终一匹,六百卅"①,简文"终"或即"绛"之讹,若此,则绛一匹值六百三十钱。简73EJT32:10有所谓"夆",或系一物,云:"各夆一匹六百五十",价格与前条所载相近。

缥,白青色帛。金关简73EJT23:965记:"广野隧卒勒忘贳卖缥一匹隧长屋阑富昌里尹野所",惜该简未记录当时的交易价格。然《合校》简284.36保存着有关缥的价格明确记载,可资参考,简文云:"缥一匹,直八百",即缥一匹八百钱。

各皁,汉简中不常见。唯《合校》简84.5云:"皁四尺,钱七十七",即皁一尺十九钱余。简284.36记:"皁二丈五尺,直五百。马君卒",即一尺价二十钱,恰与前简所记大致相当。相较之下,金关简中所载"各皁"价格略低。如73EJT30:124+96+123记:"六十各皁四尺",是各皁一尺值十五钱。简73EJT32:10:"各皁丈尺十二",则价才一尺十二钱。

金关简又载各象、完象。各象,简73EJT32:10有明确的价格记录,云:"各象七尺〓十四","〓"为重文符号,则各象一尺价十四钱。简73EJT30:124+96+123简也有相关记录:"百九十五各象丈三尺""卅五各象三尺",二者价格完全一致,即一尺十五钱,这与简73EJT32:10所记"尺十四"钱差别不大。完象,金关简中价格可考者仅一例。简73EJT32:10记:"完象六尺〓十一",即完象一尺价十一钱。

绿绨,简73EJT21:52A记:"绿绨一丈二尺直二百六十八率尺二十四",即价一尺二十四钱。简73EJT32:10又有"完青",云:"完青丈七尺半尺十三",则完青一尺价十三钱。

絣,白青色帛。金关简72EJC:399记:"☑□絣一匹直七百以三月癸☑",即一匹七百钱。也见《敦煌汉简》838A:"察适隧卒王未央卖絣一匹三百七十当责察适隧长尽四月奉",其价一匹三百七十钱。

## 二 衣物类

1. 袍、白布复袍、皁复袍

袍是一种宽大的长衣,汉简中常见。《敦煌汉简》1614云:"李龙文袍一领直二百八十七",是袍一领价二百八十七钱。《新简》EPT56:17:"第五隧卒马赦贳卖袍县絮装直千二百五十第六隧长王常利所今比平予赦钱六百",依此条记录,该袍卖价仅一千二百五十钱,与市价相比偏低,差价约六百钱左右,可知时价在一千八百五十钱上下。EPT59:31云:"光交钱买卒冯自为袍一领直千一百光不买赐袍",即一千一百钱一领。EPT52:91B记:

---

① 甘肃省文物考古研究所编:《敦煌汉简》,中华书局,1991年。因引用较多,文中不一一注明页码。

"袍直千三百。"此三条记录所显示价格均比较高,应是制作、质地比较精美的袍。而金关简73EJT25:79A 所记"袍一领直六百",其价格相对比较适中。

白布复袍、皂复袍,与汉简中所见布复袍、缥复袍、皁练复袍同类,属复袍一种。

金关简73EJT3:104 记:"自言贳卖白布复袍一领直七百五十故要虏☑",即一领价值七百五十钱。《合校》简49.10 曰:"第卅四卒吕护买布复袍一领直四百,又从鄣卒李忠买皁布",知布复袍一领时价四百钱。又简73EJT1:61 云:"☑富端贳卖布复袍一领☑",因简文残断,具体价格已不可考。缥复袍,《新简》EPT51:122 记:"察微隧戍卒陈留郡焉宝成里蔡☑子七月中贳卖缥复袍一领直钱千一百故候史郑武所",是一领价钱一千一百。又有皁练复袍,《合校》69.1 云:"贳买皁练复袍一领,贾钱二千五百,今子算",价一领二千五百钱。这些记录中,简49.10 所记在制作所采用的织物质地上与金关简中的白布复袍比较接近,市价也属于较低者。

皂复袍,《合校》206.28 记:"□既自言五月中行道贳卖皁复袍一领,直千八百",时价一领一千八百钱。金关简73EJT23:320 所录价格差异较大,云:"阳夏官成里陈青臂……贳买皂复袍一领直二千六百故箕山隧长氏池赵圣所又钱廿凡直二千六百廿",这份债务清单清楚说明其交易价格为一领二千六百钱。

此外,尚有官草袍。金关简73EJT26:54 记:"☑自言迺十二月贳卖官草袍一领橐絮装贾钱八鱳得寿贵里李长君所任者执適隧长",是官草袍一领出售价才八钱,盖其制作粗劣之故。

2. 布单衣、袭、练袭、练复襦

布单衣,它简不载,唯《新简》有单衣、白单衣的记载。EPT40:6A 云:"终古隧卒王晏言隧长房五月廿日贷晏钱百七月十日籍白单衣一领积十五日归",惜未见其有关价格记载。EPT59:413 又记:"□□安君单衣钱二百卅八□",由此,知单衣一领价二百四十八钱。《合校》简262.29 又有皁布章单衣,"七月十日鄣卒张中功贳买皁布章单衣一领,直三百五十,三堠史张君长所,钱约至十二月尽毕已,旁人临桐史解子房知券□",可知皁布章单衣一领价三百五十钱。布单衣价格似乎很低。金关简73EJT2:27A、B 是一份有关某年月子丑日钱物支出的记录清单,其中记"布单衣廿",知布单衣一领价仅二十钱。同出简73EJT7:89B 所记是某年八月的一笔开支记录,简云:"出钱五十买□单衣 八月□□□□□",因文字湮灭,该简所涉及的究竟是何种单衣已经无法知晓,但据前述所言,其所指极可能是布单衣。

褌衣,简73EJT28:17 记:"☑□七百五十褌衣直二百卌约至五月毕已延陵中倩任故酒彭二斗 73EJT28:17",从这份记录可知,当时买卖这领褌衣的成交价格是二百四十钱。

袭,也见于金关简。简73EJT23:934 记:"☑□辅 卖袭一领贾钱六百 要虏隧长□☑",即一领价值六百钱。《新简》EPT57:3A 曰:"蔡县买袭一领直九百",可知袭一领时价九百。然《敦煌汉简》1614 云:"袭一领直四百五十",价仅前条所记之半。简73EJT1:55 记:"肩水□□隧卒陈□ 贳卖布袭一领布绔一两并直八百界亭☑",此条布袭价格如何虽然不太清楚,但与简73EJT23:934、《敦煌汉简》1614 或者相近。

又有练袭,简73EJT23:969 记:"受降卒富里宋钳 赊官练袭一令直千乐涫平旦周稚君所稚君舍在会水候官入东门得术西入酒泉东部候史不审里孙中卿妻秋任 毕",则练袭一领价一千钱,较普通的袭价更高。

《合校》326.20A、257.17 记有绀复襦、复襦,但价格不明。金关简73EJT4H:45 则记:

"练复襦直钱九百☐",是练复襦价九百钱。

3. 绔、皂绔、布袜、革带、青韦臽（沓？）、履

金关简73EJT29：118A 记："绔一直百卅",其价一两一百三十。这一价格较《新简》便宜许多,EPT57：3A 云："绔一两,直四百。"

皂绔,金关简也有记载,简73EJT31：239A 云："……☐☐☐☐直千皂绔一两直八百……☐",是皂绔一两价八百钱。《新简》EPS4T1：21 记："自言贳买皂绔一两,直九百,临桐隧长解贺所,已收得臧治所,毕",知皂绔一两市价九百钱,这与前简所载价格较为接近。

此外,金关简尚有布复绔、幼白布绔的相关记录。简73EJT5：8A 记："☐袭一领布复绔一两并直千八百又贷交钱五百凡并☐",这条记录将袭一领、布复绔一两合计,故二者价格分别如何已不清楚。然《新简》EPT57：72 所记可资参考,云："元康二年十一月丙申朔壬寅,居延临仁里耐长卿贳买上党潞县直里常寿字长孙青复库一两,直五百五十,约至春钱毕已,姚子方口",可知复库一两价为五百五十钱。又金关简73EJT23：374 记："☐领直五十五又贷幼麦二石六斗直二百六十贳买幼白布绔一两袍一领",即白布绔、袍合计值二百六十钱,可知此处白布绔交易价格极低。

有关袜的时价,金关简73EJT1：233 所记或有关联："出钱卅八买袜复☐一",这份记录为袜与"复☐"的合计,具体价格已不清楚。但同出简73EJT23：964 却有明确记载："☐卖袜一两直钱廿三",即袜一两价值二十三钱。简73EJT23：295 记："布袜一两直八十",则布袜一两价值八十钱。

上引简73EJT23：964 还保留了有关革带价格的明确记载："革带二枚直六十",即革带一枚价值三十钱。该条简文中革带与袜并列,可能是与穿戴衣物有关的日常用品。简73EJT30：255 又记："犁冠廿五钱",即犁冠价二十五钱。

金关简73EJT21：52B 记："青韦臽一两直百卅","臽",或为"沓"之误,韦沓即皮靴。《合校》简258.28A 记有弋韦沓,据简文,青韦臽（沓）一两价格为一百四十钱。而《合校》简258. 28A 云："弋韦沓一两,直八百五十",其一两价格为八百五十钱。

简73EJT30：122B 则记："稚二隻其一隻以当履钱",此处交易是以物易物,履与稚一只同价。《新简》EPT65：330A 载："出谷三石五斗买履一两",同样是物物交易,然与前条记载不同,当时许多交易支付行为通行以谷物代替现钱,因此二者还是存在本质差别,此条简文中以谷物计其价值,一两履价值三石五斗谷子。

## 三　饮食类

1. 麦、粟、糒、谷

金关简中有关麦的交易记录较多,物价资料保存丰富,价格差异比较大。简73EJT1：110 记："☐长☐言·出钱九十籴麦二石石卅五☐",即麦一石四十五钱,这在汉简记载中属于低价。《敦煌汉简》362 云："候史宋君长,入麦二石九斗,直泉二百卅,偿奉长",由是知新莽时期麦价约七十九泉一石,这也属于较低价格。简73EJT2：27A 是一份涉及多类物品、钱财出入的记录,其中记："麦五斗直卅五",合麦一石九十钱。以上价格均在麦石一百钱以下。

价格稍高者,如简73EJT10：66 记："夏侯初卿取麦一石直钱百",则麦一石价一百钱。简73EJT30：32 记："出二百小麦二石",价格与前简所记相同。简73EJT30：208A 所记亦

然:"又闰月中取麦二石 = 百为□酒"。简 73EJT10:111 又记:"史少君取麦一石五斗直钱百五六十",由于有关记录并不精确,仅能推测其价格一石约一百有余。而简 73EJT30:208A 记:"十一月中取麦三石 = 百一十",正与简 73EJT10:111 比较接近。《合校》简 332.11 记:"麦五斗,凡直百九十二,入二百七,已毕",价格为一石三百八十四钱,价格畸高。从前引简 73EJT30:208A 的两条记录可知,麦买卖价格的波动与交易时间季节存在着某种联系。

金关简有多处记载了当时粟的交易情况,如简 73EJT24:3 记:"出钱二万七千八十四以籴粟成入 其四百八石 = 卌八""百五十石 = 五十",其价分别为一石四十八钱、一石五十钱,可见差别不大。简 73EJT24:58B 所反映的价格略高:"酒今以五斗粟直卅□☒",即六十钱一石。《额济纳汉简》99ES16SF2:1 记:"今糴粟小石六石直三百六十",即一小石粟价六十钱。99ES16SF2:3 记:"入籴粟小石廿六石,直千五",则一小石价不足五十七钱。由于汉时计量有大小石之别,此两条记录与简 73EJT24:58B 所反映的价格本质上差别很大。

简 73EJT23:893 不仅记录有关支出粟的石数及价值,而且还记录了准确的交易日期,十分有价值。简云:"出粟五石直六百 元始六年二月乙酉啬夫□□□□□隧……"根据该简,我们知道元始六年二月乙酉日出入的这些粟的价格为一石一百二十钱。简 73EJT23:1012 也记:"出粟六石直七百廿 元始六年二月厨啬夫□☒",这是同年月份的记录,价格完全相同。《合校》简 167.2 记:"粟一石,直百一十。"《新简》EPT5:87 云:"□王□□出粟二石七斗直钱二百八十",价约一石一百零四钱。金关简 73EJT37:915 记:"出钱五十粟五斗骊轩(从革)""出钱五十粟五斗显美",是一石一百钱,与《新简》所载近似。

尽管如《合校》简 276.15、26.9A,《新简》EPT5:134、EPT52:327,《敦煌汉简》361 等均还保存着有关粟的交易记载,且价格不一,但目前所目见粟的最高价格出自金关简。73EJT24:16 记:"安陵寿陵里张闳字子威粟一石 直四百 在□□□□里□西二舍北入",是粟价四百钱一石。

又简 73EJT2:27A 记:"糒一斗十三""又糒一斗十三",则糒一石一百三十钱。简 73EJT30:256 记:"☒穀百石直八千☒",由于该简已残断,具体价格已难以厘清,惟能推知其价格当为一石八百余钱。

2. 米、粱米、黄米、酒米、黍米、即米

关于米的交易价格,因细分种类差别而各异。金关 73EJT29:13A 记:"叶中倩米一石百""薛孝妇米一石百",是米一石一百钱明白无误,这属于较低的交易价格。简 73EJH1:74 所记价格相同,"☒出五十米五斗"。简 73EJF3:159B 所载价格稍高,"厚愿幸为以余泉百五糴一石米少俱来取之幸 = 甚 = 至☒",即米一石一百零五钱。简 73EJT23:993A:"□□直十八 米四斗直六十六",据之,米一石价约一百七十余钱。简 73EJT6:186 记:"☒二百六十米二石☒,尽管该简上下均有残断,但根据残文可推知其价格约在一石一百三十钱左右。《新简》EPT51:223 所记价格更高,曰:"出百六十八糴米七斗",即米二百四十钱一石。

粱米,见简 73EJT21:3,简云:"粱米八斗 直百六十",则粱米一石两百钱。《补编》

"敦煌小方盘城出土汉简释文"T17N14A 所记价格与之相同,云:"粱米五升,直百。"① 黄米,简 73EJT23:299 记:"出泉三百六十籴黄米一石  三石贾人任子☐  ☐月三日买",黄米一石价值三百六十泉,"泉"即钱,系新莽统治时期所通用,可见这则记录反映了新莽时期当地的交易价格。

酒米,简 73EJT30:122B 记:"酒米三石直五百一十",其价一石一百七十钱,与简 73EJT23:993A 的记录大致吻合。

黍米,简 73EJT30:32 记:"出六十八黍米二斗",即三百四十钱一石。即米,简 73EJT21:4 记:"即米三石  直四百五十",是价一石一百五十钱。

3. 酒、麹

关于酒价,金关简中多有记录。简 73EJT5:95A 记:"九人酒二石百六十肉十斤廿五凡入直百八十五☐凡☑",知酒一石价八十钱。简 73EJT6:154A 则记:"☑出钱二百酒二石  出钱……出……☑",即酒一石价一百钱,价较前则记录稍高。这一价格也见诸《新简》,简 EPT51:223 云:"出百卅沽酒一石三斗。"简 73EJT23:321A 记:"酒二石直二百卅  枲一斤直十☐卅五",即酒一石一百一十五钱。而简 73EJT7:135 所记,"☑傅卿酒一石二斗直百卅四",是酒价一一百二十钱,与前条所记价格较为接近。简 73EJT21:6 所记价格更高:"酒二石直二百八十",即一百四十钱一石。《敦煌汉简》776 则记:"酒一石八斗直二百七十",其价一百五十钱一石。

各条简文所记酒价不一,显然与酒的制作品质有直接关系,这从简 73EJT21:199B 可以得到印证。该简记:"薄酒五钱  浓酒十",尽管此简仅记录了所买酒耗费的钱数,没有明示酒的买卖价格,但"薄酒"与"浓酒"的区分说明了酒有优劣、好坏之别。不仅价格有差异,计价的方式也有不同者。如《新简》EPF22:457A 所记采用了以谷物计价的方式,简云:"口酒二石三斗直四石六斗",是酒一石价值谷物二石。

此外,前述各简记录买卖酒采用的计量是石、斗、升,但汉简中事实上还保留有另一种计量方式。《合辑》"江苏连云港市花果山竹木简牍"1057 云:"卖酒三斤,予☐也,☐斤八",此条所载便是以斤计,酒一斤八钱。

麹,简 73EJT23:993B 记:"当所市麹三斗直十八☐一斗直卅☐一石直卅",即麹价一斗六钱。简 73EJT29:118A 所记价格相同:"麹十九石六斗直千一百七十六",亦是一斗六钱。简 73EJT30:24A 所记价格略高:"麹五斗直卅五",是价一斗九钱。《合校》206.3 云:"又曲四斗,直卅八,惊虏隧长李故所",是曲一斗九钱半,与简 73EJT30:24 所记价格大致相当。简 214.4 所记更明确,云:"出钱百一十五,曲五斗,斗廿三",即一斗二十三钱,属汉简中所见价格较高者。

4. 肉、脯、狗肴、肠血、鸡、鱼、豚

肉价,见金关简 73EJT5:95A。该简记:"九人酒二石百六十肉十斤廿五凡入直百八十五☐凡☑",是肉一斤两钱半。《合校》173.8A、198.11A 云:"肉十斤,直卅",是肉三钱一斤,与前者相近。价稍高者一斤四钱,简 286.19A 记:"凡肉五百卅一斤,直二千一百六十四",即四钱一斤。《新简》EPT51:235A 云:"肉卅斤直百廿丁取",其价亦然。价在斤六、七钱者亦有之,如《合校》乙附简 29A、《悬泉汉简》"二五二"Ⅱ0213②:106 简、《新简》

---

① 简牍整理小组:《居延汉简补编》("中研院"史语所专刊之九十九),"台北'国家图书馆'藏居延汉简释文","中研院"史语所发行,1998年。简称《补编》,因引文较多,文中不一一注明页码。

EPS4T2∶15 所记即是。

又简 73EJT23∶294A 记："……肉四斤直廿六"，其价更高，一斤八钱半。简 73EJT6∶154A 云："☒出钱□□肉十斤　出钱……出二……"其中购买肉的数量明确，惟数量缺失。从缺文情况推断耗费当在百钱以内，故单价每斤不超过十钱，这一估价与前述价格比较相近。简 73EJT30∶208A 是一份有关钱物出入的详细记录，具体涉及麦、脂、鸡、肉等出入情况。其中有云："又闰月晦买肉廿斤 = 七十为正"，这是某年闰月三十日买肉的数量及价格，即肉一斤七十钱，这一价格远高于前述记录。

脯，金关简中有不同计量单位，分别为束、脺。73EJT23∶294A 简记："脯一束直十"，是脯一束价十钱。简 73EJT23∶769A 则记："王子文治剑二百五十脯一脺直卅□钱六十·凡三百五十"，该简有阙文，推测脯一脺四十余钱。73EJT21∶485B 也有相关记载，"为□田□□□□二□直二百卅脯五斤直☒"，由于简文残断，具体价格已不可知。又金关简 73EJH1∶32B 记："出十狗肴半升""出十肉脩廿枚"，狗肴即狗肉，肉脩即干肉，则狗肴升二十钱，肉脩一枚半钱。

简 73EJT643 所记则均属动物内脏可食用者，"□□□□卖肚肠肾直钱百卅九六□□□□……"其中有肚、肠、肾等，只载总价，单价不详。然 73EJT2∶27A 记："取牛宽一直卅五"，是牛宽一直四十钱。简 73EJT26∶91A 也有类似记录："肠血六十""☒卅七犊十四☒"，肠血、犊或均与动物可食用者有关。

鸡的价格，金关简中也有涉及，但没有准确记载。简 73EJT8∶29 云："鸡直七十凡二百☒"，该简记录了鸡的总价钱，具体数量不明，其价格情况也难以明确。简 73EJT30∶208A 也记："·又鸡出入直"。但《悬泉》"九五"之 125 简记："十月尽十二月丁卯所置自买鸡三双直钱二百卅率双八十唯廷给"，可知鸡一只价值四十钱。129 简又云："最凡鸡卅四双。正月尽十二月丁卯所受县鸡廿八双一枚，正月尽十二月丁卯置自买鸡十五双一枚，直钱千二百一十五，唯廷给"，则此条所载价约三十九钱，与前条相近。《新简》EPT51∶223 也记："出百八十买鸡五只"，知鸡一只价三十六钱。

鱼，汉简中以枚、头计，除以钱交易外，也有以谷物交易者。《合校》274.26A∶云"出鱼卅枚，直百口"，是鱼平均约三十三钱一枚。《新简》EPT65∶33 记："负掾鱼卅头直谷三斗"，是鱼一头价值谷一升。金关简仅见于简 73EJT10∶363，"☒鱼直十五☒"，因数量不明，具体价格已不可考。

简 73EJT23∶294A："豚一直六十"，即豚一值六十钱。

5. 脂、荞将置、盐、薤、葱、酱

脂以斤论，金关简 73EJT30∶208A∶"·又正月中取脂一斤"。简 73EJT21∶423 也记："守令史得意买脂廿四斤为丞相掾王☒"。又 73EJT21∶330 记："☒□居延令脂钱直二百☒□"。此数条简文或仅记录重量而不载价钱，或仅载总价而不计重量，因而难以了解当时的市价。但《合校》286.19A 记："脂六十三斤，直三百七十八"，即一斤六钱。《新简》EPT51∶381 云："脂七斤出四斤八两付东官余二斤八两直十五"，据简文，"余二斤八两"当为"二斤二两"，价约七钱一斤。《合校》简 133.10 云："出钱百七十，买脂十斤"，是一斤十七钱。《新简》EPT40∶163 所记价格与前条相近，"出钱百八买脂六斤斤□□"，则一斤十八钱。《合校》简 237.46 所记价最高："二月壬寅，买脂五十斤，斤八十。"

荞将置，简 73EJT21∶8 记："荞将置　直五十"，该简仅记其价值，不计数量。而据《合校》简 505.16 可知当时以升计量，简云："姜二升　直卅"，即姜一升价二十钱。

盐价，73EJT23:294B 也有记载："……盐二升直廿六"，是盐一升价十三钱。《合校》简 214.4 云："出钱廿五，豉一斗"，则豉一斗价二十五钱。简 73EJT21:7 则以二者各一斗合计，"盐豉各一斗　直卅"，细审简文，记载似有不合之处。

薤，金关简 73EJT2:27A 记："薤束六"，即一束六钱。73EJT23:299 又记："十月四日买薤束直卅买葱一直十五"，则三十钱一束。二者价格之差别或因一束之大小有别。

前引简 73EJT23:299 又载："买葱一直十五"，即一束十五钱。《合校》简 32.16 也记："买葱卅束，束四钱，给社"，其价格又不同。

关于酱的价格，简 73EJT23:294B 有记："米一斗䣼三斤直卅"，"䣼"或即"酱"，则一斤十钱。简 73EJT21:5 又有所谓"养"，据同简简文推测，似也属于饮食类物，"养二　直五百"，即价二百五十钱。

## 四　器物及其他

1. 器物

简文中盛具较常见。如简 73EJT22:153 记："酱雍一枚直卅☐"，因简已残断，可推知酱雍一枚价四十钱左右。简 73EJT26:66 记："二石釜一直六百☐☐"，则"二石釜"一枚价值六百钱。《敦煌汉简》2258A 也有相关记录："□五十买釜"，即釜一只价格为五十钱。简 73EJT8:29 记："箕直廿　盆直廿☐"，是箕值二十钱、盆价二十钱左右。《补编》"'中研院'史语所藏简"160.21 记："出钱卅，买盆二"，是盆一只价二十钱，与前条所记价格略同。又简 73EJT10:219A 记："出钱廿箕一☐"，价与简 73EJT24:94A 同。甑之价格在八十钱上下，见简 73EJT24:94A："出甑一直八十☐"。简 73EJT24:152 又记："糒罂一直二""米器一直五十☐"，是糒罂一价二钱，米器一值五十余钱。

橐，简 73EJT23:295 记："布橐一直百八十"，是布橐一枚值一百八十钱。简 73EJT30:32 又有常平橐，"出五十八常平橐一"，才五十八钱一枚。药橐见于简 73EJT25:93，"☐药橐三各三枚直五十☐☐"，因该简橐与各价格合计，其价格情况已无法厘清。

简 73EJT4:189 记："关故都亭长安世弓檠丸直二百卅案直☐"，即檠丸一值二百钱。简 73EJT29:118A 记："席二直五十六"，即席一价值二十八钱。又简 73EJT23:663A 记："日计覃一直十八　赣□一直十六"，是覃、赣价分别为十八、十六钱。博之价格六十钱，见简 73EJT8:29："博直六十。"简 73EJT26:62 记："房一枚　直百　孟君卿取"，是房一枚价百钱。简 73EJT10:219A 又记："出钱百槁二乘☐"，则槁一五十钱。

简 73EJT23:769A 记："王子文治剑二百五十脯一腒直卅☐钱六十·凡三百五十"，是剑一柄二百五十钱。《合校》简 258.7 云："负不侵卒解万年剑一，直六百五十"，此剑一柄六百五十钱。简 271.1 记："濮阳槐里景黭贳卖剑一，直七百"，即剑一柄价值七百钱。《新简》EPT51:84 也记："贳卖剑一直八百。"

金关简 73EJT37:767 记："广地卒赵国邯郸邑里阳成未央赊卖大刀一贾钱二百五十都仓☐☐☐男子平所平直百五十"，即大刀一柄二百五十钱。

简 73EJT27:15B + 16B 记："又承登六□直四百廿"，从简文文例推测，缺字当为计量单位，是承登一价七十钱。

2. 其他

茭，即茭草，供牛马食用。金关简 73EJT25:79A 记："出钱廿四茭卅束"，即茭十束价八钱。73EJT10∶219A 又记:"出钱卅茭一乘☐",由于简文已残,具体情况不甚明了。谢桂华先生以为:"茭的价格亦非固定不变,而是随着地区或者质量的差异有所不同"①,这一结论基本可以得到证实。如《合校》简 140.18B 云:"出钱卅,买茭廿束",是十束价十五钱。简 269.2 记:"入钱六,三月丁巳佐博卖茭一束河东卒史武贺所",即十束六十钱。简 312.10A 记:"至籘得出钱五十九,买茭廿七束""出钱六,茭二束",价格分别为十束二十二钱、十束三十钱。《新简》EPT51∶91 云:"出茭三千束侯长取直九百入六百。●出茭二千束侯史判取直六百巳入三百",价十束三钱。金关简 72EJC∶6 记:"南部侯长肥汤茭千束直五百☐",即十束五钱。《额济纳汉简》2000ES7SF1∶3 云:"出茭百七十束直钱百七十",即十束价十钱。

韦,简 73EJT24∶138 记:"□□□长宁韦五直廿三金关隧长聂定卅五枚直",即价一枚约四钱半。同简记:"执适隧长王遣韦五枚直廿",则价一枚四钱。布纬,见于简 73EJT24∶152:"布纬二直九十",即价四十五钱。

枲,简 73EJT23∶321A 记:"枲一斤直十□卅五",即枲一斤价约十钱。简 73EJT23∶985 则记:"枲四斤直七十",是价一斤十七钱半。

䗪廉,金关简 73EJH1∶16B 记:"出十五䗪廉半升",即一升三十钱。又同简载地肤:"出十五地肤半升",是地肤一升三十钱。

简 73EJT37∶1479 记:"☐葵子五升直廿",可知葵子一升价四钱。

就钱,简 73EJT23∶985 记:"出钱卅六就钱。"《合校》214.83 记:"一两取就,直卅",是为雇车一两运输的费用。

简 73EJT27∶15A + 16A:"十二月中□牛一黑字齿二赵秋取直钱千二百",该简所记牛一头价一千二百钱。简 73EJT23∶257 所记与牛、马或有关联,"☐齿十二岁贾 泉四千五十",即牛或马一价四千零五十泉。

---

① 谢桂华:《"茭钱"试解》,《历史研究》2006 年第 2 期。

# 读《岳麓书院藏秦简(陆)》札记

武汉高校读简会

2020年10—12月,武汉高校读简会(又名读谭社)研读了《岳麓书院藏秦简(陆)》[①],尝试进一步对简文进行疏解。读简会由华中师范大学、湖北省社科院学生领读,以下是观点摘要。

一

●诸吏有治它官者,皆去其家毋下三百里乃治焉。有覆治者,非其所都治殹(也),去其家虽不 盈三百里 …… □□ 皆 …… 赀二甲,废└。其家居咸阳中及去咸阳不盈三百里者,其所当治咸阳中、咸阳中都官殹(也),得治咸阳中,前令治居县及旁县去家不盈三百里者,令到以从事。御史、丞相、执【灋】☒治它县官,必先调护之。•卅一──(054—058)

(一)去其家毋下三百里

此简涉及异地审理案件的要求。

毋有江:为了避免审理案件时出现包庇现象,规定官员如果需要审理其他官员的案件,审理者必须是在距离其家三百里开外的地方才有审理的资格。按照方圆百里为县来看,三百里可以理解成负责审理的A县官吏必须是直线隔着B县和C县、家在D县的人。县会因人口多寡而在幅员上有所出入,故行政交通距离三百里就成为可以现实执行的律令标准。此处的三百里当为行政交通往来的里程。" 盈三百里 …… □□ 皆 ……",其后缺文结合上文推断此处可能为二次审理的情况,在二次审理时,不是官吏的管治区域,远离其居所即使不满三百里也可以审理案件。

(二)其他

(1)"论之,其皋鬼薪白粲以上,有(又)驾(加)其皋一等。以作暑故初及 卧、沐浴 而

---

收稿日期:2021-01-11。

附记:武汉高校读简会(又名读谭社)系由华中师范大学、武汉大学、华中科技大学、湖北省社科院相关专业的师生发起,本期简文分别由张亚伟、叶金辉、李澄、谢晓来、刘爱强、易秋艳、王琴、徐希凤、刘晔、贾宏利、李晓璐与高天雨领读。期间吴凡以及高天雨等同学也分享了他们研究秦简具体问题的成果。本文由武汉大学李青青执笔,武汉大学副教授毋有江和湖北省社科院副研究员王准审读,华中师范大学历史文化学院副教授郭涛统稿。本文得到武汉大学郑威教授主持的"新资料与战国秦汉荆楚地区的空间整合"青年学者学术团队的资助。

① 陈松长主编:《岳麓书院藏秦简(陆)》,上海辞书出版社,2020年。

解其赤衣擅（毡）者，不用"（038）中的"以作暑故初及臥"，王准认为可能是中暑以后需要躺下且解开衣服，以缓解中暑的症状。

（2）"屏匿逋不作盈八分日以上者，赀二甲∟。敦（屯）长、仆射弗得，与同罪∟。官啬夫、吏主者赀一甲，令、丞"（044），王准认为其中"敦（屯）长"这一职位多见于军队，但此简涉及土木建设，可能为临时性借调军队进行土木施工，也可能是"敦（屯）长"职能发生了变化。

（3）"阳中，前令治居县及旁县去家不盈三百里者，令到以从事。御史、丞相、执【瀍】☒"（057），郭涛指出"居县"可能有籍贯之意，即当事人家乡之县。具体论述可见陈伟《秦汉简牍"居县"考》①。

## 二

廿四年十一月丙辰，御史下丞相。·自今以来，新 地吏 …… ☒☒☒☒ 节有吏治而 ☒门籍者，必先请之。（083—084）

### （一）门籍

谢晓来：整理者没有对"门籍"一词作注释，其意应当为古代悬挂在宫殿门前的记名牌。长二尺，竹制，各书官员姓名、年龄、身份等。后改竹籍为簿册。册籍上有名方可出入。《史记·魏其武安侯列传》："太后除窦婴门籍，不得入朝请。"②《汉书·元帝纪》："令从官给事宫司马中者，得为大父母父母兄弟通籍。"应劭注解此即指宫门的"门籍"，并说明门籍的形制、内容："籍者，为二尺竹牒，记其年纪名字物色，悬之宫门，案省相应，乃得入也。"③其他门籍史料记载多为唐代门籍。

**图 1　缺字图版**

张亚伟："节有吏治而 ☒门籍者"中间缺字可能为"有"或者"无"。

郭涛："有"或者"无"依据简牍字形难以对应，缺字还需要依据仅存的部分字形对比文字编推断（见图1）。

☒得 襌☒，治者以书言御史，御史以闻。·御☒其等闻。·制曰：后令箸其族。（085—086）

### （二）襌

《里耶秦简》中有不少关于"襌"的记载：

9—142+9—337：☒广隶小上造臣，黑色，长可六尺，年十五岁，衣襌衣一。④

9—1497+9—2236：☒癸亥朔己巳，少内守狐、佐却入高里大女子昭婢红自杀红私衣布襌襦二、布襌帬（裙）一，收。·凡⑤

---

① 陈伟：《秦汉简牍"居县"考》，《历史研究》2017年第5期。
② 《史记》卷一〇七《魏其武安侯列传》，中华书局，1959年，第2839页。
③ 《汉书》卷九《元帝纪》，中华书局，1962年，第286页。
④ 陈伟主编，鲁家亮、何有祖、凡国栋：《里耶秦简牍校释（第二卷）》，武汉大学出版社，2018年，第75页。
⑤ 《里耶秦简牍校释（第二卷）》，第319页。

9－3270：☒衣络【襌衣】☒①
9－3326：☒襌衣一。②

陈明："襌"可能为襌衣。

……引厨□厨禁毋敢私炊及食厨中，犯令者赀二甲。官啬夫、吏主者弗得，赀各一甲，令、丞、令史各一盾。诸食官亦毋敢私炊及食所治食，(缺简)盐(监)循行之。不如令者，赀啬夫、吏各一甲。·廿二(090—092)

### (三)盐(监)，循行之不如令者

《岳麓书院藏秦简》中关于"循行"的记载部分如下：

《岳麓书院藏秦简(肆)》1289/124：●金布律曰：市衡朮者，没入其卖殹(也)于县官，吏循行弗得，赀一循〈盾〉。县官有卖殹(也)，不用③

《岳麓书院藏秦简(肆)》0327/326：令部吏有事县道者循行之，毋过月归(？)，当缮治者辄缮治之，不□□者□□□□有不□□④

《岳麓书院藏秦简(伍)》1662/270：循行案举不如令〖者〗，论之，而上夺爵者名丞相，丞相上御史。都官有购赏贳责(债)不出者，如县。·内史官共⑤

《岳麓书院藏秦简(陆)》0131/097：以来，令共县所以给假食官器者，谨为职(识)别异、异臧(藏)，以絜(洁)请(清)为故。行至请室，循行举不从令者，赀县⑥

《岳麓书院藏秦简(陆)》2120＋2139/101：史谨循行，举不当者论之。当举弗举者，赀一甲。☒⑦

简文所见"循行"几乎没有与"盐(监)"连用的情况，解释也存在困难。"盐(监)"在秦简中多作为动词"监督和监察"使用，如《里耶秦简》9-720："【元】年八月庚午朔戊戌，少内壬入阳里寡妇变赀钱☒Ⅰ今佐赣监。☒Ⅱ"⑧，或者作职称"监御史、郡监"等，如《岳麓书院藏秦简(伍)》0963/048："●监御史下劾郡守 ┗，县官已论，言夬(决)郡守，郡守谨案致之，不具者，辄却，道近易具，具者，郡守辄移"⑨。

谢晓来：断句可能存在问题，也许为"监，循行之。不如令者"。此外，简091和简092之间有缺简，091内容未结束，092前文有缺，故两条简应当为同一条法令。本段简文中简091有食官不得私自在后厨中私自开火做饭或吃饭，而前文简090中也有大致类似内容，可能对应的违法主体不同，后者为食官，前者可能为食官所管理的帮厨或者所使用的徒隶。

---

① 《里耶秦简牍校释(第二卷)》，第565页。
② 《里耶秦简牍校释(第二卷)》，第570页。
③ 陈松长主编：《岳麓书院藏秦简(肆)》，上海辞书出版社，2015年，第109页。
④ 《岳麓书院藏秦简(肆)》，第203页。
⑤ 《岳麓书院藏秦简(伍)》，上海辞书出版社，2017年，第187页。
⑥ 《岳麓书院藏秦简(陆)》，第98页。
⑦ 《岳麓书院藏秦简(陆)》，第99页。
⑧ 《里耶秦简牍校释(第二卷)》，第191页。
⑨ 《岳麓书院藏秦简(伍)》，第54页。

郭涛："循行"有巡视的意思，与"盐（监）"同，在秦简中"监"和"循行"连用不常见，或应断读。"盐（监）"在秦简中也多为动词"监督和监察"使用，钱谷等出入时常见令史监、令佐监，主要是监督或监管县中各项事务运行，而非监察官吏。此处不明是监督行为，还是监察官之称。

谢晓来：该简前缺文可能为"令史监"。《里耶秦简》8-1551有"令史戎夫监"[①]、8-2210有"☒令史行监☒"[②]，说明监这一事务一般由令史具体执行，令史后一字为该令史的名字。《里耶秦简》中也有令佐监的情况，见有多个令佐监的记录，如9-209有"令佐连监"[③]，但在9-495中又有"令史连【监】"[④]，"连"可能原为令佐，后升为令史，似乎不能排除令史不存而令佐代为履行职责的情况。本简为"食官共令·甲"中一条，法令陈述后厨管理制度可能不会涉及令佐代令史职，因此这里的简文有可能是"令史监，循行之"。

毋有江：或者全部连起来理解，"盐（监）循行之不如令者"。

郭涛：在"盐（监）"后点断可能更合理一些，可以断为"盐（监），循行之不如令者，赀啬夫、吏各一甲"。

（四）其他

（1）"□曰：燕、颤䳍、扁（蝙）幅（蝠）尼宫幭上，其令诸宫皆罢去之，勿令尼幭上，以为恒。且令堂上，有不从令者，论啬夫、吏主者各一甲。·六"（111—112）中的"尼"字，刘爱强提出除了整理者标注"停留"的意思，可能作动词有"弄脏"之意，与"泥"字相通。

（2）"●内史言：请令县共园有吏徒屏□□……□□作匿所去园毋下百步，有不从令者，赀二甲。"（117）毋有江认为"匿所"指与人相关的地方，可能为在园劳作者临时休息、避雨之地。

三

都官令□吏主者赀各二甲，丞各一甲。比垣姑堵不坚☒☒……□史赀各二甲，□□□□□越宫垣術原弗得及吏坐者□☒繵，有弗为，为而不谨，称以辜（嬉）为。贩（版），坏殿垣人可道入，匠为者·完为城旦└，官啬将将吏及主者皆（缺简）坏者罪。·日以便者从事，□以为便。御史言：即有不便者论负其赀，有重于论负者以重者论。·十九

■安台居室、居室共令·丙（132—137）

（一）都官、令□、吏主者赀各二甲，令、丞各一甲

郭涛：此简核查简牍图版（见图2），"都官令"后缺文不止一字，此外"丞各一甲"之前当有一"令"字，为"令、丞各一甲"，依据秦简惯例，断句可能为"都官、令□、吏主者赀各二甲，

---

① 陈伟主编，何有祖、鲁家亮、凡国栋：《里耶秦简牍校释（第一卷）》，武汉大学出版社，2012年，第356页。
② 《里耶秦简牍校释（第一卷）》，第445页。
③ 《里耶秦简牍校释（第二卷）》，第88页。
④ 《里耶秦简牍校释（第二卷）》，第144页。

令、丞各一甲"。

秦简中少见"都官"与"令"连用，或直接以"都官"为地方行政机构，如《岳麓书院藏秦简（肆）》1227/220："●置吏律曰：县、都官、郡免除吏及佐、羣官属，以十二月朔日免除，尽三月而止之。其有死亡及故有缺者"①，或以"都官长"为名，如《岳麓书院藏秦简（肆）》1272/207："置吏律曰：县除有秩吏，各除其县中。其欲除它县人及有谒置人为县令、都官长、丞、尉、有秩吏，能任"②。故本简中的"令"可能为另一职务名称，结合缺文怀疑为"令史"，其后缺文结合"吏主者"可能为"官啬夫"，部分简文参考如下：

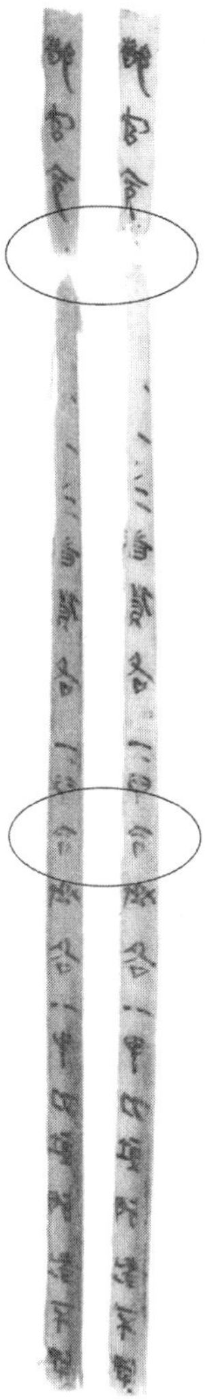

《岳麓书院藏秦简（肆）》1282/107－1283/108：入者，赀其人及官啬夫、吏主者各一甲┕，丞、令、令史各一盾。逋其入而死、亡有皋毋（无）后不可得者，有（又）令官啬夫、吏代偿。③

《岳麓书院藏秦简（肆）》1224/173－J45/174：●田律曰：毋令租者自收入租，入租贵者不给，令它官吏助之。不如令，官啬夫、吏赀各二甲，丞、令、令史弗得及入租贵不给，不令它官吏助之，赀各一甲。④

《岳麓书院藏秦简（肆）》1428/199：为（？）取传书及致以归及（？）免（？），弗为书，官啬夫吏主者，赀各二甲，丞、令、令史弗得，赀各一甲。其有事关外，以私马。⑤

《岳麓书院藏秦简（伍）》1132/097：【县】官及宫啬夫、吏主者，赀各二甲，令、丞、令史各一甲。⑥

《岳麓书院藏秦简（伍）》1780/256：赀二甲，废。丞、令、令史、官啬夫弗得，赀二甲。⑦

《岳麓书院藏秦简（伍）》J38/269：□□坐一□，丞、令、令史、官啬夫吏主者夺爵各一级，无爵者以（？）官为新地吏四岁，执灋令都吏。⑧

图2 简132彩色黑白图版

## （二）姑

王准："垣姑堵"可能为三种不同的墙，"姑堵"一词在以前的秦简中曾经出现过。

谢晓来：《睡虎地秦简·徭律》116："兴徒以为邑中之红（功）者，令结（婕）堵卒岁。未

---

① 《岳麓书院藏秦简（肆）》，第141页。
② 《岳麓书院藏秦简（肆）》，第136页。
③ 《岳麓书院藏秦简（肆）》，第103页。
④ 《岳麓书院藏秦简（肆）》，第125页。
⑤ 《岳麓书院藏秦简（肆）》，第134页。
⑥ 《岳麓书院藏秦简（伍）》，第71页。
⑦ 《岳麓书院藏秦简（伍）》，第182页。
⑧ 《岳麓书院藏秦简（伍）》，第187页。

卒堵坏,司空将红(功)及君子主堵者有辠(罪),令其徒复垣之"①中的"嬉"当为此简中的"姑",睡虎地秦简整理者解释为"保任"。又见于《睡虎地秦简·秦律杂抄》40-41:"戍者城及补城,令姑(嬉)堵一岁,所城有坏者,县司空署君子将者,赀各一甲;县司空佐主将者,赀一盾。"②张家山汉简《二年律令·贼律》24 有:"䦆伤人,而以伤辜(嬉)二旬中死,为杀人",张家山汉简整理者注释:《急就篇》"疻痏保辜譿呼号"注:"保辜者,各随其状轻重,令殴者以日数保之,限内至死,则坐重辜也。"③陈伟先生整理了简牍中与"嬉"有关的文例,认为以"嬉"为意的"【糸古】""嬉""辜""姑"【月古】"诸字,即是"保任"之意。并指出:"在秦汉行政、司法实务中,'嬉'根据不同事类,规定相应的保任时间。《二年律令·贼律》24 号简所载时间为'二旬';前揭两条睡虎地秦简有关修筑城垣的时间,则均长达一年。这些具体的保任事项及其时限,当时必定用文字具体地予以记载,才能监督落实,并可供查验。"④此处简文可能为"比照保任修堵不够坚实……"因后文有阙而不知全意。后文"有弗为,为而不谨,称以辜(嬉)为",意思可能为:"有不为(前阙文中所指),或者不用心作为的,声称所为之事可以按保任期限保证的",结果却是"版坏殿垣人可道入"的,做事的匠人就要判完城旦。

郭涛:本条令文前后的"姑"与"辜"当为同一字,与睡虎地秦简中的"嬉"意思相同,前后文出现两种写法。

王准:可能断为"为贩(版)坏殿垣,人可道入",其中"为贩(版)坏"指当初用版筑时出现了质量问题,导致殿垣毁坏。清华大学出土文献中心的郭伟涛曾在《〈岳麓书院藏秦简(陆)〉读后》一文也有类似的观点:简 134"坏"当上读,"贩(版)坏,坏殿垣人可道入",是说宫殿墙垣坏掉一版,以致于人可从中通过。⑤但断句存在不同,尚需进一步研究。

吴凡:从空间结构考虑,"垣、辜(嬉)、堵"可能为高度不同的墙,断为"以辜(嬉)为贩(版)","垣"作为较低的墙,"堵"可能在其外围。版筑不谨致使堵坏垣可入。

●皇帝节游(遊)过县,县令与一尉共 ∟,行反(返),丞亦与一尉共,毋竝(并)去官。•关内县吏共者,乘车以下毋过五十人。• 关外 县行所宿,吏共者乘车以下毋过八十人。•属车置、置食所,乘车以下吏毋过廿人,更驾所,毋 过十人 。

• 节车乘 传置、中食所,乘车以下吏毋过廿人,更驾所,毋过十人。•关外一县而共数处□吏佐共。•行所宿令若丞、尉共者,凡毋过四人。•属车置、置食所,令若丞,尉毋过二人,更驾 所 ,毋过一 人 。•节车乘传置、中食所,令若丞、尉毋过二人,更驾所,毋过一人。令 丞 、尉将 卫卒 (缺简)之,毋过县二人,不从令者,赀二甲。•廿一

---

① 陈伟主编,彭浩、刘乐贤等撰著:《秦简牍合集·释文注释修订本(一)》,武汉大学出版社,2016 年,第 105 页。
② 《秦简牍合集·释文注释修订本(一)》,第 177 页。
③ 张家山二四七号汉墓竹简整理小组:《张家山汉墓竹简〔二四七号墓〕》释文修订本,文物出版社,2006 年,第 11-12 页。
④ 陈伟:《也说〈二年律令·户律〉中的"古(从糸)"》,武汉大学简帛网 http://www.bsm.org.cn/show_article.php?id=1487,2011 年 06 月 04 日。
⑤ 郭伟涛:《〈岳麓书院藏秦简(陆)〉读后》,武汉大学简帛网 http://www.bsm.org.cn/show_article.php?id=3561,2020 年 06 月 13 日。

■给共令·乙(138—144)

### (三)节游(遊)

郭涛:这一部分令文强调"皇帝节游(遊)过县"时各县陪同接待的要求,考虑到每个县的官吏有限,还需要兼顾日常行政,这种不超员的安排即便是针对皇帝的游行也存在一定合理性。此外,接待之人分为有乘车权的令、丞、尉等长吏,以及"乘车以下吏"。"节游"当为持节之正式巡游,以节车为先导,是有皇帝仪仗配备的游行。①

王准:结合"属车置"与"节车乘传置"的排列顺序与待遇,推测"节车"可能为持节之车,职责包括提前安排食宿等,位于车队前方,先到达郡县。"属车"为皇帝侍从之车,出发、到达较晚。

"节"代表皇帝的身份,凡持有节的使臣,就代表皇帝亲临,象征皇帝与国家,可行使权利。如《史记·张释之冯唐列传》:"是日令冯唐持节赦魏尚,复以为云中守。"②

### (四)其他

(1)"●致赐人酒食者或留┗。议:吏将赐酒食留臧(藏)致者┗,酒食臭败不可致者,更盛。·致者留八分日一到过五日"(123)。王准认为此简中的"臭"有两种解释:一种读为"xiù",指食物的气味;另一种读为"chòu",意为难闻的气味,因酒食腐败而产生。综合来看,此处读为"chòu"(表示难闻气味)更合适。《睡虎地秦简·日书甲种》有两例:(简82)"以取妻,女子爱而口臭"③,(简53背)"一室井血而星(腥)臭"④,"臭"字皆作难闻气味解。《里耶秦简》简8-1363:"临食而恶臭,以赤雄鸡冠,完(丸)"⑤,此处"恶臭"由"食"散发,明显也是难闻之意。另外从饮食文化史的角度看,元代以后才出现蒸馏法制高浓度酒,提纯的高浓度酒即使开封放置时间稍长,味道会变淡而不会发臭。但元代之前,尤其早在秦时,只能酿造低浓度酒,且其中有无法完全过滤掉的杂质。赐酒食时酒已开封,时间久了会酸败,所以才出现食物与酒共同腐败发臭的情况。

(2)"☒……☒ 史赀各二甲 ,☒☒☒☒☒越宫垣衛原弗得及吏坐者☒☒"(133)。吴凡指出此简中的"衛"字与楚简"衛"字构形相近,清华大学出土文献中心的郭伟涛曾在《〈岳麓书院藏秦简(陆)〉读后》一文中认为此字为"卫"⑥,见图3、图4、图5。

---

① "节游"的相关讨论参见曹旅宁:《〈岳麓书院藏秦简(陆)〉中的"皇帝节(即)斿(遊)过县"考》,2020年04月27日,武汉大学简帛网 http://www.bsm.org.cn/show_article.php?id=3534;林少平:《皇帝节游过县的含义》,2020年04月28日,武汉大学简帛网 http://www.bsm.org.cn/forum/forum.php?mod=viewthread&tid=12452&extra=page%3D3%26filter%3Dlastpost%26orderby%3Dlastpost。
② 《史记》卷一〇二《张释之冯唐列传》,第2759页。
③ 陈伟主编,彭浩、刘乐贤等著:《秦简牍合集·释文注释修订本(二)》,武汉大学出版社,2016年,第364页。
④ 《秦简牍合集·释文注释修订本(二)》,第419页。
⑤ 《里耶秦简牍校释(第一卷)》,第316页。
⑥ 郭伟涛:《〈岳麓书院藏秦简(陆)〉读后》,2020年06月13日,武汉大学简帛网 http://www.bsm.org.cn/show_article.php?id=3561。

图3 简133"衙"字图版

图4 部分"卫"字图版①

图5 部分"衙"字图版②

## 四

●匠为宫室，有令库垣属高垣、庳屋属繚垣，试令人上而能隃(踰)出入└，匠、昼〈画〉图、为计者及吏将者赀各二甲。有□隃(踰)出入者，隃(踰)者男子殴(也)，匠、昼〈画〉图、为计者与同罪。隃(踰)者女子殴(也)，匠、昼〈画〉图罪弗隃(踰)者一等，吏将者赀二甲。·十六

▪四司空卒令

▪安台居室四司空卒令（简155—159）

### (一) 宫室

这一部分简文旨在说明建造宫室的具体要求，侧重于对墙垣高度的验收标准。

王准："有□"简文所缺之字，隐约可见从"门"从"月"，可能是"閒"或其他从门的字。若为间隙等墙垣破损豁口之处，"隃(踰)"可能仍是翻越墙垣之意。见图6、图7。

叶金辉：此简"有□"中缺字对比"閒"字图版如下，男子能过的墙和对女子能过的墙处罚不一，且对女子能过的墙，处罚更低。可见如果只是高度问题，那以女子的身形体力，所能逾越的墙势必更矮。若释为"閒"，则可以理解，男子所能逾过的墙，缝隙势必更大，女子

---

① 方勇编著：《秦简牍文字编》，福建人民出版社，2012年，第53页。
② 左图见《秦简牍文字编》，第52页。右图见滕壬生：《楚系简帛文字编（增订本）》，湖北教育出版社，2008年，第192页。

能逾越的墙,缝隙更小,则对于后者的惩处更轻一些。此外对于高度的衡量,无论是直接测量或者是肉眼观测其实都能鲜明得到。但若是出现缝隙则有可能受限于古代的建筑技术,如果两堵墙的建设时间有先后,很容易带来材质的不同,从而在寒暑更替之下出现裂缝。

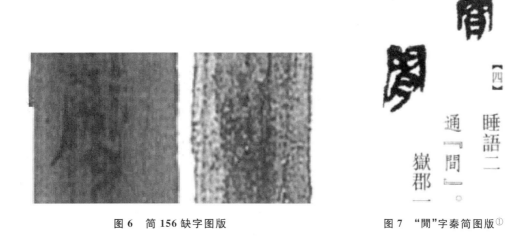

图 6　简 156 缺字图版　　　　图 7　"閒"字秦简图版①

### (二)为计者

王准:"为计者"可能为计算工程建设中用工情况的人员。

张亚伟、叶金辉:"为计者"也可能是验收者。毋有江补充认为此"计"或许与上计制度有关。

《岳麓秦简》所见的"计"有作动词记录、计算之意,如《岳麓书院藏秦简(伍)》1005/092:"●工隶臣妾及工当隶臣妾者亡,以六十钱计之,与盗同灋,其自出殿(也),减辠一等。"②此外可见"计"指核查、审核验收,如《岳麓书院藏秦简(伍)》0968/060-0964/061:"之└。御史请:至计,令执灋上宧(最)者,各牒书上其余狱不决者,一牒署不决岁月日及毄(繋)者人数,为宧(最),偕上御史,御史奏之,其执灋不将计而郡守丞将计者,亦上之。制曰:可。・卅六。"③

　　罪耐为隶臣以下,而因以狱断未过六旬以赏除免为庶人者,皆当各复故吏,不得为庶人,各以 计楬 籍逐之・五(181—182)

### (三)楬

简 181-182 可见《岳麓书院藏秦简(伍)》1891/192＋1685/193:"☑司寇,及有辠耐为司寇,狱已断过六旬不得以赏除者,或亡及有它辠耐为隶臣以【下】而因以狱断未过六旬以赏除免为庶人者,皆当各复故吏(事),不得为庶人,各以计楬籍逐之。・廷甲　四"④,整理者

---

① 《秦简牍文字编》,第 336 页。
② 《岳麓书院藏秦简(伍)》,第 70 页。
③ 《岳麓书院藏秦简(伍)》,第 58-59 页。
④ 《岳麓书院藏秦简(伍)》,第 132 页。

注释指出"楬籍"为一种文书名,见《岳麓为吏治官与黔首》简1530:"移徙上楬。"①

张荣强在《读岳麓秦简论秦汉户籍制度》一文中认为:"'楬',《说文·木部》:'楬,桀也。从木,曷声。一曰楬桀也,一曰剟也。'段玉裁《说文解字注》说'楬与剟双声',朱骏声《说文通训定声》称楬'假借又为剟'。对'剟'字,《说文》解释说'剟,刊也。从刀,声';《尔雅序》'剟其瑕砾',邢昺疏:'剟,削也。''楬'、'剟'同假,也是刊削、删除的意思……在此之前的《户律》说'副藏其廷',秦汉时期的户籍一式两份,正本藏乡,副本呈县。乡吏迁走户籍的正本后,县署也要将民户记录从副本上注销,此即为'楬'。"②

郭涛:"籍"为基层登记信息的登记本,包括户籍在内,比如《里耶秦简》9-651+9-2470:"卅一年十月己酉朔癸酉,迁陵将计段(假)丞枯敢言之:仆马一匹,以卅一年死。·今为楬一牒上,谒除籍。敢言之",注者认为"楬",疑读为"专"。《说文》"六寸簿也"③中的马匹也有相关的登记簿,因此马匹死亡后才需要除籍。"楬"字形也形似刮削简牍的痕迹,小篆字形如下(见图8),"楬"字应该作动词指削去、消除,"楬"与"籍"连用,可能是一份要求消除籍册档案信息的文书。

**图8 "楬"小篆字形**④

毋有江:"楬"若为削去、消除之意,读为"duǒ"更合适,"楬籍"即为动宾结构。"逐"则为逐去之意。"计"可能指根据上计要求,遇到物资损耗、人员死亡等情况,需要更替新的信息进而向上汇报。王准结合简181-182前后认为"计楬籍"或为依照赏除规定,超过六旬未赏,削去其名,即不在赏除的名单。

刘晔:"楬"本意作动词,指在简牍上删改,也引申为名词,作一种文书类型。

王准:原本的籍册修改或者删除信息之后,竹简上会留有刮削后的空白,为了保证修改程序的合法性,事先需要"楬籍"一类的文书进行申请,事后留档进行查验。

郭涛:"楬籍"针对文书上的身份,删去籍册上的信息,"逐之"则针对人员。其中"楬"当为一种行政程序,并非特指户籍,应当包括各种籍册。此外"楬"可能单独作为一份文档,不一定需要编连到原来的籍册后面,需要核验时可以进行查验,而修改过后的籍册或许会另附有说明来解释这些修改。

☐而上,典、乡部啬夫赀各二甲,有(又)免乡部啬夫,赀令、丞、尉各一甲。

已上后而死及有☐☐辄言除其牒,而以当令者☐。·今上丞相,乡部啬夫、令史、里即为读令,布令不谨,吏主者赀二甲,令、丞一甲,已布令后,吏、典、

---

① 《岳麓书院藏秦简(伍)》,第158页。
② 张荣强:《读岳麓秦简论秦汉户籍制度》,《晋阳学刊》2013年第4期,第54页。
③ 《里耶秦简牍校释(第二卷)》,第171-172页。
④ 许慎:《说文解字》,中华书局,1963年,第123页。

伍谦(廉)问不 善 当此令者,辄捕论。后恒以户时复申令 县 乡部吏治前及里治所(188—190)

### (四) 乡部啬夫、乡啬夫

秦汉简所见的"乡部啬夫"与"乡啬夫"的材料较为复杂,难以仅依据部分简文直接区分或定义"乡部啬夫"与"乡啬夫"的含义,或者可以从历史不同时期词义演变与时代特征的角度思考。

毋有江:秦时郡县管辖面积广阔,出于现实需求,"乡部啬夫"当为县级派出机构,是县级机构的空间衍生产物,进而管辖部分乡,代表县进行施政。

郭涛:此简书写时期下县、乡之间的垂直关系并不明显,比如此时籍贯书写中缺失乡的记载,而此时县、乡之间的垂直关系可能也正经历着"乡"到"乡部"的变化。因为"乡"最初始于商鞅变法时的"集小都乡邑聚为县"①,可见乡是独立的地方单元,逐渐发展为县。所以战国—秦时期的《睡虎地秦简》中仅有"乡啬夫"的记载,秦统一后的《岳麓秦简》中逐渐出现"乡部啬夫",汉代《二年律令》中也多为"乡部啬夫",可见战国—秦汉时期转变为中央集权时期,县一级作为国家行政基础,也逐渐加强集权,强化对乡的管辖,其垂直关系也逐渐明显。

王准:"部"有边界之意,从国家层面来看,西周—春秋时期国与国之间没有边界与领土的严格概念,也缺乏常备军,当时常见穿越他国的军事行动。而春秋战国后国家边界与领土的意识不断明晰,边境线、徼塞、长城等均开始出现。另一方面,国家内部的区划之间界限也逐渐清晰,"乡啬夫"的责任不断强化明确,也使得乡的领土辖区概念逐渐强化,从而衍生出乡部。早期的乡可能只是"并诸小乡聚,集为大县"②等聚落、居民点的概念,后来随着区划的演进逐渐发展为县以下的大片区域,在这种转变中,乡的边界逐渐清晰,于是产生"乡部"之称。两汉时期"乡啬夫"的再次出现可能源于官方更名的缘故,也进一步可见"乡啬夫"与"乡部啬夫"名称存在转变,如《尹湾汉简》中又只见"乡啬夫"。毋有江补充指出权力关系逐渐专业、细化后,政治在地理空间上的真空与空白逐渐消除,其后果就是国家边界不断明晰,政治实体内部区域之间的边界意识也不断明确。

### (五) 其他

(1)"与盗同灋 ∟。叚(假)∟、贳钱金它物其所治之室人、所治之室人父母、妻子、同产,虽毋枉殹(也),以所叚(假)、赁、费、贳钱金它 物"(162)。此简中的"室人"与后文的"同居"于学界尚无统一的看法。郭涛指出《岳麓秦简》所见的秦时家庭内部生活关系资料较多,但存在较大争议,结合这些简文可以帮助我们理解秦时家庭内部结构。

(2)"□赏(偿)予者。受者当收者殹(也),以收赏(偿)主,乃收余 ∟。予者唯收罪殹(也),环(还)之。当购有(又)购之,奏之。令"(183)。此简前后皆残,但谢晓来指出可能与"购赏相与"有关,可参考《岳麓书院藏秦简(叁)》中的《癸、锁相移谋购案》③《尸等捕盗疑

---

① 《史记》卷六八《商君列传》,第2232页。
② 《史记》卷五《秦本纪》,第203页。
③ 朱汉民、陈松长主编:《岳麓书院藏秦简(叁)》,上海辞书出版社,2013年,第11页。

购案》①。谢晓来补充认为此简中的"予者"与"受者"可能为购赏行为中奖赏转让的双方。毋有江认为此简中的"赏"当为临时性奖赏,而非作"偿"—补偿之意理解。

"☒罪一人,购奴婢二人,完城旦舂、耐罪,购一人"(184)。秦汉简中"购"多与"钱""金"连用,少见"购"与"奴婢""人"连用,高天雨猜测这种现象可能为奖赏时将奴婢折算对应的钱、金,如《里耶秦简》8-1018:"购钰五百七十六一人",整理者认为:"简 8-992 有'出钱千一百五十二购隶臣于捕成卒不从……'8—1008+8—1461+8—1532 有'竖捕成卒□□事赎耐罪赐购千百五十二',1152 钱为此处 576 的两倍。"②《二年律令·盗律》:"有(又)购钱人五万。所捕告得者多,以人数购之。"③王准补充说这些奴婢与人可能形成官价奴婢。

## 五

【者赏二甲】令、丞一甲,已布令后╚,吏、典、伍谦(廉)问不 善 当此令者,辄捕论。后恒以户时复申令 县 乡部吏治前及里治所(190)

### (一)后恒以户时复申令 县 乡部吏治前及里,治所

简 190 又见《岳麓书院藏秦简(伍)》1796+1969/202:"☒善当此令者,辄执论。•后恒以户时复申令 县 乡吏治前及里治所☒。"④

郭涛:"治所"在简牍中少见与"里"连用,且"里"中没有"治所"一类行政机构。简 190 可能指此令在县、乡政府前以及里中重新颁布,"治所"或与后面残缺的部分相连,可以对其进行缀合。断句当为"后恒以户时复申令县乡部吏治前及里,治所",可以和《岳麓书院藏秦简(陆)》1379/189" 辄 言除其牒,而以当令者□。•今上 丞 相,乡部啬夫、令史、里 即 为读令, 布 令不谨,吏主"⑤对应,读令需要涉及"里"这一层级。

与"治所"相关的部分简牍材料可见《岳麓书院藏秦简(肆)》1385/228:"●具律曰:诸使有传者,其有发徵、辟问具殹(也)及它县官事,当以书而毋☒欲(?)□□者,治所吏"⑥;《岳麓书院藏秦简(伍)》1007/079:"论之,而上其奏夬(决)。•其都吏及诸它吏所自受诏治而当先决论者,各令其治所县官以瀍决论。"⑦

●禁毋敢为旁钱,为旁钱者,赀二甲而废。县道官可以为作婺(务)产钱 者 ,免,为上计如律。•廿一

●徒隶鞣禀以鞣日出庸吏(事)收钱为取就(僦),不为旁。(206—207)

---

① 《岳麓书院藏秦简(叁)》,第 16 页。
② 《里耶秦简牍校释(第一卷)》,第 263 页。
③ 《张家山汉墓竹简〔二四七号墓〕》释文修订本,第 18 页。
④ 《岳麓书院藏秦简(伍)》,第 135 页。
⑤ 《岳麓书院藏秦简(陆)》,第 147 页。
⑥ 《岳麓书院藏秦简(肆)》,第 143 页。
⑦ 《岳麓书院藏秦简(伍)》,第 65 页。

### (二)县道官可以为作婺(务),产钱者免

本简又见《岳麓书院藏秦简(伍)》1782＋C－7－10－2/210－1736/211:"●禁毋敢为旁钱,为旁〚钱〛者,赀二甲而废。县官可以为作【务产钱者,免,为上计如】〖律〗)。徒隶挽禀以挽日之庸(佣)吏(事)收钱为取就(僦),不为旁钱。·廷甲 十九"①。两简大概内容相似,但《岳麓书院藏秦简(伍)》"之庸(佣)吏(事)"与《岳麓书院藏秦简(陆)》"出庸吏(事)"用字不同,结合简牍图版与"出"字表示结束某一状态之意,郭涛指出当为"出庸吏(事)"。见图9、图10。

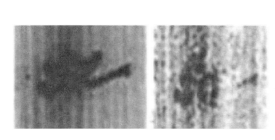

图9 简207"出"字图版    图10 秦简"之"字图版②

王准:"出"也可能表示去、到等含义,如出差、出席。去、到之义正好与《岳麓书院藏秦简(伍)》简1782＋C－7－10－2/210－1736/211类似简文"之庸"的"之"字意思相同。"出庸"即受雇佣劳作。另外《里耶秦简》8－1743＋8－2015也有"出庸"的记载:"鞠之:成吏、閒、起赘、平私令般匀、嘉出庸(佣),贾(价)三百,受米一石,臧(赃)直(值)百卌,得"③,应该与此令文相关。"出庸"后紧接的"吏"字或许不用改释为"事",而直接作本字"吏"解释,表示管理徒隶的小吏。"僦"表示租赁、雇佣。"旁"为偏、邪之义,类同"旁门左道"之旁,有明显的贬义。"吏收钱为取就(僦),不为旁"的意思是小吏收钱为取雇佣报酬,不算收取旁钱。小吏"取就(僦)"是否违法,令文并未提及,只规定此种情形不是收取"旁钱"之罪。

毋有江:"禁:毋敢为旁钱,为旁钱者,赀二甲而废"中"禁"后可以点断,表示禁令,其后是具体内容,可以作为禁令类律令的标准格式。随后内容是对禁令的补充令文,可能是律令实行过程中存在问题,进而增加内容进行补充。可以断为:"县道官可以为作婺(务),产钱者免,为上计如律。·廿一●徒隶挽禀以挽日出庸吏(事)收钱为取就(僦),不为旁",即县道官能够安排作婺(如安排徒隶运送物品等),但是通过作婺谋取利润将会被免官,这些情况要按照律令上计汇报。其中徒隶在运输粮食过程中受雇佣劳役(如顺路捎带物品),以此获得雇佣费,不算作旁钱。

王准补充"为上计如律"可能包括"废"与"免"两类情况,作为政务内容进行审计汇报,上计的内容当指整个事件。

吴凡:此处的"可以为"与陈伟在《秦简牍整理与研究》中所分析的"可以"相同,是指助

---

① 《岳麓书院藏秦简(伍)》,第138页。
② 《秦简牍文字编》,第176页。
③ 《里耶秦简牍校释(第一卷)》,第385页。

动词"可"加介词"以"①。结合简文断为"●禁毋敢为旁钱,为旁钱者,赀二甲而废。县道官可以为作婺(务)产钱者,免,为上计如律","县道官可以为作婺(务)产钱者"作为"为旁钱者"的特殊情况。凡"为旁钱者""赀二甲而废",但"为旁钱"的县道官中,有"可以为作婺(务)产钱者"只需免官。

　　●县为矦(候)馆市旁,置给吏具,令吏徒守治以舍吏殿(也)。·自今以来,诸吏及都大夫行往来者,皆得舍焉,它不得⌐。有不当舍［舍］而舍焉及舍者,皆以大犯令律论之。令、丞弗得,赀各一甲。·廿二(208—209)

### (三)都大夫

　　刘晔:秦制官名没有"都大夫"之说,"都大夫"作为官名只见于齐国,但秦朝也不当有齐国官名。秦简中只有"都官、都吏、显大夫"。朱锦程于《秦制新探》中认为"都大夫"可能为爵位有关②,《里耶秦简·更名方》中有"乘传客为都吏"③,"都大夫"可能指拥有大夫爵的乘传者。

　　王准:"都"作为齐国县级行政机构却成为秦国的官职名称,猜测"都官"④的起源或与官吏代表中央乘传至地方传达政令、督令有关。

### (四)其他

　　(1)"部啬夫数谦(廉)问,捕(系)献廷,其罪当完城旦舂以上,其父母、典、伍弗先告,赀其父若母二甲"(简195),校释小组注释"数"为"疾速"。郭涛认为"数"当为"多次"之意,对应前"其父母、典、伍弗先告",所以应是多次询问,而不是"疾速"之意。

　　(2)"●县为矦(候)馆市旁,置给吏具,令吏徒守治以舍吏殿(也)。·自今以来,诸吏及都大夫行往来者,皆得舍"(208)中,刘晔指出"候馆"即接待过往官吏的驿馆。《周礼·地官》:"掌郊里之委积,以待宾客,野鄙之委积,以待羁旅……凡国野之道,十里有庐,庐有饮食。三十里有宿,宿有路室,路室有委。五十里有市,市有候馆,候馆有积。凡委积之事,巡而比之,以时颁之。"最初应当是瞭望小楼,郑玄注为"候馆,楼可以观望者也"⑤,从"候"本意"侦查"而来,后来演变成接待宾客之地。根据简文下文,候馆在秦代已经变成了接待往来官吏的处所,接近后世驿馆。

### 六

　　●邮书过县廷,县廷各课其昑(界)中,留者辄却论,署徼〈檄〉曰某县官课之。已却论☒(214)

---

① 陈伟等著:《秦简牍整理与研究》,经济科学出版社,2017年,第283页。
② 朱锦程:《秦制新探》,湖南大学博士学位论文,2017年,第120页。
③ 《里耶秦简牍校释(第一卷)》,第157页。
④ "都官"的相关研究部分可参见刘森:《秦"都官"考》,《人文杂志》1991年第5期;王战阔:《睡虎地秦简"都官"新解》,《南都学坛》2013年第2期;周艳涛:《秦简所记"都官"性质新议》,《中华文化论坛》2013年第12期;李松:《秦汉律所见都官考辨》,浙江大学硕士学位论文,2015年;曹旅宁:《秦律都官新探》,《秦文化论丛》2002年创刊号。
⑤ 孙诒让著,王文锦、陈玉霞点校:《周礼正义》卷二五,中华书局,1987年,第986—992页。

## （一）却论

刘晔："却论"可能指反复论难前事，也就是对滞留之事反复论难，调查原因之类。《鬼谷子·权》："难言者却论也，却论者钓几也。"陶弘景注："言或不合，反覆相难，所以却论前事也。"①整理者注释为"却之而再论处"，并引《里耶秦简》8-657："告琅邪守固留费，且辄却论吏当坐者。"②但"却论"先秦本有此词，且此处也可以用"反复论难"吏当坐者来解释。同时，"已却论"似乎可以上读，可见《里耶秦简》9-382："☑□□数传输迁陵，卅二年十一月丙申☑Ⅰ☑已却论。☑Ⅱ"③。从图版（图11）可知，"已却论"是末句，应当上读。

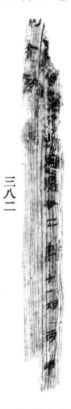

**图 11　《里耶秦简》9-382 图版**④

王准："却论"还可见《岳麓书院藏秦简（伍）》0999/081："后却当更论之。·十六"⑤，意为退回重新论罪。或见《里耶秦简》：

8-656　☑亥朔辛丑，琅邪叚（假）【守】□敢告内史、属邦、郡守主：琅邪尉徙治即【默】☑Ⅰ

琅邪守四百卅四里，辛可令县官有辟、吏卒衣用及卒有物故当辟徵还☑Ⅱ

告琅邪尉，毋告琅邪守。告琅邪守固留费，且辄却论吏当坐者。它如律令。

---

① 许富宏：《鬼谷子集校集注》，中华书局，2008年，第128-130页。
② 《岳麓书院藏秦简（陆）》，第183页。
③ 《里耶秦简牍校释（第二卷）》，第116页。
④ 湖南省文物考古研究所：《里耶秦简（二）》，文物出版社，2017年，第54页。
⑤ 《岳麓书院藏秦简（伍）》，第66页。

敢□☒Ⅲ

　　□一书。·以苍梧尉印行事。/六月乙未,洞庭守礼谓县啬夫听书从事□Ⅳ
　　□军吏在县界中者各告之。新武陵别四道,以次传。别书写上洞庭Ⅴ 8-657
尉。皆勿留。/葆手。Ⅰ
　　/骄手。/八月甲戌,迁陵守丞膻之敢告尉官主:以律令从事。传别【书】Ⅱ贰
春,下卒长奢官。/□手。/丙子旦食走印行。☒Ⅲ
　　☒【月庚】午水下五刻,士五(伍)宕渠道平邑疵以来。/朝半。洞☒Ⅳ 8-
657 背①

另外其中"固留费"的"固"疑为琅邪守之名,"费"为地名。

郭涛:"却"指驳回,"论"为论罪,整理者注释为"却之而再论处"当为基本意,《鬼谷子·权》中的"反复论难"可能为引申意。"某县官课之,已却论"或为"檄"这一文书内容,断句为:署徼〈檄〉曰:"某县官课之,已却论。"

●御史、丞相、执灋以下有发徼及为它事,皆封其书,毋以徼〈檄〉,不从令,赀一甲。·卒令乙八　·令辛 └(217)

### (二)徼〈檄〉

刘晔:"檄"指征召文书。《岳麓书院藏秦简(伍)》102/1877:"令曰:御史、丞相、执灋以下有发徼及为它事,皆封其书,毋以檄。不从令,赀一甲。卒令乙八。"②形制方面,《说文解字》原文载:"檄,尺二寸。"③《说文解字注》记:"李贤注光武纪曰。说文以木简为书。长尺二寸。谓之檄。以征召也。与前书高纪注同。此盖出演说文。故语加详。云尺二寸与错本合。但汉人多言尺一。未知其分别之详。"④

### (三)其他

(1)"●制书下及受制有问议者,皆为薄(簿),署初到初受所及上年日月、官别留日数、傅留状,与對(对)皆上,不从令,赀一甲。·卒令乙五"(215-216)中的"初到初受所",王准指出以时间顺序,分为最终所到地和最终接受制书之人所在地。"别留"可能不是整理者在此简中注释的"治埋、处理"之意,可从《岳麓书院藏秦简(伍)》中注释的"分别在各官署停留"⑤。

(2)"上事,散书,取急用者上,勿谓刺,不从令,赀一甲。·卒令乙廿三"(220)中"散书"⑥,谢晓来指出可能为秦简中可见对"急事"的特殊处理,制作文书也是如此,即可控制字数,也可令君主便于处理,因此要把原本的文书拆掉,把其中急需批复的内容重新编简再上书;也由于撰写者在写完之前不能清楚到底会写出多少字、用多少牒,因此为了拆

---

① 《里耶秦简牍校释(第一卷)》,第 193 页。
② 《岳麓书院藏秦简(伍)》,第 101 页。
③ 《说文解字》,第 124 页。
④ 许慎撰,段玉裁注:《说文解字注》,上海古籍出版社,1981 年,第 265 页。
⑤ 《岳麓书院藏秦简(伍)》,第 152 页。
⑥ "散书"相关的讨论可参见李章星:《〈岳麓书院藏秦简(五)〉上事"散书"补释》,《文博》2020 年第 1 期。

掉重新编简的时候不影响阅读和内容合理性,必须有意保证单条简内容的相对完整,方便拆散后重编,所以"散书"也有先将牒散开写,写完后再抽取其中急需批复处理的内容再编起来的意思。其后"勿谓刺"中的"刺书"大体上还是为了申报亦或是为了回应上级询查,从而将已有材料进行抄录,又或是将大体情况的基本要素进行抽取撰文而成,既不进行讨论,也不对事情的处理提出意见,亦并非要求上级进行核覆,并且内容仅限于对事务的处理过程进行要素抽取,而非对事务处理的方式、程序、方法进行讨论,这是与请书最本质的区别。因此,"勿谓刺"应当精确解释为"不要制作成刺书",即不要只抄录或记录基本要素,而是要把要请求上级或君主批文的事务及处理意见都具备于请书之中。

## 七

●廿七年十二月己丑以来,县官田田徒有论殿(繫)及诸它缺不备获时,其县官求助徒获者,各言属所执灋,执灋□为调发,书到执灋而留弗发,留盈一日,执灋、执灋丞、吏主者,赀各一甲;过一日到二日,赀各二甲;过二日【到三】日,赎耐;过三日,耐└。执灋发书到县官,县官留弗下,其官遣徒者不坐其留如执灋└。书下官,官当遣徒而留弗遣,留盈一日,官啬夫、吏主者,赀各一甲,丞、令、令史赀各一盾;过一日到二日,官啬夫、吏赀各☑令、令史赀各一甲;过二日到三日,官啬夫、吏赎耐,丞、令、令史赀各二甲;过三日,官啬夫、吏耐,丞、令、令史为江东、江南郡吏四岁。智(知)官留弗遣而弗趣追,与同辠,丞、令当为新地吏四岁以上者辄执灋、〖执〗灋□丞、主者坐之,赀各二甲。执灋令吏有事县官者,谨以发助徒☑

如律令·曰:可。·县官田□□□令【甲】九(228—235)

### (一)助徒

此部分简文主要涉及县内农时耕种配给徒吏的具体情况。简228末尾处"执灋□"存在一个字缺文(图版: ），审看残存墨迹以及后文对文书留滞进行惩罚,猜测或为"亟"字,整理者注释:"疑为'亟'字"[①],经过讨论,可从。

郭涛:其他材料少见"助徒",从"求助徒"与"发助徒"对应简文可见"助徒"或为一类与农业相关的特殊徒吏。

王准:"助"或指与田相关的专用词,"助徒"则指农业所用的徒吏,源自先秦的"助耕制"。井田制中要求民众以劳役地租的方式耕种公田。而此部分简文中也涉及县官田,"助徒"也就是指给公田耕种的徒吏。郭涛补充"助"古同"锄",可进一步佐证"助"与农业直接相关。

---

① 相关讨论可参见陈伟:《〈岳麓书院藏秦简(陆)〉校读(叁)》,2020年05月09日,武汉大学简帛网 http://www.bsm.org.cn/show_article.php?id=3542。

## (二) 江东、江南

贾宏利：整理组注释江东、江南疑为秦郡名，沿革待考。此江东、江南应为泛指，并非为秦郡名。

郭涛：此处江东、江南当为秦国较晚占领之新地，是惩罚官吏发配的边地，为泛称地域概念。

毋有江：江东、江南的地理概念可能依托于楚人，写在律令中其范围当明确，应当包括几个郡县。

张亚伟：江东、江南可能原是为了区别楚人统辖的长江中游与下游，后秦人袭承。

> ●⃝延陵言：佐角坐县官田殿，赀二甲，贫不能入└，角择除为符离冗佐，调移角赀署所，署所令先居之延陵，不求赏（偿）钱以耀，有等比。·曰可。·县官田令丙一（246—247）

## (三) 冗佐

《里耶秦简》冗佐记载较多，部分可见：

> 8—1450 冗佐八岁上造阳陵西就曰駠，廿五年二月辛巳初视事上衍。Ⅰ病署所二日。Ⅱ·凡尽九月不视事二日，·定视事二百一十一日。Ⅲ①
> 
> 8—2106 ☑□【迁陵】□□☑Ⅰ
> ☑迁陵有以令除冗佐日备者为Ⅱ
> ☑□谒为史，以衔不当补有秩，当Ⅲ②

王准：此简表明县官田的收入不仅涉及经济层面，更与政治考课息息相关。此外冗佐身份比佐低，有部分冗官是由正式官吏演变而来，而"冗"与由官方供给食物有关，此处可对应"不求赏（偿）钱以耀"。

> 中县史学童今兹会试者凡八百卌一人└，其不入史者百一十一人。·臣闻其不入者泰抵恶为吏而与其□繇（徭）故为诽（诈），不肎（肯）入史，以避为吏└。为诽（诈）如此而毋罚，不便。·臣请：令泰史遣以为潦东县官佐四岁，日备免之。日未备而有？（迁）皋，因处之潦东└。其有耐皋，亦徙之潦东，而皆令其父母、妻子与同居数者从之，以罚其为诽（诈），便。·臣昧死请。制曰：可。·廿九四月甲戌到胡阳。·史学童诽（诈）不入试令·出廷丙廿七（252—255）

## (四) 史学童

这一部分简文涉及到"史学童"，可与《张家山汉墓竹简·史律》对读。

郭涛：由"中县史学童今兹会试者凡八百卌一人└"猜测《张家山汉墓竹简·史律》："□□，大史官之；郡，郡守官之"③中缺文或为"内史"，指京畿地区的史学童由太史官负责。

---

① 《里耶秦简牍校释（第一卷）》，第 329 页。
② 《里耶秦简牍校释（第一卷）》，第 431 页。
③ 《张家山汉墓竹简〔二四七号墓〕（释文修订本）》，第 81 页。

而"中县"可能为关中或内史地区,区域可能大范围重合。可见《岳麓书院藏秦简(肆)》0325/366:"●郡及关外黔首有欲入见亲、市中县【道】,【毋】禁锢者殹(也),许之。入之,十二月复,到其县,毋后田。田时,县毋☒。"①

王准:由《张家山汉墓竹简·史律》:"□□学佴敢擅繇(徭)使史、卜、祝学童者,罚金四两"②,结合"·臣闻其不入者泰抵恶为吏而与其繇(徭)故为誺(诈)"可见史学童学习期间不当从事徭役,可能有部分史学童利用这一规定逃避徭役。随后又有部分史学童仅为逃避徭役,学满之后又故意考核不过以躲避为吏,此种行为涉及欺瞒造假。此部分简文则是针对这类情况进行处罚。主要惩罚是流放至辽东郡地区为吏四年,若未满四年又犯迁罪继续于此为吏,可见辽东地区实属帝国之边缘,条件艰苦。

#### (五)其他

(1)"●田不急时,欲令田徒及车牛给它事,而以田急时以它徒赏(偿),许之;其欲以车牛赏(偿),有(又)许之。·县官田令甲"(227)。王准指出此简可能抄录缺字,对应"而以田急时以它徒赏(偿)",缺字当在"其欲以车牛赏(偿)"中,"车牛"前补"它",当为"其欲以它车牛赏(偿)"。

(2)"●县官田有令,县官徒隶固故有所给为┗,今闻或不给其故事而言毋(无)徒以田为辥(辞)及发☒。徒隶┗,或择(释)其官急事而移佐田,及以官威徵令小官以自便其田者,皆非善吏殹(也),有如此者,以大犯令律论之。·县官田令甲十八"(240—242)。结合《岳麓书院藏秦简(肆)》351/0813:"一县用吏十人,小官一人,凡用令史三百八人,用吏三百五十七人,上计宛(最)者,柀兼上志┗,羣课,徒隶"③,陈明认为一县中十吏中设一小官,"小官"可能是县中管理一定数量吏员的官吏。

(3)"●县官田者或夺黔首水以自灌(溉)其田,恶吏不事田,有为此以害黔首稼┗。黔首引水以灌(溉)田者,以水多少为均,及有先后次┗。县官田者亦当以其均,而不殹(也),直以威多夺黔首水,不须其次,甚非殹(也)┗。有如此者,皆当以大犯令律论之。·县官田令甲 廿二"(243—245)。毋有江点断此简为:"县官田者或夺黔首水以自灌(溉)其田,恶,吏不事田,有为此以害黔首稼。"

(4)"【亡】书、符券及亡入司马门朱久,皆赀二甲。·亡已□书,赀一甲"(262)中的"司马门",整理者注释为秦代宫门之一。汉代亦有司马门,盖袭用前代名称。《龙岗秦简》五:"关合符,及以传书阅入之,即诸佩〈佩〉入司马门久(?)☒。┗"④,王准指出"司马门"当为泛称,毋有江认为"司马门"可能是与军事相关的建筑,或是各地行宫模仿咸阳宫门所取之名。

---

① 《岳麓书院藏秦简(肆)》,第216页。
② 《张家山汉墓竹简〔二四七号墓〕(释文修订本)》,第82页。
③ 《岳麓书院藏秦简(肆)》,第211页。
④ 《岳麓书院藏秦简(陆)》,第196页。

# 试探司马彪《续汉志》中河渠内容之缺失

## 李昊林

### 郑州大学地球科学与技术学院

**摘　要**：与班固《汉书》十志相比，司马彪《续汉志》中河渠内容的缺失表现在两个方面，一为不设河渠志书篇目，二为《郡国志》中所载河流数量与水道信息不足。通过文本分析，可以发现东汉诸史不立河渠志书的同时却有地方官吏兴修水利的丰富记载散见于列传之中，而《郡国志》河川内容疏略乃是基于司马彪个人的裁剪。汉晋之际崇尚简约的撰述风气是司马彪《续汉书》未撰写河渠志书以及《郡国志》河渠内容疏略的主要原因，而水利事迹写入列传也受到了东汉时郡国水务归属地方的影响。

**关键词**：河渠志　司马彪　《续汉书》　《郡国志》

将司马彪《续汉书》八志与班固《汉书》十志对比，可以明显看到有关河渠内容的缺失，这不仅表现在《续汉志》并无《沟洫志》这样的河渠志书，还表现在《郡国志》中提到的河流数量与水道信息也比《地理志》大为疏略。关于《续汉书》无河渠志书的情况，《中国水利史稿》将其与黄河安流现象进行对应，称"东汉至唐代的史书中都没有单辟治河的专篇，也可看作是这一时期黄河相对安定的佐证"[①]，其后邹逸麟总结为"西汉一代黄河多患，故班固因《史记》列《沟洫志》。东汉以后，黄河相对安定近八百年，故《后汉书》以下各史均不列河渠志，唐末以后，历宋元至明清，河患愈演愈烈，故宋后各史皆有河渠志"[②]，即史官是否撰写河渠志书与河患严重程度成正比。此一观点将黄河安流的大背景与史书撰写取向相结合，由外缘理解文本的流变，具有独到的解释力。然而如余英时论述清代思想史时所说，"单纯地用外缘来解释思想史是不完备的……我们还特别要讲到思想史的内在发展。我称之为内在的理路"[③]，通过解析《后汉书》文本形成的内在理路，亦可以得出另一角度的阐释。至于《郡国志》所载河川内容疏略的问题，尚未有学者做出过探讨。本文即试图分析《续汉志》中河渠内容的缺与失两个问题的具体表现，并结合郡国水务归属权和时代撰述风气的转变进行探因。

---

收稿日期：2020-07-04。

作者简介：李昊林，历史学博士，郑州大学地球科学与技术学院讲师，主要从事地理学史研究。

[①] 武汉水利电力学院、水利水电科学研究院《中国水利史稿》编写组编：《中国水利史稿》第三章第三节《秦汉时期的治黄事业》，水利电力出版社，1979年，第190页。

[②] 邹逸麟：《历代正史〈河渠志〉浅析》，《复旦学报（社会科学版）》1995年第3期，第158页。

[③] 余英时：《清代思想史的一个新解释》，《论戴震与章学诚：清代中期学术思想史研究》，生活·读书·新知三联书店，2000年，第325页。

## 一 司马彪《续汉志》所记河渠内容的两处缺失

《史记》创《河渠书》体例,《汉书》继而作《沟洫志》,但至今完整保存的司马彪《续汉书》八志中无河渠志书,中断了这一传统。此可谓卷目上的缺失。

除未立河渠志书外,司马彪《郡国志》中河流数量与水道信息内容之疏略亦值得重视。《郡国志》中所记河流,就其数量而言远少于班固《地理志》,而关于河川源流经过等水道信息亦严重不足。此可谓《郡国志》水道内容上的缺失。

首先看无河渠志书方面。司马彪之八志无河渠志书篇目,钩沉史料可知,这并非司马彪个人特点,东汉诸史皆无河渠志书的设置。

作为《续汉书》原始材料的《东观汉记》,即无河渠志书。据周天游《东观汉记校注》①,《东观汉记》有《律历志》《礼乐志》②《郊祀志》《天文志》《地理志》《朝会志》《车服志》,其中《地理志》系元嘉年间侍中伏无忌、谏议大夫黄景所撰③,而据《后汉书》李贤注引《邕别传》,蔡邕曾为《东观汉记》著《十意》,自称"臣欲删定者一,所当接续者四,《前志》所无臣欲著者五……有《律历意》第一,《礼意》第二,《乐意》第三,《郊祀意》第四,《天文意》第五,《车服意》第六"④。《汉书》同样有《律历志》《礼乐志》《郊祀志》《天文志》,则蔡邕所接续者当为《律历意》《礼乐意》⑤《郊祀意》《天文意》。《东观汉记》本有《地理志》,则蔡邕欲删定的当为《地理意》。由"《前志》所无臣欲著者五"可知《东观汉记》剩余五意(志),皆为《汉书》所无,说明《汉书》的《刑法志》《食货志》《五行志》《沟洫志》《艺文志》,蔡邕皆不续写,故《东观汉记》本无河渠志书。

谢承、袁山松、谢沈所著《后汉书》皆有志,谢承书有《礼仪志》《五行志》《郡国志》《兵志》《刑志》,袁山松书有《律历志》《礼仪志》《祭祀志》《天文志》《五行志》《郡国志》《百官志》,谢沈书有《礼仪志》《祭祀志》《天文志》《五行志》《郡国志》⑥,均未设河渠志书体例。

欲撰志而未成者,有华峤与范晔。《史通》载:"散骑常侍华峤删定《东观记》为《汉后书》,帝纪十二,皇后纪二,典十……其十典竟不成而卒"⑦,华峤改志为典,"十典"具体名目不详,不知其中是否有河渠志书。范晔"欲遍作诸志,前汉所有者悉令备"⑧,但"其十志亦未成而死"⑨,范书之志目如刘昭所述当有《礼乐志》《天文志》《五行志》《百官志》《车服志》

---

① 刘珍等撰,吴树平校注:《东观汉记校注》卷五《志》,中华书局,2008年,第156-183页。
② 《续汉志》刘昭注《北堂书钞》《太平御览》等引《东观汉记》皆称《礼乐志》,吴树平注文称"蔡邕所撰东观汉记诸志,是礼、乐分志",将校注本分列出《礼志》和《乐志》,系据《邕别传》有礼意、乐意之说,然据"接续者四"一语,则礼、乐又不应分志。
③ 《后汉书》卷二六《伏湛传附伏无忌传》,中华书局,1965年,第898页;刘知幾撰,浦起龙释:《史通通释》卷一二《古今正史第二》,上海古籍出版社,1978年,第341页。
④ 《后汉书》卷六〇下《蔡邕传》李贤注引《邕别传》,第2004页注(一)。
⑤ 关于蔡邕所撰为《礼乐意》而非《礼意》《乐意》分篇的讨论,参见吴树平:《蔡邕修撰的〈东观汉记〉十志》,《秦汉文献研究》,齐鲁书社,1988年,第183页。
⑥ 三家《后汉书》目录参见周天游辑注:《八家后汉书辑注》附录四《清代诸家后汉书辑本序跋及目录》"汪文台七家后汉书目录"条,上海古籍出版社,1986年,第787、790页。
⑦ 《史通通释》卷一二《古今正史第二》,第342页。
⑧ 《宋书》卷六九《范晔传》,中华书局,1974年,第1831页。
⑨ 《史通通释》卷一二《古今正史第二》,第343页。

《律历志》《郡国志》①,似尚未进行河渠志书的撰写。

可见,《东观汉记》未设置河渠志书,东汉诸史也均无河渠志书篇目,司马彪并非特例。

接下来看《郡国志》水道内容缺失的方面。《郡国志》虽在州县下载录了一定河流名目,但数量不多,且关于河川源流经过等水道信息亦严重不足,这与曹魏时成书的《水经》内容丰富程度形成了反差。

据段熙仲研究,《水经》成书"当在二二三年至二二六年左右"②,即曹魏黄初三年(222)至黄初六年(225)间,曹魏不可能在分裂时期进行水道调查,其凭借的应主要是汉末之前的资料③。司马彪撰《续汉书》当在西晋泰始年间④(265—274),且《续汉书·郡国志》的资料应主要来自《东观汉记·地理志》,故可以认为《水经》与《郡国志》都是依据了汉代的资料。

如果以《水经》所记诸水作为总目,比较各水在《汉书·地理志》政区部分和《续汉书·郡国志》中的载录情况,可以发现同时见于两书的水道有包括河水在内的17条,见于《地理志》而不见于《郡国志》的有包括江水⑤、汾水在内的47条,不见于《地理志》而见于《郡国志》的仅有涞水、湛水、灋⑥、漆水4条,两书皆不载的有41条。

从载录水道数量来看,《续汉书·郡国志》比之《汉书·地理志》有很大缺陷,但《水经》又显示出对全国水文地理的较高认知水平。故《续汉书·郡国志》载河流数量少的现象应归因于撰者自身原因。

对比各个水道的具体信息,也可看出《郡国志》的差距。班固《地理志》虽然以郡县为纲记录全国水系,但对河川本末记载非常翔实,周振鹤认为:"透过《汉志》的水道记载,明显可以看到汉代应当有一份很完善很丰富的全国水文地理资料,它包括源出山名、流向、流程长度和所过郡名与归宿处地名"⑦,这即是对班固《地理志》中所叙河川内容丰富程度的概括,《地理志》中流程较长的河川往往在所过之郡下多次出现。因而周振鹤推测:"班固所做的工作,只是把这些材料割裂开来,按政区予以重新排列。推想原材料应该是按水道之间主从关系组合编排的一部未正式露面的汉代《水经》。"⑧

反观司马彪《郡国志》,各个河川名只出现一次,即使像黄河这样的全国性大川,也只在其源出之地注明"河水出"⑨,对流程、过郡、终点等信息一概不载。

司马彪撰写《续汉书·郡国志》时,同样可以参考《水经》及其背后的资料,效仿班固之做法而使水道信息的内容更为完善,但其并未采用。且对比《东观汉记·地理志》的佚文,可知作为史源的《东观汉记·地理志》,其内容丰富程度亦超出《郡国志》所呈现的面貌。

---

① 《后汉书》卷末附录二《后汉书注补志序》,第2页。
② 段熙仲:《水经注》六论之二《〈水经〉作者及其成书年的探讨》,郦道元撰,杨守敬、熊会贞疏,段熙仲点校,陈桥驿复校:《水经注疏》下册,江苏古籍出版社,1989年,第3408页。
③ 黄学超认为:"《水经》所依据的主体材料应是体现西汉末年至新莽时期全国水道、政区面貌的资料。"详见黄学超:《〈水经〉成书考述》,《历史地理》第37辑,上海人民出版社,2018年,第197页。
④ 《晋书》卷八二《司马彪传》,中华书局,1974年,第2141页。
⑤ 《续汉书·郡国志四》仅在"庐江郡寻阳县"条记"南有九江,东合为大江",但在"蜀郡"条不载"江水出"等内容,不能视作记录了江水。
⑥ 《汉书·地理志》唯有在录禹贡之文时提到"伊、雒、灋、涧既入于河",在政区部分未提及灋水。
⑦ 周振鹤:《中国古代撰写水经的传统》,《历史地理》第8辑,上海人民出版社,1990年,第85页。
⑧ 周振鹤:《中国古代撰写水经的传统》,第85页。
⑨ 《后汉书》卷一一三《郡国志五》"陇西郡河关县"条,第3516页。

如《东观汉记·地理志》所载济北国蛇丘县有芳陉山,庐江郡寻阳县下有鲁阳乡,琅琊郡西海县有胜山,乐安国临济县为汉安帝永初二年(108)改名,以及永兴元年(153)全国乡亭数量等信息①,均为司马彪《郡国志》所无。

虽然《东观汉记·地理志》的佚文存留不多,但可推想其总体内容比司马彪《郡国志》所展现的要丰富。因此,《郡国志》记录河流数量与水道信息内容之疏略应是司马彪刻意舍繁从简的结果。

此两处缺失,第一处是东汉诸史的共同现象,第二处则是司马彪个人裁剪所造成的结果,但都受到了当时崇尚简约之撰述风气的影响,试分析如下。

## 二 从时代撰述风气看两处缺失之原因

前辈学者之所以认为《后汉书》不立河渠志书与黄河安流的大背景有关,应是受到了古人沈约、魏收等人观点的影响。不惟东汉,东汉至唐代各正史中均未立河渠志书,唯有《宋书》作者沈约与《魏书》作者魏收进行过解释:

> 河自龙门东注,横被中国,每漂决所渐,寄重灾深,堤筑之功,劳役天下。且关、洛高垲,地少川源,是故镐、鄠、潦、滴,咸入礼典。漳、滏、郑、白之饶,沟渠沾溉之利,皆民命所祖,国以为天,《沟洫》立志,亦其宜也。世殊事改,于今可得而略。②

> 《河沟》往时之切,《释老》当今之重,《艺文》前志可寻,《官氏》魏代之急,去彼取此,敢率愚心。③

在沈约和魏收看来,水利事业是西汉所急,《汉书》立《沟洫志》是为了更好记述国家大政。然而对于他们所关注的宋与魏两朝,河渠志书则不再是必要内容。黎子耀先生据此认为:"这反映了其时水利事业的衰退"④,与《中国水利史稿》及邹氏的观点本质上类似。

将《河渠志》撰写与否和黄河的河患关联确有合理成分,但亦太过夸大了黄河水灾在国计民生中的影响。《史记·河渠书》与《汉书·沟洫志》虽然以大量篇幅写治理黄河事件与治河策议,但也提到了如先秦时漳水灌溉、郑国渠的修建以及西汉在关中、河东等地修渠乃至通褒斜道漕的内容,如《河渠书》称:

> 朔方、西河、河西、酒泉皆引河及川谷以溉田;而关中辅渠、灵轵引堵水;汝南、九江引淮;东海引钜定;泰山下引汶水;皆穿渠为溉田,各万余顷。佗小渠披山通道者,不可胜言。⑤

这说明司马迁撰写《史记》之时尚能知晓全国各地的水利建设情况,只不过未一一记录下来。《沟洫志》亦补充了关中开六辅渠、白渠之事,与黄河下游河患并不相关。

关于《史记》设《河渠书》的原因,司马迁曾分别在《河渠书》和《自序》中提到:

---

① 《东观汉记校注》,第178页。
② 《宋书》卷一一《志序》,第204页。
③ 《魏书》卷一〇四后附《前上十志启》,中华书局,1974年,第2331页。
④ 黎子耀:《魏晋南北朝时期的历史编纂学》,《杭州大学学报(哲学社会科学版)》1981年第1期,第124页。
⑤ 《史记(点校本二十四史修订本)》卷二九《河渠书》,中华书局,2013年,第1697页。

> 余南登庐山，观禹疏九江，遂至于会稽太湟，上姑苏，望五湖。东窥洛汭、大邳，迎河，行淮、泗、济、漯洛渠；西瞻蜀之岷山及离碓；北自龙门至于朔方。曰：甚哉水之为利害也！余从负薪塞宣房，悲《瓠子》之诗而作《河渠书》。①
>
> 维禹浚川，九州攸宁；爰及宣防，决渎通沟。作《河渠书》第七。②

《汉书》作《沟洫志》，大体上可理解为对《史记》的因袭，班固自言：

> 古人有言："微禹之功，吾其鱼乎！"中国川原以百数，莫著于四渎，而河为宗。孔子曰："多闻而志之，知之次也。"国之利害，故备论其事。③
>
> 夏乘四载，百川是导。唯河为艰，灾及后代。商竭周移，秦决南涯，自兹距汉，北亡八支。文堙枣野，武作《瓠歌》，成有平年，后遂滂沱。爰及沟渠，利我国家。述《沟洫志》第九。④

可见，《史记·河渠书》和《汉书·沟洫志》的撰述意图都是感叹河患，歌颂水利。黄河河患固然重要，但司马迁言"甚哉水之为利害也"，班固言"爰及沟渠，利我国家"，都未忽视"利"的一面。班固甚至引汉武帝"农，天下之本也，泉流灌寝，所以育五谷也"等之语来表达对农田水利的重视。且沈约亦承认"关、洛高垲，地少川源，是故镐、鄠、潦、潏，咸入礼典。漳、滏、郑、白之饶，沟渠沾溉之利，皆民命所祖，国以为天"，可见河渠志书的撰写与否并不完全由黄河成灾大小决定。

即使我们承认记载水利事业应以治理河患为中心，但事关黄河的东汉顺帝、元帝时整修河堤之事反而不见于东汉史书，靠《水经注》对当地碑文的录存才流传于世⑤，这就说明东汉诸史不立河渠志书的体例不应仅从治河需要与否来理解，更应思考史书撰写过程中内容取舍的转变。

同时应注意另一个问题，虽然东汉诸史均不立河渠志书，但从现存的范晔《后汉书》人物传记来看，东汉水利建设的记录相较于西汉更多，但包括王景治河在内的水利建设史事基本散见于人物列传中。《汉书》列传中载地方长官亲自兴修水利之事仅有南阳太守召信臣引泉水灌溉1例⑥，而《后汉书》列传中则载10例东汉时期地方长官主持水利溉田之事⑦，水利事业成为塑造人物形象的有力素材。

范晔《后汉书》的一大特点是"在材料整理上博采诸家"⑧，因而《后汉书》水利建设记录较多的特点应并非范晔独创。史书形成何种面貌很大程度上依赖于原始材料的形态，各家《后汉书》《续汉书》等著作虽多，但都以《东观汉记》为主要史源，故《后汉书》关于水利内

---

① 《史记（点校本二十四史修订本）》卷二九《河渠书》，第1698页。
② 《史记（点校本二十四史修订本）》卷一三〇《太史公自序》，第3985页。
③ 《汉书》卷二九《沟洫志》，中华书局，1964年，第1698页。
④ 《汉书》一〇〇下《叙传下》，第4244页。
⑤ 《水经注》卷五《河水》叙王景治河后又载："顺帝阳嘉中，又自汴口以东，缘河积石，为堰通渠，咸曰金堤。灵帝建宁中，又增修石门，以遏渠口。"《济水注》中保留此二事更多文字，皆赖碑文所载而被郦道元记录，却不见于《后汉书》《后汉纪》，亦不见于东汉诸史佚文中。参考郦道元撰，王先谦校：《合校水经注》卷五《河水》，中华书局，2009年，第75页b栏。
⑥ 《汉书》卷八九《召信臣传》，第3642页。
⑦ 藤田胜久所总结的地方长官主持建设水利溉田事共13例，其中出自《后汉书》者10例。参见藤田胜久：《汉代水利事业的发展》，载刘俊文主编《日本中青年学者论中国史（上古秦汉卷）》，上海古籍出版社，1995年，第457页。
⑧ 白寿彝主编，瞿林东：《中国史学史》第三卷《魏晋南北朝隋唐时期：中国古代史学的发展》，上海人民出版社，2006年，第48页。

容的设置应与《东观汉记》中类似,即《东观汉记》初撰之时就已将水利史事写入人物列传中。

胡宝国指出:"从两汉之际到东晋,先是在经学领域,而后又在史学领域出现了一种追求简略的风气,而一到南朝则风气大变,简略不一定是优点,繁富也不一定是缺陷。"①具体到东汉史书,司马彪认为:"时无良史,记述烦杂,谯周虽已删除,然犹未尽,安顺以下,亡缺者多"②,华峤"以《汉纪》烦秽,慨然有改作之意"③,都认为《东观汉记》记事太过繁芜杂乱,想要对其削减。胡宝国认为:"当时史家的删减工作更多体现在对东汉历史的撰写上……司马彪嫌其已完成的部分'记述烦杂'……八十三卷的篇幅包括了纪、志、传,较之未完成的一百四十三卷的《东观汉记》确实删减不少。"④如果按司马彪自言的"编年二百,录世十二"来看,东汉顺帝以下尚有冲、质、桓、灵、献五帝七十余年的纪事,可见司马彪《续汉志》对《东观汉记》同样内容的文字删减应在一半乃至更多。

由于力图简省内容,司马彪《郡国志》除收录郡县信息外,主要的增补内容即其所述"《春秋》、三史会同征伐地名"⑤,而没有如《汉志》一般充分引用资料撰写风俗文化、水道信息等内容,甚至在叙述郡县之前还说明了"凡《前志》有县名,今所不载者,皆世祖所并省也。前无今有者,后所置也。凡县名先书者,郡所治也"⑥这一通例,来减少撰述过程中作注所需的字数。在《百官志》的撰写中,司马彪同样提出"凡置官之本,及中兴所省,无因复见者,既在《汉书·百官表》,不复悉载"⑦这一通例,省去与《汉书·百官公卿表》重复的内容,以达到精简的目的。

由司马迁首创,班彪、班固奠定而形成的纪传体体裁,固然有利于完整了解史事与制度,但也有内容庞杂不利于通读的缺点,刘知幾就指出:"当汉代史书,以迁、固为主,而纪传互出,表志相重,于文为烦,颇难周览"⑧,可见表、志部分并不利于激发阅读兴趣,反而有增加卷帙之弊。

《东观汉记》将水利史事写入人物列传中,实则削弱了河渠志书存在的必要性,加之汉晋之际崇尚简约之风气对东汉史书的撰写影响颇大,由于作为蓝本的《东观汉记》没有《河渠志》,此一时期撰写东汉史书的作者们难以自行补充河渠篇章。

《东观汉记》的主体部分是繁复的,汉末时的作者如蔡邕就已经开始进行简约化的工作。据前文分析,蔡邕自称"臣欲删定者一"的即为《地理意》,很可能自蔡邕就已开始进行删减《东观汉记·地理志》的工作。而到南朝,崇尚简约的风气被崇尚繁富所取代,范晔重写《后汉书》时便称赞纪传体"网罗一代,事义周悉"⑨的优点,其所追求的是"历史事实的丰富"⑩。

范晔曾言:"欲遍作诸志,前汉所有者悉令备",然范晔欲撰的《后汉书》十志中并无河

---

① 胡宝国:《汉唐间史学的发展(修订本)》,北京大学出版社,2014年,第75页。
② 《晋书》卷八二《司马彪传》,第2141页。
③ 《晋书》卷四四《华峤传》,第1264页。
④ 胡宝国:《汉唐间史学的发展(修订本)》,第78-79页。
⑤ 《后汉书》卷一〇九《郡国志一》,第3385页。
⑥ 《郡国志一》,第3385页。
⑦ 《后汉书》卷一一四《百官志一》,第3555页。
⑧ 《史通通释》卷一《六家第一》,第11页。
⑨ 《隋书》卷五八《魏澹传》,中华书局,1973年,第1419页。
⑩ 胡宝国:《汉唐间史学的发展(修订本)》,第84页。

渠志书,却增加了《汉志》所无的《舆服志》和《百官志》,因而吴树平与刘汉忠均认为范晔欲将河渠内容置入《郡国志》中,保留其内容却省去《沟洫志》这一篇目①,此论甚当。范晔《郡国志》若成,其河流数量与水道信息的内容应远超司马彪《郡国志》,河渠志书也将名亡而实存。然而由于范晔十志未成而死,司马彪《郡国志》通过与范书合刊并行至今得以完整保留,反而令今人只能看到内容简约的《续汉志》,遮掩了文献留存的另一种可能性。

## 三 郡国水务归属权转移对河渠志书撰写的影响

如第二节所言,包括《东观汉记》在内的东汉诸史虽不立河渠志书,但却有地方官吏兴修水利的丰富记载散见于列传之中,故应从时代背景理解这样的内容设置。

山泽物产在古代的经济价值颇高,《周礼·地官司徒》中即记载有山虞、泽虞、林衡、川衡等掌管山泽禁令的职官②。西汉承秦制,有少府"掌山海池泽之税,以给共养"③,应劭《汉官仪》称:"王者以租税为公用,山泽陂池之税以供王之私用。古皆作小府"④,意即西汉时各地山海池泽之利由中央的少府统一管理。

与水利相关的地方官为都水长、丞,《汉书》颜师古注称:"如淳曰:律,都水治渠堤水门。《三辅黄图》云三辅皆有都水也。"⑤不仅三辅有都水官,各地郡国皆有。《汉书·百官公卿表》载:"治粟内史……景帝后元年更名大农令,武帝太初元年更名大司农……郡国诸仓农监、都水六十五官长丞皆属焉"⑥,可见郡国普遍设置都水长、丞以管理渠堤水门等水利事务,而在西汉时各地都水官皆属大司农(之前亦称为治粟内史或大农令)统管,意即地方水务由中央掌控。

《史记·河渠书》所记载的西汉时期的水利建设工作皆由中央派兵卒完成,不仅黄河瓠子决口这样的全国性工程由天子"发卒数万人塞"⑦,像引渭穿渠事、河东渠田事、通褒斜道漕事、临晋穿渠事这些地方水利工程里也会出现"天子以为然"以及"悉发卒数万人穿漕渠""发卒数万人""发数万人""发卒万余人穿渠"这样的语句,任何一个郡不可能单独拥有这样的人力。而塞瓠子河决后,"用事者争言水利。朔方、西河、河西、酒泉皆引河及川谷以溉田;而关中辅渠、灵轵引堵水;汝南、九江引淮;东海引钜定;泰山下引汶水;皆穿渠为溉田,各万余顷。佗小渠披山通道者,不可胜言",这一记载也凸显出中央对各地水利事业的高度掌控。水利建设往往由朝廷的"用事者"⑧上奏发起,天子发卒实施,地方政府的参与度较低。即使是"佗小渠披山通道者",也应由郡国都水长、丞进行建设和管理。直到西

---

① 详见吴树平:《范晔〈后汉书〉的志》,载《秦汉文献研究》,齐鲁书社,1988年,第441页;刘汉忠:《说范晔〈后汉书〉之"志"》,《文献》1997年第4期,第189页。
② 郑玄注;贾公彦疏:《周礼注疏》卷一六"山虞""泽虞""林衡""川衡"诸条,阮元校刻十三经注疏本,中华书局,1980年,第747页c栏。
③ 《汉书》卷一九上《百官公卿表上》,第731页。
④ 孙星衍等辑,周天游点校:《汉官六种》,中华书局,1990年,第135页。
⑤ 《汉书》卷一九上《百官公卿表上》,第727页。
⑥ 《汉书》卷一九上《百官公卿表上》,第731页。
⑦ 《史记(点校本二十四史修订本)》卷二九《河渠书》,第1695页。
⑧ 池田雄一先生认为"用事者"是地方政府。参见池田雄一著,郑威译:《中国古代的聚落与地方行政》第六章《马王堆出土〈驻军图〉中的聚落和灌溉》,复旦大学出版社,2017年,第161页。此说不可从,观《史记》《汉书》中的文例可知"用事者"一般指朝堂重臣。

汉末年成帝时,汝南郡的鸿隙大陂亦是由丞相翟方进上奏罢废,直到翟氏家族覆灭后才引起了乡民追怨①,在整个事件发生的过程中地方长官(即太守、县令等)是缺席的,这体现了当时中央对地方水利的控制。

中央控制地方水利,乃是由于山林池泽为天子私产。《盐铁论》载:"大夫曰:'今夫越之具区,楚之云梦,宋之钜野,齐之孟诸,有国之富而霸王之资也。人君统而守之则强,不禁则亡……'"②增渊龙夫已经论证出山林薮泽在汉代除了能为君主带来利益巨大的商业税收外,更大的利益获取渠道在于,通过国家修渠而从山林薮泽中开垦出的作为君主家产的公田。③故国家须对能改造泽薮为水田的地方水利事业进行严格管控。

东汉时郡国水利事务则不再由中央统管。《续汉书·百官志》载:"凡山泽陂池之税,名曰禁钱,属少府。世祖改属司农,考工转属太仆,都水属郡国"④,又载:"其郡有盐官、铁官、工官、都水官者,随事广狭置令、长及丞"⑤,可见东汉时各郡国的都水官已转变为地方官员,其置废由郡太守决定,那么渠堤水门等水利事务也必然转变为地方事务。如《后汉书》载汝南修鸿隙陂之事:"汝南旧有鸿郤陂……太守邓晨欲修复其功,闻杨晓水脉……因署杨为都水掾"⑥,可看出地方水利由太守全权决定。纸屋正和亦指出:"西汉时期少府直属的都水,王莽时期交由郡、国移管后,被光武帝所继承,到了东汉时期,以郡、国为主体推进了农地开发、水利建设。"⑦不同于西汉时的直接干涉,东汉时出现了中央下令督促郡国官员修水利的现象⑧,这也应是中央退出地方水利事业的一个表现。

与水利政务归属郡国相对,东汉三公中设司空一职:"掌水土事。凡营城起邑、浚沟洫、修坟防之事,则议其利,建其功。凡四方水土功课,岁尽则奏其殿最而行赏罚。"⑨东汉专门以司空考察各地水土建设情况,并每年评价和赏罚,建设水利已成为地方官吏考课的内容,水利事业的成功即成为地方官的政绩。

另据侯旭东所论证,渔采狩猎本是民众在田作之外可选的其他谋生手段,但战国秦汉以降的统治者极力倡导民众以农为生,促使"汉代零星'好稼穑'之地到唐初渐成广布之势"⑩,则地方政府通过推行水利把本可用于渔猎的天然泽薮改造为服务于农耕的陂塘灌溉设施,亦是整顿风俗和增收财政的必要。《管子》称:"薮,镰缠得入焉,九而当一……泽,网罟得入焉,五而当一"⑪,即良田的产出收益大致相当于泽薮所产的五倍至九倍之间,改泽薮为水田对税收收入的增加是明显的,因而会引起地方官员的热衷。

---

① 《汉书》卷八四《翟方进传》,第3440页。
② 桓宽撰,王利器校注:《盐铁论校注》卷二"刺权第九",中华书局,1992年,第120页。
③ 增渊龙夫著,吕静校:《中国古代的社会与国家》第三篇《古代专制主义的成立及其经济基础》第一章《先秦时代的山林薮泽及秦的公田》,上海古籍出版社,2017年,第276-288页。
④ 《后汉书》卷一一六《百官志三》,第3600页。
⑤ 《后汉书》卷一一八《百官志五》,第3625页。
⑥ 《后汉书》卷八二上《许杨传》,第2710页。
⑦ 纸屋正和著,朱海滨译:《汉代郡县制的展开》第十三章《东汉时期地方行政的变迁》,复旦大学出版社,2016年,第532页。
⑧ 汉和帝、汉安帝时期皆发布过督促地方修理沟渠的诏书,参见《后汉书》卷四《和帝纪》"永元十年三月壬戌"条及《后汉书》卷五《安帝纪》"元初二年二月辛酉"条。
⑨ 《后汉书》卷一一四《百官志一》,第3562页。
⑩ 侯旭东:《渔采狩猎与秦汉北方民众生计——兼论以农立国传统的形成与农民的普遍化》,《历史研究》2010年第5期,第25页。
⑪ 黎翔凤撰,梁运华整理:《管子校注》卷一"乘马篇第五",中华书局,2004年,第89页。

按《续汉志·百官志》所言:"凡山泽陂池之税,名曰禁钱,属少府。世祖改属司农"①,似乎山泽陂池之税在东汉仍属大司农职掌,延续了西汉制度。但仔细分析其对大司农及属下太仓令、平准令、导官令等诸官职能的记载,可以发现未有明言掌山海池泽之税者。

《百官志》载:"其郡有盐官、铁官、工官、都水官者,随事广狭置令、长及丞。"又载:"郡国盐官、铁官本属司农,中兴皆属郡县"②,东汉时盐铁之利属郡国,盐与铁这两种山海池泽所出的获利最大的物产已不为中央掌控。又载:"有水池及鱼利多者置水官,主平水收渔税。在所诸县均差吏更给之,署吏随事,不具县员"③,水官废置由郡国决定,则水产之利也同样归郡县所有。

各地河海湖泽所产之利,以盐与鱼二种为大宗,此二利皆由郡国掌控,加之大司农属官无明确掌水泽之利者,可以认为东汉时水泽之利基本属于郡国,所谓的"凡山泽陂池之税……世祖改属司农"恐怕是一种以郡县长官为中介的间接管理,即大司农借助郡县长官来督管而非直辖。安作璋、熊铁基指出,西汉时有大司农掌握国家财政和少府掌握帝室财政的分工,但"这也是一个过渡。在专制主义中央集权的国家内,朕即国家,二者分开的情况是不能持久的,事实上东汉以后二者就逐渐混同起来了"④,在东汉时帝室财政与国家财政开始混同,天子所用已不限于山海池泽之利,故山海池泽无需被天子独占了。

由上可见,东汉时郡国水利政务和水泽所产皆归郡国自行支配,中央并不统管,地方获得了更加独立的经济地位,故是否兴修水利无须中央决定,亦不必中央出力,地方长官成为水利建设的主导者,水利兴废与官员的功绩、形象紧密相关,兴修水利而功大的地方官可入诸列传(如王景、张纯、何敞等),故兴修水利的内容保存在人物列传中。加之上文所提汉晋之间崇尚简约的撰述风气,东观史臣及诸家《后汉书》撰者,也更有理由为节省卷帙而省并河渠志书。直至范晔欲通过并《沟洫志》入《郡国志》的方式恢复河渠内容,一反前人惯例,这当然是从魏晋到南朝学术风气转变的结果,但另一方面也说明东汉的史料足以支撑河渠内容的撰写,并非是水利事业在东汉不重要。

## 四 结语

学界将东汉至唐代间正史不立河渠志书的现象与黄河安流相联系的固有看法,受到了黄河是否安流这一议题的影响,在《中国水利史稿》一书中,正史不立河渠志书实为对黄河安流的佐证,成为一个处于从属地位的证据。此后未有人从文本角度探讨河渠志书的撰述意图是否一定和河患有联系,也未能联系到东汉一朝水利事业史料的保存情况。本文以司马彪《续汉志》为例,探究其河渠内容缺失的原因,认为司马彪不设河渠志书篇目和其《郡国志》中所载河流数量、水道信息不足的缺陷,是受到了汉晋之际崇尚简约的撰述风气的影响,加之郡国水务归属地方,才会将兴修水利的内容写入人物列传而不立河渠志书。到南朝风气转变时,范晔已有填补这些缺失的意图,但并未完成,唯有崇尚简约的司马彪《续汉志》完整存世,遂使得今人误解为东汉时水利事业衰退。

---

① 《后汉书》卷一一六《百官志三》,第3600页。
② 《百官志三》,第3590页。
③ 《后汉书》卷一一八《百官志五》,第3625页。
④ 安作璋、熊铁基:《秦汉官制史稿》第一编第二章第六节《大司农》,齐鲁书社,2007年,第168页。

本文无意于推翻将正史不立河渠志书的现象与黄河安流相联系的固有认知,仅试图通过对《续汉志》的文本分析来揭示历史文献形成过程中的复杂性。除东汉一朝外,魏晋至唐代正史不立河渠志书的原因,不排除有黄河长期安流的背景因素,但亦可用个案探讨史家撰述意图的影响,以增加多样化的理解,丰富历史的探究性。

# 民国《禹贡》半月刊作者群研究

王雪花 吴轶群

新疆大学历史学院(西北少数民族研究中心)

**摘 要**:创刊于1934年的《禹贡》半月刊,是近现代历史地理学的专业性学术期刊,也是中国历史地理学科初具雏形的标志,其刊出的许多文章在今天仍然具有一定价值。本文集中于对《禹贡》半月刊自出版刊行以来的290位作者进行研究,对其地域来源、身份、教育背景等方面内容进行系统分析,以期对《禹贡》作者群体的基本情况进行大致的还原。本文总结了《禹贡》作者群体具有地域来源十分广泛、身份多为高校师生、教育背景上家学与海外求学相结合的特点,并从文章被引量的数据分析可知,部分文章至今仍具有持续的影响力。

**关键词**:《禹贡》半月刊 普赖斯定律

20世纪30年代是中国内忧外患、经历巨大挫折、面临巨大挑战的特殊时期。"九·一八"事变后,当时的学者深切感受到了民族危机和领土危机,他们在救亡图存史学思想的指导和引领之下,摆脱"为学术而学术"的传统知识分子形象,开始寻求学术救国之道。在这样的背景之下,顾颉刚、谭其骧联合北京大学、燕京大学、辅仁大学三校师生及平、津学人在北平组织创办《禹贡》半月刊,力图从学术上寻找出一条民族复兴的大道来。该刊创办于1934年3月,1937年因"七七事变"爆发、北平沦陷而停刊,先后出版了7卷82期(间有合期),凡780篇文章,期间还发表了多个专门研究某一区域、领域的专号。

《禹贡》半月刊是以研究地理沿革为主、间以研究相关学科的专业性学术期刊。"禹贡派的学人们"[①]在当时严重的边疆危机、领土危机之下,强调学术救国,践行经世致用,是民国社会的一抹亮色。本文现以《禹贡》半月刊的作者群体为主要研究对象,探讨其地域来源、身份、教育背景及研究趋向等问题,以期对作者群体的基本情况进行大致还原,并对其产生的深远学术影响进行简要分析。

禹贡学会和《禹贡》半月刊作为中国历史地理学初具雏形的标志,一直以来备受学术界的关注,研究成果十分丰富。就目前所见,关于《禹贡》半月刊的研究主要集中在以下几

---

收稿日期:2021-01-14。

作者简介:王雪花,新疆大学历史学院(西北少数民族研究中心)研究生,主要从事清代新疆地方行政制度与历史地理研究。吴轶群,新疆大学历史学院(西北少数民族研究中心)副教授,主要从事西北边疆历史地理研究。

基金项目:国家社会科学基金项目"清代新疆地方行政制度与基层社会治理研究"(项目号:18XZS028)。

① 鹿森三著,周一良译:《禹贡派的人们》,《禹贡》1936年第10期。

个方面:一是对《禹贡》半月刊基本情况的探讨①;二是对刊物的编辑特色及学术启示的分析②;三是对刊物所蕴含的爱国史学思想的探讨③;四是对刊物出版发行所产生的学术影响的分析④;五是对《禹贡》半月刊涉及的边疆问题的探讨⑤;六是对从刊物中脱颖而出的部分杰出人物进行的具体研究⑥。

就现有研究成果来看,今人对《禹贡》半月刊的作者群体关注仍然十分不足。后期研究多涉及对顾颉刚、谭其骧、史念海、冯家昇等个别突出人物的具体介绍,对作者群体的整体情况还没有进行过全面、系统的分析与总结。因此本文以《禹贡》半月刊的作者群体为研究对象,围绕本选题展开系统探讨。

## 一 作者群的教育背景

作者是期刊稿源的根本,作者队伍的构成和科研水平是学术期刊影响力的决定因素。⑦笔者现对《禹贡》半月刊的作者群进行系统分析,对各地的学术产出进行简单的分析总结,力图反映《禹贡》半月刊作者群的基本情况,并对其学术影响进行简要分析。

教育背景对学者的研究方向和学术成绩有着十分重大的影响,不同教育背景下成长起来的学者在学术发展道路上有着不同的选择和侧重,其治学理念、治学方法往往也有巨大差异。本部分试图对作者群的教育背景进行简要分析,探讨教育背景对学者的影响。

### (一)以国内高校出身为主的

在《禹贡》半月刊上发表文章的这些学者普遍都有高校背景,大多曾在或正在中国的各大高校学习,间有在各研究所或中学任教的人员,现将统计情况罗列如表1所示。

表1 作者群总体教育背景

| 序号 | 学校 | 作者数 | 发文数 | 序号 | 学校 | 作者数 | 发文数 |
|---|---|---|---|---|---|---|---|
| 1 | 燕京大学 | 37 | 123 | 23 | 河北工业学校 | 1 | 1 |
| 2 | 北京大学 | 38 | 143 | 24 | 杭州之江大学 | 1 | 1 |

---

① 史念海:《顾颉刚先生与禹贡学会》,《中国历史地理论丛》1993年第3期;顾潮:《顾颉刚先生与〈禹贡半月刊〉》,《中国历史地理论丛》1997年第3期;刘峰:《民国社会思潮对〈禹贡〉半月刊的渗透》,《出版史料》2009第4期;孙喆:《从顾颉刚学术旨趣的演变再析〈禹贡〉半月刊创办缘起》,《历史档案》2009年第1期;等等。

② 徐庄:《〈禹贡半月刊〉编辑思想之研究》,《宁夏社会科学》1992年第6期;卢厚杰:《论顾颉刚的期刊编辑思想及实践》,《出版科学》2017年第3期;张耀铭:《顾颉刚创办〈禹贡〉半月刊的学术启示》,《云梦学刊》2014年第5期;等等。

③ 吴怀祺:《〈禹贡〉半月刊的爱国史学思想》,《史学史研究》1983年第1期。

④ 王记录、林琳:《〈禹贡〉半月刊对中国史学近代化的影响》,《史学史研究》2010年第1期;冯春龙:《试论禹贡学会对历史地理学的贡献——兼〈禹贡〉半月刊评述》,《扬州师院学报(社会科学版)》1987年第4期;曲文雍:《〈禹贡〉半月刊作者群的中华民族观》,中央民族大学硕士学位论文,2009年;等等。

⑤ 孙喆:《〈禹贡〉半月刊与20世纪三四十年代的中国边疆研究》,《中州学刊》2012年第4期;孙喆:《以沿革地理学重构边疆:顾颉刚及〈禹贡〉半月刊对边疆问题的研究》,《求是学刊》2013年第3期;孙喆:《全国抗战前夕边疆话语的构建与传播——以〈禹贡〉与〈新亚细亚〉的比较为中心》,《中国边疆史地研究》2013年第2期;等等。

⑥ 张永帅、张炜:《简论冯家昇先生的边疆史研究》,《中国历史地理论丛》2010年第3期;张永帅、张炜:《致用史观与冯家昇的边疆史研究》,《中国边疆史地研究》2010年第2期;赵夏:《顾颉刚先生对边疆问题的实践和研究》,《北京社会科学》2002年第4期;严之山:《顾颉刚与〈禹贡半月刊〉》,《青海民族学院学报》2008年第2期;等等。

⑦ 陈翔:《科技期刊构建核心竞争力中作者队伍的组建原则与措施》,《中国科技期刊研究》2011年第4期。

续表

| 序号 | 学校 | 作者数 | 发文数 | 序号 | 学校 | 作者数 | 发文数 |
|---|---|---|---|---|---|---|---|
| 3 | 清华大学 | 8 | 18 | 25 | 北京畿辅学堂 | 1 | 2 |
| 4 | 辅仁大学 | 3 | 14 | 26 | 四川存古学堂 | 1 | 7 |
| 5 | 河南大学 | 3 | 7 | 27 | 吴淞中国公学 | 1 | 3 |
| 6 | 厦门大学 | 2 | 5 | 28 | 天津南开中学 | 1 | 8 |
| 7 | 齐鲁大学 | 2 | 12 | 29 | 无锡国学专修馆 | 2 | 5 |
| 8 | 山西大学 | 2 | 4 | 30 | 天津国学研究社 | 1 | 2 |
| 9 | 四川大学 | 1 | 14 | 31 | 上海大厦高等师范 | 1 | 1 |
| 10 | 沪江大学 | 1 | 1 | 32 | 南京女子法政学校 | 1 | 1 |
| 11 | 郑州大学 | 1 | 2 | 33 | 北平法政专门学校 | 1 | 1 |
| 12 | 广州大学 | 1 | 1 | 34 | 江苏省立第一中学 | 1 | 3 |
| 13 | 安徽大学 | 1 | 1 | 35 | 南京高等师范学校 | 1 | 1 |
| 14 | 武汉大学 | 1 | 1 | 36 | 河南优级师范学校 | 1 | 1 |
| 15 | 光华大学 | 1 | 2 | 37 | 武昌高等师范学校 | 1 | 1 |
| 16 | 北京译学馆 | 2 | 10 | 38 | 清华学校国学研究所 | 2 | 8 |
| 17 | 广州中山大学 | 2 | 3 | 39 | 沈阳国立高等师范 | 1 | 4 |
| 18 | 北平朝阳大学 | 1 | 1 | 40 | 国立北京高等师范 | 2 | 2 |
| 19 | 成达师范学校 | 4 | 4 | 41 | 北京艺术学院 | 1 | 1 |
| 20 | 北平师范大学 | 4 | 29 | 41 | 天津师范学院 | 1 | 3 |
| 21 | 燕京师范大学 | 1 | 2 | | 合计 | 140 | 454 |
| 22 | 上海震旦大学 | 1 | 1 | | | | |

注:数据来源于禹贡学会编《禹贡学会会员录》、中国知网及读秀数据库,经笔者总结加工后得此结果。

由表1可知,在《禹贡》半月刊上发表文章的学者大多出身于中国的各大高校,其中尤以北京大学、燕京大学为多,占本部分作者群体的54%,发表的文章占到59%。这些出身于中国各大高校的学者们在《禹贡》半月刊上踊跃投稿,既体现了人们对刊物的认可,也展现了刊物的学术性和专业性。

### (二)出国留学

在《禹贡》半月刊上发表文章的有出国留学经历的群体人数也很可观。通过统计得知,《禹贡》半月刊作者群体中出国留学的作者总共有26位,其中去美国留学的最多,共有8位。此外,法国6位,日本3位,英国3位,埃及3位,土耳其、德国、比利时各1位。他们的文章内容涉及广泛,不单有传统的史地沿革研究,还有各类研究计划、书籍介绍、游记等。他们在中西双重教育的影响之下,在学术研究上有很多开创性的举动。如杨成志在他的《我的研究云南罗罗民族的研究计划》[①]中,不单对中外研究成果进行介绍,还运用了人类学、考古学、民族学、语言学、民俗学及社会学等研究方法,去考察罗罗族及其他云南

---

① 杨成志:《我的研究云南罗罗民族的研究计划》,《禹贡》1934年第4期。

诸民族的族源、语源、风俗等问题。此外经过两年深入云南境内的田野调查,他获取了大量的一手资料,为其后期留学英法继续他的人类学、民族学研究打下了坚实的基础。李书华在他的诸篇游记①中运用现代地理学的测量方法绘制了多幅地图,上面含比例尺、等高线、高低压等,还有两幅地形剖面图,十分具有现代性。此外,齐思和在他的《民族与种族》②一文中,指出对待西方的人类学、民族学等理论可以借鉴,但不能盲从,即立足本土进行文化研究。

通过统计分析可以明显看出这些留学生多分布在东部沿海地区。经济基础是留学教育的物质保障,经济发展较快的地区留学人数比经济发展较慢地区的留学人数多,说明留学情况是反映经济发展状况的一个重要指标。③ 伴随着西方资本主义的武力入侵,清政府被迫开放沿边、沿海、沿江的一些经济发展较快、地理位置优越的城市作为对外通商口岸。在此基础上,中国形成了一批早期的经济较发达的近现代工商业城市。经济的繁荣为留学运动的开展提供了充足的经费支持,在一定程度上保障了留学运动的大规模开展。

与此同时,这些留学归来的学者们还带回了国外比较先进的科研手段及思维方式,在他们的影响下,中国传统的治史方式发生了巨大的转变。书斋型学者开始走出书房、走出教室,改变原先传统的文献整理的史学研究方法,开始广泛运用现代的田野考察方式获取数据和信息。在《禹贡》半月刊上发表的《察绥专号》《后套水利调查专号》都是在1936年学会组织调查团进行实地勘察之后,结合文献整理所做出的成果。

### (三)其他教育背景

《禹贡》半月刊作者群体中,教育背景十分多元。不单有幼承家学的学者,还包括接受传统科举教育的清季进士、举人、秀才及在各式教育背景下成长起来的学人。他们的研究主要侧重于史地考证方面,重视对史料的梳理、考证与辨误,受清代乾嘉考据方法影响较深。

通过笔者的统计,有其他教育背景的学者共有18位,其中幼承家学者8位,出身于清末科举教育下的秀才、举人、拔贡、进士等共有6位,其他有2位自学成才的、1位家塾出身及1位经堂教育出身的。

这些幼承家学者大多来自书香世家,受家中长者影响,对这些研究相当熟悉,有着良好的文化背景基础。例如饶宗颐,饶家虽为一方首富,但其父饶锷矢志于学,早年毕业于上海法政学院,是清末民初文化团体"南社"成员,平生致力于经学考据,尤擅方志谱牒,曾著有《潮州西湖山志》《〈佛国记〉疏证》等书。在他的影响下,饶宗颐对方志学、考据学也产生了极大的兴趣,在《禹贡》半月刊上发表了《广东潮州旧志考》《恶溪考》《海阳山辨》《古海阳地考》④等一系列文章。周一良家学渊源亦极深厚,周家累世为官,其父为藏书家、鉴赏家。周一良自小就被父亲严格要求,为其打下了良好的史学功底,这为他后期的学术发展

---

① 李书华:《黄山游记》,《禹贡》1936年第10期;李书华:《房山游》,《禹贡》1936年第2期;李书华:《天台山游记》,《禹贡》1936年第1期;李书华:《雁荡山游记》,《禹贡》1936年第2期;李书华:《陕游日记》,《禹贡》1937年第1、2、3合期。
② 齐思和:《民族与种族》,《禹贡》1937年第1、2、3合期。
③ 冯吉红:《晚清留学生地理分布研究》,湘潭大学硕士学位论文,2007年,第58页。
④ 饶宗颐:《广东潮州旧志考》,《禹贡》1934年第5期;饶宗颐:《恶溪考》,《禹贡》1937年第11期;饶宗颐:《海阳山辨》,《禹贡》1937年第11期;饶宗颐:《古海阳地考》,《禹贡》1937年第6、7合期。

道路奠定了坚实的基础。他在《禹贡》半月刊上发表《北魏镇戍制度考》《北魏镇戍制度续考》①二文,利用史料系统地梳理了北魏边镇的设置原因、设官情况、统辖范围及废置沿革情况,体现了他扎实的史学功底和熟练驾驭史料的能力。

此外,这些清末接受传统科举教育成长起来的知识分子,极大程度上继承了前人朴学考据的治史方法,如清末举人张国淦的《中国地方志考》②系列文章便是运用史料梳理方法进行整理研究的成果,十分具有代表性。清末秀才熊会贞终身致力于《水经注》研究,在《禹贡》上发表了《关于〈水经注〉之通信》③,他与杨守敬合著的《水经注疏》广泛吸收前人对《水经注》研究的相关成果,是《水经注》研究的重要版本之一。光绪朝进士姚大荣在辛亥革命后长期居于北京专事著述,曾在《禹贡》半月刊上发表《〈禹贡〉雍州规制要指》④一文。

由以上分析可知,学术环境对学者的学术发展进程作用极大。这些作者立足于中国本土及中国传统文化,又多受到新文化运动以后传入的西方新思想的感染与影响,故而他们的思想更开放,眼界更开阔,治学更加严谨而包容,学术成果十分丰硕。

## 二 作者群的地域分布

分析作者的地域分布状况,既可以对区域的文化状况有所了解,也能判断刊物的学术辐射力范围,同时还能看出各区域的发展状况及区域间的差异。

### (一)作者群地域分布总体状况

《禹贡》半月刊的作者群体十分庞大,来源十分广泛。在该刊上发表文章的作者共有290位,其中不光有来自中国各省区的学者,亦有美国、德国、丹麦等十个国家的国外学者。这充分说明了该刊享有一定的知名度,能得到各地学者的踊跃支持,同时也体现了此刊稿源多元化,内容丰富,选稿不拘一格的特点。此外,国外学者的投稿体现了该刊注重吸收国外先进理念、与时俱进与兼容并包的时代风貌。

1. 国内学者

在《禹贡》半月刊上发表文章的共有290位,其中国外学者35位,国内学者255位。这255位国内学者中,引文作者11位,籍贯信息不可考的64位,故而本部分仅就余下的180人做简单探讨(文章数量亦以此为基准进行讨论,见表2)。

表 2 《禹贡》半月刊国内作者籍贯分布情况

| 序号 | 地区 | 作者数量 | 占比(作者) | 发文数量 | 占比(文章) | 排名(按作者数量进行) |
|---|---|---|---|---|---|---|
| 1 | 河北 | 29 | 16% | 105 | 18% | 1 |
| 2 | 江苏 | 21 | 12% | 85 | 15% | 2 |

---

① 周一良:《北魏镇戍制度考》,《禹贡》1935年第9期;《北魏镇戍制度续考》,《禹贡》1935年第5期。
② 张国淦:《中国地方志考(江苏省二旧江宁府)》,《禹贡》1935年第3期;《中国地方志考(旧江宁府属县)》,《禹贡》1935年第4期。
③ 熊会贞:《关于〈水经注〉之通信》,《禹贡》1935年第6期。
④ 姚大荣:《〈禹贡〉雍州规制要指》,《禹贡》1936年第10期。

续表

| 序号 | 地区 | 作者数量 | 占比(作者) | 发文数量 | 占比(文章) | 排名(按作者数量进行) |
|---|---|---|---|---|---|---|
| 3 | 浙江 | 19 | 11% | 85 | 15% | 3 |
| 4 | 河南 | 16 | 9% | 33 | 6% | 4 |
| 5 | 广东 | 14 | 8% | 40 | 7% | 5 |
| 6 | 四川 | 12 | 7% | 39 | 7% | 6 |
| 7 | 山东 | 12 | 7% | 39 | 7% | 7 |
| 8 | 安徽 | 7 | 4% | 18 | 3% | 8 |
| 9 | 福建 | 8 | 4% | 14 | 2% | 9 |
| 10 | 湖南 | 7 | 4% | 15 | 3% | 10 |
| 11 | 湖北 | 5 | 2% | 17 | 3% | 11 |
| 12 | 山西 | 5 | 2% | 34 | 6% | 12 |
| 13 | 天津 | 4 | 2% | 12 | 2% | 13 |
| 14 | 辽宁 | 4 | 2% | 11 | 2% | 14 |
| 15 | 云南 | 4 | 2% | 5 | 1% | 15 |
| 16 | 贵州 | 3 | 1% | 5 | 1% | 16 |
| 17 | 北平 | 3 | 1% | 4 | 1% | 17 |
| 18 | 江西 | 2 | 1% | 3 | 0.5% | 18 |
| 19 | 察哈尔 | 1 | 1% | 1 | 0.5% | 19 |
| 20 | 青海 | 1 | 1% | 1 | 0.5% | 20 |
| 21 | 陕西 | 1 | 1% | 2 | 0.5% | 21 |
| 22 | 吉林 | 1 | 1% | 1 | 0.5% | 22 |
| 23 | 宁夏 | 1 | 1% | 1 | 0.5% | 23 |
| 合计 | | 180 | 100% | 570 | 100% | |

注:数据来源于禹贡学会编《禹贡学会会员录》、中国知网及读秀数据库,经笔者总结加工后得此结果。

在《禹贡》半月刊出版刊行的这几年间,共有23个省区的180人在上面发表了文章。这些作者源于不同的地域,其籍贯分布地以河北为最多,因其有地缘优势,故而不论作者数量还是发文数量都高居榜首。其次为江苏、浙江、河南、广东等地,这些地区近代以来便属于经济发展较快的地区,经济条件好,更加开放,信息流通快,更易于了解当时的国情。此外,经统计分析可知,《禹贡》半月刊作者群的地域分布呈现出集中—离散的不均衡态势,贵州、青海、宁夏、察哈尔等地的作者数量和发文数量都极低,西藏、新疆等地区数量为零。这从侧面反映出当时区域经济发展的不平衡性,经济相对落后的地区信息流通不及时,文化相对落后,研究力量薄弱,学术活动的开展差强人意。

由此可见,在《禹贡》半月刊上发表文章的国内学者主要分布在东部经济发展较快、文化相对繁荣的地区。这就说明地区学术气氛与经济发展联系紧密,成正相关关系。

2. 国外学者

外国学者是《禹贡》半月刊作者来源中占比较大且极其特殊的部分。由表3可知,来自日本、俄国、瑞典等10个国家的35位外国作者在《禹贡》半月刊上发表了文章,占整个作者群体的12%;共发表49篇文章,占总体的6%①。其中,尤以日本研究中国最为广泛深入,发表的成果最多,且多是对中国东北边疆地区的研究及探讨。

表3 《禹贡》半月刊国外作者地域分布状况

| 序号 | 国家 | 作者数量/人 | 发文数量/篇 | 序号 | 国家 | 作者数量/人 | 发文数量/篇 |
| --- | --- | --- | --- | --- | --- | --- | --- |
| 1 | 日本 | 21 | 26 | 2 | 美国 | 3 | 4 |
| 3 | 俄国 | 2 | 4 | 4 | 英国 | 2 | 2 |
| 5 | 德国 | 2 | 2 | 6 | 瑞典 | 1 | 3 |
| 7 | 丹麦 | 1 | 3 | 8 | 朝鲜 | 1 | 2 |
| 9 | 法国 | 1 | 2 | 10 | 挪威 | 1 | 1 |
| 合计 | | | | | | 35 | 49 |

注:数据来源于禹贡学会编《禹贡学会会员录》、中国知网及读秀数据库,经笔者总结加工后得此结果。

这些外国学者研究的主要方向为边疆、民族、史地考证及地理沿革。他们在史料梳理与辨误的基础上,运用钱币学、音韵学、考古学、人类学的方法研究中国古史,并常常介绍、分析其他国家学者的不同观点,为中国的学术探索提供了新的思路与不同的视角,并注入了新的活力与血液,从而对中国的学术现代化进程起到了极大的推动作用。

如日本学者堀谦德在《于阗国考》②这篇文章中一方面介绍了前人对于阗国进行研究所取得的成果,另一方面对于阗国运用音韵学、语言学的方法进行考证,介绍其在不同国家、不同地区、不同朝代的称呼并进行原因性及语源上的分析,此外还对于阗国各个历史时期的不同情况进行史料梳理与分析。在此基础上,运用考古学、民族学、人类学等方法进行研究,最后还附有斯坦因实测的于阗本土略图,十分具有典型性。八木奘三郎在《环居渤海湾之古代民族》③一文中,从地质学角度说明渤海的形成,并大量运用考古材料探讨渤海湾在历史时期中各个阶段的情况及民族分布状况。斯敦柯诺夫在《大月氏民族最近之研究》④中运用钱币学方法推测月氏与其他民族之间的联系,借此反映月氏与其他民族之间的贸易往来情况。

此外,有一些国内学者介绍了许多外文的书籍及期刊,编订成目,给我国学者的研究提供了极大的便利。如丁骕发表的《西文云南论文书目选录》⑤及增补的两篇文章,共介绍了外文著作及论文共202篇,其中著述127部,论文83篇。内容涉及云南地区的人口、部落、动植物、矿产资源状况和本地的气候、风俗、环境等方面的情况,为我们今日了解云南状况提供了大量的素材和借鉴。另外,胡道静在《三个收藏记录上海的西文书籍的目录》⑥中介绍了白侠客氏收藏记述的、上海市博物馆收藏记录的及上海市通志馆收藏记录的关

---

① 本部分数据计算中,作者数量以前文可考作者为准,文章总数亦以可考作者的发文数量为基准进行讨论。
② 堀谦德:《于阗国考》,《禹贡》1935年第1期。
③ 八木奘三郎:《环居渤海湾之古代民族》,《禹贡》1935年第2期。
④ 斯敦柯诺夫:《大月氏民族最近之研究》,《禹贡》1936年第8,9期。
⑤ 丁骕:《西文云南论文书目选录》,《禹贡》1935年第8期。
⑥ 胡道静:《三个收藏记录上海的西文书籍的目录》,《禹贡》1936年第6期。

于上海的西文书籍目录,共收录了100多部著作,内容涉及上海的历史情况、现今的政策、交通及商业发展情况等。此外,许道龄在《南洋书目选录》①中不单对国内的南洋研究成果进行编目,还介绍了38部西文南洋著作,内容涉及西太平洋群岛及菲律宾、马来西亚的历史、人口、动植物、商业、建筑等方面情况。这类西文目录在《禹贡》中还有很多,在此不做赘述。

由以上可知,在《禹贡》半月刊上刊载了大量外国学者作品,不单有对某一问题的具体研究,还有对某问题的大量研究成果的编目罗列。这些研究成果给中国开启了一扇认识世界的新窗口,潜移默化地影响了中国早期知识分子的治史方式,推进了中国的学术近代化进程。

### (二)核心作者群的地域分布状况

核心作者是指那些发文量较多,影响力较大的作者集合②,是刊物作者队伍中的中坚力量。他们是学术期刊保持影响力、竞争力的中流砥柱,是形成文献流的骨干力量,发挥着导向作用,不断将科学研究推向新的水平③。

普赖斯(Price)定律是划分核心作者群中使用较为普遍的、较为权威的分类标准,它宏观、全面地描述了作者与科学论文之间的相对关系,从而指导我们估算高产作者的规模,以及他们的著述能力。④ 笔者现运用普赖斯定律,综合考量发文数量和文章被引量,对核心作者群进行统计分析。

根据普赖斯定律,核心作者的最少发文量是 $M$ 篇,计算公式为 $M=0.749\times\sqrt{N_{max}}$($N_{max}$是最高产作者的论文篇数),论文发表量高于 $M$ 的作者即为核心作者候选人;核心作者群文章被引总量最低为 $M$ 次,计算公式为 $M=0.749\times\sqrt{N_{max}}$($N_{max}$是文章的最高被引总量),则文章被引量高于 $M$ 的即为核心作者候选人。

据笔者统计,在《禹贡》半月刊上发表文章最多的为顾颉刚,共20篇,依据公式计算:

$$M=0.749\times\sqrt{20}\approx3.35$$

冯家昇在《禹贡》半月刊上发表的文章被引总量最高,为107次,依据公式计算:

$$M=0.749\times\sqrt{107}\approx7.75$$

依据向上取整的原则,综合考量以上二者,在《禹贡》半月刊上发表文章在4篇以上,文章被引总量在8次以上的即为该刊核心作者。

通过笔者的统计可知,《禹贡》半月刊的核心作者共有29位,分布在中国内地的12个省区,占前文统计作者群体数量的16%,他们共发表了274篇文章,占前文讨论文章数量的48%。其中以顾颉刚、冯家昇、赵泉澄、张公量、钱穆、贺次君这几位为佼佼者。就地域分布来说,核心作者们多集中分布在东部的江苏、浙江、河北这三个省区,其中江苏、浙江各5位,河北4位。其他省区分布较少,体现出了作者来源的地域不平衡性。

但是,通过统计可以看出《禹贡》半月刊的核心作者地区分布范围依旧较广,反映出期刊开放性较强,对外辐射的影响力较大。这些核心作者们是各个研究方向的骨干和中坚,

---

① 许道龄:《南洋书目选录》,《禹贡》1937年第8、9合期。
② 李文以:《〈档案管理〉1995—2005年核心作者群分析》,《档案管理》2006年第4期。
③ 高淑桂、刘春华、张书胜:《论期刊工作的马太效应》,《编辑学报》1996年第4期。
④ 邱均平主编:《信息计量学》,武汉大学出版社,2007年,第195页。

他们发挥着导向作用,不断将学科推向新高度。

## 三 作者群的身份分析

研究作者群体的职业分布状况,可以把握期刊的稿源情况,也可以了解各单位历史地理学研究的活跃程度,从而能够客观评价其科研能力。① 故而本部分针对作者群体的身份进行简要分析。

### (一)作者群总体的身份分析

对作者机构分布进行统计分析,可以了解到刊物的服务主体及面向,亦是对刊物的自我定位②。

本文现将《禹贡》半月刊投稿人员分为高校师生、中小学教员、科研院所研究人员、图书馆和方志馆等工作人员及其他。其中高校师生含肄业及毕业的部分,其他包含政府官员、记者、书店职员、自由职业者等(因《禹贡》半月刊摘引古代作者11位,身份不可考的48位,国外作者35位,故而本部分就余下的195位做简单探讨,文章数量亦以此为基准进行统计,见表4)。

表4 作者群身份情况

| 身份 | 人数 | 占比(作者总数的) | 论文数 | 占比(论文总数的) |
| --- | --- | --- | --- | --- |
| 高校教师 | 62 | 32% | 203 | 35% |
| 高校学生 | 55 | 28% | 140 | 24% |
| 中小学教师 | 16 | 8% | 38 | 6% |
| 科研院所研究人员 | 26 | 13% | 96 | 16% |
| 图书馆、方志馆等工作人员 | 16 | 8% | 60 | 10% |
| 其他 | 20 | 11% | 48 | 9% |
| 合计 | 195 | 100% | 585 | 100% |

注:数据来源于禹贡学会编《禹贡学会会员录》、中国知网及读秀数据库,经笔者总结加工后得此结果。

由表4可知,在《禹贡》半月刊出版刊行的这段时间里,高校师生在其中占比最大,发文数量也最多,高居首位,占本部分作者群体的60%。这说明高校师生是《禹贡》半月刊最主要的投稿来源,他们作为知识水平较高的社会群体,反映出了刊物的学术性和专业性。在高校学生群体中,尤其值得说明的是有两位此时正在国外留学的学生在此刊物上投稿。他们介绍了大量西方关于中国西南边疆(云南)的研究成果,这一方面说明了《禹贡》半月刊边疆研究的成果颇丰,影响力辐射范围较大,知名度较高,另一方面也体现了当时学者对此刊物出版刊行背后所承担的历史使命的深刻认同,体现了当时学界对刊物的认可。

在《禹贡》半月刊作者群中,科研院所的研究人员亦占比较大,这大大提升了刊物的学术专业度。此外,可以看到的是政府工作人员、实业家及作为学者的官员也积极投稿,且

---

① 沈鹤慧:《〈档案管理〉论文作者群计量分析》,《新闻传播》2018年第4期。
② 李鸿熙、宫富艺:《〈齐鲁艺苑〉1982—2017刊文、栏目及作者统计与分析》,《齐鲁艺苑》2018年第6期。

内容多涉及东北、西南边疆及史地沿革问题。这说明在内忧外患的国内形势之下,当时社会对边疆问题、领土问题的重视和关注,亦体现了当时的有志之士自觉的民族意识和民族主义观念,对其所从事的学术知识生产所产生的重大影响。[①] 此外,刊物的投稿人员还包括记者、编辑、图书馆工作人员及方志馆工作人员等,这在说明刊物的开放性、包容性较高的同时,还体现了当时社会对《禹贡》半月刊所从事的历史地理研究工作的支持和认同。

由以上分析可知,《禹贡》半月刊的作者来源于社会各个阶层、各个机构,系统分布十分广泛。其中以高校师生和科研院所为最多,集中体现了当时国家虽处动荡之中,但国家仍旧给学人们提供了较好的学术生产平台,展现了此时知识分子阶层的民族自觉意识。

### (二)核心作者群的身份分析

核心作者是作者群体的代表群体,对其进行简要分析可以大致反映各机构、系统作者群的著述能力和学术研究水平(见表5)。

表5 核心作者群身份分析

| 身份 | 高校教师 | 高校学生 | 科研机构研究人员 | 图书馆、方志馆等工作人员 | 中小学教员 | 其他 | 合计 |
| --- | --- | --- | --- | --- | --- | --- | --- |
| 人数 | 11 | 6 | 6 | 3 | 1 | 2 | 29 |
| 占比 | 38% | 21% | 21% | 10% | 3% | 7% | 100% |

注:数据来源于禹贡学会编《禹贡学会会员录》、中国知网及读秀数据库,经笔者总结加工后得此结果

由表5可知,在核心作者群体中,高校师生共17人,占核心作者群体的59%,其次是科研机构研究人员,占比21%,再往后是图书馆、方志馆等工作人员及其他类,共占比20%。通过数据分析整理,可以看到核心作者的系统分布与前一部分基本一致,在此不再单独做探讨。

## 四 作者群的影响力分析

《禹贡》半月刊在出版刊行的几年中,受到了社会各界的广泛支持,故而在当时具有十分广泛的影响力。最明显的表现即是其创刊之初,每期的文字仅有二、三万字,到了1937年创刊3周年时,已增到每期14万字,篇幅增长迅速,发展极快。

引文是学术交流中的重要组成部分,也是评价期刊论文质量和影响程度的一个重要指标。[②] 被引频次能够相对客观地反映其文章价值。故而本部分通过对《禹贡》半月刊作者群文章的被引量进行简要分析,介绍其文章在不同时期的被引情况,大致反映其文章的质量和影响力。

### (一)核心作者群文章的被引情况

优质的稿源在极大程度上决定了期刊的质量。笔者通过《中国知网引文数据库》对核

---

① 王中忱:《民族意识与学术生产——试论〈禹贡〉派学人的"疆域"史观与日本的"满蒙"言说》,《社会科学战线》2014年第10期。

② 李文以:《〈档案管理〉1995—2005年核心作者群分析》,《档案管理》2006年第4期。

心作者文章的被引情况进行了统计,结果发现,《禹贡》半月刊的40位核心作者共发表了274篇文章,被引总数为829次。其中,2000年以前总共被引81次,占总体被引量的10%,占比较低,这反映出民国时期学者提出的一部分看法、观点受到重视的程度不高,历史地理学的研究者相对较少。2000—2009年的被引量为234次,占被引总量的28%;2010—2019年的被引量为514次,占比最高,高达62%,这一方面说明随着时间的推移,历史地理学的研究愈加受到人们的重视,学者愈多,对以往研究成果的价值认识愈加充分;另一方面也说明《禹贡》半月刊的一些观点至今仍然在持续发挥着作用,部分重要文章具有相当大的影响力。

通过统计可知,被引量占前五的作者为冯家昇、顾颉刚、赵泉澄、谭其骧及王日蔚。他们共发表了86篇文章,占核心作者群总体发文数的31%,总被引量为336次,占核心作者群被引总量的41%。由此可知,他们是核心作者群体中的核心部分。其中冯家昇偏重东北边疆研究,顾颉刚侧重于民族学及历史考证,赵泉澄在清代沿革地理方面着力颇深,谭其骧侧重于沿革地理与人口史研究,王日蔚侧重西北边疆民族研究,他们后来都成为历史学界的名家。

《禹贡》半月刊为中国历史地理学界培养了大批人才,现代历史地理学名家大都出自《禹贡》半月刊谱系。当今学者一提到历史地理学,自然而然会想到复旦大学谭其骧先生所在的复旦史地所,它出版了各六卷本的《中国人口史》《中国移民史》之后,已占据国内人口史研究的制高点;陕西师范大学史念海先生撰写的《中国历史地理纲要》是我国第一部系统的现代历史地理学通论型著作,为中国历史地理学学科建设以及促进历史地理学研究的总体发展做出了重要的贡献①;北京大学侯仁之先生长期重视对历史地理学理论、城市历史地理、沙漠历史地理的研究,他们的学术师承关系奠定了今日历史地理学学科分布的基本版图。

此外,在历史地理学的专科研究领域也涌现出了一大批卓有成就的学者。关于边疆史地研究,冯家昇由于参与编辑《禹贡》半月刊的东北研究专号,自此走上了东北史地和西北史地的边疆研究之路,后来成为该领域的著名学者。关于地图学、地理学史研究,王庸对地理学史、地图学史的研究有极大兴趣,在《禹贡》半月刊上曾发表《地志与地图》《桂萼〈舆地指掌图〉和李默〈天下舆地图〉》《〈山海经〉图与职贡画》②等文章,并将地图学研究作为终身志业,著有《中国地理学史》《中国地图史纲》等著作,"为当时的舆图整理工作奠定了基础,开中国近代地图学史研究之先河"③。

### (二)其他作者群文章的被引情况

除核心作者群体之外,在《禹贡》半月刊上发文的学者还有186位,其中58位学者文章的被引量为0,所以本部分仅就余下的128位做简单探讨。这128位作者在《禹贡》半月刊

---

① 刘景纯:《沿革地理学向历史地理学的变革——史念海先生的主要思想与实践》,《陕西师范大学学报(哲学社会科学版)》2015年第4期。
② 王庸:《地志与地图》,《禹贡》1934年第2期;王庸:《桂萼〈舆地指掌图〉和李默〈天下舆地图〉》,《禹贡》1934年第11期;王庸:《〈山海经〉图与职贡画》,《禹贡》1934年第3期。
③ 逄硕、聂馥玲:《王庸对明代地理图籍的整理考订工作》,《咸阳师范学院学报》2017年第4期,第26页。

上共发表189篇文章,总被引量为716次。其中2000年以前被引47次,占本部分被引统计的7%,占比较低;2000—2009年间被引216次,占比30%;2010—2019年间被引453次,占比63%,在半数以上。①

由以上统计可知,在《禹贡》半月刊上发表的这些文章越到晚近被引频次越高。这一方面说明随着时间的推移,历史地理学早期的研究成果逐渐被挖掘并日益得到人们的重视,《禹贡》半月刊作为中国历史地理学初具雏形的标志性作品,其价值和作用日益得到现今历史地理学研究者的承认和肯定;另一方面也说明如今中国的历史学迎来了极好的发展机遇,从事历史地理学研究的学者日多,他们对历史地理学研究背后所承载的保疆护土、民族共和历史使命和社会担当有了更全面而深刻的把握。这将引导现今历史地理学研究者秉承前辈经世致用的优良传统,为历史地理学进一步的发展壮大贡献力量。

此外,在刊物中出现了一些涉及历史自然地理方面研究的文章,说明在当时人们就比较关注生活环境,在部分文章中提到了河流治理和灾害防治问题,指出人类对自然不合理的开发和利用所产生的后果,并作出思考和反省。② 他们提出的一些观点和见解为我们今日进行自然环境保护、促进生态平衡提供了有益的思路和借鉴。

通过以上统计可知,在《禹贡》半月刊上发表的这些文章现今仍然具有较高的被引量,体现出他们的研究越来越受到当今学人的重视,他们所做出的努力、提出的部分观点与看法至今没有过时,依旧得到了人们的肯定,成为我们今日进行历史研究的坚实基础。

## 五 结语

本文对《禹贡》半月刊1934—1937年出版刊行这几年的文章的作者群进行统计分析,能够得出如下结论。

(1)由《禹贡》半月刊作者群的教育背景可知,在《禹贡》半月刊上投稿的作者们受教育水平普遍较高。其中出国留学的学者群体十分具有代表性,他们在立足于中国本土,接受中国传统教育的基础上,又受到西方先进的科技、文化、思想及理论的影响,使得他们的学术视野更加开阔,思想更加开放,故而在学术道路上走得更为长远,成就更为显著。

(2)针对《禹贡》半月刊作者群地域分布的统计分析可知,不仅有来自中国24个省区的学人,也有诸多来自英、法、美、德等10个国家的外国学者在此刊物上投稿,其地域分布十分广泛。这些国内学者的地域来源主要分布在中国东部经济发展较快的地区,这说明经济的发展与地区学术氛围及教育发展成正相关关系,经济的繁荣为文化教育的进步提供了坚实的基础。

(3)针对《禹贡》半月刊作者群的身份分析可知,在该刊上投稿的多数为高校师生及科研机构研究人员,这在保证期刊质量的同时,也反映出期刊的学术性和专业性。

(4)通过对作者群文章的被引情况进行统计分析可知,在《禹贡》半月刊上发表的诸多文章至今仍有颇高的被引量。说明当时学人提出的一些看法、观点仍旧在发挥着作用,反

---

① 本部分数据来源于中国知网引文数据库。
② 郭敬辉:《大清河流域之地理考察》,《禹贡》1936年第12期;张了且:《历代黄河在豫泛滥纪要》,《禹贡》1935年第6期;等等。

映了当时学人较高的学术研究水平。

《禹贡》半月刊以学术救国为办刊宗旨,强调分工合作,重视实地踏勘,保证"无间新旧、兼容并包"①,它是中国近现代历史地理学初具雏形的标志。《禹贡》半月刊诞生于特定的社会政治环境之中,其以学术性、研究性为立刊之本,注重学术研究与社会现状相结合,具有深切的现实关怀,在这一时期出版刊行的诸多期刊杂志中独具异彩。

---

① 黄艳林、郝玉香:《论〈禹贡〉半月刊的编辑特色》,《福州大学学报(哲学社会科学版)》2013年第3期。

# 胡适与中国宗教史研究

曹旅宁

华南师范大学法学院

  胡适(1891—1962)是我国现代史上影响最大的学者之一。他早年留学美国,1917 年回国后,被聘为北京大学教授,并参加新文化运动。1927 年以后,他积极靠拢蒋介石,一直是国民党政权的所谓道义支持者。1949 年寓居美国,1958 年出任台湾"中研院"院长,1962 年因心脏病突发去世。胡适一生治学领域广博,成绩斐然。本篇着重综述他在中国宗教史上的研究成果。

  1919 年 2 月,胡适的《中国哲学史大纲》(卷上)出版,由上海商务印书馆印行。1929 年收入商务万有文库时,改称《中国古代哲学史》。这部著作在中国现代学术史上有着划时代的意义,它是中国第一部用科学方法写成的思想史著作。但是胡适的这部书始终没有成为完璧,写到汉代就没有再写下去了。这其中的原因固然是多方面的,可最重要的还是中国自汉代以下的社会思潮由于道教的产生、佛教的传入而变得极为复杂,如果不精通宗教学,不了解其在中古社会的变化影响,是绝对不可能写出高质量的中国哲学史的。

  关于佛教究竟是什么时候传入中国的,便是胡适注意研究的第一个问题。胡适于 1931 年撰有《论牟子理惑论》(寄周叔迦先生书两封),于 1933 年撰《四十二章经考》及《陶弘景的真诰考》。《牟子理惑论》和《四十二章经》相传为后汉时期所撰述。《牟子理惑论》论述儒佛道三教的异同优劣,是研究三教关系的最早文献。根据此书的序文知道,后汉灵帝死后,天下大乱,牟子随母亲一起到了交趾(今越南北部),后回到苍梧(今广西梧州)娶妻,一度任官吏。及母丧,矢志于佛道两教之钻研,兼习五千言的《老子》,终于写出了《理惑论》。此书三十七章,均用问答体记述。《四十二章经》则记录着中国首次译经的事。从这两书可以推论佛教最初传入中国的史迹。但是关于这两书的形成年代,当时的学者见解不一,梁启超认为当出自六朝。胡适在《论牟子理惑论》中力辩梁说为诬,并从该书文气及《三国志》中找出证据,说明该书应成于后汉三国之时,牟子的事迹也较可靠。胡适在《四十二章经考》中也不同意梁说,他认为汉代该书已有汉译本,这在以后汉桓帝延熹九年(166)襄楷上疏中,已能看到和《四十二章经》中内容相似的文章了,如"浮屠不三宿桑下"及"革囊盛血"两条。但他又不认为现存的本子即是汉译本。南朝陶弘景在其著作《真诰》中也引用了《四十二章经》,胡适又作了《陶弘景的真诰考》一文以证前说。

  1948 年 8 月胡适写有《从〈牟子理惑论〉推论佛教初入中国的史迹》一文,这是胡适对他十多年来探讨佛教究竟何时传入中国问题的总结。我们摘录一些要点:"我想我们似乎可以作四个假定:(a)佛教到交州是很早的,也许在《理惑论》之前四五百年?(b)佛教到长

---

收稿日期:2019-12-01。

作者简介:曹旅宁,历史学博士,华南师范大学法学院教授,博士生导师,主要从事中国法制史及历史文献学研究。

江流域也许相当早,总远在东汉建国以前,故楚王英那么早就接受了佛教。(c)佛教(节要的)经典翻译之早与传播之广也许都远在我们意料之外;不然,就不易解释《楚王英传》里的几个佛教名词了,也就不易解释襄楷上书里的两个佛教典故了,也就不易解释《理惑论》里的许多佛教故事与名词了。(d)佛教的传播,大概是从民间先传开去,然后贵族如楚王英、汉桓帝,学者如襄楷、牟子,受其影响。因为先在民间传播,故早期的经典缺少记载流传下来。但我们不当因无此项记载就武断早期经典之不存在。"①佛教传入中国的时间问题对于胡适来说基本上是解决了。但是佛教的中国化,也就是禅宗的兴起,又是他钻研了数十年,直至去世也终未解决的问题。

  胡适对于禅宗史的贡献主要包括两个方面,一是他对禅宗史料的辨伪存真,二是他力图重建科学的禅宗史。

  1924 年胡适开始写《中国禅学史》,但过了不久就发现写不下去了。胡适说:"我试作《中国禅学史稿》,写到了慧能,我已很怀疑了;写到了神会,我不能不搁笔了。我在《高僧传》里发现了神会和北宗奋斗的记载,又在宗密的书里发现了贞元十二年敕立神会为第七祖的记载,便决心要搜求关于神会的史料。"②胡适为了寻找神会的史料便做了一个大胆的假设,猜想有关神会和尚的资料只有在日本和敦煌两地可以发现。因为唐朝时,日本派人到中国留学的很多,一定带回去不少史料,后来果然在日本找到了宗密的《圆觉大疏抄》和《禅源诸诠集》。在巴黎的国家图书馆及伦敦的大英博物馆发现数卷神会和尚的资料。胡适根据上述这些资料在 1929 年和 1930 年分别完成了《荷泽大师神会传》及《神会和尚遗集》的写作与编订。胡适在《神会和尚遗集自序》中说:"神会是南宗的第七祖,是南宗北伐的总司令,是新禅学的建立者,是《坛经》的作者。在中国佛教史上,没有第二人比得上他的功勋之大,影响之深。这样伟大的一个人物,却被埋没了一千年之久,后世几乎没有人知道他的名字了。幸而他的语录埋藏在敦煌石窟里,经过九百年的隐晦,还保存二万字之多,到今日从海外归来,重见天日,使我们得重见这位南宗的圣保罗的人格言论,使我们得详知他当日力争禅门法统的伟大劳绩,使我们得推翻道原、契嵩等人妄造的禅宗伪史,而重新写定南宗初期的信史;这岂不是我们治中国佛教史的人最应该感觉快慰的吗?"③胡适于 1939 年又完成了《楞伽宗考》的长文,这是中国佛教史研究上重要的杰作。这篇文章主要讲禅宗初期的历史,"菩提达摩教人持习《楞伽经》,传授一种坚忍苦行的禅法,就开创了楞伽宗,又被称为'南天竺一乘宗'。达摩死后二百年中,这个宗派大行于中国,在八世纪的初年成为一时最有权威的宗派。那时候,许多依草附木的习禅和尚都纷纷自认为菩提达摩的派下子孙……还有岭南韶州曹侯溪的慧能和尚……至多他也不过是曾做过楞伽宗弘忍的弟子罢了。但是慧能的弟子神会替他的老师争道统,不惜造作种种无稽的神话,说慧能是菩提达摩的第四代弘忍的'传衣得法'弟子……后来时势大变迁,神会捏造出来的道统伪史居然成了信史。"④胡适一方面恢复确立了神会在禅宗历史上的地位,另一方面又

---

  ①  胡适:《从〈牟子理惑论〉推论佛教初入中国的史迹》,载麻天祥编:《20 世纪佛学研究经典文库·胡适卷》,武汉大学出版社,2008 年,第 108 页。
  ②  胡适:《神会和尚遗集》序,载麻天祥编:《20 世纪佛学研究经典文库·胡适卷》,武汉大学出版社,2008 年,第 247 页。
  ③  胡适:《神会和尚遗集》序,载麻天祥编:《20 世纪佛学研究经典文库·胡适卷》,武汉大学出版社,2008 年,第 248 页。
  ④  胡适:《楞伽宗考》,载麻天祥编:《20 世纪佛学研究经典文库·胡适卷》,武汉大学出版社,2008 年,第 63 页。

揭露了他为抬高南宗的地位而伪造禅宗史的行径。为了撰写《楞伽宗考》，胡适在1925年写了《从译本里研究佛教的禅法》，1927年写了《菩提达摩考》(《中国中古哲学史》的一章)，1928年写了《白居易时代的禅宗世系》及《论禅宗史的纲领》。

1958年胡适定居台湾后，继续研究禅宗的历史。写了大量的文稿，主要有《记日本入唐求法诸僧的目录里的南宗史料》《〈全唐文〉里的禅宗假史料》《〈金石录〉里的禅宗传法史料》。1960年胡适还先后写了《禅宗史的真历史与假历史》《与柳田圣山讨论禅宗史的纲领》，这可以说是胡适对他禅宗史研究的一个总结。胡适心目中的禅宗历史是这样的，"早在四世纪，中国的佛教徒已渐渐看出佛教的精华只是'渐修'与'顿悟'，这两样合起来就是禅法，禅的意思是潜修。但也靠哲学上的觉悟。从公元400年到700年，中国佛教的各派（如菩提达摩开创的楞伽宗，如天台宗）大半都是禅宗。禅宗的所谓'南宗'——在八世纪以后禅宗成了南宗专用的名字——更进一步宣告，只要顿悟就够了，渐修都可以不要。说这句话的是神会和尚（公元668—760年，据我的研究，是南宗的真正开创人）。整个儿所谓'南宗'的运动全靠一串很成功的说谎造假。他们说的菩提达摩故事是一篇谎，他们的西天二十八祖故事是捏造的，他们的袈裟传法故事是骗人的，他们的'六祖'传也大部分完全是假的。但是他们最大的编造还是那个禅法起源的故事：如来佛在灵山会上说法。他只在会众面前拈了一朵花，没有说一句话。没有人懂得他的意思。只有一个聪明的迦叶尊者懂得了，他只对着佛祖微微一笑。据说这就是禅法的源头，禅法的开始。最足以表示禅宗运动的历史意义的一句作战口号是：'不著语言，不立文字，直指本心。'"①

1945年4月10日胡适在哈佛大学的安陀佛教(Andover Chapel)讲演"中国人思想中的不朽观念"("The Concept of Immortality Thought")②这是胡适最有名的讲演之一，包含了他对中国宗教史的许多看法。我们摘录其中的要点："在今天的讲演里，我预备把中国的宗教史和哲学史上各阶段有关不朽或人类死后依存概念的发展情况提供一个历史性的叙述。这是一个冗长概括三千年的故事，但它的主要纲领却是大致还算明确的。中国人的信仰与思想史可以方便地分成两个主要时期：①中国固有的文明时期(1300B.C.—200A.D.)。②中国思想与文化的印度化时期，也就是，佛教和印度人的思想开始影响中国人的生活和制度以来的那一时期（约200A.D.—19世纪）。为了研究中国宗教与思想史的学者的方便，中国固有的先佛学时期可再约略地分成两个主要时代：①原始的中国主义时代，也就是商、周民族的宗教信仰与习俗的时代，对于这个时代，这里拟用了'华夏主义'或'华夏宗教'一词(1300—700B.C.)。②思想与哲学的成熟时代(700B.C.—200A.D.)，包括自老子、孔子(551—479B.C.)迄于王充(29—100A.D.)以来的正统派哲学家。为了特别有关中国人思想中的不朽概念的讨论，我们要问：①关于早期华夏信仰有关人类死后存在的观念，我们究竟知道些什么？②中国正统哲学家对于不朽的概念究竟有什么贡献？③我们要怎样描述在长期印度文化影响下中国人的人类死后存在的观念？"胡适的回答是这样的："①流行的中国固有宗教甚至即在一些显然有识者的努力以求其系统合理化以后，也仍含有一种关于人类灵魂及其死后永存的书丛单纯观念，而且正是这种中国的灵魂

---

① 胡适：《中国传统与将来》，载刘志琴编：《文化危机与展望：台港学者论中国文化（上）》，中国青年出版社，1989年，第444-445页。
② 胡适：《中国人思想中的不朽观念》，参见严云受编：《胡适学术代表作（中卷）》，安徽教育出版社，2007年，第476页。

观念,才由于印度佛教的新思想,而为之加强和革新。②中国的重智识界领袖对于这个问题似乎没有积极的兴趣,果然他们有些什么兴趣的话,他们的讨论也常常要不是终于不可臆断,即是公然否定灵魂和它的不灭。③严格地说,原来的佛教是一种无神论的哲学,主张万物包括'自己',都是元素的偶然组合,且终将分散而复成为元素。没有什么是永恒的,也无所谓持续和稳定。无我、无相、无性。但是中国人民对于这类形而上的理论却并不感兴趣。在一般人心目中,佛教所以是一个伟大的宗教,因为它首先就告诉中国有很多重天和很多层地狱;首先告诉中国以新奇的轮回观念和同样新奇的有关前生、今世和来世的善恶报应观念。"胡适为了更进一步探讨这个问题,对佛教传入中国后的地狱观念及阎罗王的变化进行了探究。他为了与佛教传入前中国人死后归于何方的观念进行比较,对于泰山迷信及泰山府君等问题进行了研究,汇抄了《关于泰山迷信的史料》。

  胡适一生治学是极为勤奋的,他对于中国宗教史的研究除上述成果外,值得一提的还有他于1930年所作的长篇论文《说儒》,这篇文章以孔子是殷遗民后代及儒家的教旨是柔顺为出发点,对比犹太教及犹太历史的发展变化,阐述了儒家最早的历史。还有,胡适对佛经也进行了细致的研究,如他早年撰写的《坛经考》、晚年对《五灯会元》版本系统的研究以及对佛藏的研究,他曾写了《记日本近八十年中校印的四部大藏经》《大正藏所收译本佛教经典的统计》等文。

  胡适与中国宗教史研究的关系及成果就概述如此。限于笔者的学力及见识,讹漏之处,在所难免,请批评指正。

（本文原刊《社会科学通讯》1989年第16期,署名"吕凝",重新发表时由华中科技大学人文学院研究生刘雨洁录入并整理,经作者审校。）

# 张舜徽:国学大师 通人风采

雷家宏

华中科技大学历史研究所

每天清早,晨曦初露,你都能看到他那书房兼卧室的窗口透出的灯光,闪烁在浓密的夜色之中,仿佛导引年轻学人奋力前行的北斗星;

他一生多次通读二十四史,一面认真读,一面用相关版本对照比较,写出多达数十巨册的读书札记;

他毕生勤奋治学,留下24部近800万字的学术著作,可谓大著等身,但他从不哗众取宠,一生甘于寂寞,远离热闹,淡泊名利;

他身为教授、博士生导师,却没有学历和文凭,连小学都没有毕业;

他就是中国著名历史学家、文献学家张舜徽。

张舜徽1992年去世后,人们称他为中国最后一位国学大师。著名学者蔡尚思说国学大师"是指旧时所谓经、史、子、集等部图书都读得多,也研究得深,而且有自己见解的人",这样的学者同时也可以叫作"通人"。在他看来,1949年以后能称得上国学大师和通人的,似乎只有柳诒徵、钱穆和张舜徽等少数几人。

张舜徽1911年出生在洞庭湖畔沅江一个书香家庭,祖父和父亲都精通经学考据。六七岁时,父亲用清朝王筠编的《文字蒙求》教他识字,书上一个个画着日、月、山、水的象形字,使他明白了汉字是如何产生的,激发了他一生对古文字学的兴趣。他回忆父亲对他的教诲时说,父亲教他读书,对于实物的理解,最注重视觉感受。当他阅读《说文》的艸部、木部,感到枯燥乏味,不容易弄清楚时,父亲便拿出《本草纲目》上的图像,教他与《说文》对照着看。有时外出散步,随时随地就所见到的草木,教他辨认。夏季,乡村蚊子很多,夜间无法在灯下读书,父亲白天教他读《步天歌》,手抄熟诵,夜晚带他到屋外乘凉,要他背诵歌词,每诵一句,便教他仰观天象,记住星宿的位置。一个夏天,《步天歌》读完后,又绘了《三垣图》。结合所看所读,满天星斗,尽在胸中。父亲善于运用两书对照比较的方法,教他理解难懂的书籍。当他读《尚书》不易明白时,父亲便教他拿《史记》中的夏、殷、周本纪与其对照来读。司马迁将《尚书》里那些文字艰涩、语句拗口的词句用汉朝通行的语言文字翻译了一遍,自然好懂多了。像这一类的读书和治学方法,对他今后从事国学研究具有极大的启发作用。

小时候,张舜徽到家乡附近的学堂听过几天课,但觉得老师讲得太肤浅,坐在教室里无异于浪费时间,于是决定回家自学,无师自通。他家中藏书丰富,随时阅读,久而久之,学问逐渐精深。他一生的治学路径和多半的学术成果都可以归到具有家学渊源的朴学系

---

收稿日期:2017-05-05。

作者简介:雷家宏,华中科技大学历史研究所教授、所长,主要从事宋史、社会文化史研究。

统。汉朝古文经学家治学多从文字学入手，注重字句和名物训诂考据，这一治学方法得到清朝乾嘉考据学派的大力推崇，学者将这一质朴之学称为朴学。张舜徽梳理考据学派的源流，对朴学进行了全面的总结和研究，推出了一系列朴学著作，如《广校雠略》《积石丛稿》《说文解字约注》《郑学丛著》《清人笔记条辨》《旧学辑存》《汉书·艺文志通释》《爱晚庐随笔》《㓎庵学术讲论集》《中国古代史籍校读法》《清儒学记》《清人文集别录》《清代扬州学记》《顾亭林学记》等，这些著作代表了20世纪朴学的研究水平，涉及文字学、音韵学、训诂学、版本目录学、校勘学、经学诸方面。

张舜徽笃信这样一句名言："由小学入经学者，其经学可信；由经学入史学者，其史学可信。"所谓"小学"，开始指文字学，后来成为文字学、训诂学、音韵学的总称。张舜徽从小熟读东汉许慎的《说文解字》，其后不断研读各种《说文》著作，逐字进行眉批、对读，先后经历50个春秋，终于在20世纪70年代撰成《说文解字约注》。该书3巨册，200万字，被誉为20世纪以来第一部系统研究《说文解字》的学术巨著，从而奠定了他在文字学研究中的地位。

《说文解字约注》凝结着张舜徽的诸多创见，也凝结着他无数的心血和汗水。该书成稿之际，正是史无前例的"文化大革命"时期，他被视为资产阶级反动学术权威而遭到重点批斗，全家被赶到两间澡堂居住。澡堂窗户又高又小，屋里潮湿，不通风。夏日的武汉，号称火炉，住在这样的屋里，闷热难耐。他白天挨批斗，晚上却若无其事地手握狼毫，一笔一画地认真撰写《说文解字约注》。窗外声嘶力竭的口号声，震耳欲聋的高音喇叭，一次又一次地抄家，铺天盖地"炮轰""油炸""打倒"他的大字报，似乎都影响不了他伏案奋笔。即使面对自己学生的批判，也能处之泰然。他坚信中华文化总会延续传承，所以身处逆境，却不为外物所动。他先后写秃了50多支笔，终于撰成这一宏篇巨著。学者捧着那"三块砖头般"的巨著，总能感受到一种真正大师级学问的厚重和分量。

中国古代史籍浩如烟海，汗牛充栋，过去学者将其统统归之于经、史、子、集四大部类。不少学者从校勘等方面对其进行过研究，但始终没有形成系统的整理理论和方法。不加以整理，那些古籍就像一堆瓦砾，其价值和使用无疑受到大大的局限。20世纪30年代，商务印书馆推出郑鹤声、郑鹤春的《中国文献学概要》，这是中国现代第一部以文献学命名的论著。该书就目录、审订、学术源流、翻译、编纂、刻引等方面的问题进行了论述，初步确立了文献学的框架。但响应者很少，没能形成专门学问。

历史文献学成为一门独立的学科，张舜徽功不可没。早在20世纪30年代，他就在讲坛上教授这方面的课程，随后推出相应的研究成果，并致力于文献学研究队伍和学术机构的建设。他突破传统的四部分类法，对古籍进行新的分类，计有通史类、断代类、实录类、政事类、制度类、学术史类、方志类、史评类、史考类，便于学者从新的视角对古籍加以审视和研究。《中国文献学》是他在这方面的代表作。书中论述了文献学的范围、任务和古代文献的流传、类别，详细阐述了版本、目录、校勘等有关整理文献的基本知识，并对前人整理文献的具体工作和丰硕成果进行了总结性的介绍。他说整理文献，不是单纯校勘、注解几本书就完了，更重要的是能在纷繁丛杂的资料中，去粗取精，去伪存真，将内容相近的合拢起来，不同的剔出去，经过加工写成简明可信的新篇章，让人们在研究中国古代文化方面能够节省时间和精力，有条理地、系统地了解过去。为此，他提出迫切需要做的工作有四个方面，即甄录古代遗文、整理地方志书、改造二十四史、融贯诸子百家。《中国文献学》每一篇章，都是他多年的研究心得。为此，他从众多第一手材料中经过精心梳理和遴选，许多材料不为常人所熟悉。该书出版后,受到学术界的广泛关注,被许多学校选为教材。

张舜徽20世纪30年代在长沙几所中学任文史教员,40年代任兰州大学教授,中华人民共和国成立后一直在华中师范学院(华中师范大学)从事教学和科研。作为中国历史文献学会首任会长和中国历史文献学的第一位博士生导师,张舜徽为文献学队伍的建设和人才的培养倾注了大量的心血。他直接培养了10多名博士和数十名硕士,还有不少学者聆听过他的教诲。正是在这个意义上,有人称他为文献学的一位宗师。

张舜徽常说,文献学是通人之学,即广义的史学。文献整理好后,可以编撰内容丰富的通史,广泛为社会服务。司马迁整理古籍,写出纪传体通史《史记》,它贯通古今,包罗万象,好似一座百科全书式的宝库。今人应该像司马迁学习,写出一部类似《史记》那样的通史著作。怀着这样的愿望,经过几十年的积累和储备,张舜徽终于在晚年完成了100多万字的《中华人民通史》。他说历史是劳动人民创造的,应打破王朝体系,不为某家某姓的帝王树碑立传,而应以劳动人民为历史的主人。书名冠以"人民",体现了本书的宗旨,即以叙述劳动人民的历史为中心。全书从地理、社会、创造、制度、学艺、人物六个方面,综述了中华民族发展的历史进程,尤其对以前不加重视的妇女问题和少数民族的历史文化,进行了足够的实事求是的阐述。

20世纪70年代,有人问著名学者曹聚仁:"在新中国,研究国故、国学的,还有没有如钱宾四(钱穆)这样博通的人?"曹聚仁听了,大笑一声,他说:"张舜徽先生的经史研究,也在钱宾四之上。"那时候,张舜徽的大部分学术著作还没有出版,但能获得如此之高的评价也不是偶然的。他追求博大的学问,赞赏司马迁"究天人之际,通古今之变"的学术气象。他治学的领域上起先秦,下迄民国,经史子集,广泛涉猎。他的视野从不局限于某个断代、某一专门学问、某一本书、某一个人,而是旁征博引,融会贯通。不过,他从不小看精深专门的学问,而是将博大和精深完美地结合在一起。不博则不专不精,博是基础。但即使是博大的学问,也要从小处着手,由微观见宏观。从博大到精深,是做学问必不可少的功夫。

张舜徽对中国学术史的研究,就很好地体现了博大和精深的完美结合。他读书广泛,对先秦至民国几千年的学术长河都有自己的见解。把他这方面的著作,如《周秦道论发微》《郑学丛著》《史学三书平议》《广校雠略》《清人文集别录》《清儒学记》《清人笔记条辨》《顾亭林学记》《清代扬州学记》等汇集起来,可以构成一部宏大的中国学术史专著。在这些著作中,始终贯穿着"辨章学术,考镜源流"的治学精神,论人、论书总不忘详尽辨析学术传承和源流。他曾用400字的篇幅,将宋代和清代学术在源流上的关系勾勒得一清二楚,令人叹为观止。为了撰写《清人文集别录》,他阅读了1100多家清人文集,每读一集,都从作者生平事迹、书中要旨及其学识深浅得失诸方面进行考辨,然后从中选录600种,汇成篇册。撰写《清人笔记条辨》时,他阅读过300多家清人笔记。这些笔记,有考论经书的,有关于名物制度的,有订正文字音义的,有品定文艺高下的,有阐述养生方术的,得失互见,值得商讨的地方很多。他遇到精当的观点,就旁征博引,深刻阐发;遇到有错误或曲解的地方,就予以考辨订正。如清人冯班在笔记中说:"读书不可先读宋人文字。"张舜徽根据切身体验,认为这种说法值得推敲,宋人空谈心性一类的文字可以缓读,但像苏轼、王安石、欧阳修、曾巩等人的文章,说理叙事流畅通达,初学者拿来读一读,不仅可以启发思路,而且对提高文字表达能力大有裨益。每每读到这样的真知灼见,就不难领悟什么叫通识,什么叫专精,什么叫由博返约。

张舜徽勤奋一生,笔耕一生。他70岁作《自传》说:"一个人只有勇往直前,朝着已定的目标奋斗不懈,才能有所成就。""我七十岁了,不知老之已至,还在努力读书,努力工作。我不能安坐而食,无所事事。"他一生几乎没有虚度年华,也无浪费的笔墨,他把读书、教书、讲学、笔记、撰述安排得井然有序。他在《八十自述》中写道:"余之一生,自强不息。若驽马之耐劳,如贞松之后凋,黾勉从事,不敢暇逸,即至晚暮,犹惜分阴。"他把自己的名号确定为"无逸老人",正是他生平勤奋的写照。他的室名别号还有省浮室、强学庐、惜余年馆,也是勉励勤奋治学的。他一辈子没有睡过懒觉,每每"闻鸡而起";也没有什么娱乐,唯有孜孜不倦地伏案著述。1992年11月27日,他却没有按时起床。当家人来到他的床前时,发现他已去世,只见他的一只手还放在台灯上。他的子女悲泣而言:"今天是父亲一生中唯一一次没有起早床。"

# 新发现王阳明佚诗一则考释

## 吴兆丰

### 武汉大学历史学院

**摘　要**：明人陈察《都御史陈虞山先生集》共收录四首王阳明诗。其中三首见于《王文成公全书》，然内容略异，可供校勘参考之用。另外一首为王阳明佚诗，新编本《王阳明全集》及《阳明佚文辑考编年》未收录。这首佚诗作于正德十四年十月左右，正值王阳明平定宁王之乱后由江西返浙江杭州献俘之际。

**关键词**：王阳明　陈察　佚诗　宁王之乱

万历元年(1573)谢廷杰刊本《王文成公全书》①，并不是明代大思想家王阳明(1472—1529)生平诗文"全编"。故研究王阳明的名家学者志于搜集并考证《全书》之外王阳明散佚语录、诗文与公移等。新编本《王阳明全集》及束景南《阳明佚文辑考编年》共收录各类王阳明佚作数百余篇，网罗详备，征引宏富，可谓集所大成②，尤便于利用与研究。然王阳明佚作不止于此，笔者近阅明人陈察(1471—1553)《都御史陈虞山先生集》(以下简称《虞山集》)，发现一则王阳明佚诗，以上诸书均不载，故录之以飨读者，并编年考释如下。

陈察，字元习，别号虞山，江苏常熟人，弘治十五年(1502)进士，初授南昌府推官，正德初拜南京山东道御史，寻改湖广道，因劾刘瑾乞免归。正德十四年(1519)召为云南巡按御史，嘉靖初巡按四川，谪广东海阳教谕，迁广信府推官，历浙江按察佥事、山西按察使、山东右布政使、南京光禄寺卿等职，累官至左金都御史提督南赣、汀、漳等处军务，嘉靖十四年(1535)乞休归，卒于家。③陈察受学于明中期朱子学名儒罗钦顺(1465—1547)，与浙江兰溪人章懋(1436—1521)门人章拯(1479—1548)、王阳明门人邹守益(1491—1562)相友善。④陈察还请益于江苏无锡人邵宝(1460—1527)，并分别于正德、嘉靖年间刊邵氏《学史》以课诸生。⑤

《虞山集》共录王阳明诗四首，其中三首见于《王文成公全书》，然个别词句略异。《虞

---

收稿日期：2019-06-12。

作者简介：吴兆丰，历史学博士，武汉大学历史学院讲师，主要从事明史研究。

① 《王文成公全书》版本与刊刻背景，参考朱鸿林：《〈王文成公全书〉刊行与王阳明从祀争议的意义》，载朱氏：《孔庙从祀与乡约》，生活・读书・新知三联书店，2015年，第125-150页。

② 钱明编校，吴光覆校：《王阳明全集(新编本)》下编，浙江古籍出版社，2010年；束景南：《阳明佚文辑考编年(上、下)》，上海古籍出版社，2012年。

③ 陈察：《都御史陈虞山先生集》卷末，瞿景淳：《明故都察院左佥都御史前光禄寺卿陈公行实》，台湾"中研院"傅斯年图书馆影印日本内阁文库明陈于陛序刊本，叶13a-18b。

④ 《都御史陈虞山先生集》卷末，邹善：《明故中大夫都察院左佥都御史虞山陈公墓志铭》，叶11b。

⑤ 《都御史陈虞山先生集》卷一《二泉邵先生学史序》，叶12b-14a；卷一《海阳县学重梓学史序》，叶14a-15b。

山集》录王阳明诗:"薄暮金山又一登,鸣钟出迓每劳僧。凌波石壁深龙窟,含月华堂供佛灯。难后初情全欲减,吟边孤兴尚堪凭。莫嫌足力年来倦,曾踏天峰雪栈冰。"①此诗《王阳明全集》作:"但过金山便一登,鸣钟出迓每劳僧。云涛石壁深龙窟,风雨楼台迥佛灯。难后诗怀全欲减,酒边孤兴尚堪凭。岩梯未用妨苔滑,曾踏天峰雪栈冰。"②《虞山集》录王阳明诗:"木偶相沿恐未真,清辉亦复凛衣巾。簿书曾屑乘田吏,俎豆犹存畏垒民。碧水苍山俱过化,光风霁月自传神。瞻依多少高山意,下拜春祠荐渚苹。"③《王阳明全集》此诗前三句同,后一句作"千年私淑心丧后,下拜春祠荐渚苹"④。《虞山集》录王阳明诗:"即看一雨洗兵戈,便觉春风转石萝。顺水飞樯来贾舶,绝江喧浪集渔蓑。片云东望惟梁国,五月南征想伏波。长拟归耕犹未得,鹿门初伴渐无多。"⑤《王阳明全集》此诗第二句改"贾舶""集渔蓑"为"买舶""舞渔蓑",第四句改"鹿门"为"云门"。⑥

《虞山集》所录另外一首王阳明诗为佚作。诗无题,原诗内容如下:"烈烈轰轰做一场,乾坤千古独留芳。九龄豫识胡儿叛,王莽先遭汉剑亡。自愧心神迷玉石,谁余旅力念穹苍。未援水火绥黎庶,先写新诗入庙堂。"⑦王诗下陈察题谓:"予(陈察)观黔,道江浙,王(阳明)托邑博董道卿送此诗索和。"陈察于正德十四年"赴荐观黔"⑧,可见王阳明此诗作于正德十四年。"邑博董道卿"指董遵(1451—1531),浙江兰溪人,字道卿,号东湖,著名理学家章懋得意弟子,弘治十三年(1500)选授南昌府学训导,筑东湖书屋以读书明理,其后江西提学蔡清(1453—1508)、邵宝聘其掌白鹿洞书院,迁溧阳教谕,历江浦、感恩知县,乞休终养,卒于家,著有《金华渊源录》等书。⑨

结合陈察和诗内容,可断上引王阳明诗时间在正德十四年十月。陈察和诗下自题谓:"(王阳明)时巡抚江西,仕终尚书。"王阳明平定宁王朱宸濠(1479—1520)之乱后,于正德十四年八月十六日"奉敕兼江西巡抚",十月初抵杭州,将宁王付太监张永,遂托病于西湖净慈寺。⑩陈察对王阳明平宁王功甚是推崇,和诗谓:"金锡台池鹿豕场,忠贤祠宇桂淑芳。汉文几杖容思过,吴濞钱山自速亡。仆射临刑词色壮,中郎归国鬓毛苍。王君勋业追淮蔡,董氏权衡在草堂。"⑪诗中"仆射"指江西巡抚孙燧(1460—1519),死于宁王之乱。"中郎"指江西按察副使胡世宁(1469—1530),因疏论宁王谋反而被系诏狱,戍辽归。"吴濞钱山自速亡",用典西汉初吴王刘濞(前216—前154)发起五王之乱,代指宁王谋叛。"王君勋业追淮蔡",典出唐代中兴名相裴度(765—839)平淮西节度使吴元济(738—817)之乱,指代王阳明平乱之功与之相若,有再造社稷之功。

---

① 《都御史陈虞山先生集》卷一一《金山用王阳明韵·王原韵》,叶15ab。
② 王守仁著,吴光等编校:《王阳明全集》卷二〇《泊金山寺二首》第一首,上海古籍出版社,1992年,第756页。
③ 《都御史陈虞山先生集》卷一三《濂溪祠用王阳明韵·王原韵》,叶8b。
④ 《王阳明全集》卷一九《萍乡道中谒濂溪祠》,第687页。
⑤ 《都御史陈虞山先生集》卷一三《道南泉菴用王阳明韵·王原韵》,叶9ab。
⑥ 《王阳明全集》卷二〇《喜雨三首》第一首,第745页。
⑦ 《都御史陈虞山先生集》卷一一《用王伯安韵·王原韵》,叶1b。
⑧ 陈察:《都御史陈虞山先生集》卷一《海阳县学重梓学史序》,叶15a。
⑨ 焦竑:《国朝献征录》卷一〇〇,凌翰撰:《琼州府崖州感恩知县东湖董公传》,《续修四库全书》史部第530册,上海古籍出版社,1995年,第702-703页。
⑩ 束景南:《王阳明年谱长编》,上海古籍出版社,2017年,第1177、1195、1199页。
⑪ 陈察:《都御史陈虞山先生集》卷一一《用王伯安韵》,叶1a。

# 评《出土唐宋石刻文献与中古社会》

陈文豪

彰化师范大学历史学研究所

一

19世纪末迄20世纪初，新史料逐渐涌现，至今方盛未衰，致有四大新史料或六大新史料之说。其实，在四大新史料或六大新史料外仍有许多值得关注，例如封泥玺印、青铜器、石刻文献等。

金石学自宋代起开始受重视，但近年受关注程度比不上四大新史料，尽管如此还是有学者对此默默耕耘，马强教授即为其中之一。

马强曾主持国家社科基金项目"新出土唐人墓志的历史地理资料整理与研究"，这项课题成果及其他相关研究构成《出土唐宋石刻文献与中古社会》[①]（下称本书）一书的主要内容。

本书除前言外，共二十二章，其实是二十二篇论文结集，部分系与研究生合写，其篇目为：

第一章　唐高宗、武则天时期墓志研读札记二题
第二章　出土唐人墓志与唐代重大历史事件
第三章　出土墓志所见唐代南方社会动乱及其治理
第四章　从出土墓志看唐代西南地区汉夷冲突及其消解
第五章　从出土唐人墓志看唐高宗、武则天时期的政治环境
第六章　从出土唐人墓志看安史之乱的几个问题
第七章　隋唐时期敦煌令狐家族考略（此篇与硕士生潘玉渠合写）
第八章　隋唐时期敦煌令狐家族文化研究（此篇与硕士生潘玉渠合写）
第九章　唐诗人许景先生平事迹、诗文考述
第十章　初唐名将屈突通事迹新考——以墓志铭为主的考察（此篇与硕士生薛婧合写）
第十一章　从出土墓志看唐人的史学修养及其著史活动
第十二章　汉中现存三处唐代石刻新考
第十三章　构建武陵山区历史地理研究文献学概说——兼及唐人墓志于区域地理文献的意义
第十四章　新出唐人墓志与唐代历史地理研究的新拓展

---

收稿日期：2019-01-09。

作者简介：陈文豪，历史学博士，彰化师范大学历史学研究所副教授，主要从事秦汉史和中国历史地理文献研究。

① 马强：《出土唐宋石刻文献与中古社会》，巴蜀书社，2018年。

第十五章　出土唐人墓志所涉唐代环境问题考述
第十六章　出土唐人墓志与唐代政区地理研究
第十七章　出土唐人墓志所涉唐代交通地理考述
第十八章　出土唐人墓志所见唐代经济地理考论
第十九章　出土唐人墓志所涉唐代乡村地理研究
第二十章　汉中褒谷石门宋人题刻汇考
第二十一章　白鹤梁与褒谷石门石刻题记比较研究（此篇与复旦大学历史系学生马楚婕合写）
第二十二章　北宋兴元府通判贾公直家世、仕宦考略

从这些篇目可知，本书主要系利用出土唐人墓志从事研究，以历史地理学领域的内容为主，其他为人物及家族史、社会生活史、政治史。因此在这些篇目中可窥知本书有以下三个方面优点。

### (一) 为历史地理研究开拓新领域

利用新出土史料从事历史地理研究，以往偏重于简牍及敦煌文献。例如：晏昌贵《秦简牍地理研究》①、吴良宝《战国楚简地名辑证》②、李正宇《敦煌历史地理导论》③，而本书作者的研究视野锁定在出土唐人墓志，以此从事历史地理研究，为历史地理研究开拓新领域。

### (二) 抉微探隐，工作细腻

出土唐人墓志已有万余方，散见于各种书籍报刊，要将相关内容逐一检出，虽有部分数据库可供参考，但并非全豹，故多数研究以单一墓志志文考释或墓主研究为主。本书二十二章多数为综合性研究，每章所引墓志非仅一方，例如：第十四章《新出唐人墓志与唐代历史地理研究的新拓展》征引墓志即有《杜玄礼墓志》《王守节墓志》《史堵颖墓志》《杨岌墓志》《王钧墓志》《杜孚墓志》《崔杰墓志》《衡守直墓志》《张仁方墓志》《孙婴墓志》《程伯献墓志》《阳俭墓志》《藏怀亮墓志》《卫子奇墓志》《程思庆墓志》《李问政墓志》《卢明远墓志》《大唐合州新明县丞李君（诏）墓志》《马珍墓志》《解进墓志》《王大剑墓志》《崔夫人墓志》《卜府君墓志》《石氏夫人墓志》《张俦夫妇墓志》《大唐陇西郡君夫人墓志》《太原王夫人墓志》《李琼墓志》《车府君墓志》《衡府君墓志》《张怀寂墓志》《大唐幽州都督姚府君墓志》《兰陵萧府君（忩）墓志》《吉公（管）志文》《故泉州长史太原郭君（品）墓志》《赵王（福）墓志》《李义璋墓志》《霍松龄墓志》《卢有邻墓志》《严郎墓志》，计四十方，每方墓志以记载墓主生平或仕宦经历为主，能够提供的行文佐证数据往往是片言只语，若非细心不嫌繁琐披拣，无法致之。

汉中褒谷石门宋人题刻中有许多人生平不详，作者在《汉中褒谷石门宋人题刻汇考》一文中逐一考证，使这些生平隐晦不彰者能为今人了解，在此基础上更进一步撰写《北宋兴元府通判贾公直家世、仕宦考略》，令今人对以往了解不多的范仲淹外孙贾公直有更深入的认识。凡此系长期关注积累，抉微探隐所致。

### (三) 研究方向多元，视野广阔

作者于2010年开始从事唐宋石刻文献研究，复获国家社科基金项目"新出土唐人墓

---

① 晏昌贵：《秦简牍地理研究》，武汉大学出版社，2017年。
② 吴良宝：《战国楚简地名辑证》，武汉大学出版社，2010年。
③ 李正宇：《敦煌历史地理导论》，台北新文丰出版股份有限公司，1997年。

志的历史地理资料整理与研究"资助,对出土唐宋石刻进行了系统研究。由本书内容可知利用新出土唐人墓志从事历史地理研究为作者的重点,但其研究并非局限于此,研究视野涉及政治史、人物及家族史、社会生活史,其中有关隋唐时期敦煌令狐家族研究可为墓志研究典范,《从出土墓志看唐人的史学修养及其著史活动》则别出心裁,值得参考。

## 二

尽管本书具有上述优点,在内容上仍有值得商榷之处,同时并有编辑疏失及讹误衍漏字等问题。

**(一)内容待商榷者**

(1)第180~181页:"里耶秦简中有洞庭郡而无黔中郡,现代学者推测,秦朝统一后曾改黔中郡为洞庭郡,但由于楚国人对秦的抵制,仍习惯用黔中郡称呼,所以造成史书记载有误。"按:此段未加注明,未详是哪位现代学者推测。同时这个说法还有讨论空间,并非定论。

(2)第240页:"根据天一阁新发现的《开元令·厩牧令》",在同页注三则称"新发现的《天圣令·厩牧令》"。按:《天圣令》系北宋仁宗天圣年间颁布法典,它是否以唐开元令为蓝本制定,学界有很大争议,因此不能径称《开元令》。

(3)第241页:"《李举墓志》言:'中使节制郎吏、西南夷宣诏暨客迁人者于是乎,整驾出者于是乎,税息停传,毙不绝日。'"按:此段为说明骆谷道交通昌盛而引,但未注明出处。据周绍良、赵超主编《唐代墓志汇编·下册》大历077《唐故李府君墓志铭并序》,知李举避地江淮,卒于惟扬(按:疑为"淮阳"之误写)瑞芝私第,并未至关中,志文中亦无上述引文。或是另有一李举,作者所引墓志文载于他书,余未得见之?

(4)第292~314页:第二十章《汉中褒谷石门宋人题刻汇考》,据第307页注三作者原有《汉中褒谷石门石刻题名宋人民(按:"民"系衍字)补考十三则》,载汉中市博物馆编《石门:汉中文化遗产研究》2008年辑;第327页注三作者另有《宋代汉中褒谷石门题名人物新考》,载《陕西历史博物馆馆刊》第17辑,此文系以《汉中褒谷石门石刻题名宋人补考十三则》为基础进行改写,有八则;作者尚有一文《宋代汉中褒谷石门题名人物考续》,载《陕西历史博物馆馆刊》第18辑,本章系由此三稿合并而成。本章第一则为《〈贾公直等北宋绍圣题名〉中的贾公直、俞次皋》,第十六则为《〈贾公直等北宋绍圣题名〉中之贾公直为范仲淹嫡外孙之补证》。按:两则分别见于《宋代汉中褒谷石门题名人物新考》《宋代汉中褒谷石门题名人物考续》,引用数据相同,最重要的证据是富弼撰写《范文正仲淹墓志铭》,所谓补证仅将第一则改写而已,收入本书未仔细核对。又第十四则《〈段从龙等游石门题名〉中之段从龙》与第二十则《段从龙等游石门题名》两者内容基本相同,其差别在前者指出:段从龙"既与石邵、段雄飞、晏袤一道代表官府祈雨,当至少是县一级官员"。后者云:"从褒谷另一处《石邵、段雄飞等南宋淳熙题名》石刻署名顺序看,段雄飞既排名在晏袤前,推测段雄飞职务高于南县令晏袤,盖系兴元府署官。"第七则《〈李銮、魏拱之等题名〉中的李銮》探讨李銮生平,第二十一则《〈李銮、魏拱之等题名〉论张应卯》。故第十四则与第二十则、第七则与二十一则,可合并论之,不必再另立一则。

(5)第二十二章《北宋兴元府通判贾公直家世、仕宦考略》第二节为《贾公直的婚姻》,论及贾公直岳父蔡交家世、仕宦。但作者忽略一个讯息,据第307页所引富弼撰《范文正仲淹墓志铭》知范仲淹三女,"长适殿中丞蔡交,次适封丘主簿贾藩"。贾藩为贾公直父亲,故蔡交为贾公直姨父,贾公直婚姻为姨表联姻,其妻为其表姊妹。

**(二)编辑疏失**

(1)前言云:"集中反映我近年来研究唐宋石刻文献阶段性成果的《出土石刻文献与唐宋史地考论》不久后将付梓出版,承蒙编辑频频催稿,终于可以拨冗推繁,在拙著出版前对近七年来的石刻研究作点回顾总结。"据此则本书应名《出土石刻文献与唐宋史地考论》,但呈现在读者面前的书名却是《出土唐宋石刻文献与中古社会》。

(2)本书是将已发表论文结集出版,按较严谨编辑要求,应在每章后注明原始刊载书刊名供读者检索比较;同时原发表论文若引作者相关论文会注明出处,现所引之文亦已收入本书,在原注后应再注明见本书第某章。例如:第7页注一"关于《屈突通墓志》所及墓主生平仕历、史事及其价值,笔者与薛婧曾做过考证,参见薛婧、马强:《初唐名将屈突通事迹新考》,《陕西博物馆馆刊》第18辑,第212—220页",按:《初唐名将屈突通事迹新考》见于本书第十章;第202页注二、第221页注二"马强:《新出唐人墓志与唐代历史地理研究的新拓展》,《中国历史地理论丛》2013年第4期",按:此文为本书第十四章;第226页注一"参见拙作:《从出土墓志看唐代南方社会动乱及其治理》,《陕西师范大学学报》2014年第2期",按:此文为本书第三章。

(3)第89页:"详细考证见附文三《〈唐故敦煌郡令府君(怀斌)墓志并序〉校订》。"按:文后并未见任何附文。

(4)第288页:"唐代乡村冠名的文化含义大致呈现三个特点:一是儒家礼教地名,二是美好寓意地名;三是自然山水地名。"按:在后文所述却有四个特点,未为前文提及者为"沿袭隋代甚至更早年代的乡村地名"。

**(三)讹误衍漏字**

(1)第2页:"与史籍所载隋末炀帝江都遇害及其皇宫北走事多相吻合",按:"皇宫"应作"皇后"。

(2)第5页:"也谓墓主也言墓主张运才先梁隋时世为官宦",按:"也谓墓主也言墓主"语意重复,作"也谓墓主"或"也言墓主"即可。

(3)第7页:"讨伐王世充、刘黑闼、徐元郎、辅公祐等割据势力",按:"徐元郎"应作"徐元朗"。

(4)第12页:"高句总章元年(668)11月",按:"高句"应作"高宗"。

(5)第14页:"我们会发现从初唐玄武之变",按:"玄武之变"应作"玄武门之变"。

(6)第25页:"邵才志系元奉天定难功臣",按:"元奉天定难功臣"应作"元从奉天定难功臣"。

(7)第30页:"除了北方边疆民族突厥、吐蕃、契丹先后构成对唐朝的主要威胁外",按:吐蕃不在唐朝北方,在西南方。

(8)第31页:"《裴郾墓志》云:'民之困穷者,不能保抱鞠子而鬻之。'"按:此系据原整理者句读,但"不能保抱鞠子而鬻之"桎碍难读,似应作"民之困穷者不能保,抱鞠子而鬻之。"

(9)第55页:"周兴荣贯廷尉,业擅生杀;粥新开之诏狱,袭乱常之遗噍",据注二,知此句引自周绍良、赵超主编:《唐代墓志汇编·上册》。按:在《唐代墓志汇编·上册》,"粥新开之诏狱"作"鬻新开之诏狱"。

(10) 第 69 页："天下词伯,王之旧臣",按:此句引自寇洋墓志,据注一,知出处为周绍良、赵超主编:《唐代墓志汇编·下册》,在《唐代墓志汇编·下册》作"王之荩臣"。

(11) 第 69 页:注一"《唐故广平郡太守恒王府长史上谷寇府君墓志铭并序》,周绍良、赵超主编:《唐代墓志汇编·下册》,宝应 004,第 1752 页"。按:《唐故广平郡太守恒王府长史上谷寇府君墓志铭并序》见于《唐代墓志汇编·下册》,天宝 136,第 1627~1628 页。见于宝应 004,第 1752 页,有两方墓志,分别为《唐故苗君墓志之铭》《(上缺)禄卿使持节定州诸军事定州刺史充本州岛团练守捉使成德军节(上缺)开国伯食邑七百户程府君墓志铭并序》。

(12) 第 83 页:"遂居郊毂(谷,因"毂"形近"谷"而误)",按:作者虽指出《新唐书》所载"'毂'形近'谷'而误",但却将"效"误植为"郊",效谷县为西汉元封六年(前 105)年始设。

(13) 第 119 页:"后历任司农太府卿,鄂、瓜、豫三洲刺史,因病卒,赠灵州都督,期仕历及职官、赠官等与《许景先墓志》所载大致相合",按:"三洲刺史"应作"三州刺史";"期仕历及职官"应作"其仕历及职官"。

(14) 第 138 页:"以公随室重臣",按:"随室"应作"隋室"。

(15) 第 154 页:"接连编修两个晋南明五代史",按:应作"接连编修两晋南朝五代史"。

(16) 第 174 页:"按江西阳在今溪州大乡界",按:应作"按酉阳在今溪州大乡界"。

(17) 第 190、231 页:"《杜孚墓志愿》",按:应作"《杜孚墓志》"。

(18) 第 197 页:"《周故灵武军副使》吉公(管)志文",按:应作"《周故灵武军副使吉公(管)志文》"。

(19) 第 205 页:注一"吴松第编:《两唐书地理志汇释》",按:"吴松第"应作"吴松弟"。

(20) 第 200 页:注一"《吴有邻墓志》全称",按:应作"《卢有邻墓志》全称"。

(21) 第 221 页:"安抚南迁的北方人士面而施行的一种特殊的政区设置",按:此句衍一"面"字,全句应作"安抚南迁的北方人士而施行的一种特殊的政区设置"。

(22) 第 233 页:"以安置内附的突阙部落",按:"突阙"应作"突厥"。

(23) 第 237 页:"木宫太彦《中日交通史》",按:"木宫太彦"应作"木宫泰彦"。

(24) 第 253 页:"反映的是裴耀卿漕去改革前",按:"漕去"似应作"漕运"或"漕政"。

(25) 第 255 页:"《杜氏夫人墓志》所地载",按:此句衍一"地"字,应作"《杜氏夫人墓志》所载"。

(26) 第 270 页:注一"以王口之家估算",按:应作"以五口之家估算"。

(27) 第 289 页:"兆府鄠县宜善乡庞保村",按:脱一"京"字,应作"京兆府鄠县宜善乡庞保村"。

(28) 第 289 页:"魏州绾陶县",按:应作"魏州馆陶县"。

(29) 第 293 页:"范仲淹夫妇育有四子三女,子范纯粹、范纯粹、范纯礼皆学有所成",按:范仲淹四子,为范纯佑、范纯仁、范纯礼、范纯粹。

(30) 第 307 页:"汉中褒谷石门石刻题名宋人民补考十三则",应作"汉中褒谷石门石刻题名宋人补考十三则"。衍一"民"字,在本页凡二见。

马强教授由汉中褒谷石门石刻研究出发,拓展至出土唐人墓志整理研究,开拓了历史地理研究新领域,现将其成果结集出版,提供学界同行参考学习,其精神值得敬佩。

个人拜读后,虽提出如上述浅见,然未知当否,盼马强教授及同行批评指正。至于一些编辑上讹误,非全然是作者疏失,出版社编辑在把关上亦有其应负责任,在此指出旨在为阅读本书者提供参考。

# 《音义》呈光彩 《校注》启新篇
## ——读黄仁瑄教授《新译大方广佛华严经音义校注》

姜永超

燕山大学文法学院

《新译大方广佛华严经音义》(下称慧苑音义),唐五代五种佛典音义书之一种,约4.5万字①,盛唐释慧苑撰,约成书于唐玄宗开元二十年(732)前后,凡两卷,今流传有高丽藏本和慧琳《一切经音义》转录本(转录时析为三卷,见慧琳音义卷二一、卷二二、卷二三)、赵城金藏本、元普宁藏本等;《新译大方广佛华严经音义校注》(下称《校注》),40万字,黄仁瑄教授撰,2020年1月出版,中华书局列为"音义文献丛刊"之一种,是慧苑音义研究的最新成绩,更是国家社会科学基金重大项目"中、日、韩汉语音义文献集成与汉语音义学研究"(19ZDA318)的重要阶段性成果。捧读之余,有如下几点感想:

### 一 慧苑音义是当时佛学繁荣发展局面的反映

慧苑音义专为《新译大方广佛华严经》中的难字僻词注音释义。《大方广佛华严经》是大乘佛教最重要典籍,有三译:①六十华严,又称旧译华严、晋经,东晋释佛驮跋陀罗译,凡六十卷,故名;②八十华严,又称新译华严、唐经,唐释实叉难陀译,凡八十卷,故名;③四十华严,全称《大方广佛华严经入不思议解脱境界普贤行愿品》,或称贞元经,唐释般若译,凡四十卷,故名。佛教源于古印度,两汉之际输入中国内地,其后经数百年发展,至唐时已臻鼎盛,《大方广佛华严经》一译再译可证其时鼎盛景象之一斑。不仅如此,其时佛教也由被动地接受、主动地引进和吸收逐步演进到多样化发展阶段,天台宗、三论宗、三阶教、唯识宗、华严宗、禅宗、净土宗、律宗、密宗等(赖永海《中国佛教通史》第五至七卷)竞相登场,各领风骚。各宗所奉持之经典各有不同。《新译大方广佛华严经》乃华严宗的根本经典,创立华严宗的释法藏更是亲撰《华严经略疏》以弘扬之,可惜书稿最终没能完成。释慧苑是释法藏高足,称"上首门人",精研华严,因而得承其遗愿续作《续华严经略疏刊定记》:"刊定记者,苑以薄祐,囗囗和上遽迁生所,制兹《略疏》,经才四分之一。始自《妙严品》,讫乎第二十行,并'能造十定'疏前之九定,而'悬谈'与'中间'及'十定'后疏并未修葺,其已撰者不遑剪刻。今故鸠集广略之文,会撮旧新之说,再勘梵本,雠校异同,顺宗和教,存之以折衷。简言通意,笺之以笔削云尔。"借此因缘,《新译大方广佛华严经》也就成了慧苑音义

---

收稿日期:2021-01-14。

作者简介:姜永超,文学博士,燕山大学文法学院副教授,主要从事汉语史、语言信息处理研究。

基金项目:国家社会科学基金重大项目"中、日、韩汉语音义文献集成与汉语音义学研究"(项目号:19ZDA318)。

① 参见黄仁瑄:《唐五代佛典音义研究》,中华书局,2011年,第42页。

的注释依据:"苑不揣菲薄,少玩兹经索隐,从师十有九载,虽义旨攸邈难以随迎,而音训梵言聊为注述。"总之,是当时佛学发展的繁荣局面促生了慧苑音义。慧苑音义是研究中华佛学尤其是华严宗的重要文献。

## 二 慧苑音义是汉语音义文献多样性的根本保证

《华严经略疏》和《续华严经略疏刊定记》所论关乎华严宗宗旨,慧苑音义则不同,它着力在《新译大方广佛华严经》的字音词义:"次以新译之经未有音释,披读之者取决无从,遂博览经书,恢张诂训,撰成二卷。俾初学之流不远求师,览无滞句,旋晓字源。然禀从贤首之门,不负庭训之美也。"(《宋高僧传》卷六《唐洛京佛授记寺慧苑传》)

传统典籍中,注音释义的音义书别具一格,与文字、音韵、训诂鼎足而立,其发展道路却更曲折多姿。从儒、释、道的角度看,音义书有儒书音义、佛典音义和道经音义三类;从汉语音义学史的角度看,先有儒书音义,次有佛典音义、道经音义。比较说来,儒书音义、佛典音义最为发达可观。《经典释文》是儒书音义的代表,据岳珂《相台书塾刊正九经三传沿革例·音释》,其体制经历了一个比较复杂的演变过程:"唐石本、晋铜版本,旧、新监本,蜀诸本与他善本,止刊古注,若音释则自为一书,虽难检寻而易差误。建本、蜀中本则附音于注文之下,甚便翻阅。然庞杂重赘,适增眴瞀。"拿今天的话来说:"最先是单经单行本,后有合刻本;先附于注疏本后,后散入各段经、注与疏文之间。"(尉迟治平《校注·序》)《经典释文》书出,李轨《春秋公羊音》、刘昌宗《礼记音》、徐邈《古文尚书音》等众多音义著作竟全部失传,儒书音义遂趋没落。继之而起的是佛典音义,其编撰显然受到了儒书音义的深刻影响,陈垣《中国佛教史籍概论》谓之《经典释文》体,但却是先有众经音义,接着才发展出单经音义。完帙传世的早期音义书中,慧苑音义是唯一的单经音义著作,在这样的意义上,慧苑音义就有了非同寻常的文献学意义。慧苑音义是汉语音义文献多样性的根本保证,有着重要的学术史暨汉语音义学史价值。

## 三 慧苑音义具有比较鲜明的梵汉双语词典特征

慧苑音义的价值绝不限于中华佛学和汉语音义学范围。据统计,慧苑音义共分立1285例字目,其中364例是梵汉对音材料,约占全书字目的28.3%,比例极大(《唐五代佛典音义研究》,第42、248页)。先看下面的例子(《校注》,第10页):

> 1.042 阿兰若法 若,然也反。阿兰若者,或曰阿兰那,正云阿烂禳。此翻为无诤声。然有三类:一名达磨阿兰若,即此所明者也。谓说诸法本来甚寂无起作义,因名其处为法阿兰若处。此中处者即菩提场中是也。二名摩登伽阿兰若,谓冢间处。要去村落一俱卢舍,大牛吼声所不及处者也。三名檀陀伽阿兰若,谓沙碛之处也。碛音迁历反也。(《新译大方广佛华严经》卷第一《世主妙严品》之一)

例中先注明所立字目的标准梵语音译("阿烂禳"),次释其汉语意义("无诤声"),接着辨析其类别。行文体例井然,这就有了比较鲜明的梵汉双语词典的特征。其实,玄应《大唐众经音义》(其成书较慧苑音义早70余年)已经开始实践了这样的编纂方法(现有资料无法证明玄应书之前是否存在同样的编纂实践),考虑到亚洲国家最早的双语词典《奥顿词集》(*Glossaire d'Autun*,亚美尼亚)成书在9—10世纪之间,"由一名教士编纂,据说教士不懂亚美尼亚语,由亚美尼亚人帮助,以手指物,加以记录整理编成"(黄建华、陈楚祥《双语词典学导论》,第3页)。这就证明了慧苑音义不仅在汉语辞书编纂史上有积极的学术意义,而且在世界双语词典暨世界辞书编纂史上也有其重要的学术研究价值。

## 四 《校注》开启了慧苑音义新的流播之旅

传统史志没能著录慧苑音义。内外之隔极大地阻碍了慧苑音义的流播。清嘉庆四年(1799)武进人臧庸翻刻永乐南藏本慧苑音义,并为之作序录一卷,从而开启了慧苑音义的佛门外流传之旅,其时距其成书已经千余年了。

学术研究是典籍流播的重要形式。慧苑音义的现代学术研究大约始自陈垣《玄应慧苑两音义合论》(1947),其主要内容又见陈垣《中国佛教史籍概论》(1962),该书卷三列有"《一切经音义》二十五卷《新译华严经音义》二卷"一节,详考其著述体例、版本源流等。最近二十来年,关于慧苑音义的研究开始变得热闹起来,《校注》虽是"凑热闹"的结果,却使慧苑音义研究大放光彩。

基于系统性的考虑,《校注》选取慧苑音义之高丽藏本为工作底本①,校以慧琳音义转录本、赵城金藏本等,同时梳理引文内容,比勘文字得失,揭出对音材料的源语形式。例如:

  1.001 天册 册,测革反。《说文》曰:"册,符命也。"谓上圣符信教命以授帝位。字或从竹,或古为𠕋。象形也。(《校注》,第3页)

  1.003 天道 日月星辰、阴阳变化谓之天道。《易》曰"乾道变易"是也。(《校注》,第3页)

按:先看1.001"天册"条。(1)"或古为𠕋"之𠕋,《校注》注:"𠕋,原作'圆',金藏本作'册',今据慧琳本改。《说文》曰部'𠕋,告也'王筠句读:'经典皆用册。册祝,告神之词也;册书,告臣下之词也。'段玉裁注:'简牍曰册,以简告诫曰𠕋。册行而𠕋废矣。'"(2)"象形也"之"象",《校注》注:"'象'字原阙,今据慧琳本补。"再看1.003"天道"条。(1)"变化"之化,《校注》注:"化,原作'作',今据慧琳本、金藏本改。"(2)乾道变易,《校注》注:"见《乾》。变易,今本作'变化'。"经此梳理,就使得慧苑音义变得更加通畅可读。

  1.018 贝牒 贝,北盖反。牒,徒颊反。贝谓贝多树叶,意取梵本经也。牒谓简牒,即经书之通称也。(《校注》,第6页)

  1.041 摩竭提国 摩竭提者,或云摩伽陀,或云摩揭陁,或曰墨竭提。此之多名由依八转声势呼召致异,然其意义大略不殊。或有释云:摩者,不也;揭提,至也。其国将谋兵勇,邻敌不能侵至也。又有云:摩,遍也;竭提,聪惠也。言聪惠之人遍其国内也。又有云:摩,大也;竭提,体也。谓五印度中此国最大,统摄诸国,故名大体也。又释云:摩,无也;竭提,害也。言此国法不行刑戮,其有犯死罪者,送

---

① 今见二十余种汉文大藏经(参见童玮编:《二十二种大藏经通检》,中华书局,1997年)中,只有高丽大藏经完整收录了初唐释玄应《大唐众经音义》、盛唐释慧苑《新译大方广佛华严经音义》、中唐释慧琳《一切经音义》、辽释希麟《续一切经音义》和后晋释可洪《新集藏经音义随函录》。参见黄仁瑄(2011)。

置寒林耳。(《校注》,第10页)

按:先看1.018"贝牒"条。贝牒,《校注》注:"贝,梵词 pattra 的略译,全译贝多罗。"指出"贝牒"之贝乃梵词音译,跟宝贝之贝没有任何关系。再看1.041"摩竭提国"条。摩竭提,《校注》注:"摩竭提,梵词 Magadha",指出摩竭提是梵词 Magadha 的音译。经此溯源,就为读者阅读和利用慧苑音义提供了极大的便利。

《校注》基于普及和提高相结合的目的,最大程度地实现了系统性和学术性的有机统一,从而为慧苑音义的广泛流播打下了坚实的基础。

《校注》的出版对揭橥慧苑音义的学术价值有重要意义,无疑会促进慧苑音义暨相关学科研究进一步走向深入,开启慧苑音义新的流播之旅,是传承慧苑音义的积极形式。

黄仁瑄教授有整理唐五代五种佛典音义的周密计划,并把它们作为汉语音义学学科建设的一个重要研究内容,目前已经完成了其中两种的校注工作[①],我们完全有理由期待其他三种校注能够早日问世。

---

[①] 详见黄仁瑄:《大唐众经音义校注》,中华书局,2018年;黄仁瑄:《新译大方广佛华严经音义校注》,中华书局,2020年。

# 近代汉口城市研究的新拓展
## ——评《近代汉口港与其腹地经济关系变迁(1862—1936)》

邓航玲

华中科技大学历史研究所

近代以来我国的港口城市,依其地理位置,主要是沿海和沿长江分布。"如果将中国广大内地比作一个巨大的扇面,将国外比作更为巨大的另一个扇面的话,沿海口岸城市就是连接这两个扇面的枢纽。"①沿海口岸同沿江口岸一起,构成中国现代化的窗口和辐射源,时时向广大内陆传送着现代化信息。

沿海、沿江城市对其辐射区域经济影响的规模,反映着港口与腹地之间关系的亲密度。港口城市凭借自身的独特优势吸引着其他地区的资源投入;腹地作为物资的主要供应方,其范围的变动和生产结构的变迁同样牵引着城市的发展。二者之间的关系不是单向、静止的,而是互动的、双向的。

早在20世纪90年代,吴松弟和戴鞍钢两位教授就在历史经济地理中提出"港口—腹地"空间关系的分析模式。在"港口—腹地"体系中,交通、城市和贸易体系成为研究口岸城市和广大腹地的联系环节。②张珊珊所著《近代汉口港与其腹地经济关系变迁(1862—1936)》(齐鲁书社,2020年)一书,就充分运用了"港口—腹地"分析模式。在该书中,作者将侧重点放在了贸易体系方面,通过对汉口对外贸易值的统计分析,厘清汉口的腹地范围及集散体系;以茶叶、桐油为例,探讨"港口—腹地"格局对区域经济变迁的影响;以商品输出为主线,讨论汉口同其他长江流域港口之间的贸易关系;最后在整体上概括和定位汉口与其腹地之间的经济关系变迁情况。

## 一 线面结合,立体而统一

首先,需要对"港口"和"腹地"两个概念进行界定:"'港口',指位于我国东部的大连、营口、丹东、天津、烟台、青岛、连云港、上海、宁波、福州、厦门、高雄、基隆、广州、香港等沿海主要港口城市,以及汉口、重庆等长江沿岸的主要港口城市","'腹地'指位于港口城市背后的吞吐货物和集散旅客,以及大机场、铁路和公路交通中心所及的交通范围。"③

腹地必须具备两个前提条件:一是位于港口城市背后,二是客货经由该港运输更加经

---

收稿日期:2020-12-25。

作者简介:邓航玲,华中科技大学人文学院历史研究所研究生,主要从事中国历史地理研究。

① 吴松弟:《港口—腹地和中国现代化空间进程研究概说》,《浙江学刊》2006年第5期,第26页。
② 吴松弟:《中国近代经济地理变迁中的"港口—腹地"问题阐释》,《河南大学学报(社会科学版)》2018年第3期,第6-9页。
③ 张珊珊:《近代汉口港与其腹地经济关系变迁(1862—1936)》,齐鲁书社,2020年,总序第1页。

济合理。① 腹地一旦基本确立,外部环境如市场需求、竞争对手发生变动,腹地范围和生产结构便会相应变化。以汉口开埠后的茶叶腹地为例,汉口开埠直至抗战前的70年时间内,茶叶贸易经历了迅速增长和完全衰落的过程。随着茶市的兴盛,宁州、祁门和宜昌相应地成为茶叶产销的间接腹地,两湖红茶区则是直接腹地。茶叶贸易衰落后,腹地开始缩减,大部分茶叶改为由上海出口,汉口的茶叶贸易变得更加零碎化。②

那么,港口和腹地之间又是怎么进行互动的呢?作者认为要想探究二者之间的互动关系,需要借助汉口主要的出口货物,即茶叶和桐油。

茶叶生产地和销售市场有力证实了港口和腹地之间的互动关系。"汉口茶叶,以湖南、湖北、江西北部和安徽的徽州地区为主要来源地"③,明清时期两湖地区逐步"形成了向西北销售砖茶、黑茶为主的产区"④,五口通商后,广东商人进一步深入到两湖地区采买茶叶,形成了"一南一北的两条线路"。

与茶叶贸易不同的是,汉口桐油的来源地一再发生变化。近代早期,桐油贸易主要供应国内市场,随着国际市场需求的带动,国外出口开始增加,"到了20世纪初,汉口的桐油贸易迅速扩大,七七事变前桐油已成为中国最重要的出口物资之一"⑤。其中,内销桐油主要来自湖南,销售市场以上海、镇江为主;外销桐油绝大部分来自四川,其次是两湖,销售市场以美国为最大宗。⑥ 由于汉口地处内陆,很大部分桐油需要转口至上海后才能出口国外,到20世纪30年代桐油甚至变成了直接由上海输出。由此可以看出,汉口同长江流域口岸的关系就开始发生变化,此种变化尤为值得重视。

在汉口开埠早期(1864—1899年),汉口与各港口之间的贸易关系很明显受到了汉口贸易地位的影响。在这一期间,由于受占比最大的土货出口影响,汉口对上海的贸易总值上升,使得汉口与腹地各港口之间的关系略显紧密。但到了汉口开埠后期(1900—1936年),沪、汉之间的关系则出现疏离,长江流域其他港口"先是经历了一个经由汉口转口的阶段","此后长江流域的其他港口开始寻求同上海之间的直接贸易,不再经过汉口"⑦。总之,就是汉口在长江航道中的优势丧失,在长江流域甚至是全国贸易中的优势地位下降,并逐步让位于上海。

汉口和其腹地构成了"面",与港口则构成了"线"。本书关注对"线"的考察,即汉口与其他港口之间的关系,对"面"的关注则主要是通过汉口和其腹地的联系来体现的。港口、腹地和中国现代化进程研究,"从地理学的本身而言,就是研究现代化进程中的这种点(港口城市)、线(交通路线)、面(腹地)之间的空间关系"⑧。本书对"线"⑨和"面"均分析到位,然而对于"点"的关照即汉口作为港口城市本身的客观条件似有些疏漏。

---

① 吴松弟:《港口—腹地:现代化进程研究的地理视角》,《学术月刊》2007年第1期,第123页。
② 张珊珊:《近代汉口港与其腹地经济关系变迁(1862—1936)》,第129-133页。
③ 张珊珊:《近代汉口港与其腹地经济关系变迁(1862—1936)》,第65页。
④ 张珊珊:《近代汉口港与其腹地经济关系变迁(1862—1936)》,第72页。
⑤ 张珊珊:《近代汉口港与其腹地经济关系变迁(1862—1936)》,第135页。
⑥ 张珊珊:《近代汉口港与其腹地经济关系变迁(1862—1936)》,第147页。
⑦ 张珊珊:《近代汉口港与其腹地经济关系变迁(1862—1936)》,第179页。
⑧ 吴松弟:《港口—腹地和中国现代化空间进程研究概说》,第29页。
⑨ 本书对"线"的理解同吴松弟认为的"线"即"交通路线"存在差异,但不妨碍研究工作的推进。

## 二 多维互动，标新而立异

对互动进行考察，很大程度上是为了证实沿江口岸有不同于沿海口岸的特点。诚然，沿海口岸是我国发展对外经济联系和国内商品交易活动的主要枢纽。而汉口作为后起之秀，加之地处内陆，自有其局限性。即使汉口在之后的市场角逐中慢慢隐退，同沿海口岸的差距也日益增大，甚至成为"近代中国中西部拉开差距的一个根源所在"①，但汉口具有传统的商业基础，同时受到了开埠通商的促进，汉口和腹地间经济关系的变化仍值得同沿江口岸进行比较。

在本书中，作者力求复原汉口进出口贸易尤其是出口贸易的原貌，是把握港口与腹地之间互动关系的突破口，这在对汉口与周边经济关系各个环节的考察中均有所体现。

在土货进出口贸易方面，近代汉口开埠后，土货被纳入国际贸易体系中，汉口凭借土货贸易的出超优势成功超越沿海口岸，即使放在全国范围来看，汉口土货的转口比例也是非常高的，且一直在不断上升。②因此，"汉口作为国内重要港口的地位是由其土货出口决定的"③。

汉口之所以能成为国内重要港口，"是中国内地最大的通商口岸、长江中游的枢纽港"④，所依仗的便是主要出口物资即茶叶、桐油、棉花、禽畜产品、芝麻等的大量输出。这些产品的来源地十分丰富，如汉口的棉花来源就分为京汉铁路、汉水沿线、长江沿线等不同路线⑤；芝麻就汉口出口而言以河南出产为最多，湖北次之，湖南第三；从另一个角度来看，棉花来源又可分为车货系和河货系⑥。其实，腹地同港口的联系并非只能通过商品运输才能创建，人口流动不失为互动关系的另一种推进形式，尤其是在还不甚发达的传统市镇，人力的输出也可算作是推动空间进程的动力之一。

汉口茶叶市场之所以充满活力，正是得益于茶商们"对汉口优质头茶的追逐"⑦。汉口汇聚的优质好茶成功吸引了俄商和英商，因购买茶叶引发的矛盾冲突不在少数，如茶船之间便展开了争分夺秒的竞争。⑧而这种竞买气氛越是浓厚，汉口茶叶贸易的重要性就越发突出，即使是在整个华茶市场萎靡的情况下。汉口茶市越集中，其他茶市如九江就越萎缩，最后"彻底变成了汉口茶市的供应港"⑨，九江同上海之间的贸易便会疏离，互动就会相应减少。

以上充分体现了汉口作为内陆港口不仅与其腹地之间产生了互动，也同其他港口城市展开了较量。除了同腹地、港口相联系来进行考察，发现汉口具有的特质外，汉口作为内陆港口在全国的贸易体系中也占据了重要地位，如汉口桐油的输出，尤其是四川桐油，

---

① 张珊珊：《近代汉口港与其腹地经济关系变迁（1862—1936）》，第 201 页。
② 张珊珊：《近代汉口港与其腹地经济关系变迁（1862—1936）》，第 40-42 页。
③ 张珊珊：《近代汉口港与其腹地经济关系变迁（1862—1936）》，第 45 页。
④ 张珊珊：《近代汉口港与其腹地经济关系变迁（1862—1936）》，第 62 页。
⑤ 张珊珊：《近代汉口港与其腹地经济关系变迁（1862—1936）》，第 53 页。
⑥ 张珊珊：《近代汉口港与其腹地经济关系变迁（1862—1936）》，第 58 页。
⑦ 张珊珊：《近代汉口港与其腹地经济关系变迁（1862—1936）》，第 78 页。
⑧ 张珊珊：《近代汉口港与其腹地经济关系变迁（1862—1936）》，第 76 页。
⑨ 张珊珊：《近代汉口港与其腹地经济关系变迁（1862—1936）》，第 105 页。

因其主要供应国际市场,甚至一度能反映国际市场需求对汉口桐油市场的影响。①

## 三 方法创新,有效而科学

历史经济地理学,"是以历史时期的经济现象为研究对象,着力研究生产力的空间分布及其形成的种种人文和地理的原因,探寻其发展演变的规律,目的是为中国历史的发展提供自己的解释,并为今日建设和发展提供有益的借鉴"②。至于历史经济地理学中港口与腹地这一专题研究,作者在对汉口贸易全貌的整体把握下,对数据加以统计分析。这不失为作者把握汉口经济格局的一种研究思路,同时也为我们提供了一种数据化处理的研究范式。

在本书中,作者主要运用图表分析法,利用统计图表的形式反映社会历史现象,并从各方面比较、分析经济现象中量的变化和质的体现。同时,作者通过对比统计指标在不同地区和条件下的数量反映和分布状况,进而解读总体内部结构,揭示不同现象之间的内在联系,最终反映出相关的客观经济规律。

以第二章第三节的"土货进出口分析"为例,汉口土货的进出口数量、结构、种类及腹地范围是重点关注内容。根据汉口海关部分相关年份资料(1899—1936年的汉口土货进口和复出口数值③)整理并制作出的"汉口土货进口、复出口和净进口值图"④来看,汉口土货进口和复出口贸易以1905年为界分成了前后两个阶段。在第一阶段,汉口土货进口和复出口之间的相关性强于和土货净进口,说明在这一时期内"土货进口的增长主要是需要复出口的土货带动的";第二阶段则变成了"土货净进口和土货复出口对于土货进口贸易的贡献都很大"⑤。再进一步对土货出口进行分析⑥,发现汉口的土货出口值同土货进口值的变化趋势相类似,那么就可以说明土货出口之于汉口港口的重要性了。至于出口土货的种类及其腹地范围,将各项物资占汉口出口贸易的比值、占全国的比例罗列出来⑦,便可说明几种大宗出口货物的运输网络和腹地范围。

再有,本书对于汉口桐油复出口变化问题的研究方式同样别出心裁。据分析,1933年前有三分之一的桐油出口是自汉口直接输出的,三分之二需要复出口到其他口岸⑧,不过在这之后便发生了变化。根据1936年国内主要通商口岸桐油输出及输入的数量和数值,计算出每一口岸的桐油输往各处的比例和每一口岸桐油来源地所占的比例⑨,发现汉口以上长江流域的通商口岸主要以上海为输出口岸,经汉口复出口的比例并不高,最后得出汉口"桐油在国内市场主要供应上海"⑩这一结论。

从各地桐油价格之间的关联性来判断市场成熟度是解决汉口桐油腹地问题的突破口

---

① 张珊珊:《近代汉口港与其腹地经济关系变迁(1862—1936)》,第152页。
② 复旦大学历史地理研究中心主编:《港口—腹地和中国现代化进程》,齐鲁书社,2005年,第2-3页。
③ 张珊珊:《近代汉口港与其腹地经济关系变迁(1862—1936)》,第210-213页。
④ 张珊珊:《近代汉口港与其腹地经济关系变迁(1862—1936)》,第41页。
⑤ 张珊珊:《近代汉口港与其腹地经济关系变迁(1862—1936)》,第42页。
⑥ 张珊珊:《近代汉口港与其腹地经济关系变迁(1862—1936)》,第43页。
⑦ 张珊珊:《近代汉口港与其腹地经济关系变迁(1862—1936)》,第46-59页。
⑧ 张珊珊:《近代汉口港与其腹地经济关系变迁(1862—1936)》,第143-144页。
⑨ 张珊珊:《近代汉口港与其腹地经济关系变迁(1862—1936)》,第244-245页。
⑩ 张珊珊:《近代汉口港与其腹地经济关系变迁(1862—1936)》,第149页。

之一。本书在张丽蓉对市场整合的有关研究①基础上,进一步对桐油价格进行相关分析,得出的结论是"只有川东地区才形成了高度相关的整合的市场"②。她们选取的都是1935—1938年的桐油价格数据,却得出了不一致的观点,原因就在于作者将这四个县每年的数据都进行了相关分析,其结果相较于之前的研究更能说明相关性的强弱。

以"港口—腹地"作为理论框架来阐释中国近代经济变迁的动力、方向、区域差异及其成因等,是近年来中国近代经济地理研究领域新的学术增长点。最具代表性的成果即由复旦大学历史地理研究中心吴松弟教授担任主编、复旦大学历史系戴鞍钢教授担任副主编、诸多学者联合撰稿而成的《中国近代经济地理》,本书为我们展现了全新的中国经济地理格局,对此中国社科院经济研究所封越健研究员认为:"这部巨著的出版,可以说标志着中国历史经济地理学分支学科的建立。"③

另外,从历史地理学的角度来研究港口、腹地和中国现代化,方便我们"从地理学的角度探讨港口—腹地的双向经济联系、互动作用及其动力机制,更好地认识主要由港口—腹地塑造而成的中国现代生产力的空间分布状况及种种原因,对中国现代化的历史进行比较全面的透视"④。

纵观全书,作者首先对进出口贸易进行分析,然后以主要出口商品为依据,从出口商品的生产、加工、运输等环节厘清汉口港的腹地范围,并以商品输出为主线,进一步探讨汉口港与其他长江流域港口的关系,继而总结汉口港在港口体系中地位的变化,将区域历史地理学同现代化的空间进程研究结合起来考察汉口港口及其腹地,体现了经济史、地理研究和区域史多学科视野下的研究特征。在以经济史为基础的同时,以区域史(汉口港所涉及的腹地范围)和地理研究(经济影响的空间进程推进)为辅翼,共同构成本文的写作特色。从整体来看,本文除了对已有研究成果鲜有征引和讨论,以及对汉口本身的港口区位优势、区域交通路线缺乏深入研究外,其理论建构和框架搭建、材料整合以及数据统筹分析方面均有创新之处,堪称后来者表率。

---

① 张丽蓉认为开县、忠县、合川、南充"这四埠属于一个完全高度相关的市场""四川桐油市场总体整和程度尚不及局部市场整和度高",参考张丽蓉:《长江流域桐油贸易格局与市场整合——以四川为中心》,《中国社会经济史研究》2003年第2期,第60页。
② 张珊珊:《近代汉口港与其腹地经济关系变迁(1862—1936)》,第151页。
③ 《"中国现代化的空间进程"首度得到阐明》,《中华读书报》,2018年5月16日,第1版。
④ 吴松弟:《港口—腹地和中国现代化进程研究概说》,第3页。